U0085898

中國現代史叢書 4

張玉法　主編

歷史地理學與現代中國史學

彭明輝　著

東大圖書公司

國立中央圖書館出版品預行編目資料

歷史地理學與現代中國史學／彭明輝
著．--初版．--臺北市：東大發行：
三民總經銷，民84
　　面；　　公分．--(中國現代史叢書)
參考書目：面
含索引
ISBN 957-19-1776-1 (精裝)
ISBN 957-19-1777-X (平裝)

1.歷史地理學　2.中國—史學

601.6　　　　　　　　　　　　84003079

© 歷史地理學與現代
中國史學

著作人　彭明輝
發行人　劉仲文
產著作財
權人　　東大圖書股份有限公司
發行所　東大圖書股份有限公司
　　　　地址／臺北市復興北路三八六號
　　　　郵撥／○一○七一七五—○號
印刷所　東大圖書股份有限公司
總經銷　三民書局股份有限公司
門市部　復北店／臺北市復興北路三八六號
　　　　重南店／臺北市重慶南路一段六十一號
初版　　中華民國八十四年七月
編　號　E 66005
基本定價　陸元陸角
行政院新聞局登記證局版臺業字第○一九七號

有著作權‧不准侵害

ISBN 957-19-1777-X (平裝)

獻給

戴玄之老師
(1922-1990)

主編者序

　　二十世紀在中國歷史上是一個變遷迅速的世紀。在二十世紀將要
結束以前，回頭看看二十世紀初年的中國；或從二十世紀初年的中國，
看看二十世紀將要結束的中國；不僅歷史學家會不斷檢討這一段的歷
史總成績，走過這個時代的人或走不過這個時代的人，無論自己流過
多少汗、多少淚、多少血，受過多少飢寒、多少苦難、多少折磨，還
是犧牲過什麼、享受過什麼、獲得過什麼，站在二十世紀的盡頭，不
能不對這一個世紀作些回顧、作些省思，然後勇敢地走向或走入二十
一世紀。這是東大圖書公司出版「中國現代史叢書」，為讀者提供歷史
資訊的最大旨趣。

　　二十一世紀是否為中國人的世紀？有人很關心，有人不關心。但
在地球村逐漸形成的今日，不管是冷漠還是熱心，不管是不自願還是
自願，都得住在這個村，並為這個村的一員。就中國現代史的研究而
論，不僅臺海兩岸的歷史學者，多投入研究，或表示關懷，歐美及日
本等地的歷史學者，不少亦研究中國現代史。這便是史學界的地球村。

　　中國現代史的起點，臺海兩岸的學者有不同的看法，一般說來，
臺灣地區的學者，主張始於辛亥革命時期；大陸地區的學者，早年主
張始於五四運動時期，近年又主張始於 1949 年中華人民共和國的成
立。外國學者的看法，不出上述兩種。嚴格說來，臺海兩岸學者對現
代史分期的看法，都受到政治的影響。許多學者以鴉片戰爭作為近代
史的開端，也是受政治的影響；因為鴉片戰爭被視為反帝反封建起始

的年代。

　　爲了擺脫政治的糾葛，可以從世界史的觀點來考慮中國歷史分期問題。梁啓超將中國歷史分爲中國之中國、亞洲之中國、世界之中國三個時期，如果將中國人在中國境內活動的歷史劃爲上古史，將中國人向亞洲其他地區擴張的歷史劃爲中古史，將中西接觸以後，中國納入世界體系劃爲近代史，則中國近代史應該始於明末清初。明末清初的中國，不僅與歐洲、美洲進行海上貿易，而且歐洲帝國主義的勢力已經進入中國，譬如葡萄牙佔有澳門（1557）、荷蘭（1624）和西班牙（1626）佔有臺灣，俄國進入中國黑龍江流域（1644）。在葡人佔有澳門以後的二、三百年，中西之間有商業、文化、宗教交流，到 1830 年代以後，因通商、傳教所引起的糾紛日多，由於中國國勢不振，利權、領土不斷喪失，成爲帝國主義國家的殖民對象，到 1897-1898 年的瓜分之禍達於頂點。1899 年英美發佈「中國門戶開放政策」以後，中國免於被殖民瓜分的局勢始獲穩定。我們可以將 1557-1899 年的歷史定爲近代史的範圍。1901 年，中國在義和團的激情反帝國主義以後，開始進行教育、經濟、政治改革，革命運動亦大獲進展，將歷史帶入現代時期。

　　中國上古史爲中國歷史文化的創建期，中古史爲中國歷史文化的擴張期，近代史爲中國歷史文化的收縮期，現代史爲中國歷史文化的更新重建期。本叢書所謂中國現代史，即始於 1900 年，涵蓋整個二十世紀，如果中國更新重建的大方向不變，亦可能涵蓋二十一世紀及其以後。儘管由於政治的糾葛，「中國」一詞在近數十年的臺灣及海外各地已經變成模糊的概念，出現了歷史中國、文化中國、大陸中國、海洋中國等名詞，但中國畢竟是現在世界上歷史悠久、土地廣大、人口眾多的國家，不能因爲它時常出現外力入侵、內部分裂，而忽視它的歷史存在。而且自二次世界大戰結束以後，中國躍爲世界五強之一，它在世界上的地位愈來愈重要。因此，檢討二十世紀的中國史，在世界史中也饒富意義。

　　現代史上的中國雖然災難重重，但亦有機會撥雲見日，這是中外史家對研究中國現代史有興趣的原因之一。但不可否認的，由於臺海兩岸長期缺乏學術自由，而臺海兩岸及世界各國有關學者，由於掌握材料的性質和多寡不同，許多現代史的著作，流於各說各話，這是學術上不易克服的困難，有些困難則是學術界的不幸。本叢書希望包羅一些不同國度、不同地區、不同觀點的學術著作，透過互相欣賞、批評，以達到學術交流的效果。收入本叢書的專著，儘管有不同的理論架構或觀點，但必須是實證的、避免主觀褒貶的。

　　傳統中國史學，有些持道德主義，主觀的褒貶性很強；近代中國史學，有些受作者個人信仰或好惡的影響，流於宣傳或謾罵；凡此都妨害歷史求知的客觀性。本叢書在選取稿件時，當在這方面多作考量。

　　承東大圖書公司大力支持，使本叢書得以順利出版，非常感謝。收入本叢書之四的《歷史地理學與現代中國史學》，係彭明輝先生就其博士論文改寫而成。彭先生，臺灣花蓮人，原籍客家，1959 年生，東海大學歷史系畢業，政治大學歷史學博士。曾任《聯合文學》執行主編、《聯合文學》叢書主任，現任政治大學歷史系副教授。作者早年從事文學創作，以吳鳴爲筆名，曾獲第四、五屆時報散文獎。近年專從事於近代史學之研究，出版的專書有《疑古思想與現代中國史學的發展》等。《歷史地理學與現代中國史學》主要以兩個學術刊物：《史地學報》和《禹貢半月刊》，並以中國東北和西北的史地爲個案，探討 1919—1949 年間歷史地理學的興起及其時代意義。史地學報派以「南高」爲主體，禹貢學派以「北大」爲主體，學風雖有不同，皆以經世爲依歸。蓋以外患日亟，民族主義大興，學者受其影響，治學由考證轉向經世，亦爲自然之事。作者思想縝密，觀察入微，在繁雜的史料中，勾畫出經世之學由晚清到民國時期的傳承與轉變，發前人所未發，特向讀者推薦。

張玉法

1995 年 3 月於中央研究院

自　　序

　　這本小書，是我的博士論文修訂改寫而成，所謂修訂和改寫，無非是資料的補充、章節的調整、文字的拿捏，以及一些論點的修正，並非真的動了什麼大手術。

　　本書主要以兩分學術刊物：《史地學報》和《禹貢半月刊》，以及兩個地區：東北與西北史地爲分析對象，探討 1919-1949 年之間歷史地理學興起的時代意義；全書共計六章，各章內容如次：

　　第一章〈引論〉：討論現代中國史學的研究概況，說明歷史地理學的興起，是現代中國史學發展過程中一條較被研究者忽略的線索；本章並對中外歷史地理學的定義加以整理，追溯中國歷史地理學的源流，以及說明本書的研究動機與論題選擇。

　　第二章〈時代變局與史學動向〉：分析西方列強以堅船利砲打開中國閉關自守的門戶之後，促使清季經世史學的興起，其範疇有下列五項：經今古文之爭、當代史的修纂、外國史地之學、邊疆史地研究、重視歷史教學；並討論五四時期學術風氣對史學研究動向的影響，藉由清季經世史學與五四時期的學術風氣，說明時代變局與史學動向之間的關係。

　　第三章〈涵泳舊學介紹新知〉：以《史地學報》爲分析主體，探討史地學報派承續章學誠史法，大力提倡歷史地理學研究，對《史地學報》創立的過程、史地學報派有關歷史地理學的理論與實踐，以及編寫教科書等內容，做系統之整理；綜合本章之討論，提出史地學報派治學受浙東史學經世理路影響甚深的論點。

　　第四章〈樸學考據的新出路〉：以《禹貢半月刊》爲分析主體，討論禹貢學會的邊疆史地研究與實地考察，有關回教與回教文化的專題，以及編繪歷史地圖等；本章追溯禹貢學派本於樸學考據的治學方法，因時代變局的影響轉而對經世史學多所關切。

　　第五章〈歷史地理學興起的時代意義〉：將第三章《史地學報》、第四章《禹貢半月刊》的討論結果加以分析比較；並論述第二次中日戰爭前後及戰爭期間，柳詒徵、錢穆、雷海宗、陳寅恪與陳垣等史學工作者，在史學論著中寄寓與時代休戚與共的關懷，形成特殊的民族主義史學發展模式；以及近代以來有關東北和西北史地研究成爲顯學的背景，提出歷史地理學興起的基調乃係民族主義的推論。

　　第六章〈結論〉：將前五章的討論做一整體回顧，提出歷史地理學興起過程中，民族主義基調與經世主題的關連；並總結本書之討論，對1949年以後歷史地理學的新方向做概略之勾勒。

　　就本書分析《史地學報》的內容所得，史地學報派基本上是將歷史與地理學分而論之的，在討論歷史地理學時，亦較傾向於地理學的角度；此外，史地學報派對史學的興趣似乎較偏向方法和理論，而少及於考據與述作。禹貢學派由考據到經世的理路，明顯受時代變局的影響，此與清季經世史學的興起有其相類似的背景。事實上，清季經世史學的興起，其治學本源乃上承乾嘉以降的西北史地研究，但西力叩關的驅力亦不容忽視，因此，清季的經世史學，其實是樸學之餘風與西力叩關這兩條線索結合而成，禹貢學會所繼承的正是此一傳統。

　　本書以考據與經世爲軸，分析1919-1949年間歷史地理學的形成與演變；而歷史地理學興起的基調乃係民族主義；其基調之強弱與時代變局恰成正比：時局動盪愈劇烈，民族主義的強度愈大，經世的主題也愈受到重視；而在考據與經世的雙主題變奏中，外患與時局的動盪，使得經世的主題不斷重現，考據之學則隨而減弱；史地學報派固以經世爲依皈，本於清代樸學考據的禹貢學派，在時代變局中亦調整其治學取向，轉而對邊疆史地與民族主義史學多所關懷，爲樸學考據找到新的出路；歷史地理學的興起，就現代中國史學的發展而言，確然有其特殊的時代意義。

這本小書終於要付梓了，在這裡要感謝許多師友的協助，如果人生有夢，這應也是年少時一場小小的夢的完成吧！值此出書之際，我的內心眞是百感交集。

1989 年春天，陽光溫柔地灑在屋後的溪流上，我正忙著準備博士班的入學考試，三姊從故鄉花蓮打電話來，告訴我母親病重的消息；我匆匆收拾了簡單的衣物，到松山機場接母親與三姊，一路飛馳到林口長庚醫院。經過煩瑣的檢查手續，醫生通知我們惟一的辦法是動截肢手術。

手術是在臺北國泰醫院進行的，1989 年 4 月 15 日，那一天也是我遞辭呈的日子；在病房，我一邊忙著照顧母親，一邊倚著病人進食用的餐車寫研究計畫，晚上則藉醫院微弱的燈光看書，準備考試。我不知道那段日子是怎麼熬過來的？祗記得母親的手術很成功，康復後回花蓮休養；我則通過考試，再度到指南山下做一名歷史學徒。

一千多個日子過去了，母親依舊祗能坐在藤椅上發獃，一切的生活瑣事都要人照顧；我忙忙碌碌地上班，上學，修課，考試，做報告，寫論文；一切的一切，彷彿還是昨天。然而，就在論文通過學位考試和這本小書正式付梓之間，母親撒手人寰，遠離伴隨她二十年的病痛，留下她未曾盡過孝道的兒子的我。

如果親情是生命的倚靠，父母與我之間的情分竟薄如紙；我總是想起大學畢業的那年秋天，賦別三月，父子已人天永隔；而今母親又等不及我邁向新的生命旅程，即匆匆告別人世，為人子的我，亦惟把缺憾還諸天地。

如果不是師恩的山高水長，如果不是友情的溫暖，這本小書不可能在此時完成，雖然完成亦不過是另一段研究旅程的開始。

首先我要感謝閻沁恆老師十年來的悉心指導，他的溫厚情懷，使我每在遭遇困頓時，便覺有一盞明燈照亮未來的道路；林能士老師的提攜與關心，使我在現實與理想間找到平衡的座標，縱使荊棘遍地，依舊勇邁前行；張哲郎老師的開朗豁達，使我相信雖然長路漫漫，終將抵達；而這一切都將引領我未來的道路。

在論文寫作的過程中，周惠民與潘光哲兄分別校讀全稿兩過，最是辛苦，這是我要特別感謝的；呂紹理與謝翰勳兄協助論文初稿和修訂完稿的統計繪圖，使這本小書在圖表方面能以較佳的面貌呈現；康樂、簡惠美夫婦總是在我感到灰心沮喪時，給予精神上的鼓勵；王汎森兄多年來相與問學，在論題選擇與資料提供方面，給予許多的協助；友情的光和熱使得這本小書充滿了溫暖。

中央研究院近代史研究所的黃福慶教授示知並惠借資料，解決了有關日本東洋學形成的問題；臺灣大學歷史系胡平生教授與中央研究院近代史研究所張力學長惠賜大作，使我在有關西北史地方面可以按圖索驥；黃清連、沈松僑、李達嘉、林富士諸兄，以及李今芸姊，吳淑鳳、劉龍心學妹，惠借相關研究資料，省卻我許多奔波之苦，在此一併致謝。

論文口試時，杜維運、逯耀東、王壽南、王家儉、胡春惠與張存武教授，提出許多寶貴意見，部分已在本書修訂時採納，部分將做為下一研究的參考；而我下一個研究主題將是經世思想與近代中國歷史地理學的興起。

感謝張玉法老師的引薦，使本書能順利交付剞劂；而東大圖書公司主人劉振強先生的盛情雅意，使得這本卑之無甚高論的著作，能以典雅的面貌站在書架上，特此敬致謝悃。

十年歲月，少年子弟江湖老，這些年的顛躓頓挫，妻翎君的諒解與照顧，是支持我繼續前行的最大力量，她的樂天安命與善良，陪我走過這條艱苦而又迭宕起伏的讀史之路，其中甘苦絕非筆墨所能形容。

最後，我願把這本小書獻給戴玄之老師，他對史學工作的熱愛，以及誨人不倦的精神，是我生命裡永遠的燈塔。

一本書的出版，正是修訂的開始，願祈海內外方家不吝賜正。

1995 年 5 月 4 日　寫於指南山下

歷史地理學與現代中國史學

目　次

圖表目錄

凡　例

1. **史地會**

   南京高等師範學校史地研究會之簡稱；於各章第一次出現時特爲標出，以後出現時不標；以下各專有名詞及縮寫，未特別說明者同此。

2. **《史地學報》**

   史地研究會的機關刊物，2卷4期以前爲季刊，3卷1期至4卷1期爲月刊；南京高等師範學校史地研究會出版，1921:11-1926:10，本書所據爲臺北：臺灣進學書局1960年景印版。

3. **史地學報派**

   指常在《史地學報》發表論著的史地研究會會員，以及擔任史地研究會指導員的教授們，包括柳詒徵、竺可禎、徐則陵、張其昀、鄭鶴聲、陳訓慈、劉掞藜、向達等人。

4. **《學衡》**

   《學衡》雜誌，總編輯吳宓，第1-60期爲月刊；第61-79期爲雙月刊；原爲上海：中華書局出版，1922:1-1933:7；本書所據爲臺北：臺灣學生書局1971年景印版。

5. **學衡派**

   指常在《學衡》發表文章的學者，如吳宓、吳芳吉、柳詒徵、張蔭麟、胡先驌、繆鳳林等人。

6. **《禹貢》**

   《禹貢半月刊》，禹貢學會的機關刊物，1卷1期至7卷10期，禹貢學會出版，1934:3:1-1937:7:16；本書所據爲臺北：臺灣大通書局景印本。

7. 〈禹貢〉

於本書中指《尚書·禹貢》篇, 有別於《禹貢》於本書指《禹貢半月刊》。

8.禹貢學派

指常在《禹貢半月刊》發表論著的學者們, 包括: 顧頡剛、譚其驤、馮家昇、史念海、侯仁之、童書業、周一良、劉選民、白壽彝等人; 大部分出身於北京大學、燕京大學與輔仁大學。

9.《東北史綱》

傅斯年,《東北史綱》卷一《古代之東北》, (北平: 國立中央研究院歷史語言研究所, 1932)。

10.《最近三百年東北外患史》

蔣廷黻,《最近三百年東北外患史 (順治到咸豐)》, 原載《清華學報》, 8 卷 1 期(北平: 清華大學, 1932:12); 收入: 蔣廷黻,《中國近代史研究》(臺北: 九思出版公司, 1978), 頁 79-138。

11.紀元

清以前先寫中國紀元附以西元, 民國以後逕以西元紀年。

第一章　引　論

　　本書試圖探討的是：歷史地理學的興起，在現代中國史學發展過程中，具有什麼樣的意義？

　　現代中國史學的發展一直是歧路多荊的，在動盪的時代中，西學與中學之爭，考據與經世的交互為用；有的由樸學考據走出新方向，有的介紹新知以養舊學；在史無定法的時代風潮中，中西並用，新舊雜陳；有的因應時事，在逆勢中力挽狂瀾；有的隨波而興，乘勢而起。在整個現代中國史學的發展過程中，時代揮舞著思潮的節拍，史學研究的方向不免隨著節拍起舞；有人引領風騷，捲起千堆雪；有人默默耕耘，在迭宕起伏中奮勇前行。

　　檢討現代中國史學發展的相關著作中，下列說法常為史學工作者所提及：

　　其一，周予同的兩大派五小派說：周予同在〈五十年來中國新史學〉中所說的兩大派係指儒教史觀派與超儒教史觀派，其中儒教史觀派再細分為古文派與今文派，古文派與新史學無關，周予同未加以討論，今文派即清季今文家的歷史解釋，代表性人物有三：梁啓超、夏曾佑與崔適。超儒教史觀派則可分為疑古、考古與釋古三派。疑古派的代表人物是胡適、錢玄同與顧頡剛，即古史辨運動的燃燈者，周予同稱之為記載考證派。對疑古派提出修正意見的是考古派，代表人物是王國維和李濟，周予同稱之爲遺物考證派①。釋古派的初期代表人物是胡漢民，使釋古派發展而與疑古派、考古派鼎足而三的是郭沫若，另外還有與郭沫若同屬釋古派而見解不同的陶希聖②。周予同的論點當然容易引起許多的討論，依據他的分法，許多史學工作者便被排拒在中國新史學之外了，譬如門生衆多，影響深遠的"南北二陳"：陳寅恪和陳垣 (援庵)，便無以歸類。

其二，錢穆的三派說：錢穆在《國史大綱・引論》中，將中國近世史學分爲傳統派 (記誦派)，革新派 (宣傳派)，科學派 (考訂派)；傳統派乃從事校勘輯補，熟諳典章制度者，殆屬舊學的一派；革新派係指清季急於革新之士所提倡，即指今文學派而言；科學派則是以科學方法整理國故之潮流而起者③。錢穆對傳統派和科學派均有所鍼砭而不取，即或對革新派亦有所保留。

其三，余英時的兩派說：余英時在〈中國史學的現階段：回顧與展望〉中指出，在現代中國史學的發展過程中，先後曾出現過很多的流派，但其中影響最大的則有兩派：一是史料學派，係以史料之搜集、整理考訂與辨僞爲史學的中心工作；另一派是史觀學派，乃以系統觀點通識中國史全程爲主要任務。余英時認爲史料學派與史觀學派的分途發展，是"合則雙美，離則兩傷"的。因此他希望現階段的史學工作者能夠從"大處著眼，小處著手"，一方面用嚴格的實證方法建立史實，另一方面則要通過現代各種學科的最新成果和時代的眼光，來疏

---

① 周予同似乎忽略了在甲骨文與王國維具有同等地位的另外兩堂：羅振玉 (雪堂) 和董作賓 (彥堂)，至於甲骨文 "四堂" 之一的郭沫若 (鼎堂)，周予同則將他列入釋古派。

② 周予同，〈五十年來中國之新史學〉，收入：杜維運、陳錦忠 (編)，《中國史學史論文選集》㈢ (臺北：華世出版社，1980)，頁 371-428。

③ 錢穆，《國史大綱》(上) (臺北：商務書館，1980)，頁 3。

通史實與史實之間的關係，以解決"證而不疏"和"疏而不證"的問題④。

此外，杜維運從西方史學輸入中國的觀點，討論現代中國史學受西方影響的線索，其〈西方史學輸入中國考〉，將清季以降西方史學輸入中國的過程與內容，做了詳密的考證⑤；他的另一篇論文〈民國史學與西方史學〉，論析西方史學方法輸入中國以後，對現代中國史學的影響，並特別指出現代中國史學的史料學派其實是新考據學派，乃係外來學術與傳統學術相結合之產物⑥；因而杜維運認爲會通西方史學理論與方法，不露痕跡的研究國史、撰寫國史，是輸入西方史學的最高境界，而他也大力提倡中西史學的比較⑦。

上述諸家之說，各自點出現代中國史學發展過程中的整體現象，但另一個值得討論的問題是：在這些整體現象之外，是否尚有其他隱而不顯的線索？

在現代中國史學的發展過程中，各時期均有其特殊觀點與努力的方向，這些不同的觀點個別有怎樣的影響？他們各自解決了哪些問題？

---

④ 余英時，〈中國史學的現階段：回顧與展望〉，此文原係《史學評論》的〈代發刊辭〉，收入：余英時，《史學與傳統》（臺北：時報出版公司，1982），頁 1-29；此處所引在頁 2，4，27。

⑤ 杜維運，〈西方史學輸入中國考〉，收入：杜維運，《聽濤集》（臺北：弘文館出版社，1985），頁 137-192。

⑥ 杜維運，〈民國史學與西方史學〉，收入：孫中山先生與近代中國學術討論集編輯委員會(編)，《孫中山先生與近代中國學術討論集》，第 2 冊(臺北：1985)，頁 344-358。

⑦ 杜維運有關比較史學的見解，參考：杜維運，《史學方法論》（臺北：三民書局，1985)；頁 339-364，特別是頁 357-361〈中西史學的比較〉部分；其相關著作可參看：杜維運，《中西古代史學比較》（臺北：東大圖書公司，1988)。

又留下了哪些問題？在在都有重新加以思考的空間。

1.現代中國史學研究概況

　　一般研究現代中國史學發展的論著，大抵以影響較大的主流爲討論重心，如古史辨運動和中國社會史論戰等主題，即爲史學工作者較注意的焦點；個別史家的研究，亦較獲靑睞；此固有見於史學發展之主流性，以及史家在動盪時代中孜孜矻矻從事研究的可貴精神，在現代中國史學的發展過程中，確然有其深刻之軌跡可循。

　　無可置疑的，古史辨運動是現代中國史學發展過程中第一個引起討論的主題，美國漢學家 Laurence A. Schneider 的《顧頡剛與中國新史學》（*Ku Chieh-kang and China's New History*），是第一本研究古史辨運動的專著，此書從走向民間的觀點，強調古史辨運動與民俗運動之間的關係⑧，局部地代表了美國學者從事近代中國研究的取向；王汎森《古史辨運動的興起》論析清季今文家的歷史解釋，與古史辨運動的一脈相承，見解鞭辟入裡⑨；彭明輝《疑古思想與現代中國史學的發展》探討古史辨運動在現代中國史學所扮演的角色，在方法論的檢討著重清代樸學對古史辨運動的影響，以及白話小說研究在古史討論時的彼此相互爲用⑩；這些著作大抵爲古史辨運動的形成及其影響，奠定了初階的研究基礎。

　　由傅斯年創立中央研究院歷史語言研究所而發展出來的史料學

---

⑧　Laurence A. Schneider, *Ku Chieh-kang and China's New History* (California: University of California Press, 1971)，中譯本有：梅寅生（譯），《顧頡剛與中國新史學》（臺北：華世出版社，1984）。

⑨　王汎森，《古史辨運動的興起》（臺北：允晨文化出版公司，1987）。

⑩　彭明輝，《疑古思想與現代中國史學的發展》（臺北：商務印書館，1992）。

派，是現代中國史學發展過程中另一個值得探討的主題，王汎森"Fu Ssu-nien: History and Politics in Modern China"（〈傅斯年：近代中國的歷史與政治〉），對傅斯年思想的重建，以及創立中央研究院歷史語言研究所而形成的史料學派，有精闢的分析⑪；劉龍心〈史料學派與現代中國史學之科學化〉，從科學化的角度論析史料學派的形成與發展⑫；Axel Schneider "Die Rolle der Historiographie und des Intellektuellen zwischen Wissens-chaft, Politik und philosophie. Verdeutlicht anhand der Historiographie Fu su-niens und Ch'en Yin-ch'üehs vom Institut für Geschichte und Philologie"（〈史學與知識分子在科學、政治與哲學間的角色：以歷史語言研究所的傅斯年與陳寅恪的史學為例〉），對史料學派進行全面性的探討⑬。

　　史觀學派的研究向來較為棘手，因為現實政治常易左右研究的方向，大陸史學工作者礙於意識形態，所論難免偏頗；臺灣史學工作者的研究又係隔岸觀火；目前較具規模的著作是逯耀東《中共史學的發展與演變》和《史學危機的呼聲》，此二書以漢儒"注經"與宋明儒"解經"的觀點，解釋大陸史學工作者的研究方式，點出了馬克思主義史

---

⑪　王汎森（Wang Fan-shen），"Fu Ssu-nien: History and Politics in Modern China," (Princeton: Princeton University, Ph. D. Dissertation, 1993, Unpublished).

⑫　劉龍心，〈史料學派與中國史學之科學化〉（臺北：國立政治大學歷史研所碩士論文，1993，未刊稿）。

⑬　Axel Schneider, "Die Rolle der Historiographie und des Intellektuellen zwischen Wissens-chaft, Politik und philosophie. Verdeutlicht anhand der Historiographie Fu su-niens und Ch'en Yin-ch'-üehs vom Institut für Geschichte und Philologie," (Bochum: Universität Bochum, Ph. D. Dissertation, 1994, Unpublished).

學在解釋中國歷史時的框限⑭；研究社會史論戰及其影響的著作，有 Arif Dirlik 的 *Revolution and History, The Origins of Marxist Historiography in China, 1919-1937*《革命與歷史，中國馬克思主義史學的起源，1919-1937》⑮，此書對社會史論戰的過程，以及中國初期馬克思主義史學的發展狀況有深入分析；潘光哲《郭沫若與中國馬克思主義史學的起源》，以郭沫若《中國古代社會研究》爲中心，探討馬克思主義史學之起源與發展態勢⑯；此外，以陶希聖爲首的《食貨半月刊》和在臺灣復刊的《食貨月刊》，代表了以社會經濟爲歷史主體之研究方向，這部分的探討尚有許多可以開展的空間⑰。

　　有關現代中國史學人物的研究專著，由於資料集中，而且獲得較

---

⑭　參考：逯耀東，《中共史學的發展與演變》（臺北：時報出版公司，1979）；逯耀東，《史學危機的呼聲》（臺北：聯經出版公司，1987）。

⑮　Arif Dirlik, *Revolution and History, The Origins of Marxist Historiography in China, 1919-1937* (Berkeley & L. A., California: University of California Press, 1978).

⑯　潘光哲，《郭沫若與中國馬克思主義史學的起源》（臺北：稻禾出版社，1995）。

⑰　陶希聖本人的著作，可以幫助吾人瞭解其社會經濟史研究的內容，如：《中國社會之史的分析》（臺北：食貨出版社，1979）；案：此書 1929 年初版於上海；《中國社會與中國革命》（臺北：食貨出版社，1979）；案：此書 1931 年初版於上海；《潮流與點滴》（臺北：傳記文學出版社，1979）；關於社會史研究的內容與方法，杜正勝的討論頗鞭辟入裡，參考：杜正勝，〈中國社會史研究的探索——特從理論、方法與資料、課題論〉，收入：國立中興大學歷史學系（主編），《第三屆史學史國際研討會論文集》（臺北：靑峰出版社，1991），頁 25-76；Arif Dirlik 的論文亦對陶希聖的歷史研究有所分析，參考：Arif Dirlik, "Ta'o Hsi-sheng : the Social Limits of Change," in Charlotte Furth ed., *The Limits of Change: Essays on Conservative Alternative in Republican China* (Cambridge Mass.: Harvard University Press, 1976), pp. 305-331.

易,是截至目前爲止相關研究最爲蓬勃的,如:王德毅《王國維年譜》⑱,汪榮祖《史家陳寅恪傳》⑲,康虹麗〈論梁任公的新史學和柳翼謀的國史論〉⑳,胡映芬〈傅斯年與近代中國史學的發展〉㉑,黎華趙〈張蔭麟研究〉㉒,張慧中〈蔣廷黻對中國近代史之研究及其貢獻〉㉓等。

至於論述整體現代中國史學發展的專著,出現最早的是顧頡剛的《當代中國史學》㉔,可惜提倡以科學方法治史的顧頡剛,在這本書中,雖列舉了自 1845 年迄 1945 年間中國的各類史學著作,卻未進一步分析著作的特色與價值㉕;此外,有類現代中國史學史的著作尚有許冠三《新史學九十年》,此書將現代中國史學人物分爲"史學新義"、"考證學派"、"方法學派"、"史觀學派"、"史建學派"等加以討論,其中"史料學派"指傅斯年與陳寅恪,胡適、顧頡剛爲"方法學派",與一般現代中國史學的分類有所不同,而"史觀學派"不及於陶希聖,"史學新義"未論柳詒徵,諸派中均未論及錢穆,反而在"史建學派"

---

⑱ 王德毅,《王國維年譜》(臺北: 中國學術獎助委員會,1967)。

⑲ 汪榮祖,《史家陳寅恪傳》(臺北: 聯經出版公司,1984)。

⑳ 此爲康虹麗之碩士論文,發表於《幼獅學誌》,10 卷 2 期(臺北: 幼獅文化公司,1972:6),其後收入: 杜維運、陳錦忠(編),《中國史學史論文選集》(三) (臺北: 華世出版公司,1980),頁 429-504。

㉑ 胡映芬,〈傅斯年與近代中國史學的發展,1900-1950〉(臺北: 國立臺灣大學歷史研究所碩士論文,1975,未刊稿)。

㉒ 黎華趙,〈張蔭麟研究──生平、著述及其史學〉(臺北: 國立臺灣師範大學碩士論文,1981,未刊稿)。

㉓ 張慧中,〈蔣廷黻對中國近代史之研究及其貢獻〉(臺北: 國立政治大學歷史研究所碩士論文,1982,未刊稿)。

㉔ 顧頡剛,《當代中國史學》(香港: 龍門書店,1964); 案: 此書初版於 1947 年印行。

㉕ 顧頡剛,《當代中國史學》,頁 1。

中討論殷海光與作者本人，略有析異者多而通同者少之失㉖。

上述研究現代中國史學之論著，不論學派或個別史家均有一共同現象：著眼主流學派或顯而易見之史學發展，而鮮少及於史學之河的深處或其分支，歷史地理學就是這樣一條被忽略的伏流。

事實上，在現代中國史學的發展過程中，歷史地理學一直是一條潛藏的伏流，雖然表面上未見其風起雲湧，但在長期的默默耕耘中卻亦自行苗長，且隨時代之變局而有所獻替。這是一條易為人所忽略的線索，猶似草蛇灰線，亟待勾勒。

2. 歷史地理學的定義

歷史地理學的範圍極廣，各家說法亦是言人人殊，極難加以明確的定義；部分歷史地理學研究工作者，在實際的研究工作之外，亦極少論及這門學科的定義。

由於歷史地理學涉及歷史與地理學兩個範疇，相關論著亦多從此處著手進行討論；惟在傳統中國史學中，地理學向來附麗於史學之下，因此，所謂歷史地理學其實祇是沿革地理；而不論地理學或沿革地理，在傳統史學的分類中，皆係歸屬於歷史的門類之下㉗。

而地理學之為一獨立學門，係自西方移植而來，歷史地理學觀念亦復如此，所以在進行檢討現代中國歷史地理學的興起之先，有必要對西方歷史地理學的定義做一梳理。

㉖ 許冠三，《新史學九十年》（上）（下）（香港：中文大學，1986，1988）。

㉗ 《隋書‧經籍志》卷 33 將地理類著作列入〈經籍二‧史部〉，計收錄地理類著作 139 部，1432 卷；參考：魏徵等，《隋書》（臺北：鼎文書局，1983，點校本），頁 982-988；又，《四庫全書》亦將地理類置於史部，參考：紀昀等（編），《四庫全書總目》（臺北：藝文印書館，1979），頁 1409-1605。

　　西方學者大體視歷史地理學爲地理學的一個分支，其內容爲研究
歷史時期的地理及其演變；美國地理學家 A. H. Clark 在 *American Geography, Inventory and Prospect* 的 "Historical Geography"
一節中，便持此類觀點：

> 任何關於過去地理的研究，或者關於在時間過程中地理變化的
> 研究，就是歷史地理學，無論其研究涉及文化的、自然的或者
> 生物的現象，以及無論其研究題目或範圍的大小如何。……有
> 些地理學家集中注意於過去的地理，特別是可以稱之爲在時間
> 過程中的地理變遷，這樣一種興衰的焦點，即爲歷史地理學㉘。

其論點所指陳者乃係過往之地理學，亦即凡研究時間過程中之地理變
遷，即爲歷史地理學；英國地理學家 Michael Pacion 在 *Historical Geography* 的〈前言〉中說明：

> 事實上，歷史地理學同時著重空間（分佈地理學）和時間（年
> 代學）的研究方法也引起一些爭論，認爲它只不過是從知識的
> 分門別類中抽離出來的一種分析方式。……事實上，對於那些
> 將歷史地理學視爲一門學科的人而言，它包含了下列涵意：1.
> 昔日之地理，2.地貌的改變，3.現在之過往，4.地理的歷史㉙。

㉘ Andrew H. Clark, "Historical Geography," in P. E. James & C. F. Jones eds., *American Geography, Inventory and Prospect* (Syracuse University Press, 1954), pp. 70-71.

㉙ Michael Pacion ed., *Historical Geography: Progress and Prospect* (London: Croom Helm, 1987), Preface, p. 1.

從這段討論來看，Michael Pacion 基本上也是將歷史地理學視爲地理學之一分支；因此，就西方歷史地理學的門類而言，其與地理學的關係反較歷史學爲近。

　　日本學者對歷史地理學的研究興趣甚高，有關歷史地理學的研究論著亦夥[30]，而對歷史地理學的定義，大抵亦將歷史地理學視爲地理學的一個分支，與歐美學者所論相類；如任教於筑波大學歷史暨人類學系的菊池利夫，在《歷史地理學方法論》中即提出以下觀點：

> 歷史地理學曾被認爲是與政治地理學、經濟地理學和聚落地理學等相並列的系統地理學部門之一。然而，現在地理學已經分化，被劃分爲研究現存地理的現代地理學和研究以往地理的歷史地理學。從而歷史地理學也把過去的地理區分爲系統歷史地理學和區域歷史地理學進行研究，它涉及到以往地理現象的各個部門，正朝著這些知識領域擴展[31]。

從菊池利夫的討論來看，日本的歷史地理學，亦有走向獨立學門的趨勢，而其內容包涵愈來愈廣；但無論如何，其歸屬於地理學的一個分支則無疑義。

　　前蘇聯的學者們對歷史地理學的定義頗爲分歧，基本上有兩種觀點，一類將此一學門置於歷史學，一類視之爲地理學的一個分支，較

---

[30]　有關日本學者的中國歷史地理研究概況，可參考：陳橋驛，〈日本學者的中國歷史地理研究〉，《歷史地理》，第 6 輯(上海：復旦大學歷史地理研究所，1988:9)，頁 209-220。

[31]　菊池利夫，《歷史地理學方法論》，引文據辛德勇譯文，〈歷史地理學的構成〉，《中國歷史地理論叢》，1987 年第 1 輯，頁 187。

具綜合性的意見是別斯克羅夫所提出的觀點，他說：

> 地理學家的任務主要地是研究歷史自然地理（自然環境及其在
> 人類活動作用下的變化）和地理發現的歷史；而歷史學家的任
> 務主要是研究歷史人口地理、歷史經濟地理、歷史政治地理和
> 歷史文化地理㉜。

這樣的解釋方式，或許可以泯除歷史地理學究係誰屬的學科爭議，在
研究的內容上，歷史與地理學者亦可獲得恰當的分工。

在現代中國史學發展的過程中，對歷史地理學的定義則頗為模糊，
相關討論主要集中於歷史地理學之用，並且強調地理為歷史學研究之
基石；惟亦有視歷史地理學為地理學之一支者，張其昀便是持此類觀
點的學者。

《史地學報》的創辦人之一張其昀，治學兼顧歷史與地理，在論
析兩者間的關係時，往往分別立說，將歷史的歸於歷史，地理的還諸
地理；其研究主要則以地理學重心㉝。在《中國地理學研究》一書中，
張其昀特闢〈歷史地理學〉一章，敘述現代中國史學中有關歷史地理

㉜　有關前蘇聯學者的觀點，參考：B. C. 熱庫林著，韓光輝(譯)，〈歷史地理
　　學的研究對象及其認識發展史〉，《歷史地理》，第 8 輯(上海：復旦大學歷
　　史地理研究所，1990:7)，頁 272-283；所引在頁 277；此文為 B. C. 熱庫林，
　　《歷史地理學：對象和方法》，第 1 章前半部分，原書為蘇聯科學出版社列
　　寧格勒分社 1982 年出版；別斯克羅夫的原名譯文中未附，待考。

㉝　張其昀於 1919 年入南京高等師範學校文史地部，1920 年竺可楨主持甫成
　　立的地理系(隨後改為地學系)，下分地理、氣象、地質與礦物 4 組，張其
　　昀主修的是地理學，其治學受竺可楨影響極深；參考：宋晞，〈〔張其昀〕
　　傳略〉，收入：《張其昀先生文集》，第 1 冊 (臺北：國史館・中國國民黨中
　　央黨史委員會・文化大學，1988)，頁 5-26；所引在頁 6-8。

學的研究概況，而他對歷史地理學所下的定義是：

> 歷史地理學之宗旨爲何？曰凡歷史之演進，悉爲地理之生命；
> 又凡地理之變化，悉爲歷史之尺度。……近二十年來此類研究
> 供〔貢〕獻甚多，本章按其内容，加以條貫，試分六節述之：
> 1.環境變遷，2.疆域沿革，3.生聚資源，4.文獻淵藪，5.名勝史蹟，
> 6.邊徼四裔㉞。

張其昀所討論的內容，大抵環繞沿革地理、邊疆史地、文獻史料、名
勝考察、地理變遷等內容，而以歷史與地理的相輔相成來解釋歷史地
理學。當然，張其昀將歷史地理學列入《中國地理學研究》的一章，
亦可看出他基本上是將歷史地理學視爲地理學的一支。

禹貢學會創辦人顧頡剛對歷史地理學的見解，主要是本於沿革地
理，《禹貢・發刊詞》說：

> 我們是一群學歷史的人，也是對於地理很有興趣的人，爲了不
> 忍坐視這樣有悠久歷史的民族沒有一部像樣的歷史書，所以立
> 志要從根本做起。〈禹貢〉是中國地理沿革史的第一篇，用來表
> 達我們工作的意義最簡單而清楚，所以就借了這個題目來稱呼
> 我們的學會和刊物。我們要使一般學歷史的人，轉換一部分注
> 意力到地理沿革這方面去，使我們的史學逐漸建築在穩固的基

㉞　張其昀，《中國地理學研究》，收入：《張其昀先生文集》，第 1 冊，頁 293-556；
　　所引在頁 456；此書係爲中國科學社成立 20 週年而作；案：地質調查所
　　成立於 1912 年，中國科學社成立於 1915 年。

礎之上㉟。

所以，顧頡剛對歷史地理學的看法乃係傳統史學中的沿革地理，而研究沿革地理的目的，是爲了從事歷史研究時能有穩固的基礎；因此，顧頡剛的沿革地理乃是以歷史爲主，地理爲輔；易言之，研究沿革地理其實是替歷史研究做馬前卒。顧頡剛曾與史念海合著《中國疆域沿革史》㊱，禹貢學會另一位大將童書業則著有《中國疆域沿革史略》㊲，此二書皆以沿革地理爲本，論析歷代中國疆域的演變，由此可知顧頡剛和他所創辦的禹貢學會，其歷史地理學定義乃係沿革地理之同義詞。

由沿革地理入手的禹貢學派㊳，主要成員如譚其驤、史念海和侯仁之等人，1949 年以後成爲大陸歷史地理學界的重要領導人，惟各人對歷史地理學的定義亦是言人人殊。

譚其驤的歷史地理學概念，基本上從輿地之學與考據入手，他的大部分論著亦謹守考據原則，其論文集《長水集》中所錄，即多屬考

㉟ 《禹貢半月刊》，1(1)，頁 2；《禹貢半月刊》爲“禹貢學會”之機關刊物，1934 年 3 月 1 日出版第 1 卷 1 期，1937 年 7 月 16 出版第 7 卷第 10 期後停刊；本書所據爲臺北：臺灣大通書局景印本；爲簡化行文，以下提及此刊物時簡稱爲《禹貢》。

㊱ 參考：顧頡剛、史念海，《中國疆域沿革史》（臺北：史地研究社，1977）；案：此書據上海：商務印書館，1934 年版景印。

㊲ 童書業，《中國歷代疆域沿革略》（臺北：開明書店，1957），此書爲一簡明之小冊，惟其中第三篇〈四裔民族〉（頁 88-134）頗能表現禹貢學派對邊疆史地的論點，甚具參考價值；另，有關禹貢學會的邊疆史地研究請參閱本書第 4 章第 3 節〈邊疆史地研究與實地考察〉，及第 4 章第 4 節〈回教與回教文化〉。

㊳ 本書所謂學派並非指有系統的組織，亦非嚴格的學術團體，而是一種學術思想取向，大凡有共同研究取向的學術工作者，略可歸於同一學派。

據類文字㊴；他所主編的《中國歷史地圖集》亦從輿地之學論析歷史
地理學，在《中國歷史地圖集》第1冊〈前言〉中，譚其驤說：

> 我們偉大的祖國歷史悠久，幅員遼闊，歷史資料浩如煙海。遠
> 在兩千多年前，就出現了傑出的地理著作〈禹貢〉、《山海經》；
> 以此為基礎，很早就產生了一種重視歷史地理的學術傳統。班
> 固所撰《漢書·地理志》不僅敍述了西漢時代的地理，同時又
> 是一部用西漢地理注釋前代地名的歷史地理著作。酈道元的《水
> 經注》，也用了大量的篇幅存古跡，述往事。唐宋以來傳世的著
> 名輿地書，祖述班、酈，幾乎無一不是由當世追溯到往古。可
> 以說，中國古代所謂輿地之學，審其內容，幾乎都與歷史地理
> 密切相關㊵。

譚其驤此處所謂歷史地理實即"存古跡，述往事"之地理，也就是歷
史上的地理，而以輿地之學總其成，此與顧頡剛的沿革地理之說，在
立論上是前後呼應的。

　　史念海治學亦本於考據㊶，在討論歷史地理學的形成時，亦從沿

㊴　參考：譚其驤，《長水集》（上）（下）（北京：人民出版社，1987）。

㊵　譚其驤（主編），《中國歷史地圖集》，第1冊（上海：地圖出版社，1982），
　　〈前言〉，頁1；但譚其驤在與葛劍雄合寫的〈歷史地理學〉一文中，則說：
　　就學科的性質而言，歷史地理學並不屬於歷史學，而是地理學的一個分
　　支。但是中國歷史地理卻一直是中國歷史研究的一個重要組成部分，並
　　且它的研究成果始終是其他各個分支所不可或缺的。
　　這樣的討論方式和下文將提到的史念海、侯仁之等人的觀點類同，見：蕭
　　黎（主編），《中國歷史學四十年》（北京：書目文獻出版社，1989），頁552-
　　571；所引在頁552。

㊶　史念海在自傳中曾說明他治學本於考據的因緣：

革地理出發，但他認爲沿革地理是歷史地理學的一個組成部分而非等同，史念海說：

> 在歷史地理學這樣的名稱使用以前，這門學科長時期是以沿革地理學相稱的。在那時沿革地理學和歷史地理學幾乎具有相同的意義，所以沿革地理學也可以稱爲歷史地理學。……沿革地理學和歷史地理學的關係誠然是相當密切的，可以做爲歷史地理學的同義語，核實而論，卻還是有所區別，並非完全相同的。現在說來，沿革地理學只是歷史地理學的一個組成部分，是研究歷史時期的地理建置及其演變過程中對舊規的沿襲或者變革的學科，包括地名及其所在地以及相應的建置、區劃和制度的沿襲和變革㊷。

所以，就沿革地理的部分而言，歷史地理學和沿革地理是可以畫上等號的，但史念海認爲歷史地理學另有非沿革地理所能涵蓋者，如人文地理、自然地理，以及探索人類在面對自然地理各種變遷時，所造成的生產方式之改變，並著重於利用和改造自然的部分，他說：

禹貢學會的人一般都喜歡運用考據的方法來治學。由於師友的感染，我也逐漸浸淫在這裡面。說起考據學，乾嘉時期的學者最受稱道。我對那時的大師們也頗心折，尤其是錢竹汀潛研堂諸書更經常置於案頭几上。我在輔仁大學的畢業論文就是以評述錢氏史學爲題目。
見：史念海，〈史念海自傳〉，收入：晉陽學刊編輯部（編），《中國現代社會科學家傳略》，第 2 輯（太原：山西人民出版社，1982），頁 46-56；所引在頁 48。
㊷ 史念海，〈歷史地理學的形成因素〉，《中國歷史地理論叢》，1989 年第 2 輯（西安：陝西師範大學暨西北大學歷史地理學研究所，1989），頁 16。

> 歷史地理學是研究歷史時期地理的學科。它所研究的範圍，涉
> 及到歷史時期的自然地理和人文地理的各個方面。它研究歷史
> 時期自然地理的變遷及這些變遷對於人的生產活動和其他社會
> 活動、設施的影響，以及人的生產活動和其他社會活動、設施
> 對於自然地理的影響，並因此影響而促成的社會變遷。這樣互
> 相的影響往復不絕，時時都能有新的變遷。歷史地理學研究這
> 些本來的現象及其變遷的過程，更重要的則是探求這些變遷的
> 規律。人能掌握這樣的規律,將會更好的利用自然和改造自然[43]。

史念海的論點主要是強調人與自然界互動的關係，而且他也擴大了歷
史地理學的範圍，視歷史地理學為一門獨立的學科，而非歷史學的附
庸，所以他認為「歷史地理學應該是地理學的一個組成部分，上承古
地理學，而下接現代的地理學」[44]；但因為歷史地理學研究的對象是
歷史時期的地理，不僅要大量使用歷史學方面的資料，歷史學中的一
些問題也有待歷史地理學做出解釋和說明，因此，史念海認為歷史地
理學在地理學中是一個組成部分，在歷史學中也應該是一種輔助的學
科[45]。

---

[43] 史念海，〈歷史地理學的形成因素〉，《中國歷史地理論叢》，1989 年第 2 輯，頁 15。

[44] 史念海，〈歷史地理學的形成因素〉，《中國歷史地理論叢》，1989 年第 2 輯，頁 15-16。

[45] 史念海，〈歷史地理學的形成因素〉，《中國歷史地理論叢》，1989 年第 2 輯，頁 16；另，史念海在《中國歷史地理論叢‧前言》中，也表達了相同的意見：
> 就歷史地理學這個名稱的定型，也為時並非很久。50 年前禹貢學會的英文譯名才正式使用了這個名稱。在這以前悠久的年代裡，這門學科只是歷史學的輔助學科，自它成為一門現代的科學以後，雖然仍可以做為歷

　　歷史地理學屬地理學的一支,乃 1949 年以後大陸歷史地理學工作的一般性概念, 他們基本上認爲歷史地理學是脫離歷史學而獨立的一門學科, 侯仁之就是持這類意見的典型代表。

　　在從事歷史地理學研究的學者中, 侯仁之是少數有興趣討論歷史地理學定義, 並曾對理論探討下過工夫的一位, 他在〈歷史地理學芻議〉中指出:

> 歷史地理學是現代地理學的一個組成部分, 其主要研究對象是人類歷史時期地理環境的變化, 這種變化主要是由於人的活動和影響而產生的。歷史地理學的主要工作, 不僅要 "復原" 過去時代的地理環境, 而且還須尋找其發展演變的規律、闡明當前地理環境的形成和特點。這一研究對當前地理科學的進一步發展, 有極大關係; 同時也直接有助於當前的經濟建設㊻。

　　史學的輔助學科, 實際上卻已是地理學的組成部分。
見:《中國歷史地理論叢》, 1987 年第 1 輯, 頁 2; 惟史念海在主編《中國歷史地理論叢》時, 並未以嚴格的歷史地理學定義擇稿, 而是以較開放通融的態度, 接受歷史地理學相關學科的論著,《中國歷史地理論叢・前言》說:
　　中國歷史地理學還和地名學、方志學、古都學有關係, 這些學科都有其理論體系和具體組織, 但和歷史地理學有關的部分, 還是可供借鑒參考的, 本刊刊載的文稿自以歷史地理學的論著爲主, 對於這樣一些學科的有關論著, 也應是不吝篇幅的。(《中國歷史地理論叢》, 1987 年第 1 輯, 頁 3)
㊻　侯仁之,《歷史地理學芻議》, 原載《北京大學學報・自然科學版》, 1962 年第 1 期; 收入: 侯仁之,《歷史地理學的理論與實踐》(上海: 上海人民出版社, 1979), 頁 3-17; 所引在頁 3。

從侯仁之的討論，不難看出大陸的歷史地理學工作者對此一學門的觀點係以實用性爲主導⑰；此外，侯仁之對實地考察 (野外考察) 亦大力提倡，甚至認爲他自己的歷史地理學研究，是從 1958 年到沙漠進行考察纔開始的⑱；侯仁之的重視實地考察，顯現於其沙漠歷史地理考察和城市地理的相關論著中⑲。

在進行歷史地理學研究工作時，侯仁之認爲可以分成兩個部分，其一爲文獻資料的室內分析，另一爲野外考察，而野外考察之所以不可少，有下列兩個原因：

其一，歷史地理學研究的對象雖是歷史時期的地理，但其中若干特點及變化微小的諸因素，仍然保留到今天；如果不注意這些而一味從文獻資料中探討過去的情況是很難求其近似的。反之，如果進行野外考察，詳細加以參考，旣能比較眞實地復原過去，又能揭示當前地理特點的形成和發展。

---

⑰　史念海在討論歷史地理學時，亦極重視其實用性，在《中國歷史地理論叢‧前言》中，史念海提出研究歷史地理學的三個步驟：

　　1.在馬克思主義理論的指導下，進行深入的鑽研；2.重視文獻記載之外，尤其要重視實地考察；3.要有助於國家的現代化建設。

見：《中國歷史地理論叢》，1987 年第 1 輯，頁 2-3；事實上，大陸學者在討論相關論題時，很少有人不提及馬克思主義的，因此關於史念海所討論的第一點無庸多論，第二點重視實地考察和第三點重視實用性，則是譚其驤、史念海、侯仁之、黃盛璋等人的一致觀點；黃盛璋的討論詳後。

⑱　參考：侯仁之，《歷史地理學的理論與實踐‧序》，頁 3；另在〈歷史地理學在考察中的任務〉對此有進一步的闡明，見：《歷史地理學的理論與實踐》，頁 33-40；〈走上沙漠考察的道路〉則敍述其個人治學的沙漠考察經驗，見：《歷史地理學的理論與實踐》，頁 43-59。

⑲　侯仁之的研究範圍主要即在沙漠考察和城市地理，蒐集在《歷史地理學的理論與實踐》書中的大部分論文，即爲此二範疇之相關論著；參考：侯仁之，《歷史地理學的理論與實踐》，頁 43-420。

　　其二，歷史的文獻雖然重要，但涉及的範圍數量究竟有限，單憑不完整的文字記載，企圖恢復過去的地理面貌，顯然是不夠的。實際的情形是若干歷史地理的問題，儘管不見於文字記載，但在實地考察中仍會被發現，並能求得解決[50]。

　　此外，侯仁之認爲歷史地理學既屬地理學的一個組成部分，因而應同時包含經濟地理與自然地理[51]。

　　另一位大陸的歷史地理學工作者黃盛璋，基本上亦將歷史地理學置於地理學領域的一個分支，並且認爲歷史地理學是屬於歷史學與地理學之間的邊緣科學：

> 歷史地理學研究歷史時期地理現象的分布、變遷及其規律，它是地理科學一門分支學科。就其學科性質而論，在現階段它還是介於歷史學與地理學之間的邊緣科學；就其主要憑藉的資料和研究的時間而論，它基本上與歷史學相同；就其研究的對象而論，它又屬於地理學的範疇。歷史地理學與地理學、古地理學的差異在於研究時間的不同，即地理學是研究今天的地理，歷史地理學則是研究人類社會歷史時期的地理，古地理學是研究地質時期的地理[52]。

---

[50]　侯仁之，〈歷史地理學芻議〉，《歷史地理學的理論與實踐》，頁15。

[51]　侯仁之在〈歷史地理學芻議〉中說：
　　歷史地理學按其研究對象，還該區分爲歷史自然地理和歷史經濟地理(在廣義上包括了歷史人口地理和歷史政治地理)，這一區分實際上是和現代地理學依照其科學性質而區分爲自然地理學（屬於自然科學）與經濟地理學(屬於社會科學)是一致的。(侯仁之，《歷史地理學的理論與實踐》，頁7)

[52]　黃盛璋，〈歷史地理學要更好地爲社會主義建設服務〉，收入：黃盛璋，《歷

從這段討論來看，黃盛璋是將地理學依歷史年代劃分爲三個領域，以歷史時期爲歷史地理學的範圍，這種討論方式與大陸其他歷史地理學者是相類同的[53]；至於歷史地理學的內容，黃盛璋認爲包括人文地理與自然地理兩大類：

> 歷史時期的地理現象有自然的和人文的兩大類，所以歷史地理的研究也和地理學一樣，可以分爲歷史自然地理，歷史人文地理。前者的研究包括河流、湖泊、海岸、氣候、水文和植被等，後者的研究可以分成居民、城市、經濟（包括工業、農業、交通）、政治、軍事和文化等[54]。

史地理論集》（上海：上海人民出版社，1982），頁1-5；所引在頁1；惟黃盛璋認爲歷史地理學爲歷史學與地理學的邊緣科學之觀點，譚其驤和史念海都有所批評，參考：譚其驤、葛劍雄，〈歷史地理學〉，收入：蕭黎（主編），《中國歷史學四十年》，頁554；史念海在〈中國歷史地理學的淵源和發展〉中則說：

> 由沿革地理學演變到中國歷史地理學，這樣的局勢也相應有新的變化。中國歷史地理學從其研究的範疇來說，乃是地理學而非歷史學。它不是歷史學和地理學的混合物。以前有人說，它是歷史學和地理學兩者之間的邊緣學科。這顯然是皮相之論，與實際的情況不相符合，應該說，中國歷史地理學乃是歷史時期的地理學。

見：史念海，〈中國歷史地理學的淵源和發展〉，《史學史研究》，1986年第1期（北京：北京師範大學史學研究所，1986:3），頁1-25；所引在頁17。

[53]　黃盛璋，〈歷史地理學要更好地爲社會主義建設服務〉，《歷史地理論集》，頁1；以歷史時期的地理學爲歷史地理學的範圍是大部分大陸學者的共識，參考：史念海，〈歷史地理學的形成因素〉，《中國歷史地理論叢》，1989年第2輯，頁15；史念海，〈歷史城市地理與歷史區域地理的可喜收穫〉，《中國歷史地理論叢》，1989年第1輯，頁153-154；侯仁之，〈歷史地理學芻議〉，《歷史地理學的理論與實踐》，頁3。

[54]　黃盛璋，〈歷史地理學要更好地爲社會主義建設服務〉，《歷史地理論集》，

黃盛璋的討論，是大陸學者中有關歷史地理學分類較詳密者，大抵能
包涵所有歷史地理學的內容。

在相關討論中，大部分學者均認為沿革地理是歷史地理學的一個
重要淵源，惟亦亦有主張歷史地理學可不經沿革地理而獨立研究者，
侯仁之便持此類觀點；在〈歷史地理學芻議〉中，他指出：

> 所有歷史地理的研究，並不都是從疆域沿革和行政區劃的考訂
> 和復原開始的。若干地理的專題，可以完全不必借助這方面的
> 特殊知識，而依然能夠順利進行。這樣的工作多半是由首先具
> 備了地理學的訓練而後從事於歷史地理工作的人所進行的。自
> 然他需要補充歷史學的訓練，乃是毫無疑問的[55]。

從侯仁之的討論來看，歷史地理學的訓練基本上可以有兩種方式：一
種是由史學家來做的，亦即先具備歷史學的基本訓練之後，再從事歷
史地理學的研究工作，另一種是由地理學家來做的，乃是先具備地理
學的素養後，再從事歷史地理學研究，而就侯仁之的說法，目前一般
從事歷史地理學研究的學者，大部分是先具備了歷史學的基礎，而後
在不同程度上補充了地理學的訓練；至於從地理學的基礎出發，補充
了歷史學的訓練而獻身於歷史地理學的則甚少。前述顧頡剛、譚其驤、
史念海及侯仁之本人，皆屬由歷史出發而從事歷史地理學研究的例子；
張其昀的治學則稍近於地理學，但亦是兩者兼修，並非純從地理學入
手；黃盛璋1949年畢業於浙江大學，其治歷史地理學途徑屬史地之學

　　頁1。
[55]　侯仁之，〈歷史地理學芻議〉，《歷史地理學的理論與實踐》，頁10。

並重㊶，惟似仍偏於歷史之範疇。因此，就現代中國學術發展而言，歷史地理學確然較近於歷史學而遠於地理學，相關研究主要亦從歷史的角度出發。

　　1949 年以後臺灣地區的歷史地理學研究風氣，雖略不如前一階段之蓬勃，惟相關論著亦不在少，對歷史地理學的定義則各有所見。姚從吾專治遼金元史與史學方法論，由於遼金元史在傳統中國史學中向歸類於“四夷”之範疇，亦即邊疆史地，因而研究遼金元史與歷史地理學有相當密切的關係。姚從吾在〈遼金元史疆域沿革與地理因素對當時政治文化的關係〉一文中，對歷史與地理的關係有所闡釋，他說：

> 地理是表示人類對空間的知識，歷史是敘述人類對時間的知識；儼若舞臺和劇團，自是休戚相關，榮枯共通。近代的歷史地理學是十九世紀上半期德國人創立的。當年德國同時產生了兩位地理學家：一位是洪保耳提 (A. von Humboldt, 1769-1859)，一位是李特 (Karl Ritter, 1779-1859)。一位重視自然地理，把研究的重點放在地面上的自然現象。一位重視人文地理，把研究的重點放在地面上的地理與人文的關係。洪保耳提傾向地理學離歷史學而獨立；李特先生則主張地理與歷史並行互助。後來洪派的地理學終於獨立了。它逐漸把地理學演進成一種自然科學：注重“物理的地理”、“海洋學”、“氣候學”等等。但李派的地理學，始終對歷史輔助有加；首先利用地理的因素，解說地理與人類歷史的發展，說明人類文化的進步，也就是逐漸征服自然環境與改善自己的生活。這兩派也時分時合，名家輩

㊶　黃盛璋，《歷史地理論集・自序》，頁 1。

出，各有偏重。不過我們喜歡歷史的人，因李派容易接近，不免常常向人地關係論者討教而已㊲。

因此，姚從吾的歷史地理學觀念，基本上比較接近人文地理，其遼金元史研究亦大抵遵循人文地理的思考方向；但分析姚從吾討論歷史地理學的內容，其基本的立足點仍是歷史，此類觀點與顧頡剛所論較爲接近，而略有異於 1949 年以後大陸學者的歷史地理學觀點。

王恢的《中國歷史地理》，內容主要是古代地理沿革，因此他基本上是從沿革地理的角度來看待歷史地理學㊳；石璋如等人合著的《中國歷史地理》亦爲一疆域沿革史㊴；大體均較接近將歷史地理學置於史學之下的論點。

由上述討論，大體可以勾勒出歷史地理學的一般面貌，就學科的分類而言，在尚未受西方學術影響前的傳統中國史學，所謂歷史地理學其實就是沿革地理；在這方面，代表北方學統的禹貢學派和代表南方學統的史地學報派，可說是無何軒輊；西方的地理學輸入中國以後，對學科的分類造成了某種程度的改變,這種改變大約以 1912 年地質調查所成立，丁文江與翁文灝推動地質考察爲起點；雖然地質調查所主要的工作內容屬自然地理，惟其成果亦常爲史學工作者所參考㊵；

㊲ 姚從吾，〈遼金元史疆域沿革與地理因素對當時政治文化的關係〉，收入：姚從吾，《東北史論叢》(下) (臺北：正中書局，1970)，頁 65-117；所引在頁 66-67。

㊳ 王恢，《中國歷史地理》(上) (臺北：臺灣學生書局，1979)，頁 1。

㊴ 參考：石璋如等，《中國歷史地理》(3 冊) (臺北：中華文化出版事業委員會，1954)。

㊵ 有關中國科學社與地質研究所的討論，參考：楊翠華，〈歷史地質學在中國的發展(1912-1937)〉，《中央研究院近代史研究所集刊》，第 15 期(下) (臺

1915 年中國科學社成立，是中國地理學發展的另一個重要起點；同年南京高等師範學校成立，儼然爲南方學統的代表，1920 年竺可楨到南京高等師範學校任教，講授地理與氣象學，使南高成爲中國另一地理學重鎮⑥；因此，在現代中國學術的分類，地理學之脫離史學而獨立約在 1912-1920 年之間，而在這段時間的歷史地理學仍可視之爲歷史學的一部分。本文所試圖探討者即地理學漸次脫離史學，而歷史地理學又尚未完全獨立的這段時期 (1919-1949)，歷史地理學與現代中國史學發展之間的關係。

歷史地理學在中國成爲一門獨立學科，嚴格地說是到 1949 年以後纔比較正式登場的，特別是在大陸地區部分研究機構與大學成立歷史地理學研究所（室）之後⑥；至於在臺灣地區的歷史地理學，主要仍寄生於地理或歷史學的科系中，而以在歷史學的領域受到較多的重視。

在 1949 年以前，歷史地理學基本上仍屬沿革地理的階段；因此，在現代中國史學的發展過程中，歷史地理學其實可以說是等同於沿革地理，而沿革地理在傳統中國史學中，則有其悠遠的源流⑥。

北：中央研究院近代史研究所，1986:6)，頁 319-334；楊翠華在文中指出「當時中國地質學家對地質學本身的了解，相當有限，也正是因爲這種有限的認識，推動了地質學（特別是歷史地質學）在中國的發展」（頁 334）。

⑥　張其昀，《中國地理學研究》，《張其昀先生文集》，第 1 冊，頁 293。

⑥　如：中國科學院地理研究所成立歷史地理研究室，中國社會科學院成立邊疆史地研究中心，復旦大學成立中國歷史地理研究所，西北大學與陝西師範大學合辦歷史地理研究所，參考：譚其驤、葛劍雄，〈歷史地理學〉，收入：蕭黎（主編），《中國歷史學四十年》（北京：書目文獻出版社，1989），頁 552-571；有關成立歷史地理研究所記事在頁 554。

⑥　有關中國歷史地理學的源流，本書不擬費心討論，可參考下列相關著作：王成祖，《中國地理學史》（北京：商務印書館，1988）；石璋如等，《中國歷史地理》（3 冊）（臺北：中華文化出版事業委員會，1954）；王庸，《中國

3.研究動機與論題選擇

歷史地理學在傳統中國史學的發展過程，固源遠流長，但做為一門現代學科，其發展則與現代中國史學為依違相生的共同體；1949年以後，大陸討論歷史地理學的相關論著，大抵將歷史地理學視為一相當年輕的學門，遠者追溯到1934年禹貢學會的成立，近者以1949年以後大陸學術界視歷史地理學為一獨立學門算起，而由禹貢學會到1949年之間的歷史地理學往往被視為歷史地理學形成的初期。

但此類討論常常有意無意間忽略了《史地學報》的存在，在檢討中國現代地理學的發展時，1912年地質調查所的成立是一個重要關鍵，1920年竺可禎任教南京高等師範學校，使南高成為與地質調查所南北呼應的地理學重鎮，《史地學報》的創立，不論在中國地理學的形成或歷史地理學研究，均有其重要地位。因此，西方地理學輸入中國，並進而改變歷史地理學的內涵，至少應往上推到1912-1920年間，在這段期間，地理學漸次脫離史學而獨立，惟歷史地理學則仍依附於史學而存在；以學術思想發展的角度加以觀察，將可發現歷史地理學的興起，與現代中國史學的發展其實是並蒂雙生的。

地理學史》(臺北：商務印書館，1986)；靳生禾，《中國歷史地理文獻概論》(太原：山西人民出版社，1987)；陳正祥，《中國文化地理》(臺北：木鐸出版社，1984)；中國科學院地理研究所(編輯)，《中國古代地理名著選讀》(北京：科學出版社，1959)；史念海，〈論班固以後迄於魏晉的地理學和歷史地理學〉，《中國歷史地理論叢》，1990:1(西安：陝西師範大學暨西北大學歷史地理學研究所，1990)，頁23-67；史念海，〈歷史地理學的形成因素〉，《中國歷史地理論叢》，1989:2(西安：陝西師範大學暨西北大學歷史地理學研究所，1989)，頁15-44;。阮芝生，〈《史記·河渠書》析論〉，《國立臺灣大學歷史學系學報》，第15期(臺北：國立臺灣大學歷史學系，1990:12)，頁65-80。

　　現代中國史學發展受到多方面的影響，一部分係來自傳統中國史學，一部分則是外國史學的輸入；有關現代中國史學的討論，向以梁啓超 1902 年發表〈新史學〉爲其濫觴[64]；惟所謂新史學絕非截斷傳統史學另創新局，而係在傳統史學的根基上，賦予史學新的生命；傳統史學的樸學考據，在現代中國史學的新義上，被冠以具有科學史學的精神；史學經世的意涵，亦爲現代中國史學不斷反覆出現的主題；因此，以傳統史學的考據與經世分析現代中國史學的發展，應是一個可以嘗試的方向。

　　現代中國史學的發展，基本上承續清代的樸學考據而來，雖然在方法論上借用了西方的語言考證(Philology)，但在本質上並未遠離清代的樸學考據[65]；因此，現代中國史學的發展，在方法論上其實是西方

----

[64]　許冠三，《新史學九十年》(上)，頁 2；齊思和，〈晚清史學的發展〉，《燕京社會科學》，第 2 期(北京：燕京大學，1949:10)，頁 1-35；有關梁啓超新史學的討論在頁 20-22；杜維運在〈民國史學與西方史學〉中則以 1898 年嚴復譯赫胥黎 (T. H. Huxley, 1825-1895) 的《天演論》(*Evolution and Ethics*) 爲中國史學思想界的晴天霹靂，1902 年梁啓超發表〈新史學〉時，西方史學的輸入更暢通無阻；見：杜維運，〈民國史學與西方史學〉，《孫中山先生與近代中國學術討論集》，第 2 冊，頁 346-347；惟一般之討論仍以梁啓超發表〈新史學〉爲現代中國史學之肇端，雖然其淵源或可再往上追溯。

[65]　逯耀東在〈胡適溯江河而行〉中，認爲胡適治學本於清儒的考據學，而且在胡適的認知中，亦發現中西的校勘學有其相同之處；參考：逯耀東，《且做神州袖手人》，頁 180-182；余英時在《中國近代思想史上的胡適》中，指出胡適「是通過中國的背景，特別是他自己在考證學方面的訓練，去接近杜威思想的」；見：余英時，《中國近代思想史上的胡適》(臺北：聯經出版公司，1984)，頁 48；呂實強在中央研究院近代史研究所主辦的「近代中國歷史人物研討會」(1993 年 2 月 4-6 日) 發表〈胡適的史學〉，認爲胡適的治學方法結合了考據與杜威實驗主義，獨創出他自己的 "科學方法"；杜維運在〈民國史學與西方史學〉一文中，認爲現代中國史學中的史料考據

語言考證的新瓶，裝了樸學考據的舊酒；而現代中國史學的另一條線索即爲清季的經世史學，因爲正是清季經世史學的外王理路，使得知識分子對時代變局有深切的關懷，史學動向與時代變局之間，亦存在著一定程度的內在張力，西北史地研究與涉外史事的記載，以及由此發展出的海防思想與陸防思想，乃係清季經世史學的普遍共相⑥⑥。因而歷史地理學的實用性，在面對近代外患問題時便適時地發揮了它的功能。

歷史地理學的實用功能，在現代中國史學的發展過程中，再度扮演了類似清季經世史學的角色，主要是知識分子對國是的關心，藉由學術研究的形式表現出來；中國現代史上的兩次重大涉外事件，正好是歷史地理學實用功能的沙盤推演；1919 年巴黎和會對山東歸還問題的處置，點燃了五四事件的火種，並進而擴展及學術、思想與文化的各個層面⑥⑦；1921 年 11 月創刊的《史地學報》，正是五四學術風氣

方法，其實是乾嘉考據的現代版：

> 有清三百年，尤其是乾嘉時代，歷史考據學的發展，爲中國史學帶來豐碩的成果。兩千年來中國史籍上的大小錯誤以及種種疑難問題，大致得到了訂正與解決。……晚清西方勢力若驚濤駭浪般衝進中國來了，反歷史考據之聲，有如獅吼，但是歷史考據學的傳統不絕。一旦西方重視史料考據的一套史學輸入，中國舊的歷史考據便披上科學方法的外衣，而蔚爲全國的新歷史考據學了。

見：杜維運，〈民國史學與西方史學〉，《孫中山先生與近代中國學術討論集》，第 2 冊，頁 354；劉龍心在〈史料學派與現代中國史學之科學化〉中，認爲史料學派的治學方法基本上是清儒考據、德國語言考證學派與杜威實驗主義的綜合體，參考：劉龍心，〈史料學派與現代中國史學之科學化〉，頁 124-181。

⑥⑥ 相關討論請參閱本書第 2 章第 1 節〈清季的經世史學〉。

⑥⑦ 本書對"五四運動"、"五四時期"與"五四新文化運動"，採取廣義的說法，包括 1915 年至 1930 年前後的中國社會史論戰，其間的各種思想、文化、

下的產物⑱；面對自近代以降的外患頻仍，史地學報派對時事的關注，局部地代表了當時知識分子學術救國的一種風氣；1931 年的九一八事變，是中國現代史上的另一個晴天霹靂，日本的入侵東北，激起民族主義的浪濤，《禹貢半月刊》正是知識分子救亡圖存思潮下的產物，亦即以學術爲救國手段的具體表現；因此，在面臨外患凌逼下的中國知識分子，其報國的方式乃是間接的、迂迴的，並非直接投入戰場，而比較採取民族主義史學與經世史學的思考方式。在此前提下，歷史地理學的實用性，發揮了與時代共脈搏、同呼吸的特色，亦即在時代變局與史學動向之間，找尋可能的平衡座標，雖然這個座標的點，是因人、因學派而異的。

　　以北方學統爲主的禹貢學派，其基本治學方法乃係樸學考據⑲，

政治、經濟之變遷，本書使用五四運動、五四新文化運動和五四時期，均廣泛地指這段時間學術思想之變化，與張玉法所稱之 "啓蒙運動" 略等；參考：張玉法，《中國現代史》(上) (臺北：東華書局，1980)，頁 253-264。張玉法以 "啓蒙運動" 稱五四新文化運動，本書並未採行；有關五四運動斷限與意涵之討論，參考：周策縱(Chow Tse-tsung)，*The May Fourth Movement: Intellectual Revolution in Modern China* (Cambridge Mass.: Harvard University, 1960), pp. 5-6；余英時，〈五四運動與中國傳統〉，收入：汪榮祖 (編)，《五四研究論文集》(臺北：聯經出版公司，1979)，頁 113-124；余英時係以 1927 年爲五四新文化運動之下限；另，張玉法 (主編)，《中國現代史論集》，第 6 輯 (臺北：聯經出版公司，1981)，亦依一般史學慣例稱 "五四運動"，而非以啓蒙運動名之。

⑱ 《史地學報》爲南京高等師範學校 "史地研究會" 的機關刊物，自 1 卷 1 期至 4 卷 1 期計出版 20 期；2 卷 4 期以前爲季刊，3 卷 1 期以後爲月刊；南京高等師範學校史地研究會出版，1921:11-1926:10，本書所據爲臺北：臺灣進學書局 1960 年 2 月景印版。

⑲ 清代的樸學考據，極受以胡適、錢玄同、傅斯年及顧頡剛等人爲中心的 "北大派" 之青睞，胡適認爲清代學者治學的方法就是 "科學方法"，而清代學者的治學方法中，最值得稱述的則爲考據，參考：胡適，〈考據學的責任與

顧頡剛在《中國疆域沿革史》中即對清代樸學的疆域沿革研究極力推崇：

> 清代樸學最爲發達，疆域沿革之研究，亦因以遠超前人之範圍。
> 清人之治疆域沿革者，多偏重於整理故籍，而於校補各史地理
> 志，用力尤勤⑦。

以顧頡剛的觀點，審視《禹貢半月刊》所刊載論著之內容，將會發現樸學考據對禹貢學派治學方法的深刻影響；惟禹貢學派在考據與經世之間亦有所轉折，尤其透過時代變局的觀察，其由考據到經世的軌跡是相當明顯的；雖然類似的發展在清代的嘉道之際已經發生過一次，惟其內容則有所不同。嘉道之際史學由考據到經世的轉變，固涉及世變與學術動向，但此種轉變基本上是傳統中國學術內部的問題，或者甚至可以說是傳統史學的外王經世理路問題；而現代中國史學由考據到經世的過程，受外來文化與政治現實的影響，則較清季時期明顯；易言之，現代中國史學由考據到經世的過程，不僅是傳統之變的問題，更涉及西學與西力的衝激；由於西學的不斷輸入，外患的凌逼亦無時或已，現代中國知識分子所面臨的內憂外患與清季相較曾不相讓，甚或有過之而無不及。

方法〉，收入：《胡適文選・考據》（臺北：文星書店，1968），頁 157-169；傅斯年對清學亦大加推崇，並且認爲清代學者的治學方法是科學的，參考：傅斯年，〈清代學問的門徑書幾種〉，《傅斯年全集》，第 4 冊（臺北：聯經出版公司，1980），頁 406-415；從胡適到傅斯年、顧頡剛，基本上他們的治學方法都來自同一個系統：清代的樸學考據；本書第 4 章〈樸學考據的新出路〉對此一問題有進一步的討論。

⑦ 顧頡剛、史念海，《中國疆域沿革史》，頁 12。

　　面臨外患紛至沓來的現代中國知識分子，其解決問題的方案基本上係由思想文化入手，亦即希望透過思想文化的模式，解決政治現實的問題，歷史地理學的形成與演變，大抵亦可列入此類思考模式加以探討；此處並不意味所有現代中國史學的內容，均適合以類似的方式處理，而係藉由歷史地理學興起的過程，思考現代中國史學的一個切片，並且透過這個切片探索時代變局與史學動向之間的關係。

　　治學方法本於樸學考據的禹貢學派，在面臨現實政治問題時，思想與治學方向的轉折，明顯與時代變局相呼應；禹貢學會成立之初，其目的本在於研究沿革地理，但當國家民族面臨危急存亡之秋，禹貢學派由考據轉向經世是順理成章的發展，並且也對民族主義多所縈懷；在禹貢學會成立三週年的紀念特刊上，刊載了一篇未屬名的〈本會此後三年中工作計畫〉，便明白表示經世之學的重要性：

　　　　竊維士居今日，欲求經世致用救亡圖存之學，其道固有多端，
　　　　而於吾國地理之研究實為重要之一。蓋研究吾國地理之目的，
　　　　端在明瞭古今疆域之演變，戶口之增損，民族之融合，山川險
　　　　易，以及郡縣建置，道路修築，邊城關堡之創設，運河溝洫之
　　　　濬鑿，土地物產之利用，其所關於民生經濟及國家大計者為至
　　　　且巨也[71]。

因此，本於考據之學的沿革地理，搖身一變為關乎國計民生的大事，亦即寄託經世思想於學術研究中。

　　歷史地理學興起的過程中，其面貌固繁複多變，相關材料亦汗牛

---

[71]　〈本會〔禹貢學會〕此後三年中工作計畫〉，《禹貢》，7:1.2.3，頁13。

充棟,如何釐析出一條清楚的線索實為不易;資料的過濾與論題選擇,乃係研究歷史地理學與現代中國史學發展首先要面對的問題⑦。本文主要以兩分學術期刊:《史地學報》與《禹貢半月刊》,以及兩個地區:東北史地和西北史地研究為討論主軸,其原因有下列數端:

其一,期刊的代表性:考察 1911-1949 年間的歷史與地理學期刊,其數固不在少,明顯與歷史地理學有關者如:南京高等師範學校史地研究會的《史地學報》,北平史地教材編譯室主編的《史地半月刊》,國立湖北師範學院史地學系編輯出版的《史地叢刊》,北京高等師範史地研究會的《史地叢刊》,上海大廈大學史地學會編輯的《史地叢刊》,杭州國立浙江大學史地學系編的《史地雜誌》兩月刊,上海中國史地會的《史學與地學》,西北史地學會編輯的《西北史地》(季刊),北平師範大學地理系地理月刊社編輯室編輯的《地理月刊》,南京中央大學地學系編輯兼發行的《地理雜誌》,南京中國地理學會編輯的《地理學報》,北平禹貢學會出版的《禹貢半月刊》等⑦;上述期刊中,部分發行時

---

⑦ 杜瑜、朱玲玲 (編),《中國歷史地理學論著索引》,蒐錄 1900-1980 年間的歷史地理學論著,計中文部分論文 15,000 餘篇,著作 2,600 餘種;日文部分論文 3,000 餘篇,著作 200 餘種;補遺蒐錄 1981-1982 年間論著,計論文 2,000 餘篇,著作 200 餘種;見:杜瑜、朱玲玲(編),《中國歷史地理學論著索引》(北京:書目文獻出版社,1986),〈內容提要〉。

⑦ 各期刊的創刊時間與期數略如下表
《史地學報》,1:1-4:1(南京高等師範學校史地研究會,1921 年 11 月創刊)。
《史地半月刊》,1:1-1:14 (北平史地教材編譯室,1936 年 11 月創刊)。
《史地叢刊》,1:1-1:3 (國立湖北師範學院史地學系 1947 年創刊)。
《史地叢刊》,1:1-2:3 (北京高等師範史地研究會,1920 年 6 月創刊)。
《史地叢刊》,1 輯 (上海:大廈大學史地學會,1933 年 11 月創刊)。
《史地雜誌》(兩月刊),1:1-1:4(杭州:國立浙江大學史地學系,1937 年 5 月創刊)。
《史學與地學》,1-4 期 (上海:中國史地會,1926 年創刊)。

間較短，內容分析不易；如：北平史地教材編譯室的《史地半月刊》，
湖北師範學院史地學系的《史地叢刊》，北京高等師範史地研究會的《史
地叢刊》，上海大廈大學史地學會的《史地叢刊》，浙江大學史地學系
的《史地雜誌》兩月刊，上海中國史地會的《史學與地學》；有的內容
局限性較大，範圍稍窄，如：西北史地學會編輯的《西北史地》(季刊)；
有的雖發行時間較長，但內容較偏向地理學而遠於史學，如：南京中
央大學地學系編輯兼發行的《地理雜誌》，南京中國地理學會編輯的《地
理學報》；其中發行時間較長，且內容集中於歷史地理學者，以《史地
學報》和《禹貢半月刊》最具代表性。

其二，學風的形成：從事歷史地理學研究的學者，以出身北大和
南高者爲多，北大所代表的北方學統包括北京大學、燕京大學與輔仁
大學，常在《禹貢半月刊》發表論著的學者包括顧頡剛、譚其驤、馮
家昇、史念海、侯仁之、童書業、周一良、劉選民、白壽彝等人；南
高所代表的南方學統，以南京高等師範學校 (東南大學、中央大學) 爲發源
地，加上 1936 年竺可禎接掌以後的浙江大學，從事歷史地理學研究的
學者包括柳詒徵、竺可禎、徐則陵、張其昀、鄭鶴聲、向達、黃盛璋
等人⑭；由這些學者的出身與研究取向，可以發現從 1920 年代到

《西北史地》(季刊)，1:1 (西安：西北史地學會，1938 年 2 月創刊)。
《地理月刊》，1:1(北平：北平師範大學地理系地理月刊社，1934 年 2 月創
刊)。
《地理雜誌》，1:1-5:2 (南京：中央大學地學系，1928 年 7 月創刊)。
《地理學報》，V.5-V.14 (南京：南京中國地理學會，1934 年 9 月創刊)。
《禹貢半月刊》，1:1-7:10 (北平：禹貢學會，1934 年 3 月創刊)。
上述期刊據杜瑜、朱玲玲 (編)，《中國歷史地理學論著索引》，頁 663-701
之〈附錄‧本索引所收雜誌一覽表〉綜合整理而成。
⑭ 宋晞，〈〔張其昀〕傳略〉，收入：《張其昀先生文集》，第 1 冊，頁 10；另，譚
其驤 1932 年畢業於燕京大學研究生部，曾在 1940-1950 年間任教於浙江大

1949 年以後的海峽兩岸，大部分的歷史地理學工作者，幾乎都來自北大與南高；因此，以北大爲中心的《禹貢半月刊》，和以南高爲主體的《史地學報》，應可視爲現代中國歷史地理學的重要奠基者。

其三，考據與經世：禹貢學派的治學方法本於樸學考據，史地學報派的治學方法則較傾向於經世之學⑦，此爲南方學統與北方學統最大的差異，雖然治考據者未始不致力於經世之學，惟在治學方法上確

學史地系，是禹貢學派中少數與南高接觸較多者；參考：譚其驤，〈譚其驤自傳〉，收入：晉陽學刊編輯部（編），《中國現代社會科學家傳略》，第 2 輯（太原：山西人民出版社，1982），頁 361-373；黃盛璋 1949 年畢業於浙江大學，參考：黃盛璋，《歷史地理論集·序》，頁 1；其餘諸人之討論分見於本文第 3 章〈涵泳舊學介紹新知〉與第 4 章〈樸學考據的新出路〉。

⑦ 張其昀在〈吾師柳翼謀先生〉中論柳詒徵的史學，略云：

柳師對於史學，主張沿流討源，援古證今，講明當代典章文物，以達經世致用之目的。

見：《張其昀先生文集》，第 9 冊，頁 4716；郭廷以在口述歷史中提及他和柳詒徵的師生情誼則說：

柳先生教我的功課很多，可惜到大三時他就離開東大了，在我讀課外書及研究近代史的興趣固然受他影響很大，但在研究方法上，我不大贊同他的方法，比如他不重視考證，對歷史這門科學不下考證功夫如何下結論？

見：張朋園等（訪問紀錄），《郭廷以先生訪問錄》（臺北：中央研究院近代史研究所，1987），頁 130；案：柳詒徵爲南京高等師範學校的教授，可以說是南高的精神導師，他重經世而疏於考證的治學方法，對南高學生應有重大的影響；竺可禎爲哈佛大學博士，以治氣象學著稱，常以經世之觀點論述地理學者的責任，以及地理與人生之關係；徐則陵畢業於金陵大學，留美學歷史，曾任東南大學歷史系系主任，專長爲西方史學與史學方法，特別長於用中國史料討論新的史學方法（參考：《郭廷以先生訪問錄》，頁 119）；就《史地學報》所刊載徐則陵的論著來看，似亦不長於考據；進一步討論請參閱本書第 3 章第 2 節〈《史地學報》的創立及其組織〉與第 3 章第 3 節〈《史地學報》內容分析〉。

有本質上的不同；史地學報派之傾向經世致用係其本源，禹貢學派之由考據到經世則與時代變局有關。

其四，時代變局與學術動向：中國現代史上曾出現兩次影響較大的涉外事件，一為1919年巴黎和會討論山東歸還問題，另一為1931年九一八事變日本的侵占東北，而這兩次涉外事件的對象都是日本；《史地學報》創立於1921年11月，與五四時期的學術風氣有密切的關連；《禹貢半月刊》創立於1934年3月，可視為九一八事變後知識分子救亡圖存思想下的產物；透過時代變局與學術研究的互動，或許可以為歷史地理學的興起，勾勒出一個比較清晰的面貌，並為歷史地理學的興起，與現代中國史學的發展之間，找出互動的線索。

其五，領土、國防與建設：1919年的山東歸還問題與1931年的九一八事變，均涉及領土問題，這類問題正是歷史地理學所特別關心的；在現代中國史學的發展過程中，西北史地研究的源流固可上溯至清代史學，東北史地研究則幾乎到九一八事變以後纔開始拓荒，其研究動機則與日本學者的"滿蒙學"有關；在西北史地與東北史地研究中，領土與國防是研究工作者所特別關心的課題，尤其在日本侵占東北之後，希冀在西北找尋中國的新生機，形成邊疆史地研究的另一個高峰。

現代中國歷史地理學的興起，一方面承繼了傳統史學的沿革地理，另一方面也向西學取經，因而造成其繁複的面貌；本書試圖透過考據與經世的治學理路，分析兩分學術期刊：《史地學報》與《禹貢半月刊》，其內容與治學方法之異同，以及如何解決中學與西學的扞格？在時代變局下興起的民族主義史學，如何泯除學術客觀與現實政治的張力？樸學考據又如何在時代的變局中找到新的出路？這些都是本書思考的焦點。

在分析的過程中，基本上係以時代背景為線索，探討歷史地理學興起的因素，更重要的是將歷史地理學置於整體現代中國史學發展過程加以檢討；至於歷史地理學究竟完成了哪些個別的研究，解決了哪些局部問題，則非本書討論的重點。

本書的討論方式係以治學方法與思想線索爲主體，在進行分析時，雖亦採用量化數據，惟係做爲工具之賓，整體的解釋仍以內容討論爲主。

由於史學本身具有承先啓後的學門特色，本書在分析與解釋的過程中，間或有逾越《史地學報》與《禹貢半月刊》之年代者，係因探本溯源與前瞻推論之需要，並未謹守特定的年代斷限，惟大體以近代中國史學形成的 1840 年代到 1949 年海峽兩岸橫斷，爲本書約略之上下斷限⑦，其核心討論則是 1919 年的五四運動到 1949 年之間，歷史地理學興起的時代意義。

---

⑦ 顧頡剛《中國當代史學》的上下斷限爲 1845-1945，就近代中國史學的發展而言，以 1840 年代至 1949 爲較長時期之觀察斷限，應是符合歷史事實的；參考：顧頡剛，《當代中國史學》，頁 1。

第二章　時代變局與史學動向

　　在傳統中國史學中，史學發展與時代變局一直有著千絲萬縷的關係。盛世固有可能發展出成熟的學術，亂世若有偏安晏處，學術仍有可能藉以保存與發展①。值得探索的是：中國學術史上的光輝時期，特別是史學發展的高峰，正好是亂世的春秋戰國時代、魏晉南北朝與偏安之局的南宋。此三時期在傳統中國史學的發展過程中，均有其一定的地位與影響②。近代以來，中國面臨亙古未有之變局，造成史學發展的新動向，特別是西北史地之學，以及因應新局的世界史地，成為新的顯學，知識分子紛紛投入研究行列，甚至有謂當時的知識分子

① 杜維運，〈學術與世變〉，收入：杜維運，《聽濤集》（臺北：弘文館出版社，1985），頁 243-253。

② 關於春秋戰國時代的史學，可參考：金毓黻，《中國史學史》（臺北：鼎文書局，1986），頁 23-41；有關魏晉南北朝的史學，逯耀東有精闢的分析，見：逯耀東，〈裴松之與《三國志注》研究〉，《國立編譯館館刊》，3 卷 1 期（臺北：國立編譯館，1974：3），頁 1-34；逯耀東，〈經史分途與史學評論的萌芽〉，《大陸雜誌》，71 卷 6 期（臺北：大陸雜誌社，1985：12），頁 1-8；逯耀東，〈裴松之與魏晉史學評論〉，《食貨月刊》，復刊 15 卷 3.4 期（臺北：食貨月刊社，1985:9），頁 93-107；逯耀東，〈《三國志注》與裴松之三國志自注〉，《勞貞一先生八秩榮慶論文集》（臺北：聯經出版公司，1986:1），頁 257-272；南宋史學的主要精神在於正統論，可參考：陳芳明，〈宋代正統論的形成背景及其內容〉，《食貨月刊》，復刊 1 卷 8 期（臺北：食貨月刊社，1971），頁 16-28；饒宗頤，《中國歷史上的正統論》（臺北：宗青圖書公司，1979，景印本），頁 28-37。

如不講求西北史地之學，即不足以躋身儒雅之林③；這種時代變局與
史學相互關連的情形，是中國史學發展過程中一個相當值得探索的現
象。沈剛伯在〈史學與世變〉中，曾對史學與時代的關係做了極佳的
詮釋，他說：

> 史學產生後，物質環境仍是日新月異，史學也就跟著不斷底變。
> 世變愈急，則史學變得愈快；世變愈大，則史學變得愈新。這
> 原因是不難推測的。因為人們大都抱著鑒往知來的目的去讀歷
> 史，一逢世變，便想從歷史中探尋世變之由；求之不得，自然
> 不滿意於現有的史書，而要求重新寫過。於是乎每一個時代必
> 有好些根據其時代精神所改修的新史書。這些觀念就形成了新
> 史書的各種重點④。

清季正是這樣一個世變劇烈的時代,知識分子亟於尋求新的解決之道,
一方面在舊傳統中探問經世致用之策，另一方面也向西學取經，形成
諸說並陳的學術現象。

在檢討現代中國史學的發展過程時，清代學者的相關研究是不容
忽視的；因為史學研究固非截斷傳統臍帶另創生命，亦難平空自西方
移植；所以史學基本方法的探本溯源，在論析現代中國史學的形成時
便顯得特別重要，其承續清學的痕跡尤歷歷可數。

③ 方豪，《中西交通史》，第 1 冊 (臺北: 華岡出版公司，1977)，頁 3-4；杜
　維運，《中國歷史地理·清代篇》，收入: 石璋如等，《中國歷史地理》，第
　3 冊 (臺北: 中華文化出版事業委員會，1954)，頁 7。
④ 沈剛伯，〈史學與世變〉，《中央研究院歷史語言研究所集刊》，第 45 本(上)
　(臺北: 中央研究院歷史語言研究所，1967:10)，頁 509-517；所引在頁
　510。

　　清學由考據到經世的因素固有多端，外患則爲其最直接之觸媒，由於外患的紛至沓來，使得知識分子不再以訓詁爲治學的終身職志，更多的知識分子開始思索時代變局中的因應之策，如魏源的“師夷長技以制夷”，張之洞的“中體西用論”，以及康有爲的“託古改制論”，都可謂係時代變局下之產物⑤；其間固有西力衝激之挑戰與回應，亦有傳統中國變法論的延伸；而在面對時代變局的因應之道中，經世史學的興起，乃係其中相當重要的一環。

第一節　清季的經世史學

　　傳統中國的學術分類，雖有經史子集之別，但學問之間的界線其實很難清楚劃分；其中史學與經學的關係尤其密切，深治史者鮮少有不通經的，其主要關鍵在於傳統中國史學中，建構上古史的重要材料本來就是六經，從王陽明“五經亦史”到章學誠“六經皆史”，都點出了經和史的密切關係⑥，而這種關係在傳統儒學中是無可取代的。清中葉乾嘉時期(1736-1820)考據之學蔚爲普遍風尚，經學家如惠棟、王念孫、孫星衍，皆不乏考據之作⑦，主要的原因就是經史未有明確的界

---

⑤　相關討論，參考：王爾敏，〈清季維新人物的託古改制論〉、〈清季知識分子的中體西用論〉，收入：王爾敏，《晚清政治思想史論》(臺北：華世出版社，1976)，頁31-71；汪榮祖，《晚清變法思想論叢》(臺北：聯經出版公司，1983)；此外可參考：小野川秀美著，林明德、黃福慶(譯)，《晚清政治思想研究》(臺北：時報出版公司，1982)，頁1-166。

⑥　關於“六經皆史”的起源與發展過程，參考：錢鍾書，《談藝錄》(北京：中華書局，1993)，頁263-266。

⑦　杜維運，〈清乾嘉時代之歷史考據學〉，收入：杜維運，《清代史學與史家》

線; 而由考經到考史的過程, 使清代學術形成 "回向原典" 的探本溯源, 試圖通過整理經典文獻以恢復原始儒家的面貌; 且因考據在經史之間逐漸形成專業的分途發展, 使得清學漸具客觀學術的雛形⑧, 此乃胡適、傅斯年推崇清代學者具有科學精神之由來⑨。

　　清代學者由考據走向經世之途, 時代變局的影響是其主要成因, 一方面是清代學者的西北史地研究, 另一方面則是西力衝激的影響。清代學者由考據而走向經世, 藉由通經致用觀念與史學經世的精神結合, 造成經學與史學之間的互動; 且因嘉道以降西力的衝激, 使得中國史學的發展, 雖未完全脫離傳統藩籬, 卻已有所改變。

　　在討論有關西力衝激的理論時, 固毋須認定其為惟一動力, 但其影響是無庸置疑的。近年的相關研究, 分析西力衝激對中國的影響, 與 1950-1970 年代之間的研究論點略有所異。在上述年代之相關研究, 常將焦點集中於挑戰與回應之理論模式中, 且將傳統與現代二者截然劃分; 近年的研究則重新檢討傳統與現代之間的延續性, 譬如經世思想對知識分子的影響, 即引起相當多的注意⑩; 因此, 愈來愈多的研

（臺北: 東大圖書公司, 1984）, 頁 277-322。

⑧　余英時,《論戴震與章學誠》（臺北: 華世出版社, 1977）,〈自序〉, 頁 5-6。

⑨　參考: 胡適,〈清代學者的治學方法〉,《胡適作品集》, 第 4 冊（臺北: 遠流出版公司, 1986）, 頁 163-164; 胡適,〈考據學的責任與方法〉,《胡適文選·考據》（臺北: 文星書店, 1968）, 頁 161-162; 傅斯年,〈清代學問的門徑書幾種〉,《傅斯年全集》, 第 4 冊（臺北: 聯經出版公司, 1980）, 頁 408; 相關討論請參閱本文第 4 章〈樸學考據的新出路〉。

⑩　1983 年 8 月 25 日至 27 日, 臺北南港中央研究院近代史研究所舉辦「近世中國經世思想研討會」, 其中有多篇論著即從傳統的角度出發, 論析經世思想的成因; 如: 張灝,〈宋明以來儒家經世思想試釋〉,《近世中國經世思想研討會論文集》（臺北: 中央研究院近代史研究所, 1984）, 頁 3-19; 周啟榮、劉廣京,〈學術經世: 章學誠之文史論與經世思想〉,《近世中國經世思

究傾向於重新檢視儒家傳統思想，使得經世思想在近代中國變局中的
因應之道，愈來愈為為史學工作者所關心，如經世與變法之間的關連，
經世思想與新興事業的關係，均受到學者的注意⑪。類此的研究方向，
使得傳統與現代之間，不再存有難以逾越的鴻溝。惟西力衝激之理論，
在解釋相關環結時，仍有其時代意義，因為在近代中國的變局中，西
力叩關畢竟是一個重要的轉折點。也正因西力的叩關，造成了中國亙
古以來未有之巨變，中國知識分子亦因而對儒家的傳統理論重新加以
檢討，雖然他們所採取的方案，可能仍是從中國傳統中找尋解決之道，
惟其最初之動因，不能不說是西力叩關所引起者。

　　1840 年代以降的變局，使得中國知識分子重新思索民族命運及文
化的未來方向，如魏源"師夷長技以制夷"，張之洞"中體西用論"，
康有為"託古改制論"，都是藉求思想‧文化以解決問題的模式⑫，雖
然這種解決問題的模式為傳統中國知識分子所慣用，但在其中卻也羼
入了新的趨向，如魏源的《海國圖志》即藉求地理知識之擴充，以喚
醒國人的認知；可惜此書對日本雖造成極大的影響，在中國卻未受到
應有的重視⑬。但由魏源、徐繼畬所開啟的研究世界地理風氣卻方興

　　想研討會論文集》，頁 117-156；孫廣德，〈龔自珍的經世思想〉，《近世中國
　　經世思想研討會論文集》，頁 275-289；有關西力的挑戰與回應，參考：鄧
　　嗣禹 (Teng Ssu-yu)，*China's Response to the West: A Documentary
　　Survey, 1839-1923*　(New York: 1971).
⑪　呂實強，〈儒家傳統與維新，1839-1911〉，收入：周陽山、楊肅獻（編），張
　　灝等，《近代中國思想人物論——晚清思想》(臺北：時報出版公司，1980)，
　　頁 35-83；劉廣京，《經世思想與新興事業》(臺北：聯經出版公司，1991)。
⑫　此論為林毓生所提出，參考：林毓生，《思想與人物》(臺北：聯經出版公
　　司，1983)，頁 139-156；特別是頁 150-152。
⑬　參考：王家儉，《魏源對西方的認識及其海防思想》(臺北：大立出版社，
　　1984)，頁 166-174；王曉秋，〈試論中國近代中國知識分子群體的形成和特

未艾，且因列強爲刀俎、中國爲魚肉之處境，刺激知識分子提出救亡圖存的各種方案，其中研究邊疆史地風氣的興起，尤爲近代中國史學開闢出一個新的研究領域[14]；並且由內憂外患引發出知識分子的救亡圖存思想，使得經世思想得以蓬勃發展，也刺激了知識分子研究當代史的興趣。

在這一系列救亡圖存的方案中，與史學關係較爲密切的有下列數端：

其一，經今古文之爭：經今文學運動引發的辨僞風氣，對古代信史造成前所未有的破壞，爲古史辨運動埋下了伏線。

其二，當代史的修纂：由魏源《聖武記》開啓研究清代典章掌故的先聲，從而史學的經世致用受到重視。

其三，外國史地之學：由於西力叩關主要來自海上，清季知識分子研究外國史地之學乃係爲了制夷。

其四，邊疆史地研究：此爲延續清中葉以降的元史研究而來，加上清季的陸上外患主要來自西北，形成研究西北史地的學術風氣。

其五，重視歷史教育：西方新史學思想輸入中國以後，引發了改編國史的運動。

清季的今文學運動分爲兩派，一派是有心恢復漢學者，如陳立、皮錫瑞等人，雖不免囿於家法的成見，但他們實事求是，頗能抉微闡幽，在學術上有所獻替；另一派是以學術爲政治之用者，如康有爲、

性〉，收入：湯一介（編），《論傳統與反傳統》（臺北：聯經出版公司，1989），頁 261-279。

[14] 參考：陸寶千，《清代思想史》（臺北：廣文書局，1983），頁 277-322；關於清代的邊疆史地研究，1988 年大陸學者曾編輯一本值得參考的索引：中國人民大學清史研究所、中國社會科學院邊疆史地研究中心（編），《清代邊疆史地論著索引》（北京：中國人民大學出版社，1988）。

梁啓超、廖平、崔適等人，以今文爲政治工具，藉以摧毀守舊派的反
對⑮。

　　嚴格地說，康有爲的“託古改制論”實難列入史學之林，而係藉
由清季今文家的歷史解釋，爲其變法論做張本。而清季今文家的歷史
解釋，基本上，祗是儒學內部的問題，所謂“三統說”、“三世說”，在
歷史研究中，其實很難能夠站得住脚，因爲在清季今文家的歷史解釋
中，常有強六經以就我的情形出現，亦即在儒學的軀殼注入自己的王
心思想⑯。因此，康有爲的三世史觀，眞正的目的乃是爲了變法，其
尊孔亦是爲自己的“素王改制論”舖路，且在無意間破壞了上古的信
史結構。所以，就康有爲的思想發展而言，破壞中國上古信史，絕非
其原始動機，祗是偶然的結果；顧頡剛對康有爲觀點弔詭式的繼承，
使康有爲本意尊聖、乃至疑經的《新學僞經考》和《孔子改制考》，成
爲古史辨運動打破上古信史的火藥線⑰；今文學派的殿軍，因而成爲
破壞儒學的先鋒，這種情況可能是康有爲始料所未及的。所以康有爲
意在尊孔以爲其變法論張本的“託古改制論”，導致中國上古信史的破
壞，祗能說是歷史的偶然。

　　問題是今文家的歷史解釋,其目的爲何?“三世說”和“託古改制
論”代表的意義又是甚麼? 就歷史的發展而言，藉由變法而達到富國
強兵的目的，可能是一種比較通行而易被接受的詮釋。而今文家之所
以要用“三世說”做爲變法的張本，其背後之驅力，不得不歸結到西

---

⑮　參考：齊思和，〈近百年來中國史學的發展〉，《燕京社會科學》，第 2 期(北
　　京：燕京大學，1949:10)，頁 1-35；有關清季今文學與史學的討論在頁 11-
　　14。

⑯　關於清季今文家的歷史解釋，王汎森有精闢的見解，參考：王汎森，《古史
　　辨運動的興起》（臺北：允晨文化公司，1987），頁 61-208。

⑰　王汎森，《古史辨運動的興起》，頁 209-230。

力叩關的問題。正由於西力叩關的衝激，使得知識分子必須找尋使中國富強之道，今文學派之所以提出"託古改制論"與"三世說"，亦可由此一角度加以解釋。因此，傳統中國的現實政治問題，很可能影響到思想文化層面，而由思想文化層面又影響及史學的發展，清季今文家的歷史解釋，即爲一典型的例子。

雖然學術思想有時可以獨立於政治之外，但在近代中國則難以明確釐清，特別在與時代的互動關係上，更是千絲萬縷。所以，當今文學派爲變法之需要而提出"三世說"時，固無須以嚴肅的史學意義加以看待，而應注意學術與現實政治間的互動。類似的情形，在由經世思想所激發出知識分子研究當代史事的興趣上，亦有明顯的軌跡可循；這方面的相關著作，可以魏源《聖武記》(1842年刻於揚州)和梁廷枬的《夷氛聞記》(1850年定稿) 爲代表。

魏源《聖武記》的內容，主要是敍述清初到嘉慶年間 (1660-1800) 清朝的武功，寫作時間大約是道光十七年至道光二十二年 (1837-1842) 間，出版時正好是江寧條約簽訂的這一年(1842)。從書中的內容來看，主要是描寫清初的盛世武功，而其目的則是希望藉敍述聖王的武功，激勵當時萎靡不振、無以紹承清王朝盛期武功的王公大臣之心志。因此，魏源編纂《聖武記》的目的，絕非爲學問而學問，而是希冀此書有益於經世致用，特別是在現實政治上有所影響；其《聖武記》便是要以當代尙爲人所熟知的歷史經驗，做爲當政者面對西方列強侵略的參考指南。易言之，即藉由清初盛世的武功，喚起士大夫的注意，並進而自立自強，魏源說：「國家欲興數百年之利弊，在綜合名實，在士大夫舍楷書帖括，而討朝章討國故始，舍胥吏例案而圖計謨圖遠猷始」⑱。

---

⑱　魏源，《聖武記》(北京：中華書局，1984)，頁448。

在魏源的心目中，所謂討朝章討國故，其實是冀期以清朝之政典對付外來的侵略，雖然此類論調在面對西力叩關時，恐怕仍是於事無補，但在當時魏源確然希望當政者能有所悟，其藉當代典章以對付西方列強的想法，未免一廂情願，但魏源關心當代史事之用心，則由此可見一斑；並且也由此開啓了清儒研究本朝掌故的風氣，由考史而轉向修史，其中較具代表性者爲王闓運《湘軍志》；此外，編纂當代史籍的風氣亦因而興盛，比較重要的如：《東華錄》、《籌辦夷務始末》、《外交史料彙編》、《〔同治朝〕籌辦夷務始末》等⑲。上述外交彙編的編纂，不僅對當時辦理外交的人員有用，對史學工作者而言，在史料的保存上亦有莫大之功。

事實上，早在編纂《聖武記》以前的《默觚》中，魏源即對經世致用有所關切，認爲富強比王道更爲重要⑳；這是面對西方帝國主義的堅船利砲時，一個中國知識分子救亡圖存的思考。因此，在《聖武記》中，魏源以強調清初盛世時的武功，做爲對付西力的張本。但是，1840 年代的清王朝，所面對的不祗是來自海上的英國，尚有來自陸上的俄國，因而特別重視新疆問題；甚至此時魏源認爲俄羅斯的侵略，其嚴重性可能不下於海上的英國，因而對西北史地多所留心。但到了

---

⑲　齊思和，〈近百年來中國史學的發展〉，《燕京社會科學》，第 2 期，頁 18-20。
⑳　魏源說：
　　自古有不王道之富強，無不富強之王道。王伯之分，在其心不在其跡也。……王道至纖至悉，井牧、徭役、兵賦，皆性命之精微流行其閒。使其口心性，躬禮義，動言萬物一體，而民瘼之不求，吏治之不習，國計邊防之不問；一旦與人家國，上不足以制國用，外不足以靖疆圉，下不足以蘇民困，舉平日胞與民物之空談，至此無一事可效諸民物，天下安用此無用之王道哉？
　　見：魏源，《魏源集》（一）（臺北：漢京文化公司，1986），頁 36；可見魏源的思想係以富強爲念，而非以王道爲依皈。

鴉片戰爭失敗以後，他不得不對清朝的"聖武"失望了，改而提出以
"師夷長技以制夷"的方式來對抗西力衝激。

《聖武記》以載錄清初盛世武功激勵當政者的意圖，固有其一定
的時代背景，但他也不免忽略了清朝武功所討伐的對象其實是邊疆民
族，而非1840年代所要面對的西方列強。從這一點可以看出在魏源的
觀念中，基本上仍係以討伐的態度對待邊疆民族，且將西方列強視爲
與中國歷史上的邊疆民族同類，就當時的局勢而言，很可能犯了類比
的謬誤；而以討伐的方式對待邊疆民族，與後來1930年代禹貢學會以
尊重民族文化的態度看待邊疆民族，兩者間亦有很大的不同[21]。

梁廷枏的《夷氛聞記》，是另一本研究當代史事的代表性著作。在
這本書中，梁廷枏以其親身經歷，對鴉片戰爭期間的中英雙方有翔實
的描述。雖然基本上他是禁煙的支持者，在書中對禁煙派亦多所迴護，
惟在一手史料的保存上，確有其重要貢獻；書中所引的奏摺、文告、
筆記、書信、澳門報紙及親身經歷之史料，對研究此時期的中英關係，
是極佳的一手史料[22]。

撇開史料的問題，《夷氛聞記》在關心當代史地與經世致用方面，
亦有其特殊觀點，因爲梁廷枏寫《夷氛聞記》的主要目的，在於總結
鴉片戰爭失敗的教訓，以尋求抵禦外侮之策[23]。

---

[21]　關於禹貢學會的邊疆史地研究，請參閱本書第4章第3節〈邊疆史地研究
　　　與實地考察〉、第5章第4節〈西北史地研究〉。

[22]　袁英光、桂遵義，《中國近代史學史》(上)(江蘇：江蘇古籍出版社，1989)，
　　　頁179；案：此書處處流露馬克思主義史學之觀點，並非客觀之史學著作，
　　　但材料搜集尚稱豐富，猶有足供參考者。

[23]　魏源、梁廷枏之外，夏燮的《中西紀事》，亦屬關心當代史地以爲經世致用
　　　參考之著作，其他相關著作亦所在多有，惟本書僅係以此類著作說明時代
　　　變局與史學動向之間的關係，無意詳述其過程與內容，相關討論可參考：

除了研究當代史以爲經世致用之外，1840年代以降的變局，對中國知識分子的最大影響，應屬對邊疆史地的研究。

清中葉乾嘉以降的邊疆史地研究，最初係由改編《元史》開其先聲，錢大昕在這方面用力甚勤，考訂亦精，魏源則完成了《元史新編》，而洪鈞博採西籍補正《元史》，成《元史譯文補正》，是清季元史相關著作中最爲學者所稱道者；屠寄將元初開國武功和西域諸汗國的史實，用紀傳體裁作《蒙兀兒史記》，對蒙元史研究有相當大的貢獻；柯劭忞賡續前人的研究成績編成《新元史》，則爲清季的元史研究畫下美麗的句點⒇。

除了上述研究元史的三大家之外，清季研究邊疆史地的名家輩出，如：張穆《蒙古游牧記》，何秋濤《朔方備乘》，徐松《西域水道記》、《新疆識略》，丁謙《西域傳考證》等㉕，這些著作的主體皆係以邊疆史地之研究，爲國防地理做張本。如張穆在《蒙古游牧記》中，即對明清時期的蒙古各部沿革，做了詳細的描述，並且對秦漢至明的建設亦有所著墨，脈絡分明，條理清晰，將蒙古地區的古今變化狀況，做

齊思和，〈近百年來中國史學的發展〉，《燕京社會科學》，第2期，頁1-35；胡逢祥、張文建，《中國近代史學思潮與流派》（上海：華東師範大學出版社，1991），頁20-89；全面探討近代中國史學之發展俟諸他日。
⒇　齊思和，〈近百年來中國史學的發展〉，《燕京社會科學》，第2期，頁14-15。
㉕　這方面的討論，參考：胡逢祥、張文建，《中國近代史學思潮與流派》，頁34-52；顧頡剛，《當代中國史學》（香港：龍門書店，1964），頁39；王聿均，〈徐松的經世思想〉，中央研究院近代史研究所（編），《近世中國經世思想研討會論文集》，頁181-197；王爾敏，〈姚瑩之經世思想及其對域外地志之研究〉，《近世中國經世思想研討會論文集》，頁201-229；劉廣京，〈魏源之哲學與經世思想〉，《近世中國經世思想研討會論文集》，頁359-390；方豪，《中西交通史》，第1冊，頁4-6。

完整的敍述，有助於對蒙古的全面瞭解㉖。何秋濤的《朔方備乘》(又名《北徼匯編》)是一部以結合學術與政治爲用心的邊疆史地著作，此書記載了歷代北部邊疆用兵得失的檢討，而且爲了防備和抵禦俄國的侵略，對東北到西北的邊疆沿革和攻守地形做了詳盡的考察，因此《朔方備乘》最有價值的就是有關中俄關係的部分㉗。

　　由 1840 年代以降之邊疆史地著作，可以略窺時局變化對史學動向的影響。因此，考察清季史學的發展，時代變局與史學動向之間，常存在一種微妙的互動關係；而清季史學明顯地影響了現代中國史學的發展。

　　當然，在承續清季史學的既有成果之外，現代中國史學自有其新的時代意義；如古史辨運動固非清季今文學派歷史解釋的狗尾續貂，而是儒學崩解後，疑古思想的進一步發展。在清季今文家的歷史解釋中，六經的正當性基本上未曾受到懷疑，但古史辨運動是連六經也加以否定的，雖然這樣的否定在古史研究上亦有見仁見智的觀點㉘；在邊疆史地研究方面，清季知識分子的觀點，主要是站在清廷的立場論

㉖　張穆，《蒙古游牧記》(臺北：蒙藏委員會，1981)，相關討論參考：顧頡剛，《當代中國史學》，頁 34-39；齊思和，〈近百年來中國史學的發展〉，《燕京社會科學》，第 2 期，頁 15。

㉗　何秋濤，《朔方備乘》(臺北：文海出版社，1964)，其中與俄羅斯有關者，如：〈平定羅刹方略〉，頁 71-96；〈北徼界碑考〉，頁 215-257；〈俄羅斯館考〉，頁 282-291；〈俄羅斯學考〉，頁 292-309；〈雅薩克城考〉，頁 310-327；〈尼布楚城考〉，頁 328-357；〈艮維窩集考〉，頁 436-442；〈庫葉附近諸島考〉，頁 443-466；〈北徼山脈考〉，頁 467-494；〈艮維諸水考〉，頁 495-519；〈烏孫部族考〉，頁 649-659；〈俄羅斯互市始末〉，頁 775-787；〈俄羅斯進呈書籍記〉，頁 801-831。

㉘　王汎森用"弔詭式的繼承"說明顧頡剛與康有爲之間的關係；參考：王汎森，《古史辨運動的興起》，頁 209-297。

析，因此在理論與實踐上，不免有所矛盾。如魏源編纂《聖武記》，其目的當然是爲了宣揚清初的武功，並希望清廷藉此恢復聖朝的武功，以對抗新的、外來的侵略，但《聖武記》所記載的，其實是清廷如何對付域外邊疆民族的史實，然自 1840 年代以後，清廷所要面對的不再是這些邊疆民族，而是從海上來的帝國主義。

爲了對付西方列強的侵略，研究外國史地之學的風氣因而興起；魏源的《海國圖志》即藉求地理知識之擴充，以喚醒國人的認知；徐繼畬的《瀛寰志略》，以地爲經，以史爲緯，開啓研究世界地理的風氣，加上其書簡明易讀，較魏源之書尤爲風行。在世界歷史方面，大部分的著作譯自日文或西文，其中以廣學會出版的《泰西新史攬要》最爲通行，其他尚有《萬國史記》、《萬國通史》等㉙。梁啓超於 1902 年發表〈新史學〉，對傳統中國史學猛烈抨擊，並積極介紹外國史學，雖然以今日的學術眼光來看，不免浮淺誇大，卻打開了西方史學輸入中國之門㉚。

西方史學輸入中國後，引發了改編國史的運動，其中最迫切需要的就是教科書的編撰，其中以夏曾佑的《中國歷史教科書》最具代表性㉛；此外，與夏書同時出版的尚有劉師培的《中國歷史教科書》，由

㉙　這些世界史翻譯皆屬簡短之課本，而非體大思精之著，僅具教育功能，而缺乏學術上的價值；參考：齊思和，〈近百年來中國史學的發展〉，《燕京社會科學》，第 2 期，頁 15-18。

㉚　梁啓超，〈新史學〉，收入：梁啓超，《中國歷史研究法五種》（臺北：里仁書局，1982），頁 1-40。

㉛　夏曾佑的《中國歷史教科書》第 1 冊出版於 1904 年，僅成 3 冊，迄隋代而止，1933 年商務印書館以《中國古代史》之名重新出版，列爲大學叢書；參考：夏曾佑，《中國古代史》（臺北：商務印書館，1968）。

國學保存會出版，僅出 3 冊，迄西周之末㉜。而清季之所以重視歷史教育，其主旨仍係爲了經世致用。

現代中國史學的發展，局部地承續了清季的史學傳統，但在繼承的過程仍有所選擇。譬如有關邊疆史地的研究，在清季的史學著作中，"四夷"的征伐與歸附仍是主要命題，但到了 1930 年代的禹貢學會，則視之爲純然的內政問題，因而如何結合邊疆民族共同對抗日本和俄國的侵略，成爲禹貢學派在討論相關問題時恒縈懷於心的。並且，禹貢學派對邊疆民族具有較多同情的瞭解，此與清季史學之立論點，其別有若天壤㉝。此類分野主要可能繫之於時代變遷，以及政治環境改變，史學的論點自然也有所不同。

現代中國所面臨的問題與清季固有所異，史學的動向亦有所改變。雖然在邊疆史地的問題上，東北、西北所面臨的日本和俄國，似乎問題依舊；西南英國的勢力尚未逐出，西藏問題亦未解決；這些都是 1930 年代禹貢學會所深切關注的。另一方面，1919 年巴黎和會的山東歸還問題，使得史地學報派對山東問題與世界局勢多所關心，因而《史地學報》的創立，亦可歸屬於時代變局下之產物；而此時史地學報派的世界史地知識，自非清季知識分子之所及㉞。1931 年的九一八事變，日本侵入東北，掀起另一波愛國的熱潮，禹貢學會的邊疆史地研究，一方面承襲了傳統史學中的地理沿革，以及清代的西北史地研究，更重要的是在面對新時局的解決方案；因而喚醒民族意識和抵抗侵略，成了一體的兩面。

㉜　齊思和，〈近百年來中國史學的發展〉，《燕京社會科學》，第 2 期，頁 25-26。

㉝　有關禹貢學會的邊疆史地研究，請參閱本書第 4 章第 3 節〈邊疆史地研究與實地考察〉。

㉞　相關討論請參閱本書第 3 章第 3 節《史地學報》內容分析〉。

近代中國的內憂外患，激起知識分子的自覺運動，不論是清季的
"以夷制夷"、"師夷長技以制夷"、"中體西用論"，或者五四時期的"全
盤西化論"、"科學救國論"，都代表了知識分子為時代變局所開的處方。
在此同時，更多的史學工作者，在時代的呼喚下，以學術報國的理念
從事研究工作，歷史地理學的興起，便是在這種情形下漸次孕育而成
的。

第二節　五四時期的學術風氣

一種研究風氣的興起與衰微，大體而言和兩個因素有相當密切的
關連：其一，研究者所處的學術環境，以及同儕師友的研究旨趣；其
二，時代風潮的影響，亦即大環境與個人的交互作用。如果忽略時代
因素與學術風氣的影響，那麼所得出的成果和結論，恐不免於是空中
樓閣。

現代中國史學的發展，絕非切斷傳統中國史學臍帶而獨立發展者，
而是在傳統的基礎上，加上新時代思潮的激盪而有所創新。分析現代
中國史學的發展過程，一個值得注意的現象是：時代變局與史學動向
的交互為用。因此，在分析歷史地理學在現代中國史學發展過程中的
意義時，時代變局的因素絕不能忽略，而時代變局中的學術環境，尤
為不能或缺的觀照。

由於清代學術有一種以復古為解放的傾向㉟，加上異族王朝對學
術思想的箝制，於是造就了清乾嘉時代考據學的高峰㊱，其中又以經

㉟　梁啓超，《清代學術概論》(臺北：臺灣商務印書館，1977)，頁13。
㊱　杜維運，《清代史學與史家》(臺北：東大圖書公司，1984)，頁271-316。

學爲盛。這是因爲清學要越過宋學回到漢學，甚至直接回到先秦典籍的本來面貌，此即梁啓超所謂“以復古爲解放”的宗旨，亦即“回向原典”的由來㊲。而先秦典籍中，又以儒學經典最爲豐富，因此，以經學爲主的考據學就成爲清代學術思想的重心。並且，因爲要回到先秦，除了原始儒家之外，學者們對先秦諸子也是興致盎然。因此，清季諸子學蓬勃興起，且因而影響及近代中國變法論者的理論依據，乃是順著學術思想理路的發展㊳；而且，從清季到民初諸子學地位的提升，也和清學以復古爲解放的學術風氣有關。

五四時期是中國現代史上一個急遽轉變的時代，雖然對於五四運動的看法，史學界有多種不同的歧見，甚至言人人殊。但無論如何，其在學術思想上的影響是有目共睹的。

研究五四運動的學者，對於影響現代中國極鉅的五四運動，一般有兩種基本且絕然相反的看法：其一是以五四事件爲主的觀點，亦即認爲五四僅係一學生的愛國運動；其二是以宏觀的眼光來看待五四運動，亦即以整個學術思想的演變來加以探討；兩種說法均有支持者，亦各有其反對者㊴。

㊲　余英時，〈清代思想史重要觀念通釋〉，《史學評論》，第 5 期（臺北：華世出版社，1983:1），頁 19-98。

㊳　彭明輝，《疑古思想與現代中國史學的發展》（臺北：商務印書館，1991），頁 92-116。

㊴　有關五四的定義，參考：周策縱（Chow Tse-tsung），*The May Fourth Movement: Intellectual Revolution in Modern China* (Cambridge Mass.: Harvard University, 1960)；陳曾燾（Joseph T. Chen），*The May Fourth Movement in Shanghai: The Making of a Social Movement in Modern China* (Leiden: 1972)；林一新，〈五四運動的歷史意義〉，收入：張玉法（主編），《中國現代史論集》，第 6 輯，《五四運動》，（臺北：聯經出版公司，1981），頁 9-31。

　　如將"五四"設定於政治層面或學生運動、群衆運動之範域，則以五四事件代表"五四"可做一合理的解釋；至於大陸史家對五四運動所做的擴大歷史解釋，將 1920 年代的政治、社會、思想文化等變化，均歸諸五四運動，則不免於是過度推論，甚或帶有特定的政治色彩⑩。

　　在政治層面與學生運動之外的"五四"，相關的學術研究工作者慣以新文化運動爲思考方向，其內容包含白話文運動與相關之各領域，以及學術思想的轉型等等。

　　五四時期(1915-1930)的學術風氣⑪，大體可以從下列三個方向加以思考：

　　其一，濃厚的反儒學傳統氣息：不論是提出把線裝書丟到毛坑裡，或者是主張打倒孔家店，都具有這方面的意義⑫。雖然以今日學術眼光來看不免有所偏頗，但對當時的知識分子而言，認爲祇有這樣纔有

---

⑩　這方面的著作甚多，較具代表性的如：胡繩武、金沖及，《從辛亥革命到五四運動》(長沙：湖南人民出版社，1983)；李澤厚，《中國現代思想史論》(北京：東方出版社，1988)，頁 7-57。

⑪　本書對"五四運動"、"五四時期"與"五四新文化運動"，採取廣義的說法，包括 1915 年至 1930 年前後的中國社會史論戰，其間的各種思想、文化、政治、經濟之變遷，本書使用五四運動、五四新文化運動和五四時期，均廣泛地指這段時間學術思想之變化，與張玉法教授所稱之"啓蒙運動"略等；參考：張玉法，《中國現代史》(上)(臺北：東華書局，1980)，頁 253-264。

⑫　關於五四反傳統運動，可參考：林毓生 (Lin Yü-sheng)，*The Crisis of Chinese Consciousness, Radical Antitraditionalism in the May Fourth Era* (Madison, Wisconsin: The University of Wisconsin Press, 1979), pp. 85, 89, 91-92；陳昭順，〈五四時期的反儒學思潮〉(臺北：國立政治大學歷史研究所碩士論文，1989，未刊稿)；彭明輝，〈古史辨運動與五四反儒學思潮〉，《史學集刊》，第 20 期(臺北：中國歷史學會，1988：5)，頁 265-324。

可能使中國走向富強之道，而追求富強是清季以降中國知識分子所日思夜慕的⑬。

其二，科學主義的呼聲甚囂塵上：雖然在討論"問題與主義"的幾篇文章中，胡適曾極力呼籲「多研究些具體的問題，少談些抽象的主義」⑭，甚至主張對於各種主義與學理都應該研究，但「祗可認作一些假設的見解，不可認作天經地義的信條；祗可認作參考印證的材料，不可認作金科玉律的宗教」⑮；然則他自己在提倡"科學方法"時，卻不免有流爲科學主義的危險⑯。而此一科學主義的時代風潮，卻成爲五四時期各學門的攻堅利器，不論自然科學、社會科學或人文學科，都以科學自命，形成五四時期一個極爲特殊的現象。

其三，到民間去的呼聲此起彼落：此風氣主要可分爲兩個系統，一是以體驗民間生活及鄉村建設爲基調的各種運動，另一則是研究民間文化的田野調查之類。前者可以晏陽初"平民教育"和勤工儉學運動爲代表⑰；至於在研究民間文化方面，則以兩個方向爲分支：一是

---

⑬ Benjamin I. Schwartz 在這方面有精闢的見解，參考：Benjamin I. Schwartz, *In Search of Wealth and Power: Yen Fu and The West* (Cambridge, Mass.: Havard University, 1964)；另，黃進興，〈梁啓超的終極關懷〉，《史學評論》，第 2 期(臺北：華世出版社，1980:7)，頁 85-100，對此亦有深入分析。

⑭ 胡適，〈問題與主義〉，收入：《胡適作品集》，第 4 冊，頁 142；相關討論可參考：林毓生，〈「問題與主義」論辯的歷史意義〉，收入：余英時等，《中國歷史轉型時期的知識分子》(臺北：聯經出版公司，1992)，頁 63-71。

⑮ 胡適，〈問題與主義〉，《胡適作品集》，第 4 冊，頁 142。

⑯ 郭穎頤 (D. W. Y. Kwok), *Scientism in Chinese Thought,1900-1950* (New Haven: Yale University Press, 1965)；林毓生 (Lin Yü-sheng), *The Crisis of Chinese Consciousness, Radical Antitraditionalism in the May Fourth Era*, pp. 91-92.

⑰ 關於晏陽初的平民教育，參考：李孝悌，〈平教會與河北定縣的鄉村建設運

以白話文運動衍生的民歌採集爲中心，形成一股採集民歌以編輯現代詩經的風潮[48]；另一爲到邊疆去的呼喚，形成西北考察熱潮，這又和自清季以降的西北史地研究有相當密切的關連[49]，並由此形成歷史地理學的一條主幹。

　　由於上述學術風氣的影響，造成五四時期的幾個重要論辨與運動：如以胡適、陳獨秀等人爲主的“文學革命派”推行白話文運動，吳宓、梅光迪等人的“學衡派”則與之相抗[50]；張君勱與丁文江的科學與玄學論戰；以北大胡適、錢玄同、顧頡剛等人爲主的古史辨運動，引起對立陣營“南高”系統的強力反擊，柳詒徵、劉掞藜等人以《史地學報》爲主要陣地，對古史辨運動大加撻伐[51]；以及由社會史論戰引發的史觀之爭，並因而掀起研究中國社會經濟史的熱潮等等[52]，均可視

動〉，收入：張玉法(主編)，《中國現代史論集》，第 8 輯，頁 301-334；勤工儉學運動以“少年中國學會”爲中心，對當時的青年學生頗具號召力；參考：陳正茂，〈少年中國學會之研究〉(臺北：國立政治大學歷史研究所碩士論文，1988，未刊稿)。

[48]　參考：吳鳴(彭明輝)，〈五四時期的民歌採集與《詩經》研究〉，收入：中國古典研究會 (主編)，《五四與文化變遷》(臺北：臺灣學生書局，1980)，頁 407-440。

[49]　有關清季以降到 1949 年間的西北史地研究，請參閱本書第 5 章第 4 節〈西北史地研究〉。

[50]　關於學衡派的討論，參考：沈松僑，《學衡派與五四時期的反新文化運動》(臺北：臺灣大學文學院，文史叢刊之六十八，1984:6)，頁 61-120。

[51]　“南高”指南京高等師範學校，1924 年易名爲東南大學，1929 年改名爲中央大學，即今臺灣‧中壢‧中央大學前身。在白話文運動的反對陣營中，《學衡》的主編吳宓是反對白話文最力的，學衡派的其他要角，如柳詒徵、胡先驌與劉伯明等人則任教於南京高等師範學校；《史地學報》爲南京高等師範學校“史地研究會”之機關刊物。

[52]　如陶希聖創辦《食貨半月刊》開啓研究社會經濟史的風氣，即起於社會史論戰；有關馬克思主義史學輸入中國，以及中國社會經濟史研究風氣的形

爲五四學術風氣之切片，其重要意義在在說明了傳統儒學解體、諸說興起的歷史現象。

上述現象中，值得探討的是：在傳統儒學崩解之後，當時的知識分子如何找尋替代的方案？這些替代方案是從傳統中探索或向西學取經？在西學與中學之間又如何找到平衡的座標？

在討論古史辨運動形成的時代因素時，筆者個人曾指出三個可能的思考方向：

其一，古史辨運動與五四時期的反儒學思潮相結合，彼此交互反應的結果，乃使兩者更往前推進。

其二，以經學思想爲中心的清季變法派，在孔子身上寄託了自己的王心思想之後，將孔子推到了最高點，孔子亦因此"高處不勝寒"，經過五四時期反儒學運動的順水推舟，孔子地位乃驟然滑落㊳。

其三，古史辨運動結合了五四時期知識分子"到民間去"的時代思潮，使得此一運動有更廣濶的空間，歌謠採集運動和鄉村建設運動就是其中典型的代表㊴。

如果說古史辨運動具有破壞性，那麼，研究歷史地理學便是具有

成，參考：Arif Dirlik, *Revolution and History, The Origins of Marxist Historiography in China, 1919-1937* (Berkeley & L. A., California: University of California Press, 1978)；此外可參考：杜正勝，〈中國社會史研究的探索──特從理論、方法與資料、課題論〉，收入：國立中興大學歷史學系(主編)，《第三屆史學史國際研討會論文集》(臺北：青峰出版社，1991)，頁25-76；潘光哲，〈郭沫若與中國馬克思主義史學的起源〉(臺北：稻禾出版社，1995)；鄭學稼，《社會史論戰簡史》(臺北：黎明文化公司，1978)；逯耀東，《中共史學的發展與演變》(臺北：時報出版公司，1979)，頁29-53。

㊳　王汎森，《古史辨運動的興起》，頁209。

㊴　彭明輝，《疑古思想與現代中國史學的發展》，頁169-191。

建設意義的了。不僅南方學統的史地學報派，連北方學統的古史辨派亦投入研究歷史地理學的行列，雖兩者取向有異，亦未攜手同行，但北大、南高同時著眼於歷史地理學研究的動機爲何？其結果又是如何？在分道揚鑣卻又分殊而理一的歷史地理學研究領域中，古史辨派(禹貢學派)和史地學報派有怎樣的分合關係？或者兩者各行其道不相關涉？這些都是現代中國史學發展過程中值得深思的問題。

　　而再就五四新文化運動的本質而言，若其基本精神可視爲一反儒學傳統之運動，那麼，另一個值得深思的問題是：具有悠久學術傳統且具深厚根基的歷史地理學，如何在反儒學傳統的運動中匯聚成一股風潮？史地學報派和禹貢學派的治學取向，究竟是在傳統中找到歷史地理學的養分，還是向西方訴求？如果他們是在傳統中國找尋養分，那麼，與五四新文化運動的基本精神豈非成了顯明的反背？如果他們是向西方尋求理論的基礎，又將如何看待具有悠久傳統的歷史地理學？在五四時期紛擾的學術討論中，傳統與反傳統之間的弔詭[55]，使得歷史地理學的發展，產生了傳統與現代、中國與西方的對立與結合，不能不說是現代中國史學發展過程中一個相當特殊的現象。

　　本書對五四運動的意義，所採取的就是以新文化運動爲主的學術思想層面之解釋，亦即儒學解體、諸說興起的命意。處在此種學術風氣下，歷史地理學的興起，一方面具有傳統再生的力量，另一面則是在反傳統中找尋傳統的現代性。此類史學研究取向的發展，可能和兩個現象有密切的關連：其一是民族主義史學的發展，其二爲緣於時勢之需要發展的邊疆史地研究，特別是東北與西北的研究與調查；而歷史地理學之尤著力於東北和西北地區，實與近代中國外患有著密不可

---

[55]　余英時，〈五四運動與中國傳統〉，收入：汪榮祖(編)，《五四研究論文集》，頁113-124。

分的關係。

　　1840 年代以降之變局，是近代中國知識分子追求富強的最大驅力。從早期魏源的 “師夷長技以制夷”，到五四時期之諸說並起，均係此一思想之延續，而如何藉西學之助或在傳統中國找尋對抗西力衝激之方案，一直是近代中國知識分子所亟於努力者，雖則其成績並非理想。但當吾人以 “後見之明” 責備前賢時，當知時代之局限性，亦即認知與情勢的不得已。以當時的局勢，人為刀俎，中國為魚肉，實難有何大的作為。但處在這種環境下的知識分子，猶孜孜矻矻探索解救中國之方，匯為一股巨大的精神力量，就此點而言，近代中國知識分子的用心是有目共睹的。亦惟從此一角度思考，對近代中國知識分子的關懷所在，庶幾可得一較近真象之推論。

　　由於五四時期的知識分子面臨傳統與反傳統之兩難，因而在找尋替代方案時不免左右躑躅；有西化的一方，自有捍衛傳統之一方，乃陷於膠著難分之境地。因而在討論五四時期的學術風氣時，常面臨傳統與反傳統難以釐清的現象⑤⑥。

　　如果說五四的學術思想風氣在反傳統中仍具有傳統因子，則歷史地理學可說是一頗具代表性的範例。其傳統的一面是在中國史學的沿革地理中找到立足點，再以走向民間的時代風潮從事實地考察，此與傳統中國知識分子之書案考據殆有所異⑤⑦。更重要的是：從事歷史地

---

⑤⑥　關於五四學術風氣的討論，杜維運認為民國以來的自由學風取代了清代的篤實學風，形成輕浮、謾罵的學風，與本書所論實學報國、知識分子到民間去之風氣，是兩個層面的問題，杜維運著重學者個人的氣質修養，本書則從大時代的背景加以考量，兩者的討論基礎非一，不可一概而論。參考：杜維運，〈民國以來的學風〉，收入：杜維運，《聽濤集》，頁 207-266。

⑤⑦　中國傳統的史書雖有實地考察者，如太史公的遊歷各地，顧炎武的觀天下形勢，但並非常格，大部分的史家還是在書案之間進行考據，此與五四時

理學研究工作者常懷胸臆的乃係實學報國之念，因而在實際研究工作上，與時代同脈搏、共呼吸的脈絡歷歷可數。

在現代中國史學的發展過程中，歷史地理學是與時代關係最爲密切的一支。在純粹的學理之外，尤重視時代之需要。而歷史地理學的發展亦隨時代變局而有所調整，其轉變的軌跡均可按圖索驥。因此，歷史地理學的興起，在現代中國史學發展過程中，是一個相當值得注意的現象，而此一現象係學術風氣與時代變局結合所產生者，《史地學報》與《禹貢半月刊》乃爲其中較具典型的代表。

期知識分子之走向民間略有所異。

第三章　涵泳舊學介紹新知
———《史地學報》與歷史地理學

法國年鑑學派的開山祖師布洛克 (Marc Bloch, 1886-1944) 在其獄中遺稿《史家的技藝》(*The Historian's Craft*) 一開頭，寫了下面這一段話：

> 「告訴我，爸爸，歷史有什麼用？」幾年前，一個與我關係至密的男孩如此詢問他那歷史學家的父親。我希望我能夠說，這本書就是我的回答①。

布洛克這部遺著所試圖說明的，就是歷史工作者常捫心自問的問題：「歷史有什麼用？」中國歷代的史學家們亦曾孜孜於此一問題的探索，歷史教訓之說固代代而有，歷史無用論的說法亦隨處可見。較具意義的可能是太史公司馬遷在〈報任少卿書〉中所說的「欲以究天人之際，通古今之變，成一家之言」②，這也可能是傳統中國史學最具典型的終極關懷。

---

① 布洛克 (Marc Bloch)，*The Historian's Craft*，引文據：周婉窈 (譯)，《史家的技藝》(臺北：遠流出版公司，1989)，頁 13。

② 嚴可均 (輯)，《全上古三代秦漢三國六朝文》，第 1 冊 (臺北：世界書局，1982)，《全漢文》，卷 26，頁 8B；逯耀東對 "成一家之言" 的說法，有精闢的見解，參考：逯耀東，〈論司馬遷 "成一家之言" 的兩個層次——〈太史公自序〉的 "拾遺補藝"〉，《國立臺灣大學歷史學系學報》，17 期 (臺北：臺灣大學歷史學系，1992:12)，頁 43-64。

　　基本上，傳統中國史學是建構在歷史具有道德教訓與鑑戒功能的意義上，特別是政治方面的鑑戒功能；因此，大部分的傳統中國史學家毋寧相信歷史是有其功用的，因而也造成了中國史學的良性發展；與此傳統相關連而產生作用的，厥為經世思想。尤其清中葉以後經世蔚為史學思想的主流，加上 1840 年代以降的救亡圖存思想，更使史學經世的觀念發展到最高峰。

　　傳統中國史學向來相當重視其實用功能，在面對近代的內憂外患時，史學致用的性格便由此而凸顯出來；另一方面，受西方列強侵略影響下發展的清季史學，其民族主義的傾向亦極為明顯；在各種追求富強的方案中，史學也常常扮演重要的角色。魏源之所以提出“師夷長技以制夷”，可能是因為他發現《聖武記》所論析的清初武功，在面對西方的堅船利砲時，發揮不了什麼功用。

　　清季知識分子在面對西方的堅船利砲時，所曾經提出的“以夷制夷說”、“中體西用論”、“商戰論”等等③，皆係以西方列強為假想敵，但不論其所提出的對策為何，似均難脫以思想文化解決問題之舊窠，而民族主義更常被拿來當做對付西力之武器。在此種思考模式下，民族主義史學之興起乃順理成章。前文所論時代變局下的史學動向，亦可視為眾多解決方案之一。因此，自 1840 年代至 1911 年間的中國史學，大體即環繞此類問題思考，清季邊疆史地研究風氣的興起，今文學派的歷史解釋，歷史教科書之編纂等等④，都可以從此一角度加以

③　參考：王爾敏，〈商戰觀念與重商思想〉，收入：王爾敏，《中國近代政治思想史論》（臺北：華世出版社，1982），頁 233-379；王爾敏，〈清季維新人物的託古改制論〉、〈清季知識分子的中體西用論〉，收入：王爾敏，《晚清政治思想史論》（臺北：華世出版社，1976），頁 31-71；劉廣京，《經世思想與新興事業》（臺北：聯經出版公司，1991）；頁 1-24，595-620。
④　參考：齊思和，〈近百年來中國史學的發展〉，《燕京社會科學》，第 2 期（北

思考。

　　《史地學報》的創刊，一方面承續了傳統中國史學的經世理路，另一方面也向西學取經。在傳統中國史學方面，除了清季經世史學的影響外，受章學誠史學的啓發尤大；至於在向西學取經方面，主要是美國及歐洲各國歷史地理學理論的介紹；因此，史地學報派的治學方法與理論基礎，乃係涵泳舊學與介紹新知雙軌並行。

第一節　從章學誠《方志略例》
到《史地學報》

　　《史地學報》的創立固緣於五四時期學術風氣之影響，但就其傳承而言，章學誠《方志略例》的啓發亦不容忽視。分析《史地學報》所刊載論著，章學誠的史學理論，對《史地學報》宗旨有相當大的影響，這種影響主要表現在兩方面：其一是對歷史地理學的重視，其二是將史學範圍擴大到天地間的一切學問。雖然在討論章學誠史法的同時，一個更直接的源頭可能是清代學者的歷史地理研究⑤。柳詒徵在《史地學報》1卷1期的發刊〈序〉中就清楚地說明了這一點：

> ⋯⋯吾嘗謂人類心量，當以所得於歷史地理之知識爲差，大人
> 者致此知者也，小人者，靡所知者也。⋯⋯自舜禹孔老遷固鄭
> 許，以迄近世顧錢胡曾之流，殆無不喻於此。雖其知識有差等，
> 其正鵠大人之學一也。清季至今校有史地之科，人知國表之目，
> 其學宜蒸蒸日進矣。顧師不喜教，弟不悦學，盡教科講義爲畛

京：燕京大學，1949:10），頁1-35。

⑤　相關討論請參閱本書第2章第1節〈清季的經世史學〉。

> 封，計年畢之，他非所及，於是歷史地理之知識，幾幾乎由小
> 而降至於零⑥。

這種研究史地之學的風氣，在外患頻仍的近代中國毋寧是有其特殊意
義的，亦即反映了近代中國知識分子實學報國的共同心靈。除此而外，
歷史地理學在傳統中國史學本即有深厚的基礎，其中又以章學誠的《方
志略例》最具啓導之功。

1.章學誠的《方志略例》及其史法

　　史學界夙稱章學誠史學的主要精神在於提出“六經皆史”論，此
固有所本而立說，可謂「持之有故，言之成理」，但亦因此而不免忽略
“六經皆史”的本來命意；《文史通義・易教上》說：

> 六經皆史也。古人不著書，古人未嘗離事而言理，六經皆先王
> 之政典也⑦。

一般討論章學誠史學時慣以“六經皆史”立說，卻忽略了章學誠所眞
正要說的“六經皆先王之政典也”這一層；相關研究大抵強調其擴大
史學範圍的一面，而忽略了他固守儒學的一面。正因爲章學誠對儒學
經典有牢不可破的情結，因此在說出“六經皆史”的同時，《文史通義》

---

⑥　《史地學報》，1:1，頁1；說明：《史地學報》的1卷1、2期目錄上無頁碼
　　標示，內文則僅有單篇之頁碼，本書所引頁次據：臺北：進學書局1960年
　　2月景印版；1卷3期以後目錄上始有頁碼標示。

⑦　章學誠，《文史通義》（臺北：華世出版社，1980，新編本，收錄《文史通
　　義》內篇六卷外篇三卷、《方志略例》三卷、《校讎通義》內篇三卷外篇一
　　卷），頁1；以下所引章學誠著作，未另注明者皆據此本。

卻不見有〈春秋教〉，蓋因"六經"既然都是"史"，依章學誠的論點當然應該要有〈春秋教〉，因爲《春秋》也是"六經"之一。但此時章學誠尚未解決的問題是其心中之"史"，其實是"先王政典"而非"六經"本身，但由於《春秋》這部書不符合其"先王政典"的命意，因此在《文史通義》中未見有〈春秋教〉。或者說，至少當時在章學誠的心中，《春秋》乃孔子所作，而孔子不是先王，所以並不符合他"先王政典"的論點。

但章學誠對"史"的觀念並非一成不變，在〈報孫淵如書〉中，章學誠對"史"的看法就有了很大的修正，他說：

> 愚之所見，以爲盈天地凡涉著作之林，皆是史學，"六經"特聖人取此六種之史以垂訓者耳。子集諸家，其源皆出於史，末流忘所自出，自生分別，故於天地之閒，別爲一種不可收拾、不可部次之物，不得不分四種門戶矣！ （《文史通義》，頁342）

所以，章學誠其實是要到這個時候才對"史"有了一家之言的看法，在此以前所說的"六經皆史"，對所謂"史"的觀念，其實還是不完整的，而到〈報孫淵如書〉時，章學誠才眞正建立了完整的史學見解⑧。

但在提出「盈天地凡涉著作之林，皆是史學」之論的同時，章學誠還是有所顧慮的，所以在〈報孫淵如書〉中他才會說「此種議論，

---

⑧ 雖然此一轉變並未在《文史通義》內篇中有所修正，亦即章學誠並未因此一中心理念的改變而修正《文史通義·易教上》的論點；其原因可能是章學誠在還來不及修正他的著作前就過世了；這部分的討論，余英時有鞭辟入裡的分析，參考：余英時，《論戴震與章學誠》（臺北：華世出版社，1977），頁78。

知駭俗下耳目, 故不敢多言」⑨；而章學誠卻是一個不甘寂寞的學者, 因此當他在學思有所得時, 不免還是要告知友人, 所以章學誠接著又說：

> 然朱少白所鈔鄙著中, 亦有道及此等處者, 特未暢耳。伺爲尚書公成書之後, 亦當以涉歷所及, 自勒一家之言, 所爲聊此自娛不敢問世也。然相知數君子, 終不敢秘, 幸時有以教政之, 爲幸多矣！　《文史通義》, 頁342)

這裡所說的“一家之言”, 也就是「盈天地間凡涉著作之林, 皆是史學」的看法, 而此一看法可說爲清代史學邁出了一大步。這不僅僅是經學與史學的爭議, 或是對以戴東原爲主的儒學的反挑戰⑩, 且因此一論點, 使得史學的範疇極度擴大, 已非傳統中國史學所能完全涵蓋。以此推之, 章學誠對史學的觀點乃由上層架構往下層紮根, 除了“六經皆史”的儒家史學傳統之外, 更對方志有所靑睞, 且因重視方志之故, 舉凡一切與風俗人情有關之記錄, 他都將之列入史學範疇, 在〈與甄秀才論文選義例書〉中, 章學誠就說：

> 《詩》亡而後《春秋》作, 《詩》類今之文選耳, 而亦得與史相終始者, 何哉？土風殊異, 人事興衰, 紀傳所不及詳, 編年所不能錄。而參互考驗, 其合於是中者, 如〈鴟鴞〉之於《金縢》, 〈乘舟〉之於《左傳》之類；其出於是外者, 如〈七月〉追述周先, 〈商頌〉兼及異代之類, 豈非文章史事, 固相終始者歟？
>
> 《文史通義》, 頁486)

---

⑨　章學誠, 《文史通義》, 頁342。

⑩　余英時, 《論戴震與章學誠》, 頁45-82。

所以章學誠認爲詩文也可以是史，不僅詩文可以入史，文集歌謠亦可以入史，他在〈韓柳二先生年譜書後〉就說「文集者，一人之史也。家史、國史與一代之史，亦將取以證焉」《文史通義》，頁266)，由此可見章學誠史學觀念所涵蓋範圍之廣。至於詩賦之援引，章學誠以爲不必盛選，但「倘風俗篇中，有必須徵引歌謠之處，又不在其列，是又即左國引諺徵謠之義也」《文史通義》，頁490-491)。

　　雖然章學誠在申論史學觀念之時恆以儒學爲例，似不脫傳統之束縛，但必須說明的是：處在儒學定於一尊的普遍王權時代⑪，章學誠難以跨越儒學之藩籬乃受時代所限。但在藉儒學以爲立論基礎的同時，章學誠確已有很大的突破。這種"引諺徵謠"以入史的方法，到了五四時期則發展爲民歌採集運動，對五四時期的文學和史學均有相當的影響⑫。

　　由上述討論可知，章學誠的史學觀點是極具開拓性的，因此，在提出「盈天地間凡涉著作之林，皆是史學」之後，稗官小說當然也就可以入史學之林了；他在《文史通義・立言有本》就慨然說：

　　史乘而有稗官小說，專門著述而有語錄說部，辭章泛應而有猥濫文集，皆末流之弊也，其中豈無可取？《文史通義》，頁207)

這種不以稗官小說一無可取的態度，對五四時期的史學研究與文學發

---

⑪　此論點爲林毓生所提出，參考：林毓生，〈五四時代的激烈反傳統思想與中國自由主義的前途〉，收入：林毓生，《思想與人物》(臺北：聯經出版公司，1983)，頁138-196。

⑫　參考：吳鳴 (彭明輝)，〈五四時的民歌採集與《詩經》研究〉，收入：中國古典研究會 (主編)，《五四與文化變遷》(臺北：臺灣學生書局，1980)，頁407-440。

展，頗具啓發性的意義。文學革命派的白話文運動固從白話通俗小說入手⑬，史地學報派亦對文學有所關心，《學衡》雜誌即其發抒文學見解之園地⑭。

由於受到浙東史學的影響，章學誠對史學經世可謂情有獨鍾⑮，因而特別注重當代之史及其實用性。在《文史通義》內篇五〈史釋〉中，章學誠就對史學與當代典章的關係做了切要的說明：

> 君子苟有志於學，則必求當代典章以切人倫日用。必求官司掌故而通於經術精微，則學爲實事而文非空言，所謂有體必有用也。不知當代而好古，不通掌故而言經術，則擊悅之文，射覆之學，雖極精能，其無當於實用也審矣！《《文史通義》，頁 152》

由於章學誠對史學經世的命題情有所鍾，因此，他乃特別重視當代之史，在這方面所顯現的就是隨時收集當代史料，以爲修史之參考。這一點對史地學報派有具體而明顯的影響，譬如《史地學報》自 1 卷 3 期起，每期刊載南京地區的氣候圖，並且相當關注當時的世界局勢與中國所面臨的問題，這和後來史學工作者脫離時代而從事純粹之學術研

---

⑬　周策縱 (Chow Tse-tsung), *The May fourth Movement: Intellectual Revolution in Modern China* (Cambridge Mass.: Harvard University, 1960), pp. 269-288。

⑭　參考：沈松僑，《學衡派與五四時期的反新文化運動》（臺北：臺大文史叢刊，1984），頁 61-120；案：史學界的史地學報派與文學界的學衡派有相當重疊的現象，兩者其實是一而二、二而一的。

⑮　章學誠自承其思想乃上承浙東史學，參考:章學誠，〈浙東學術〉，《文史通義》，頁 52-54。

究，其間有很大的差異⑯。

　　章學誠對當時學者的食古不化亦提出針砭，〈史釋篇〉說「學者昧古而薄今，荒掌故而通經術，是能勝周官卿士之所難，而不知府史之所易也。故舍器而求道，舍今而求古，舍人倫日用而求學問精微，皆不知府史之史通於五史之義也」⑰，且由於他對史學的實用性有其獨到之見，因此對祗知記誦之學的當時所謂學者不免有所批評，章學誠說：

　　　傳曰：「禮時爲大」。又曰：「書同文」。蓋言貴時王之制度也。
　　　學者但頌先聖遺言，而不達時王之制度，是以文爲擊蜕絺繡之
　　　玩，而學爲鬥奇射覆之資，不復計其實用也。《文史通義》, 頁151)

正因章學誠重視實用之學，所以對史學經世也提出了一套觀點，〈浙東學術〉說：

　　　史學所以經世，固非空言著述也。且如六經，同出於孔子，先
　　　儒以爲其功莫大於春秋，正以切合當時人事耳。後之言著述者，
　　　舍今而求古，舍人事而言性天，則吾不得而知之矣。學者不知
　　　斯義，不足言史學也。(整輯排比，謂之史纂；參互搜討，謂之

---

⑯　關於這方面的討論請參閱本文第 3 章第 3 節〈史地學報〉內容分析〉、第
　　4 章第 2 節〈《禹貢半月刊》內容分析〉；而史學研究與時代的關連性在近代
　　中國亦具有普遍之共相，相關討論請參閱本書第 5 章〈歷史地理學興起的
　　時代意義〉。
⑰　章學誠，《文史通義》，頁 152；禹貢學派的顧頡剛也提出關心當代之史的論
　　點，參考：顧頡剛，《禹貢》，1: 12，〈編後〉，頁 36-38；相關討論請參閱
　　本書第 4 章第 2 節〈《禹貢半月刊》內容分析〉。

　　史考，皆非史學─原注）。（《文史通義》，頁54）

而求史學的經世致用須先保存當代史料，但史料浩繁，保存非易，章
學誠乃倡自注之法。因爲他認爲自注可以減少史料的流失，進而保存
史料，並且可由自注考見作者的功力疏密與心術之誠僞⑱。

　　章學誠所提倡的自注文體，在傳統中國史學並非新創，部分傳統
史書即有此類著作⑲，佛經中的合本子注亦略含此意⑳，但此一文體
在史學上大行其道，則在五四之後；這一方面可能是西方史學著述之
體的引入，章學誠的提倡可能亦有所影響㉑。當然這種自注式的文體，

────────

⑱　章學誠說：
　　夫文史之籍，日以繁滋，一編刊定，則徵材所取之書，不數十年皆已亡
　　其十之五六。宋元修史之成規，可覆按焉。使自注之例得行，則因援引
　　所及，而得存先世藏書之大概，因以校正藝文著錄之得失，是亦史法之
　　一助也。且人心日漓，風氣日變，缺文之義不聞，而附會之習且愈出而
　　愈工焉。在官修書，惟冀塞責，私門著述，苟飾虛名。或剽竊成書，或
　　因陋就簡，使其術稍黠，皆可愚一時之耳目，而著作之道益衰。誠得自
　　注以標所去取，則聞見之廣狹，功力之疏密，心術之誠僞，灼然可見於
　　開卷之傾，而風氣可以漸復於質古，是又爲益之大者也。然則考之往代，
　　家法既如彼，揆之後世，繫重又如此，夫翰墨省於前，而功效多於舊，
　　孰有加於自注也哉！　（《文史通義》，頁154-155）
⑲　如《史記》的"太史公曰"即爲司馬遷之自注，參考：逯耀東，〈史傳論贊
　　與《史記》"太史公曰"〉，《新史學》，3:2（臺北：新史學雜誌社，1992:6），
　　頁1-34；《漢書·十志》亦多自注，參考：班固，《漢書》（臺北：鼎文書局，
　　1976，點校本），頁955-1784；顧炎武《日知錄》亦多自注之例，參考：顧
　　炎武《日知錄》（臺北：文史哲出版社，1979，原抄本）。
⑳　陳寅恪，〈重刊洛陽伽藍記序〉，收入：《陳寅恪先生全集》（上）（臺北：九
　　思出版公司，1976），頁687。
㉑　就個人蒐集閱讀之民初史學著作及期刊，五四以降的學術著作有完整自注
　　者並非多見，以影響現代中國史學深遠的古史辨運動而言，在史學見解上
　　雖有所突破，但著作的格式都是舊式的考據體。這形成一個相當弔詭的現

已經是現行史學著作的通則，但在章學誠的時代，雖有其法，卻未通行，或至少從章學誠的著作中，可略窺當時的史學著作可能仍鮮少行文自注之著作。章學誠的灼見，以今日眼光來看，似爲卑之無甚高論，但在當時卻可能是發聾啓聵的。

由於章學誠將史學的範圍極度擴大，所以在史學的體例上必須有所分別，在〈論修史籍考要略〉中，他仿朱竹垞《經義考》之例，列出二十一種史法：「古逸宜存，家法宜辨，翦裁宜法，逸篇宜探，嫌名宜辨，經部宜通，子部宜擇，集部宜裁，方志宜選，譜牒宜略，考異宜精，板刻宜詳，制書宜尊，禁例宜明，採摭宜詳」[22]，可說將史學的各門類做了一個頗爲條理清晰的舉隅。亦惟此種開廓胸襟始能突破傳統史學之窠臼，邁向一個新的、普遍性的史學觀念。

雖然章學誠在經史之間的見解和校讎學向爲史學界所稱道，這方面的相關著作亦最富[23]，惟其史學影響後世既深且巨的恐仍爲方志學，尤其是有關方志學與史學關係的討論方面，史地學報派的基本論點可

象，即以史學革命自居的古史辨派，其著作格式是舊體，看似保守的史地學報派卻是以新體著作。雖然史地學報派的著作格式，究竟是向西學取經或受章學誠的影響殊難斷言，但有一事似可做爲討論此問題的一個注脚，即史地研究會的重要成員在創辦《史地學報》時，大多是未出過國的大學生，這部分的影響可能得自師長，因爲史地研究會的指導員中，竺可禎和徐則陵都曾留學美國，因此，《史地學報》的著作體例應受西方及傳統中國史學的雙重影響，竺可禎的生平，參考：《竺可禎傳》編輯組，《竺可禎傳》(北京：科學出版社，1990)；有關《史地學報》引介外國史地之學的統計，請參閱本文第 3 章第 3 節〈《史地學報》內容分析〉。

[22] 章學誠，《文史通義》，頁 643-644。

[23] 如：余英時，《論戴震與章學誠》；孫德謙，〈申章實齋六經皆史說〉，《學衡》，第 24 期(1923 年 12 月)；周予同、湯志鈞，〈章學誠六經皆史說初探〉，《中華文史論叢》，第 1 期 (1962)。

說即本於章學誠，並由此建構史地學報派的歷史地理學理論。

　　章學誠之所以特別看重方志,乃因他認爲方志是一國之史的縮影，在〈方志立三書議〉中，章學誠說：

> 方州雖小，其所承奉而施布者，吏戶禮兵刑工，無所不備，是
> 則所謂具體而微矣，國史於是取裁，方將如春秋之藉資於百國
> 寶書也，又何可忽歟?（《文史通義》，頁 390-391）

在〈州縣請立志科議〉文中又說：

> ……有天下之史，有一國之史，有一家之史，有一人之史。傳
> 狀誌述，一人之史也；家乘譜牒，一家之史也；部府縣志，一
> 國之史也，綜紀一朝，天下之史也。比人而後有家，比家而後
> 有國，比國而後有天下。惟分者極其詳，然後合者能擇善而無
> 憾也。譜牒散而難稽，傳記私而多諛，朝廷修史，必將於方志
> 取其裁。而方志之中，則統部屬於諸府，諸府取於州縣，亦自
> 下而上之道也。然則州縣志書，下爲譜牒傳志持平，上爲部府
> 徵信，實朝史之要刪也。　（《文史通義》，頁 395)

這種將史學分門別類的做法是章學誠所最極力提倡的㉔，因此，在他的著作中不僅時時出現重視當代史料的呼籲，而且也一再強調方志必須詳於正史的說法，如在〈答甄秀才論修志第一書〉說「志之爲體，

㉔　相關討論可參考：繆全吉，〈章學誠議立志（乘）科的經世思想探索〉，中
　　央研究院近代史研究所（編），《近世中國經世思想研討會論文集》(臺北:
　　中央研究院近代史研究所，1984)，頁 157-175。

當詳於史。而今之志乘所載，百不及一。此無他，搜羅采輯，一時之耳目難周；掌故備藏，平日之專司無主也」（《文史通義》，頁 478）。所以，章學誠建議於各省州府縣立一“志乘科房”，委由專人管理，等到開局纂修方志時，方能有所取裁；他在〈永清縣志士族表序例〉提出「正史既存大體，而部府州縣之志，以漸加詳焉。所謂行遠自邇，登高自卑。州縣博收，乃所以備正史之約取也」（《文史通義》，頁 434），略可知其方志學觀念之一斑。

　　雖然方志可爲正史所酌取，但兩者間的互通在約與博，其間有清楚的界線，而且更重要的是在分合之際不能相互取代，〈方志辨體〉說：

> ……如修統部通志，必集所部府州而成。然統部自有統部志例，非但集諸府州志可稱通志，亦非分拆統部諸志之文，即可散爲府州志也。諸府之志又有府志一定義例，既非可以上分統志而成，亦不可以下合州縣屬志而成，苟通志及府州縣可以互相分合而爲書，則天下亦安用此重見疊出之綴旒爲哉？　（《文史通義》，頁 379）

方志固爲傳統中國史學的一種體裁，究其實則與歷史地理學有極密切關係，因爲地方的風俗民情、地理沿革等等，乃是歷史地理學所研究的對象，而整體的歷史地理學亦惟賴各別之地方史爲基礎。設若地方史的材料付諸闕如，則歷史地理學亦無由措手。

　　由於章學誠對方志提出許多學理上的意見，加上曾親身參與方志的編纂，使其方志學理論爲後世所宗，其相關討論亦成爲方志學的重要理論基礎；史地學報派對歷史地理學的提倡，基本上就是從繼承章學誠史法而來。

2.史地學報派對章學誠史法的繼承

　　史地學報派對地方史的措意，對當代史的關注，對地學考察的提倡，以及著意於保存當代史料等等，均可於章學誠著作中找出其本原，其受章學誠影響的痕跡可見一斑。

　　雖然史地學報派屢屢引介外國史地之學，以他山之石為攻玉之錯㉕，但整體而言，史地學報派的治學方法，似乎都可在章學誠的史學中找到相關理論的蛛絲馬跡。如重要成員之一的張其昀即曾撰〈讀史通文史通義校讎通義〉，對劉知幾和章學誠的史學加以發揮申論㉖，文末並呼籲中華新史學的三大希望：

　　　　（壹）希望於大學史科者：廣羅典籍，分別部居。（據章君所言史料之徵集與保存及其著錄之道而發）。

　　　　（貳）希望於史學會者：確定步驟，分工研究（據劉君三長難兼之論，又鑒於前世史館志局之無組織而發）。

　　　　（參）希望於史書及史學雜誌者：行文自注，言必徵信。（據章君詳言自注之益而發，章君又言著史宜多列圖表，圖表亦自注之例也）。　　《史地學報》, 1:4, 頁 131)

《史地學報》所刊載的文字大部分如張其昀文中所述，「行文自注，多

㉕　有關《史地學報》的中外史地比例、文章篇數，參見：本書附錄一〈《史地學報》統計資料〉，附件 1-1〈《史地學報》文類篇數統計〉，附件 1-2〈《史地學報》文類比例統計〉；相關討論請參閱本書第 3 章第 3 節〈《史地學報》內容分析〉。

㉖　《史地學報》, 1:3, 頁 133-149；1:4, 頁 105-131。案：此文原載《學衡》第 5 期，頁 641-695，原題〈劉知幾與章實齋之史學〉。

列圖表」，而這正是章學誠所大力提倡者。

　　實地考察、地區史研究等皆屬章學誠所提倡的方志學範疇，在這方面，史地學報派也是多所用心；至於經世史學與實用史學，史地學報派亦時存胸臆；從這幾點來看，《史地學報》受章學誠影響的程度可見一斑。如張其昀本人的著作大抵遵守其〈讀史通文史通義校讎通義〉所定標竿，他的〈上海之地理〉，就使用了相當多的圖表，並且也以自注的方式行文㉗；鄭鶴聲的〈地學考察報告——紫金山〉㉘，〈杭滬定普一帶紀游〉㉙、〈地學考察報告——聚寶山，棲霞山〉㉚，孫逢吉〈地學考察報告——高資，香山，朝凰山〉㉛，皆屬實地考察之例；此類實地考察主要意義有二：其一，重視地方之史，即章學誠方志之義；其二，重視當代之史，並廣泛收集當代史之史料；所以，這類調查報告其實可以說是章學誠史法的具體實踐。

　　如前述所論不謬，那麼很可能造成一個不必要的誤解：即史地學報派的歷史地理學根本就是章學誠史法的翻版。但事實上並非如此，此處所論，僅係以章學誠與史地學報派間的內在關連，說明現代中國史學的發展絕非凌空虛渡，而係千里來龍到此結穴。當然，以章學誠所處的時代背景，其歷史眼光不可能預估到二十世紀的世界局勢，更不會瞭解到地理大發現以後的世界會變得天涯若比鄰，但其史學經世的觀點，卻是其命維新的。

　　雖然歷史研究與時代相結合與否，是一個見仁見智的問題，就像

㉗　《史地學報》，2:1，頁 81-90；2:4，頁 77-88。

㉘　《史地學報》，2:1，頁 131-134。

㉙　《史地學報》，2:1，頁 89-99。

㉚　《史地學報》，2:5，頁 135-143。

㉛　《史地學報》，2:1，134-137。

文學藝術爲人生而創作或爲藝術而創作的爭議一直呶呶不休。現代中國史學發展過程中的種種轉折，事實上與時代有相當密切的關連，姑不論此種關連是好是壞，兩者之間的呼應是極其明顯的。

1920年代的中國學術界，充滿著各種變數和可能，古史辨運動對中國上古信史造成了前所未有的破壞㉜，科學與玄學論戰對中西學術的爭辨，造成知識分子在科學與人生觀之間的徘徊㉝；社會史論戰爲中國傳統社會的性質大打筆仗㉞；俄國的革命剛剛完成；北洋政府的派系鬥爭與軍閥混戰；在在都使知識分子關心國是，而思以學術救國，而這亦是自近代以來中國知識分子所一直關心的課題。處在如此時代氛圍中的知識分子，治學研究之際，不免思及爲學術而學術或爲救國

㉜ 參考：王汎森，《古史辨運動的興起》（臺北：允晨文化出版公司，1987），頁209-291；彭明輝，《疑古思想與現代中國史學的發展》（臺北：商務印書館，1992），頁52-127。

㉝ 有關五四的科學主義，郭穎頤有相當精闢的見解，參考：郭穎頤（Daniel W. Y. Kwork），*Scientism in Chinese Thought, 1900-1950* (New Haven: Yale University Press, 1965)；中譯本見：雷頤（譯），《中國現代思想中的唯科學主義，1900-1950》（江蘇：江蘇人民出版社，1989）；有關科學與人生觀論戰的討論，參考：林毓生（Lin Yü-Sheng），"The Origins and Implications of Modern Chinese Scientism in Early Republican China: A Case Study - The Debate on Science v.s. Metaphysics,"收入：中央研究院近代史研究所（主編），《中華民國初期歷史研討會論文集》（下）（臺北：中央研究院近代史研究所，1984），頁1181-1200；林毓生，〈民初"科學主義"的興起與涵意——對民國十二年"科學與玄學論爭"的省察〉，收入：林毓生，《政治秩序與多元社會》（臺北：聯經出版公司，1990），頁277-302。

㉞ 參考：Arif Dirlik, *Revolution and History, The Origins of Marxist Historiography in China, 1919-1937* (Berkeley & L.A., California: University of California Press, 1978)；潘光哲，《郭沫若與中國馬克思主義史學的起源》（臺北：稻禾出版社，1995）。

而學術的迷思。

　　雖然史地學報派重視地方史和史學經世的觀念，與章學誠之史法若合符節，但絕非跳脫時代性而直承章學誠。設若無時代之需要，縱使章學誠的史學理論再吸引人，恐怕仍是無濟於事。惟須說明的是：一種學術風氣的形成有其可見與不可見的因素存在，可見的因素固可分析條理爬梳，諸如風氣與師承之類，不可見的因素則祗能在各種蛛絲馬跡中抽絲剝繭。重要的是，一種思潮的形成絕不能忽略其時代因素，畢竟抽離了時代背景的因素，思潮很可能祗剩下空洞的軀殼。1920年代歷史地理學之興起，正是時代思潮加上深厚歷史淵源下的產物，一方面是中國歷史地理學源遠流長的傳統，另一面則呼應時代的需要，甚至引介外國史地之學的理論以爲翼助，因而造就了歷史地理學在現代中國史學的蓬勃發展。此乃自清中葉以降，歷經從考據到經世，以及清季知識分子救亡圖存的各種運動之後，結晶蛻化而成的史學經世思想。

　　當然，史學經世並非史地學報派的特有主張，而是當時整個中國學術界的普遍現象，這種普遍現象正好說明了知識分子救亡圖存的有志一同。《史地學報》2卷1期登出一篇〈今夏中華教育改進社關於史地教育之提案及歷史教育組地理教學組之會議紀錄〉的特載，其中有三個議案似可做爲此一普遍現象的注腳。其一，徐則陵提議組織委員會以研究歷史教學問題㉟；其二，朱希祖提議有關中學中外史地教學

㉟　議案內容如下：
　　　歷史一科，關於陶養公民至爲重要。吾國中小學歷史教學各方面，亟宜加以研究，以期改善而收歷史一科應有之效果，茲請提議組織委員會，研究關於中小學歷史教學之問題。　《史地學報》，2:1，頁45）
　　　案：徐則陵時任南京高等師範學校歷史系主任，爲史地研究會指導員。

的內容與順序；其三，竺可楨與白眉初提議調查蒙藏地區㊱。

在討論中外史地教學的次序時，朱希祖說：

> 中學校宜先教地理後教歷史，教地理歷史均宜以本國外國同時
> 並授，本國外國歷史時間之分配均宜以上古中古近古占二分之
> 一，本國外國現代史均宜提前先授，其後隨時補講，至畢業時
> 之時事爲止。　（《史地學報》2:1，頁55）

由此一提案可以看出當時歷史學界對史地教學的一般看法，亦即中西
並重，詳近略遠，尤其加重現代史部分，此乃以經世致用爲中心的史
地教學。由此或可蠡測由於內憂外患的紛至沓來，學術界對當代中外
局勢的關懷實已成爲共識。而竺可楨與白眉初提議調查蒙藏地區，與
禹貢學會之邊疆考察亦有異曲同工之處㊲，以迄抗戰期間國府由羅家
倫領隊組織西北考察團㊳，均係呼籲建設西北之時代風氣所使然。當
然，此一風氣可能上承清季的西北史地研究，而五四時期"到邊疆去"、
"到西北去"的呼聲，亦有一定程度的影響。

任何學術風氣的形成，絕非旦夕之間風起雲湧，而係有其源遠流
長的傳統。重視史學經世的精神，固爲近代中國知識分子的普遍關懷，
追求富強更是近代以來中國知識分子所努力的目標，史地學報派對歷

㊱　《史地學報》，2:1，頁63。

㊲　參考：《禹貢·後套水利調查專號》(6:5)，有關西北考察記事，可參考：《禹
　　貢》，7:1.2.3，頁9-18；相關討論請參閱本書第4章第3節〈邊疆史地研究
　　與實地考察〉、第5章第4節〈西北史地研究〉。

㊳　參考：羅家倫，《羅家倫先生文存》，第2冊（臺北：國史館·中國國民黨
　　中央委員會黨史委員會，1976），頁703-725；相關討論請參閱本書第5章
　　第4節〈西北史地研究〉。

史地理學的提倡，亦可從此一角度加以思考；"南高"師生創立《史地學報》，致力於歷史地理學研究，加上對當代時勢的關懷，凝聚了研究歷史地理學的風氣，此風氣彼此激盪的結果，形成整體的學術關懷，為歷史地理學的興起，寫下新的一頁。

第二節　《史地學報》的創立及其組織

《史地學報》的創立，基本上是在五四的學術風氣下形成的，而五四時期的學術風氣則與兩條線索有密切關連，其一是中國傳統學術思想的再生，其二為西方學術思想的引進，這兩條線索其實是相輔相成的。事實上，五四時期的學術風氣本即在傳統與西方間找尋未來的可能方向，做為五四時期史學代表性刊物之一的《史地學報》，一方面承繼了傳統中國史學的特色，另一方面也嘗試向西學取經，其間的過程是相當微妙的：中學和西學之間有沒有衝突？在涵泳舊學與介紹新知之間，史地學報派如何找到平衡點？

《史地學報》的創立直接間接與1919年的巴黎和會有關，因為正是巴黎和會討論有關山東歸還問題，引發了現代中國史上有若狂濤巨浪的五四新文化運動。在新文化運動中，中國知識分子嘗試各種思想文化發展的可能，《史地學報》冀期藉歷史地理學的實用性，以為外交上折衝尊俎之後盾，亦惟其中的一個可能方向而已。

《史地學報》是"史地研究會"的機關刊物，史地研究會則是南京高等師範學校文史地部及其他科系所聯合組成的學生組織㉟，以研

㉟　史地研究會簡稱為"史地會"，該會內部文件或自稱時為"史地會"，對外則稱"史地研究會"，《史地學報》上的編輯單位即為"史地研究會"。

究史地爲宗旨。史地研究會的前身爲“地學研究會”，地學研究會初成立於 1919 年 10 月，至 1921 年 11 月創刊《史地學報》，1926 年 10 月出版第 4 卷第 1 期停刊，總計近五年時間共出版 20 期雜誌。在《史地學報》1 卷 1 期上，記錄其成立經過大要說道：

> 民國八年以前，吾校有國文專科而無文史地部，故各研究會中，獨史地付之闕如，八年秋改國文科爲文史地部，於是同學遂有增設地學之議，而地理教授童季通先生實襄其成，十年十月一日，地學研究會成立，共有會員六十七人，舉龔勵之君爲總幹事，其他職員稱之。……此地學會之起源，亦本會〔案：史地研究會〕之導始也。（《史地學報》，1:1，頁 197）

地學研究會易名爲史地研究會，係因會員有鑒於史學與地學不宜偏廢⑩。史地研究會成立後，於第二屆開始籌備《史地學報》出版事宜，但卻一直到第三屆纔正式創刊⑪

　　史地研究會的成員，基本上是以南京高等師範學校文史地部的學生爲主，再加上其他科系的學生所組成，因此其職員皆爲學生，組織則爲總幹事制。在史地研究會前身地學研究會時代，首任總幹事是龔勵之，第二屆爲諸葛麒，也就是在諸葛麒擔任總幹事的第二屆通過簡

---

⑩　在一篇名爲〈紀錄〉的史地研究會記事文中，提到《史地學報》成立之經過略云：

　　初會員鑒於地學與史學，似不宜偏此忽彼，此次提出討論，決定改地學會爲史地研究會。通過簡章，職員仍地學會之舊，請本校教授柳翼謀先生朱進之先生童季通先生爲本會指導員，蓋九年五月十三日實爲本會成立之日。（《史地學報》，1:1，頁 197-198）

⑪　《史地學報》，1:1，頁 198-199。

章，改名爲史地研究會，並請柳詒徵、朱進之與童季通擔任指導員，因此，地學研究會的第二屆即爲史地研究會的第一屆。

史地研究會的第二屆總幹事爲陳訓慈，會員 62 人，請柳詒徵、徐則陵和竺可楨等三人擔任指導員。第二屆史地研究會主要的工作內容有兩項：其一是地學考察，其二爲會刊之籌備。但《史地學報》並未在第二屆手中誕生，而是到了第三屆才正式出版㊷。

由於史地研究會前兩屆的職員錄並未公布，其組織結構如何無法瞭解，第三屆以後因出版《史地學報》，雜誌上陸續刊載史地研究會的會議紀錄，以及有關的會員錄與職員錄，對於史地研究會的情形或可藉以瞭解一二；史地研究會第三屆的職員組織如下：

總幹事：胡煥榮

副總幹事：錢堃新

幹事：王學素　陳旦

總編輯：張其昀

編輯：諸葛麒　繆鳳林　邵　森　謝　群

書記：陳訓慈　景昌極　趙祥瑗　王玉璋　唐兆祥　王　庸

會計：何惟科㊸

會員方面基本上以南京高等師範學校文科學生爲主，但從會員錄來看，似乎並非所有文科學生都加入史地研究會，而係以個人興趣爲依皈㊹。至於職員方面，除了個人職務上以及人力的調整外，主要的

㊷　《史地學報》，1:1，頁 198。

㊸　《史地學報》，1:1，頁 199。

㊹　史地研究會第 3 屆會員名單如下：

　　　方培智　王玉章　王學素　王錫睿　王　庸　仇良虎　田耀章　何惟科　吳文照

　　　周光偉　胡煥榮　范希曾　姜子潤　徐景銓　徐啓銘　徐震愕　袁鵬程　夏崇璞

　　　唐兆祥　孫士枏　黃英偉　陸鴻圖　張廷休　張其昀　陳訓慈　景昌極　楊　楷

負責人大體沒有什麼很大的變動,茲以第四屆與第三屆職員做一比較;
第四屆的職員錄如下:

指導員: 柳翼謀（柳詒徵）教授

　　　　徐則陵教授

　　　　竺可楨教授

　　　　白眉初教授

總幹事: 諸葛麒

副總幹事: 王學素

幹事: 錢堃新　趙祥瑗

總編輯: 繆鳳林

編輯: 張其昀　陳訓慈　胡煥榮　唐兆祥　周　懋　謝　群

　　　邵　森　陸維釗

書記: 張廷休　盛奎修

會計: 仇良虎㊺

其實, 總幹事諸葛麒在第二屆時已經擔任過總幹事了㊻, 到第四屆則
是重爲馮婦, 第三屆的總編輯張其昀在第四屆擔任編輯, 第四屆的總
編輯繆鳳林在第三屆是編輯, 第三屆的總幹事胡煥榮則在第四屆擔任

趙鑑光 劉文翮 錢堃新 盛奎修 高國棟 繆鳳林 羅會灃 諸晉生 諸葛麒
　（以上文二)

　　王煥鑣 束世澂 周　懋 邵　森 芮九如 馬繼援 汪章才 陳兆馨 張邃如
陸維釗 黃應歡 閔毅成 彭振綱 楊受慶 楊承奐 潘葆煌 趙祥瑗 劉啓文
鄭沛霖 龍文彬 謝　群 陳　且 尤廷堅 （以上文一)

　　林　超 李漢信 陳　忠 陳家棟 曹銓樓 （以上他科)　《史地學報》, 1:
1, 頁 199)

㊺ 《史地學報》, 1:2, 頁 385。

㊻ 《史地學報》, 1:1, 頁 197。

編輯之職；從這兩屆的情形大體可以略推下幾屆的人員變動，而且，在職務的變動上是依實際負責的工作編組，並無特定的高下之分，所以前後任可以做同樣的事，也可以做部分調整；史地研究會第四屆因南京高等師範學校文科改爲史地科，會員大部分爲史地科學生；至於指導員方面主要的是南京高等師範學校的教授，到第五屆以後則有其他學校的教授加入陣營，並且視情況有所增加。

　　雖然主要幹部並無太大變動 (此處指工作有所調整，主要職員仍是原來幹部的職務調動而已)，但第五屆的組織可能是因應業務之需要略有調整，其調整的職務包括增設發行主任，將總編輯改爲編輯主任⑪；指導員除原有者外增加了陳衡哲、曾膺聯和蕭叔絅三位。而且因爲編輯的刊物增爲兩期⑱，因此改採分工方式進行⑲。而所謂編輯分工，實際上就是《史

---

⑪　第 5 屆的職員錄組織如下：

　　總幹事：胡煥庸

　　副總幹事：張其昀

　　編輯主任：陳訓慈

　　編輯：諸葛麒 向　達 陸維釗 吳文照 仇良虎 陳人文 范希曾 景昌極
　　　　　謝　群

　　發行主任：諸葛麒

　　幹事：周光倬 繆鳳林　(《史地學報》，1:3，頁 267)

⑱　在第 5 屆以前，史地研究會編輯《史地學報》是 1 屆編輯 1 期，第 5 屆以後改爲 2 期，仍爲季刊；至第 6 屆（即 2 卷 1 期）以後改爲月刊，但實際上是 1 年出 8 期。

⑲　編輯主任陳訓慈在 1922 年 6 月 15 日的編輯報告中說：

　　本屆編輯事宜，因所編輯增至兩期，經過略爲繁複；爰撮述大略，以報告於會員諸君。 I .編輯職員：本部設編輯主任一人，編輯八人。關於本學報編輯事宜皆分工進行。(如世界新聞，大事記，消息等欄)。……II .編輯範圍：本屆編輯事宜，即《史地學報》第三期第四期。III .編輯會議：編輯會議，由編輯九人及正副總幹事二人組成之。本屆自三月至六月計開正式編輯會議四次，於編輯改良及稿件取捨，多所討論取決。(《史地

地學報》文稿之分類，刊登於 1 卷 3 期的〈編輯要則〉有詳盡的說明。

這篇〈編輯要則〉大體表明了《史地學報》的內容與編輯宗旨，其文類計分 19 類，另加卷首插圖共爲 20 類，細目爲：⑴評論；⑵通論；⑶史地教學；⑷研究；⑸古書新評；⑹讀書錄；⑺雜綴；⑻世界新聞：(A)時事紀述(B)地理新材料(C)中外大事記；⑼氣象報告；⑽書報介紹；⑾史地界消息；⑿調查；⒀史地家傳記；⒁譚屑；⒂專件；⒃選錄（仿《東方雜誌》最錄之意，酌量轉載關於史地之文字）；⒄書報目錄：(A)書籍(B)雜誌(C)論文；⒅會務(紀錄，會員錄，職員錄)；⒆通訊⑤。但並非每期雜誌均完全包含上述內容，而是視來稿情形有所調整⑤。至於《史地學報》的編輯旨趣，在這篇〈編輯要則〉中，也說得很明白：

> 同人深維史地之學，一由時間之連續，示人類之進化；一由空間之廣闊，明人類與自然界之關係。其博大繁賾，實超其他科學。而就其近者言之，則一事一物，莫不有其源流與其背景，果屏斯二者，即不足曉事物之眞，更無由窺學術之全。是以各種學問，靡不有所憑於史地；而史地之可貴，亦要在出其研幾所得，供各學科之致用。此所以西洋自然科學發達，而史學地學與之偕進而無已也。吾國自黃帝置史，大禹數土，史地之學，肇端特早。祗以科學不進，實學沈痼；故史籍雖富，史學不昌；地志圖表，尤闕精進。遂使先民之緒，墜而不振，昌明光大，歸美白人，近年以還，國人盛言西學，談論著述，蔚爲巨觀。

學報》，1:4，頁245)
⑤ 《史地學報》，1:3，頁前 6 之 2。
⑤ 《史地學報》，1:3，頁前 6 之 2。

顧于眞實之學，輒相畏避，史學地學，尤稀過問。新說之灌輸無聞，舊籍之研求日荒，懷古例人，寧非大恥。同人等問學旨趣，偏此二學，心痛現狀，爰布茲冊，將以求正有道，希助友聲，以共闡前古之積緒，而期今後之精進。(《史地學報》, 1:3, 頁前6之1)

可見《史地學報》在實學報國之念上，與近代中國知識分子救亡圖存的思想是一脈相承的。

第六屆史地研究會的組織又略有變動，增設一總幹事，取消副總幹事；編輯主任復稱爲總編輯；取消發行部，增設調查部、出版部與圖書部[52]；增設調查部的動機主要可能是爲了實地考察的需要。

在第六屆職員錄中，鄭鶴聲和向達已經列爲新職員了，而諸葛麒則是第三度擔任總幹事，張其昀二度擔任總編輯，王學素、繆鳳林、陳訓慈、景昌極、胡煥庸、仇良虎、周憨、陸維釗等人都繼續擔任重要職務，可見史地研究會的主要幹部，有其穩定的持續性。本屆比較值得注意的有兩件事，一是調查部的成立，說明了知識分子到民間去

---

[52] 第6屆職員組織如下：

　　總幹事：向　達 諸葛麒
　　書記：馬繼援 楊　楷
　　幹事：全文晟 王　庸
　　調查部：袁鵬程 王學素
　　編輯部：
　　(總編輯)：張其昀
　　(編輯)：陳訓慈 陸維釗 景昌極 繆鳳林 鄭鶴聲 束世澂 胡煥庸 鄧光禹
　　(書記)：唐兆祥 陳人文
　　出版部：周　憨 仇良虎
　　圖書部：王玉章 陸鴻圖　(《史地學報》, 2:1, 頁149)

的風氣在史地研究會起了作用㊼；另一爲《史地學報》自2卷1期起每期於雜誌上刊載南京地區的氣候報告，並且呼籲全國各地有興趣者共襄盛舉㊔，冀期從氣候與植物的考察，開啓實學救國之道。而自2卷1期起《史地學報》不定期刊出相關之調查報告，亦可略窺其實地調查之動向㊕。

到了第七屆，史地研究會又有重大改變。事實上，史地研究會自成立以來，其組織結構即不斷地在改變，但改變最大的蓋屬第七屆。第七屆最主要的改變爲分組研究的成立，《史地學報》2卷4期記其事頗詳：

> 本會第六屆結束時議決分組研究，當時凡屬史地範圍內者，咸分以名組。本屆開始後，分組簽名，其中因簽名過少，未能成立者外，計現分中國史組、西洋史組、東亞史組、中國地理組、世界地理組、時事史組、歷史教學組、史學組、地質學組、氣象學組等十組。(《史地學報》, 2:4, 頁163)

其中的中國史組再分爲七門：(1)種族(附地理環境)，(2)社會，(3)政治，

㊼　知識分子到民間去是五四時期的一股風潮，本書第2章第2節〈五四時期的學術風氣〉略已言之，此處不擬贅述；此外可參考： Laurence A. Schneider, *Ku Chieh-kang and China's New History* (California: University of California Press, 1971), pp. 121-187。

㊔　《史地學報》, 2:1, 頁106之1、2、3。

㊕　如：鄭鶴聲，〈地學考察報告——紫金山〉，《史地學報》, 2:1, 頁131-134；〈杭滬定普一帶紀游〉, 2:1, 頁89-99；〈地學考察報告——聚寶山, 棲霞山〉, 2:5, 頁135-143；孫逢吉，〈地學考察報告——高資, 香山, 朝鳳山〉, 2:1, 134-137；皆屬實實地考察之例；相關討論請參閱本書第3章第3節〈歷史地理學的理論與實踐〉。

⑷經濟，⑸宗教，⑹學術，⑺國際；各門設主任一名㊹。至於其他各組亦各有其負責人㊺，分別就各組主題進行研究，且此一分組亦爲第七屆職員之基礎㊻。又因此時南京高等師範學校擴充爲東南大學，故史地研究會亦改名爲東南大學史地研究會。由第七屆職員錄可以看出此時東南大學史地研究會編制的擴大以及部門的增加。

第八屆職員的組織與第七屆相類，人員的變動亦不大㊼，除了編

㊹ 中國史組各門名單如下（加注*號者爲主任）：

種族門：諸晉生* 鄭鶴聲 沈孝凰 仇良虎

社會門：劉文翮* 束世澂 向　達 趙祥瑗 仇良虎

政治門：周　愻* 劉揆藜 王煥燡 龍文彬 全文晟 趙祥瑗 王　覺 束世澂

經濟門：周光倬* 王　庸 李瑩璧 王　覺 束世澂

宗教門：全文晟* 陳　旦

學術門：陸維釗* 諸葛麒 周　愻 王　庸 王煥燡 鄭鶴聲 周光倬 王錫睿 龍文彬 曹松葉 劉揆藜 王　覺

國際門：向　達* 唐兆祥 劉揆藜 張其昀 （《史地學報》，2:4，頁 163-4）

說明：在分組時，各人可依自己興趣，參加不同之組或門，因此上述名單重覆者甚夥，其他組亦然。

㊺ 其他各組名單見《史地學報》，2:4，頁 164-6。

㊻ 第 7 屆職員錄如下：

總務部

主任：向　達 副主任：劉揆藜

編輯部

編輯主任：陸維釗 副主任：鄭鶴聲

特種編輯：張其昀 叢刊編輯：陳訓慈

編輯：向　達 束世澂 陳兆馨 馬繼援 王煥燡 邵　森 王學素

研究部主任：金文晟 副主任：劉揆藜

講演部主任：趙祥瑗 副主任：陳　旦

調查部主任：宋兆珩 副主任：諸葛麒

圖書部主任：趙祥瑗 副主任：陳詠洙

發行部主任：周　愻 （《史地學報》，2:8，頁 166）

㊼ 第 8 屆職員主要名單如下：

輯主任改爲學報主任，圖書部主任和副主任對調之外，兩屆的職員幾乎沒有什麼變動，這是史地研究會成立以來改變最小的的一次。但在《史地學報》的編排上卻有很大的變動，最主要的是因應讀者的要求，將原本橫排的《史地學報》自 3 卷 1 期起改爲直排⑩。

就在《史地學報》由橫排改爲直排的這一期，《史地學報》捲入了古史辨運動的論辨，自此，《史地學報》成爲反古史辨運動的大本營⑪。

《史地學報》3 卷 1.2 合期⑫，發表了四篇有關古史討論的文章：(1)劉掞藜，〈讀顧頡剛君與錢玄同先生論古史書的疑問〉；(2)顧頡剛，〈與錢玄同論古史書〉；(3)錢玄同，〈答顧頡剛先生書〉；(4)顧頡剛，〈答劉胡二先生書〉；使得史地學報派在古史辨運動初期，與《讀書雜誌》的古史辨派交戰激烈⑬，《史地學報》與《學衡》雜誌亦成反古史辨運

　　總務部 主任：向　達 副主任：劉掞藜
　　編輯部 學報主任：陸維釗 副主任：鄭鶴聲
　　特種編輯：張其昀 叢刊編輯：陳訓慈
　　編輯：向　達 束世澂 陳兆馨 馬繼援 王煥爍 邵　森 王學素
　　研究部主任：金文晟 副主任：劉掞藜
　　講演部主任：趙祥瑗 副主任：陳　旦
　　調查部主任：宋兆珩 副主任：諸葛麒
　　圖書部主任：陳詠洙 副主任：趙祥媛
　　發行部主任：周　愍（《史地學報》，3:4，頁 147）

⑩　《史地學報》2 卷 8 期刊登一則啓事：
　　本報發行以來，閱時二載，所接讀者惠函，對於橫行印刷，群謂多方不便，茲爲尊重愛讀諸君意見，決定自三卷一期起，改用直行，並酌加圈點，以醒眉目。（頁前 1）

⑪　彭明輝，《疑古思想與現代中國史學的發展》，頁 70-92。

⑫　《史地學報》的第 1、2 卷，史地研究會內部稱幾卷幾號，刊物稱幾卷幾期，自第 3 卷起統稱幾卷幾期，本書爲簡化行文，一律稱幾卷幾期。

⑬　關於古史辨運動的討論，此處不擬詳述，參考：王汎森，《古史辨運動的興起》；Laurence A. Schneider, *Ku Chieh-kang and China's New*

動的主要陣營⑥。

　　《史地學報》停刊的原因不明，但在 3 卷 8 期有一篇鄭鶴聲的啓事，可能稍稍透露了其中的一些訊息：

> 鶴聲才識謭陋，理事疏懶，兩無著處，未堪重任，蒙諸同學不棄，委爲本報編輯，繆承斯職，數年於茲，汲深綆短，時慮隕越，幸恃張君其昀，向君達，極力扶植，稍垂舊型，負望閱者，歉仄甚矣！現以修業期滿，離校伊邇，所有編輯事務已移交下屆職員負責辦理，海內學者幸鑑焉！《史地學報》, 3:8, 頁前 1)

從這則啓事來看，《史地學報》第 2 卷和第 3 卷的主要負責人可能就是向達、張其昀和鄭鶴聲，而因爲負責人前後畢業離校，使得史地研究會和《史地學報》無以爲繼。但由《史地學報》培養出來的史學工作者，如繆鳳林、張其昀、鄭鶴聲、向達等人，在現代中國史學的發展過程中，均有所成就⑥；擔任史地研究會指導員的柳詒徵、竺可楨、

History; 彭明輝，《疑古思想與現代中國史學的發展》。

⑥　新文學運動的反對者和古史辨運動的反對者其實是一而二、二而一的，在反新文化運動時是"學衡派"，在反古史辨運動部分則是"史地學報派"；本書在使用"史地會"或"史地研究會"時，表示該學生組織，而不包括指導員在內；在使用《史地學報》時表示該刊物；在使用"史地學報派"時，表示以《史地學報》爲中心的史學工作者，包括學生與教授在內；關於反新文化運動的討論，參考：沈松橋，《學衡派與五四時期的反新文化運動》，頁 61-220；關於古史辨運動部分，參考：彭明輝，《疑古思想與現代中國史學的發展》，頁 70-92。

⑥　這一群出身《史地學報》的學者，於日後現代中國史學的發展過程中，均有其一定的研究成績，惟目前尚無較完整之研究或相關文獻討論其論著與研究成績，僅得部分個別之生平敍述及其學術成就的評述文字，列舉如次：

陳衡哲、梁啓超等人，亦均著述豐碩，影響深遠。

《史地學報》自1921年11月創刊，迄1926年10月停刊，共發行20期，其中第1卷4期，第2卷8期，第3卷7期，第4卷1期。第1卷爲季刊，自第2卷第1期起改爲月刊(但實際上每年出版8期)。自第1卷第1期至第2卷第8期止，由南京高等師範學校史地研究會主編，第3卷第1期起由東南大學史地研究會主編 (此時南京高等師範學校易名爲東南大學)。

《史地學報》刊載的文字，有論述當代時事者，有爰引古事以爲參考者；關心中國時勢，也放眼世界局勢，因此，當前時勢之分析與古史研究齊頭並進，可說是《史地學報》的最大特色⑥⑥。

《史地學報》的創刊，主要是因爲時代的衝激，而思有以救亡圖存，在此前提下，史地學報派所用力最勤者乃係歷史地理學的理論與實踐，包括整理中國史學有關歷史地理學的部分，引介西方歷史地理學的理論，並提倡實地考察，這一方面是當時學術風氣的影響，另一方面也是知識分子內自省的結果，使得史地學報派在中國史學發展過程中，有其一定的階段性意義。

蕭良瓊，〈向達〉，收入：劉啓林(主編)，《中國當代社會科學名家》(北京：社會科學文獻出版社，1989)，頁183-204；蕭鈞，〈向達：敦煌藝術的拓荒者，西域文明的採珠人〉，收入：北京圖書館《文獻叢刊》編輯部 (編)，《中國當代社會科學家》，第3輯(北京：書目文獻出版社，1983)，頁66-87；鄭鶴聲曾撰自傳一篇，回顧其個人生平及學術歷程，見：〈鄭鶴聲自傳〉，收入：晉陽學刊編輯部(編)，《中國現代社會科學家傳略》，第2輯(太原：山西人民出版社，1982)，頁233-268；宋晞，〈〔張其昀〕傳略〉，收入：《張其昀先生文集》，第1冊 (臺北：國史館‧中國國民黨中央黨史委員會‧文化大學，1988)，頁5-26。

⑥⑥ 關於《史地學報》的內容，請參閱本書第3章第3節〈《史地學報》內容分析〉與第3章第4節〈歷史地理學的理論與實踐〉。

第三節　《史地學報》內容分析

《史地學報》4 卷 20 期總計發表了 318 篇文章，在這些文章中，部分是純粹的學術論文，部分有類時事評論，以今日學術眼光來看，可能引起的討論是：爲何當時的學術期刊對時事如此關心？進一步的討論則可能是：關心時事對學術研究有什麼樣的影響？

如以今日的學術標準來看，很可能會得到一個結論：知識分子的過度關心國是，可能影響了學術的客觀性。但另一面的討論也可能是：學術是否一定要躲在象牙塔中做文章，而棄國計民生於不顧？學術與非學術的界線到底在那裡？

前文業已對近代中國的經世史學，做一鳥瞰式之說明，並釐析經世史學在近代中國學術思想史的發展背景。而經世史學之所以匯爲時代思潮的主流，有其外在與內在因素：在外在因素方面，主要是近代中國外患的紛至沓來，引發知識分子的學術報國之念；內在方面則爲傳統儒家的“內聖外王”思想理路所激發出來的⑥⑦。事實上，在面對近代中國的內憂外患時，傳統儒家的“外王理路”一直居於思想的主導地位，亦即“治國平天下”的思想，在近代中國的救亡圖存歷程中，向來是知識分子最根深柢固的觀念，甚至很可能是據以對付外來侵略的思想城砦。所以，西力衝激理論固可爲近代中國知識分子救亡圖存思想提出局部的解釋⑥⑧；傳統儒家的“外王”理路，對近代中國知識

---

⑥⑦　參考：陳弱水，〈“內聖外王”觀念的原始糾結與儒家政治的根本疑難〉，《史學評論》，第 3 期（臺北：華世出版社，1981 年 3 月），頁 79-116。

⑥⑧　相關討論，參考：柯保安（Paul A. Cohen），*Discovering History in*

分子經世思想的影響尤不容輕忽。事實上，在面對近代中國的變局時，外力的影響和內自發的力量，是兩條交互爲用的線索，缺一而不可；史地學報派對時事的關心，可以說正代表了此一思潮的具體實踐。

由於關心時事，使得《史地學報》刊載的論著常對現實政治與外交有所著墨；圖 3-3-1 爲《史地學報》刊載當代史文章之比例：

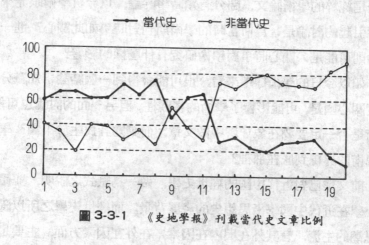

圖 3-3-1　《史地學報》刊載當代史文章比例

圖 3-3-1 中橫座標爲期數，縱座標爲所占百分比，由圖中所顯示的，可以看出《史地學報》每一期均有與時事相關之文章，此與今日學術刊物有相當大的差異。但必須說明的是：攸關時事的文章並非與歷史或地理學無關，而是指在文章中提及時事，或對時局有所評騭。雖然《史地學報》所刊載的文章並非每期攸關時事者均占一定比例，而且前後期之間也有所不同，大體而言，在創刊初期對時事的關心程度似乎較高，後期則有明顯減少的趨勢。這些與當代史有關的文章，

China: American Historical Writing on the Recent Chinese Past；中譯本見：李榮泰等(譯)，《美國的中國近代史研究——回顧與前瞻》(臺北：聯經出版公司，1991)，頁 1-54。

其中部分本即以時事爲題，部分則在文中不經意間提及，或在緒論、結論中信筆帶到，並非刻意以時事爲論析主體。但正因由此，或可推知對時事的關心，可能是史地學報派的普遍性觀念，這種普遍性觀念在下筆爲文時，極易有意無意間顯露出來。此類文章似乎略含傳統中國史學的鑑戒意味，而與所謂純粹、客觀的現代史學精神略有所異。

就統計所得，在《史地學報》刊載的 318 篇文章中，有關當代史者有 160 篇⑥⑨約占 50.3%，可見史地學報派對時事的關心程度。而對時事的多所縈懷，正是經世史學的具體實踐：視史學成爲一門有用的學科，而非閉門造車。

由於經世史學的影響，中國的知識分子對時事的關心與日俱增，表現在學術研究上的則是時時以國是爲念，如竺可禎在〈我國地學家之責任〉中談到甲午戰爭，中國喪師失地，馬關條約割讓臺灣澎湖一萬三千九百餘方哩之地給日本，是因爲李鴻章不明瞭地理學而犯下了錯誤⑦⑩。接著竺可禎推崇「英國政治家，素以能深謀遠慮著稱於世，於全球地理形勢之分配，瞭如指掌」⑦①，所以他呼籲國人應儘速以個人的力量，進行各項訪查：

> 爲今之計，惟有賴社會與國民耳，國家興亡，匹夫有責，歐美日本地理學上之調查，亦非盡以政府爲主動，以個人之苦心經營，或學會之協力互助而成書立業者，比比皆是，如我國南通

---

⑥⑨ 參見：本書附錄一〈《史地學報》統計資料〉·附件 1-1〈《史地學報》文類篇數統計〉，附件 1-2〈《史地學報》文類比例統計〉；下文提及相關數據，如無特別說明，皆據此二表。

⑦⑩ 竺可禎，〈我國地學家之責任〉，《史地學報》，1:1，頁 41。

⑦① 《史地學報》，1:1，頁 41。

軍山之氣象臺，其明證也。(《史地學報》, 1:1, 頁 44)

甚至呼籲相關的地理學者組織學會，考察十八行省以及滿蒙藏疆，以
盡國民之責：

> 至於國內各高等學校及學會中之專心地學者，當不乏人，苟能
> 組織機關，捐募巨款，以調查全國之地形氣候人種及動植礦物
> 爲己任，設計調查之標準，定進行先後之次序，擇暑假或其他
> 相當之時期，結隊考察，自十八省至滿蒙漢疆，庶幾東鄰不至
> 有秦無人之誚，此則今日我國地學家之責任也。(《史地學報》, 1:1,
> 頁 44)

這種學術研究與現實結合的思想，是近代中國知識分子慣有的思考模
式，也可以說是史地學報派的典型代表。

竺可楨此時是南京高等師範學校地理系主任，也是史地研究會的
指導員，提倡地理學不遺餘力。在同期中他還有一篇演講，談第一次
世界大戰後的歐洲新形勢，文中提到巴黎和會主要各國的利害關係，
以及將引發的問題，竺可楨說：

> 和會之上，五國雄長，歐人冀美之來，而美弗願，日本縱思參
> 問歐事，亦不之許。歐洲形勢既爲三國所把持，而三國者又各
> 不同其旨趣，歐洲將永無寧日矣。民族自決，既未全行，國際
> 聯盟中各國，又不能同等待遇，和會大權惟操在少數國之手，
> 外觀美日若英，競施軍備，復無已時，世界和平之望，殆將絕
> 矣！(〈歐洲戰後之新形勢〉,《史地學報》1:1, 頁 163)

竺可楨的話眞是不幸而言中，20 年後，第二次世界大戰果然應驗了他的推論。而史地學報派關心時事的傾向，竺可楨一直扮演引導者的角色，尤其在有關地理學方面的論述，更具啓發之功。譬如在《史地學報》1 卷 3 期，竺可楨就介紹了包曼 (Jsaiah Bowman) 所著的《歐戰後世界各國新形勢》[72]；同期中也刊載了他的〈去秋江浙濱海之兩颶風〉[73]；此外，南京地區的氣象報告亦自 1 卷 3 期開始刊載，最初是每 3 個月刊載一次 (此時《史地學報》爲季刊)，但自 2 卷 1 期起因《史地學報》改爲月刊，在正常出刊期間則每期都刊出此一報告，祇有在寒暑假時由下一期補齊未刊之月分。南京地區的氣象報告自 1 卷 3 期至 2 卷 8 期，每期均刊載，但自 3 卷 1 期起《史地學報》改爲直排，可能因爲氣象報告數字表格過多，編排不便，因而取消。

　　竺可楨在《史地學報》的文章大體和天文、氣象、地理、時事有關，其中有多篇爲演講之紀錄，如前文所舉談歐洲形勢，地理與人生之關係[74]，論青島的接收等等[75]，而《史地學報》所以對時事特別關心，主要是創刊初期正逢第一次世界大戰剛剛結束，善後事宜紛至沓來，知識分子用心於評騭國是與世界局勢，以盡學術報國之責。如在〈青島接收之情形〉演講中，竺可楨即對觀察所得提出了三項感想：⑴中國政府之冥頑不靈，⑵青島附近的風聲鶴唳，⑶日本的處心積慮與強暴手腕[76]；而對政府事前無充分之準備，青島住民的備受威脅，日人的用意太深，也是感慨良多[77]。由竺可楨的演講和論著中可以看

---

[72] 《史地學報》，1:3，頁 213-217。

[73] 《史地學報》，1:3，頁 209-212。

[74] 竺可楨，〈地理對人生之影響〉，《史地學報》，2:1，頁 1-12。

[75] 竺可楨，〈青島接收之情形〉，《史地學報》，2:2，頁 85-90。

[76] 《史地學報》，2:2，頁 86。

[77] 《史地學報》，2:2，頁 90。

出史地學報派對時事的態度，這種態度在《史地學報》所設計的「時事史」專欄更明顯地表現出來。「時事史」專欄從 2 卷 2 期開始設立，另外還有「世界新聞」，這兩個專欄使《史地學報》在對時事關懷上，較一般的學術期刊為多。

《史地學報》對當代史的關注可以 2 卷 5 期做一分水嶺，在此之前，有關時事的文章在數量上稍多，在此之後，則略有減少；圖 3-3-2 為《史地學報》刊載當代史文章的前後差異：

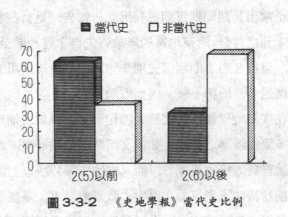

圖 3-3-2 《史地學報》當代史比例

由圖中可以看出，在2卷5期以前，與當代史有關的文章占63.6%，2 卷 6 期以後占 32.1%；2 卷 5 期出刊日期為 1923 年 7 月，2 卷 6 期為 1923 年 8 月，如就時事加以推測，可能是第一次世界大戰的和約問題已經告一段落，第二次直奉戰爭還沒開打，南方政府的北伐又尚未開始[78]，無事可記之故，而且「世界新聞」的專欄曾經出版油印單行本，雖然在 2 卷 8 期以後再次回到《史地學報》的版面上[79]，但活力

---

[78] 相關史事此處不擬詳述，參考：張玉法，《中國現代史》（上）（臺北：東華書局，1980），第 4 章〈軍閥的興衰〉，頁 172-240。

[79] 《史地學報》2 卷 8 期的啟事上說：

則似不如前。最重要的是「時事史」專欄在 2 卷 6 期以後也不再出現，祗靠「世界新聞」撐場面，在比例上自然不如創刊初期。因此，攸關時事者與一般史地文章的比例，以 2 卷 5 期爲分界，前後期之間的關注程度略有轉變，亦即在 2 卷 5 期以前關心時事的文章要比與時事無關者多，在 2 卷 6 期以後則一般史地文章在比例上較攸關時事者多。

　　史地學報派的治學方法主要植基於傳統中國史學，加上外國史地之學的輸入，在這方面，柳詒徵、徐則陵、竺可禎、梁啓超、張其昀、鄭鶴聲、繆鳳林、胡煥庸、向達、諸葛麒和陳訓慈是主要的奠基者。

　　從《史地學報》所刊載的柳詒徵論著⑧，可以看出他對史地研究

　　本報舊有世界新聞一欄，內分時事紀要、地理新材料等，最便於研究現代史地之參考，嗣以油印單行本，本報遂廢此欄，唯油印旣欠清晰，而訂購又需手續，本報爲便利訂閱計，決仍將此欄加入。(《史地學報》, 2(8), 頁前 1)

⑧　柳詒徵刊載於《史地學報》的論著略如下表：
　　1:1 序
　　1:1 論近人言諸子之學者之失
　　1:2 漢人生計之研究
　　1:3 欽天山重建觀象臺議
　　1:4 清史芻議（附修史私議）
　　2:1 近世史料之一
　　2:1 江蘇之財政
　　2:2 論臆造歷史以敎學者之弊
　　2:3 正史之史料
　　2:5 婆羅門述
　　2:6 契丹大小字考
　　2:8 大夏考
　　3:1.2 論以說文證史必先知說文之誼例
　　3:1.2 擬編全史目錄（中華敎育改進會議案）
　　3:3 馬哥孛羅遊記導言序
　　3:5 中國史學研究論文集序

會的影響力可能是相當大的。在《史地學報》總計 4 卷 20 期中，除了 2 卷 7 期、3 卷 4 期、4 卷 1 期未有文章發表外，幾乎每一期都有他的論著；因此，身爲指導員的柳詒徵很可能是《史地學報》所倚賴的精神導師。雖然就柳詒徵在《史地學報》所發表的文章來看，基本上仍屬於中國傳統史學的範疇。其中〈江蘇之財政〉、〈欽天山重建觀象臺議〉係與現實有關者，亦涉及歷史地理學；〈婆羅門述〉、〈大夏考〉、〈契丹大小字考〉、〈馬可孛羅導言序〉、〈奴兒干事輯〉諸文，則與歷史地理學有關；惟就文章的性質及比例上而言，柳詒徵在歷史地理學研究上，其成績似不足觀；易言之，柳詒徵對史地研究會的影響，引導成分可能多於實際的建樹。事實上，柳詒徵在史學研究上的貢獻，主要是在文化思想史方面，特別是他的《中國文化史》和《國史要義》[81]；前者是近代中國史學有關文化史的開路之作，在文化思想史研究上有其一定的意義；《國史要義》則是史學方法與史學史的重要著作，此書撰述體例以類相從，將傳統中國史學做一條理分析，有別於梁啓超的《歷史研究法》。但可能因爲《國史要義》文字過於深奧的緣故，讀者較少，影響力似不若梁啓超，惟見解之深刻卻有過之而無不及。

此外，柳詒徵在《史地學報》3 卷 1.2 合期發表〈論以說文證史必先知說文之誼例〉，是首舉大旗反對古史辨運動者，同期另刊出劉掞藜、顧頡剛、錢玄同等人有關古史的討論，並且這項討論一直進行到 3 卷 4 期，成爲古史辨運動前期的主要反對力量，但也使得《史地學報》的

3:6 奴兒干事輯

3:7 歷史之知識

3:8 中國文化史緒論

[81]　參考：柳詒徵，《中國文化史》（臺北：正中書局，1977）；《國史要義》（臺北：中華書局，1979）。

方向有所轉變，一方面是對歷史地理學的關注減少，另一方面在介紹外國史地之學的積極性亦大不如前，反而似乎又回到傳統史學的老路子上。雖然這樣的轉變可能並非純因討論古史所引起，應尚有其他的諸多因素，但《史地學報》花大量篇幅討論古史之後，提倡歷史地理學的力量自然是減少了；其間得失之權衡實難斷言。

柳詒徵在現代中國學術史上所扮演的角色，向屬較保守之一方，如反對古史辨運動，反對新文化運動，他一直都是反"北大"系統的中堅；所以，柳詒徵的地位其實有類提倡新文化運動和啓發顧頡剛進行古史討論的胡適，一位是"南高"的精神領袖，一位是"北大"的青年導師，兩人南北對立，殊不相讓。

另一位《史地學報》的指導員徐則陵，曾任東南大學歷史系主任，其論著主要是史學理論及歷史教學問題，如1卷1期〈史之一種解釋〉，1卷2期〈近今史學之發展〉，2卷1期〈歷史教育上之心理問題〉，均屬以理論爲史學中心之探討；2卷4期的〈高級中學世界文化史綱要〉則是探討高中歷史教學問題。徐則陵在譯介外國史學上著墨甚多，如介紹魯賓遜(Cyrile E. Robinson)之《新史學》(*New History*)，柏克(H. T. Buckle)的《英格蘭文化史》(*History of Civilization in England*)，甚至對馬克思主義史學亦有所論及，也引介紹了威爾斯 (H. G. Wells) 的《世界史》⑧，在當時東南大學的教授中是引介外國史學最力者；在這方面，學生中受其影響者亦所在多有；由於徐則陵的介紹西方史學，史地學報派在向西學取經上因而用力甚勤，圖3-3-3爲《史地學報》刊載中外史地之學的比例：

---

⑧　《史地學報》，1:1，頁1-7。

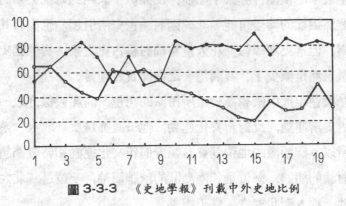

圖 3-3-3 《史地學報》刊載中外史地比例

　　由圖中可以看出《史地學報》刊載外國史地之學的論著，占了相
當高的比例。就一般研究現代學術思想史的分法，以南高爲保守派或
傳統派，將北大視爲革命派或西化派，那麼很可能會犯了形式主義的
繆誤[83]。因爲分析以北大爲主的古史辨運動和《禹貢半月刊》的內容，

---

[83]　保守主義和激進主義其實很難加以明確地劃分，維護現狀當然是保守，革
　　命當然是激進，但改革則爲保守之一種，因此在改革和革命之間，保守主
　　義和激進主義很難涇渭分明；根據 Klaus Epstein 的分析，保守主義約略
　　可分成三類，一爲維護現狀者，二爲有改革傾向者，三是態度反動者；其
　　中有改革傾向的保守主義者，鑒於社會情況無時不在變動，以致現有的社
　　會結構有時會因時間因素而顯得過時，所以主張隨時針對需要，在不破壞
　　社會的根本結構條件下，遂行有限度的改革，以維持變遷和持續力量衝激
　　中的平衡；參考：Klaus Epstein, "Three Types of Conservatism," in
　　Melvin Richter ed., *Essays in Theory and History: An Approach to
　　the Social Science* (Cambridge Mass.: Harvard University Press,
　　1970),pp.103-121；有關中國保守主義的討論，可參考：Charlotte
　　Fourth ed., *The Limits of Change: Essays on Conservative Alter-
　　native in Republican China* (Cambridge Mass.: Harvard University
　　Press, 1976).

北大派在治學方法上其實是植基於傳統多，而引介西方學術者少；再深一層分析，古史辨運動和禹貢學會實際上繼承的是清代的樸學傳統，而受西學影響者少。縱使在新文學運動方面，反對陣營的《學衡》在引介外國文學理論上，也不見得比文學革命派少⑭。因此，在現代中國史學發展的過程中，一個值得探討的現象是：古史辨派是植基於傳統而反傳統，禹貢學派也在傳統中找尋養分，史地學報派雖然表面上看起來是保守的、傳統的，但在引介西方學術的努力上卻亦著墨甚多，中國現代學術思想史上傳統與反傳統的弔詭現象，便常常以這樣的面貌出現。

但是，在提及和引用外國史地之學間仍然是有落差的，易言之，文章中提及外國史地之學和運用間並不能畫上等號，圖 3-3-4 是《史地學報》所刊載文章中，有關外國史地之學提及和引用的比較：

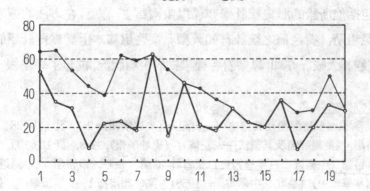

圖 3-3-4 《史地學報》外國史地引介比較

圖 3-3-4 中的兩條折線分別代表文章中提及外國史地之學與能引

---

⑭ 關於學衡派引介西方文學的討論，參考：沈松僑，《學衡派與五四時期的反新文化運動》，頁 201-268。

用外國史地之學從事研究或直接介紹外國史地的部分，圖中兩條標示線間的落差即理論與實際的合拍與否，由圖 3-3-4 所顯示的，其中有幾期完全相同，但大部分是有距離的，尤其最初的幾期更爲明顯；中後期的情形似乎略有改善，但亦非完全合拍。此類情形在有關中國史學部分便不會發生，可見中西學術交流過程需有一定的適應期。

在有關中國史學方面，梁啓超對史地學報派的理論和實際研究均有助益之功。梁啓超是在 2 卷 2 期發表〈歷史統計學〉，纔首度在《史地學報》出現的，但自此以後陸續在《史地學報》發表各種史學論著，如在 2 卷 7 期發表〈要籍解題及其讀法——史記〉，2 卷 8 期發表〈要籍解題及其讀法——左傳〉[85]，最重要的是自 3 卷 1 期起連載《中國近三百年學術史》，到 3 卷 8 期刊至第 12 講〈清初學海波瀾餘錄〉，而此書尚有 4 講，總題爲〈清代學者整理舊學之總成績〉，4 卷 1 期未見續載[86]。整體而言，梁啓超對《史地學報》的影響主要是在中國史方面，包括他所談的歷史統計學亦係以中國爲主，而且在方法的運用上猶難免粗陋，與今日之統計有如天淵。梁啓超基本上認爲統計學的作用是"觀其大較"，亦即「專要看各種事物的平均狀況，拉勻了算總帳」[87]；

---

[85] 梁啓超，〈要籍解題及其讀法——史記〉，《史地學報》，2:7，頁 111-128；梁啓超，〈要籍解題及其讀法——左傳〉，《史地學報》，2:8，頁 103-109。

[86] 梁啓超《中國近三百年學術史》全書計 16 講，參考：梁啓超，《中國近三百年學術史》（臺北：中華書局，1958）；案：此書據 1935 年版景印；《史地學報》何以未續載《中國近三百年學術史》，原因不明；《史地學報》3 卷 8 期出版於 1925 年 10 月，4 卷 1 期出版於 1926 年 10 月，梁啓超於 1926 年兼北平圖書館館長，期間看不出有何理由不續寫(刊)《中國近三百年學術史》；參考：丁文江，《梁任公年譜長編》（下）（臺北：世界書局 1972），頁 666- 715。

[87] 《史地學報》，2:2，頁 7。

梁啓超並舉丁文江的〈歷史人物與地理之關係〉爲例⑱，說明幾個現象：(1)帝都所在地人物往往特多；(2)南北升降之跡甚顯著；(3)原則上升降皆以漸，然亦有突進者；(4)人物分配日趨平均⑲。

　　分析《史地學報》刊載中外史地之學的比例，是一個頗爲有趣的問題，有關教授部分，如柳詒徵、梁啓超等人的治學方法，已略如上述，而在學生部分，比較重要的是張其昀、鄭鶴聲、繆鳳林、胡煥庸、向達和陳訓慈等人，其中張其昀和鄭鶴聲負責編務最久，影響力可能也最大。

　　張其昀是史地研究會的創始會員，他在《史地學報》上所刊載的論著不祇是有關中國史學的部分，在外國史地之學的引介上亦極爲用心，分析《史地學報》所刊載張其昀論著的內容，他很可能是史地研究會的理論中心。張其昀於《史地學報》所發表的論著，其中有 14 篇與中國史學有關⑳；從這些文章中，略可瞭解張其昀不但對提倡章學

---

⑱　《史地學報》，2:4，頁 123-132。

⑲　《史地學報》，2:2，頁 9。

⑳　張其昀於《史地學報》發表的論著中，與中國史地之學有關者略如下表：

　　1:1 柏拉圖理想國與周官

　　1:3 讀史通與文史通義校讎通義（下期續）

　　1:4 黃河遊記（譯）

　　2:1 上海之地理（2 卷 4 期續）

　　2:3 西靈地雅（西域新圖誌）

　　2:4 方志之價值（譯）

　　2:4 學地理之興趣

　　2:6 遠東問題之地理的背景（譯）

　　2:7 地理學之新精神

　　2:7 地理與國際問題

　　3:3 初級中學人生地理編輯例言

　　3:7 論寧波建設省會之希望

誠的史學用力甚勤⑨，對歷史地理學懷著濃厚的興趣，對時事的關心
也是無時或已。這些論著中比較值得討論的是 3 卷 7 期的〈論寧波建
設省會之希望〉和〈南宋都城之杭州〉，因爲張其昀對寧波建省有極高
的期望，乃執筆屬文加以論析，而且爲了加強說服力，特意撰〈南宋
都城之杭州〉做例證，此二文表面上看似乎不相干，其實卻是互爲表
裡，略有古爲今用的鑑戒史學之意。

此外，就致力於史學、關心時事，穿梭於古今中西之間的幾個範
疇而言，張其昀可說正代表了史地研究會的基本精神，甚至可以說他
就是史地學報派的一個縮影。惟進一步分析張其昀的著作，尚可得一
推論，即在中外史地之學的關心程度上，張其昀似乎別有厚愛於西學，
有關中國史學的部分反而用力較少，雖然此乃一比較性之說法。一般
引用張其昀的著作時，往往以他討論章學誠史學的部分較多，而忽略
了他引介外國史地之學的部分，如果用較粗疏的分法，張其昀或可列
入所謂 "西化派" 而非 "國粹派"。

在有關中國傳統史地之學的論著中，有幾篇其實是中西並論，如
〈柏拉圖理想國與周官〉、〈地理學之新精神〉等篇即屬此類；所以，
整體而言，張其昀在引介外國史學與地理學方面似乎反而是用力較勤
的。

張其昀所介紹的外國史地之學相當廣泛⑨，這些論著中有不少是

　　　3:7 南宋都城之杭州
　　　3:8 中國與中道
⑨　請參閱本書第 3 章第 1 節〈從章學誠《方志略例》到《史地學報》〉。
⑨　下表是張其昀於《史地學報》介紹外國史地之學的整理：
　　　1:1 美國人之東方史觀（譯）
　　　1:2 火之起源
　　　1:2 關於華府之表計種種（譯）

翻譯作品，加上前面所討論的中西並論之著作，可見他在介紹西方史地之學上是下了很大功夫的；尤其在有關歷史地理學的學理輸入上，張其昀更是史地研究會中的擎大旗者。

史地研究會西化派的大將，除了張其昀之外可能要屬胡煥庸和陳訓慈，兩人也都是史地研究會的創始會員。

胡煥庸在《史地學報》上的論著大部分與外國史學或地理學有關，特別是時事史方面，如〈歐戰大事記〉[93]、〈日本之海上政策與殖民政策〉[94]、《各國歷史所受地理之支配》[95]，其中最重要的可能是自3卷1、2期開始連載的〈美國國民史〉，此篇一直連載到4卷1期，也就是到《史地學報》停刊爲止尚在連載中，這也是創刊會員中唯一刊載於

　　1:3 今日世界之重大問題（譯）
　　1:3 地學書紹介六則（譯）
　　1:4 黃河遊記（譯）
　　1:4 地學書七種（譯）
　　2:1 最近歐洲地理學進步之概況（下期續）
　　2:2 歷史地理學
　　2:3 美國之地理學（譯）
　　2:4 方志之價值（譯）
　　2:4 學地理之興趣
　　2:5 新書介紹・地理類十種
　　2:6 亞洲東南部山脈河流之新解釋
　　2:6 遠東問題之地理的背景（譯）
　　2:7 地理學之新精神
　　2:7 地理與國際問題

[93]　《史地學報》，1:1，頁179-182。
[94]　《史地學報》，1:3，頁161-163。
[95]　此書篇幅甚巨，雖爲節譯，仍分期於《史地學報》刊出：《史地學報》，1:4，頁133-139；2:2，頁79-84；2:3，頁103-108；2:5，頁85-96；2:6，頁109-122。

4 卷 1 期的文章。

　　在歷史地理學方面，胡煥庸翻譯了詹姆士・弗爾格里夫 (James Fair-
grieve) 的《各國歷史所受地理之支配》(*Geography and World Power*)。此
書內容係分析世界歷史如何受地理支配的情形，計分 18 章，從〈沙漠・
歷史之開始・埃及〉到〈煤・更大之陸地分布・美國〉，最後則討論將
來之趨勢，可以說是一本從地理史觀分析世界歷史發展的著作；在進
行分析前，作者對歷史加以定義說道：

> 所謂歷史，當然以人類之歷史爲限，然所謂人類之歷史，亦並
> 非指所有人類已過之事實而言。歷史僅舉其重要之事實，而影
> 響人類最多者，其餘不甚重要之事實不及焉。(《史地學報》, 1:4, 頁
> 134)

但所謂重要與否，並非在歷史事件發生當時就能斷定，詹姆士認爲：

> 歷史彷彿一有機體，事實之發生，必有其所以發生之原因，而
> 事實之成立，又必有其影響所及之結果。影響有不同焉，或一
> 時所及甚廣，而不久即行消滅者，或起始影響不大，而繼續頗
> 長久者，在此判決事實之重要與否時，所當注意者也。在歷史
> 上有相距甚遠相隔甚久之民族，發生同一事實者，此可謂歷史
> 之復現。惟從大概觀之，歷史皆不復現，而有進步之趨勢，如
> 在物質方面，今人之生活，當遠較數千年前人爲舒適，即進步
> 之證也。(《史地學報》, 1:4, 頁 134)

此處所論，以宏觀的角度觀察歷史之重要與否，與後來年鑑學派的理

論頗有異曲同工之處⑯，亦爲今日史學研究之主流。就歷史地理學的角度來看，地理對歷史的影響固非一朝一夕，而是長時期所造成的，就此而言，詹姆士的理論不僅對史地學報派有所影響，即對今日之史學而言，亦是其命唯新的。至於有關地理學方面，詹姆士也有他自己的一套看法：

> 地理不僅在記憶地名山川，亦不在盡地球上所有而研究之。所重者，在人類與環境，地理上一現象常足以影響他種現象，故因果關係，地理上當研究，某種事物，爲何僅發生於某種地方，其事物之存在與否，與其地有何等關係，研究地理者當注意及之。(《史地學報》, 1:4, 頁 135)

從這段文字來看，略可窺知詹姆士的歷史地理學，主要係指人文地理而言，而史地學報派對歷史地理學的認知，大體亦較傾向人文地理的範疇，這和後來歷史地理學成爲一門獨立學科略有不同。因爲歷史地理學成爲獨立的學門之後，所考量的不再祗是人文問題，還牽涉到實用性與自然地理⑰；此外，史地學報派在歷史地理學取向上較著眼於

---

⑯　年鑑學派的史學，可參考: F. Braudel, *On History* (Chicago: Chicago University Press, 1980); Traian Stoianovich, *French Historical Method. The Annales Paradign* (London: Ithaca, 1976); 中文可參考: 夏伯嘉，〈馬克・布洛克與法國年鑑學派〉，《史學評論》，第 1 期（臺北: 華世出版社，1979:7)，頁 211-228; 梁其姿(編譯)，《年鑑史學論文集》（臺北: 遠流出版公司，1989)；姚蒙，《法國當代史學主流》（臺北: 遠流出版公司，1990)；雅克・勒高夫等著，姚蒙等（譯），《法國當代新史學》（臺北: 遠流出版公司，1993)。

⑰　這方面的討論，在本書〈結論〉有進一步的分析；至於大陸地區成立歷史地理研究所以爲獨立學門之研究，如: 中國科學院地理研究所成立歷史地

地理學，而與禹貢學派之立足於史學略有所不同。

　　另一位學生中的西化派要角陳訓慈，亦爲史地研究會的創始會員，他在《史地學報》的論著，大部分與外國史學有關，而且著重史學理論的範圍，這一點和擔任指導員的徐則陵頗爲相近；陳訓慈的論著，如〈史學觀念之變遷及其趨勢〉⑱、〈歷史之社會的價值〉⑲、〈史之過去與將來〉⑩、〈組織中國史學會問題〉⑪、〈文化北進說〉⑫、〈歷史之價值〉⑬、〈近世歐洲政治社會史〉⑭、〈戰後德意志之歷史教學〉⑮、〈史學蠡測〉⑯等篇，其中除〈組織中國史學會問題〉之外，皆與外國史學有關，而〈文化北進說〉、〈戰後德意志之歷史教學〉、〈近世歐洲政治社會史〉、〈歷史之價值〉諸篇爲譯稿，對外國史學理論的引介具有重大意義。

　　陳訓慈論著中最重要的殆屬〈史學蠡測〉，撰寫此文時陳訓慈已大學畢業並擔任教職；他在〈史學蠡測〉導言中說明此文的寫作動機，是因爲「吾國史學之富，能爲舉世學者所共稱。惟論史學之專書，頗

理研究室，復旦大學成立中國歷史地理研究所，西北大學與陝西師範大學合辦歷史地理研究所，參考：譚其驤、葛劍雄，〈歷史地理學〉，收入：蕭黎(主編)，《中國歷史學四十年》(北京：書目文獻出版社，1989)，頁552-571；有關成立歷史地理研究所記事在頁554。

⑱　《史地學報》，1:1，頁9-40。

⑲　《史地學報》，1:2，頁223-224。

⑩　《史地學報》，1:2，頁329-342。

⑪　《史地學報》，1:2，頁217-219。

⑫　《史地學報》，2:1，頁99-106。

⑬　《史地學報》，2:4，頁21-26。

⑭　《史地學報》，2:2，頁91-100；案：此文於目錄上刊出作者"陳慈訓"，內文則印爲陳訓慈，但會員錄中並無陳慈訓其人，當係陳訓慈之誤。

⑮　《史地學報》，2:2，頁33-40。

⑯　《史地學報》，3:1.2，頁A1-A18；3:3，頁3-14；3:5，頁23-44。

不多觀。數十年還，歐美之史學大昌，而論史旨史法以逮考史學沿革
得失之作，在蔚起之史書中，亦復自樹一幟；其於史學頗著推進之效。
國人有鑒於斯，頗或表宣前說，裁成新著，而詳密巨作，猶未多觀。
學子有求，每苦闕如」[107]，因此乃以一己之力，寫成〈史學蠡測〉，希
望有益於青年學子，陳訓慈說：

> 茲以淺知薄聞，稍加整疊，於現今史學之要端，以及吾國與歐
> 美史學之演進，做一最簡略之敘述，名曰蠡測，以識疏淺。非
> 敢自矜寸見，好為表宣；實以積疑求質，用發其惑。且意欲有
> 求，而所知乃若是貧薄；則國之通人，且必憐後進之無似，感
> 斯學之待昌；因而宏譯前聞，廣致西說，以為吾後生召矣。區
> 區此文固不敢懷以拋磚引玉之望；即粗揭凡要，亦未足以供一
> 般問史者之涉覽。但求國內宏達，丕發佳著；則馨香禱祝，固
> 吾輩所望。 (《史地學報》, 3:1.2, 頁 A1)

雖然作者如此自謙，以"蠡測"名其文，但此文確為《史地學報》所
刊載有關史學理論最體大思精者。在〈史學蠡測〉中，陳訓慈從中國
史字的起源和西方希臘、羅馬之史的本意出發，探討歷史的定義，對
史學的範圍、史學與人類的關係、史料之審別、史法之運用、史學是
否是科學、史學與其他學科的關係、中國史學的發展、西方史學的發
展等等，均有論略；在此文的附錄中，陳訓慈並列出了西洋論史學書
與中國討論史學著述的論文要目，可以說是一篇相當完整的史學導論
著作，其內容涵蓋中西史學史與史學方法。

---

[107] 《史地學報》, 3:1.2, 頁 A1。

在〈史學蠡測〉中，陳訓慈所提倡的史學理論與方法，是史地學報派所大體遵守的。至於中國史學的部分，陳訓慈自承「中國史學源流一節，強半有取於梁任公先生之文，而更參及他書；關於中國"史"之字源，則得之於王靜安先生〈釋史〉一文之啓迪爲多」⑩。但就整體而言，陳訓慈此文是《史地學報》有關西方史學理論介紹最完整者。就上述分析，陳訓慈在理論的探討上，可能和張其昀是相頡頏者，前者偏重史學理論的部分，後者則集中於地理學，可謂爲一時瑜亮。

除了陳訓慈之外，在史學理論方面用力較勤的是繆鳳林，他的史學方法與西洋哲學史著作，是史地學報派的佼佼者⑩，但在《史地學報》時期似未有較明顯的表現。

雖然《史地學報》對外國史地之學的介紹有所用心，但亦有其前後比例之變化；就《史地學報》所介紹的外國史地來看，在創刊初期，有關外國史地之學的論著在比例上較高，2卷6期以後則略爲降低，圖3-3-5爲《史地學報》前後期刊載中外史地之學的統計：

---

⑩ 《史地學報》，3:5，頁44。

⑩ 繆鳳林在《史地學報》上發表的論著並不多，如〈中國史之宣傳〉，《史地學報》，1:2，頁209-215；〈研究歷史之方法〉，1:2，頁235-255；〈歷史之意義與研究〉，2:7，頁23-27；另外有一篇有關他的著作《西洋哲學史》的書報介紹；郭廷以在口述回憶錄中提到繆鳳林，認爲他是柳詒徵的得意弟子，郭廷以說：

  柳先生的得意弟子要算是繆鳳林了，有一年暑假胡適來我們學校演講，繆鳳林批評他的《哲學大綱》〔案：即《中國哲學史大綱》〕，一舉成名。繆鳳林也像柳先生一樣書讀得不少，但教學方法不行。

見：張朋園等(訪問紀錄)，《郭廷以先生訪問錄》(臺北：中央研究院近代史研究所，1987)，頁130。

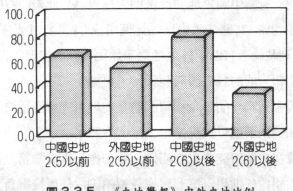

圖 3-3-5　《史地學報》中外史地比例

　　由圖 3-3-5 所顯示的，在 2 卷 5 期以前《史地學報》有關外國史地的比例是 55.4%，此時期有關中國史地的比例是 66.3%，兩者間的出入約為 10%左右，因此，《史地學報》在 2 卷 5 期以前所刊載的論著，在量的方面是中外並重的。但要說明的是：一篇文章中提及中國史地，並非就代表非關外國史地，而係指此文論及中國史地，但文中亦可能有引述外國史地的部分；同樣的，提及外國史地者亦非代表與中國無關，特別有些是外國學者有關中國史地著作之翻譯；而且在《史地學報》上刊載的論著，常有中西並論、古今比擬的情形出現；尤其引介外國史地之學時亦常以中國為例加以說明，這種譯介方式有類中國中古時期之翻譯佛經。因此，在分析中國與外國史地比例時，祇能以整體大略做比較的基礎，而非斤斤於百分比的多少。而且，在進行此類比較分析時，有兩個必須克服的困難：其一是量的多寡，包括一篇文章的中外史地之學各占多少，這是很難加以評估的；其二是質的高低，部分論著僅為信筆提及外國史地，其瞭解程度如何實難予判定；因此這類比較祇能看出一個簡單的大勢，而非丁卯立判、錙銖必較。值得注意的是《史地學報》2 卷 6 期以後提及外國史地的比例，有顯著的降低，相對的，有關中國史地的比例則大爲提高；此階段有關中國史地的比例爲 81.3%，有關外國史地的比例變成 34.3%，由此不難看出《史地學報》所刊載論著有關中外史地之學比例增減的情形，但何以如此，在《史地學報》的內容上卻無明顯跡象可循。

如果說張其昀、胡煥庸和陳訓慈是史地研究會西化派的要角，那麼鄭鶴聲和劉掞藜就可以說是本土派的主將了。

鄭鶴聲在史地研究會成立初期，並未擔任重要職務，他是在史地研究會第六屆擔任編輯、第七屆擔任編輯副主任以後纔負責比較重要的會務，但自此以後，《史地學報》的編輯方向很可能就是他和張其昀及向達所共同主導的⑩。

鄭鶴聲在史地研究會第六屆始擔任重要職務，但他在《史地學報》創刊初期已有論著發表，如〈地學考察報告——湯山〉⑪，〈地學考察報告——巖山〉⑫，〈杭滬定甬紹一帶紀遊〉⑬等文，即鄭鶴聲初露頭角之作。竺可禎的〈青島接收之情形〉則是他和王玉章筆記的⑭，金

---

⑩ 《史地學報》3 卷第 8 期有一篇鄭鶴聲的啓事，可能稍稍透露了其中的一些訊息：

> 鶴聲才識譾陋，理事疏懶，兩無著處，未堪重任，蒙諸同學不棄，委爲本報編輯，繆承斯職，數年於茲，汲深綆短，時慮隕越，幸恃張君其昀，向君達，極力扶植，稍垂舊型，負望閱者，歉仄甚矣！現以修業期滿，離校伊邇，所有編輯事務已移交下屆職員負責辦理，海內學者幸鑑焉！
> （《史地學報》，3:8，頁前 1）

從這則啓事來看，《史地學報》第 2 卷和第 3 卷的主要負責人可能就是向達、張其昀和鄭鶴聲；請參閱本書第 3 章第 2 節〈《史地學報》的創立及其組織〉。

⑪ 《史地學報》，1:3，頁 249-254。

⑫ 《史地學報》，1:4，頁 217-224。

⑬ 《史地學報》，2:4，頁 89-100。

⑭ 《史地學報》，2:2，頁 85-90。

陵大學 Bates 教授演講〈印度之現狀及趨勢〉，是由鄭鶴聲和沈孝風筆記的⑮。《史地學報》中後期鄭鶴聲的著作有〈司馬遷之史學〉⑯，〈地學考察報告——聚寶山‧棲霞山〉⑰，〈清儒之史地學說與其事業〉⑱，〈讀王船山先生《讀通鑑論》《宋論》〉⑲，〈讀《史記‧箕子世家》〉⑳；分析上述論著，鄭鶴聲的研究範圍大抵為中國史學，除了替 Bates 演講做記錄的〈印度之現狀及趨勢〉外，均屬中國史學的範疇。此外，鄭鶴聲也是史地研究會實地考察的具體實踐者，刊載於《史地學報》的地學考察報告大部分出自其手；而他討論司馬遷和王夫之的史學，主要著眼於經世立論，亦為史地學報派一貫之觀點；他論析清代學者的歷史地理學研究，正是史地學報派的重要理論基礎之一㉑。分析鄭鶴聲在《史地學報》所發表的論著，他對實地考察的身體力行，對中國史學史的關注，以及用心於歷史地理學等跡象，略可說明他在《史地學報》時期就已經奠定了後來的研究方向。

　　劉掞藜也是史地研究會的理論要角，他在《史地學報》的論著大部分和中國史學有關，〈史法通論〉㉒是與陳訓慈〈史學蠡測〉相頡頏的論著，前者以中國史學為主，後者多論西方史學(雖然也討論到中國史學)。

---

⑮　《史地學報》，2:5，頁 113-116。
⑯　《史地學報》，2:5，頁 57-84；2:6，頁 79-106。
⑰　《史地學報》，2:5，頁 135-144。
⑱　《史地學報》，2:8，頁 1-16。
⑲　《史地學報》，3:7，頁 23-37。
⑳　《史地學報》，3:7，頁 53-81；《史地學報》，3:8，頁 43-66。
㉑　史地學報派對清代的史地之學頗為推崇，如柳詒徵在《史地學報‧序》中即說明《史地學報》是要賡續清代的史地之學，見：《史地學報》，1:1，頁 1；張其昀亦極力提倡章學誠的史法，相關討論請參閱本書第 3 章第 1 節〈從章學誠《方志略例》到《史地學報》〉。
㉒　《史地學報》，2:5，頁 1-20；2:6，1-15。

在〈史法通論〉中，劉揆藜對中國史學的史識、史體、史才、史德、闕訪、自注、紀元等等均有所論略，在這方面，受章學誠的影響頗多，因爲史才、史德、闕訪、自注等皆係章學誠所提出者。此外，〈史法通論〉也討論通史、史表、史圖等問題，著作中引述較多的是司馬遷《史記》、劉知幾《史通》和章學誠的《文史通義》，亦即將中國史學理論做一通盤的整理；略可與梁啓超《中國歷史研究法》、柳詒徵《國史要義》比擬而論。

1924 年 2 月，劉揆藜在《史地學報》2 卷 8 期發表〈儒家所言堯舜事僞耶眞耶〉，對胡適《中國哲學史》書中的說法提出質疑[123]，這也是劉揆藜擎舉反古史辨運動大旗之肇端。接下來的 3 卷 1.2 合期中，劉揆藜又發表了〈讀顧頡剛君與錢玄同先生論古史書的疑問〉[124]，加上該期《史地學報》刊出三篇有關的附錄：顧頡剛〈與錢玄同論古史書〉、錢玄同〈答顧頡剛書〉、顧頡剛〈答劉胡二先生書〉，以及柳詒徵的〈論以說文證史必先知說文之誼例〉，掀起有關古史研究的一場論戰[125]；這場論戰並無誰勝誰負之結論，但因這場論戰所引發的史料學革命卻是空前的[126]。比較遺憾的可能是因爲參與了古史論辯，使得原本爲《史

---

[123] 劉揆藜認爲：

……春秋以上，史事難稽。蓋孔子僅及史之闕文，馬遷亦云書缺有間。韓非子生當戰國之際，猶謂「欲審堯舜之道於三千歲之前，意者其不可必」，後人生數千載之外，而於所傳堯舜禹事一一篤守而固信之，愚矣！無參證而遽以儒墨道法等一家之言爲眞，誣矣。今日而言上古之事，非愚即誣，甚哉古史之難治也！(《史地學報》，2:8，頁 88)

所以劉揆藜基本上是相信有堯舜其人其事存在的，因此他對堯舜之事，採取諸家之說並舉的方式。

[124] 《史地學報》，3:1.2，頁 13-23。

[125] 王汎森，《古史辨運動的興起》，頁 218-236。

[126] 參考：彭明輝，〈顧頡剛與中國史學現代化的萌芽——以史料學爲中心的探

地學報》重心的外國史地、時事史和歷史地理學等之推動，似乎著力略有減少⑫。

　　整體而言，《史地學報》的內容雖龐雜，其大要略如上述，主要範疇大抵可分爲三個部分：

　　其一，當代史：史地學報派對時事的關注，主要緣於經世史學的影響，且由於近代中國外患頻仍，西方列強爲刀俎、中國爲魚肉，知識分子乃思以學術救國，這種以學術救國之心，可以說是自 1840 年代以降，知識分子經世思想的結晶；1919 年第一次世界大戰結束以後，巴黎和會對山東問題的處置，引起國人普遍不滿，使中國知識分子走出象牙塔，以 "外抗強權，內除國賊" 爲口號，匯集爲蓬勃的五四運動。五四運動最初固起於政治事件，然卻發展爲文化思想的狂濤巨浪，這股思想文化運動的巨流乃以救國救民爲標的。因此，五四時期的知識分子基本上比較傾向以行動支持理念，而不再是坐而論道。史地學報派對當代史的關心自受此一學術風氣之影響。史地學報派對時事投注較多心力的是竺可楨、胡煥庸、張其昀、向達和趙祥瑗等人；他們有的關心中國情勢，包括國內問題與涉外問題⑱；有的關心世界局勢，期收知己知彼之效⑲；但無論關心國內問題或國外問題，均係本於史

討〉，《國史館館刊》，復刊第 12 期（臺北：國史館，1992 年 6 月），頁 9-24。

⑫　有關時事史和外國史地的部分前文業已言之，參考：圖 3-3-1, 3-3-2, 3-3-3, 3-3-4, 3-3-5, 即可明瞭；至於歷史地理學部分請參閱本書第 3 章第 4 節〈歷史地理學的理論與實踐〉。

⑱　如竺可楨、張其昀、趙祥瑗等人；竺可楨、張其昀的討論，前文言之已詳，此處不贅；趙祥瑗有〈片馬問題研究〉一文，載於《史地學報》，2:4，頁 109-121；此文討論英國自緬甸入侵事，呼籲國人重視，加強防範；相關討論請參閱本書第 3 章第 4 節〈歷史地理學的理論與實踐〉。

⑲　如胡煥庸、向達、張其昀、周光倬等人；胡煥庸、張其昀之著作前文言之已詳，向達譯有〈俄國革命時歷史研究之狀況〉，《史地學報》，2:6，頁 123-

學經世之思想理路。易言之，史地學報派對當代史的關注與研究，事實上是與時代共脈搏、同呼吸的。

其二，理論基礎的建立：這可分兩方面來談，一方面是傳統史學的部分，史地學報派對傳統史學頗有所愛，《史地學報》所刊載的文字，引述中國傳統史學甚夥，其中較受重視的有司馬遷、劉知幾和章學誠等人，尤其章學誠的《文史通義》，更是史地學報派理論之所本；此外，清代學者的歷史地理研究也是史地學報派的重要養分；在這方面，柳詒徵、梁啓超、張其昀、鄭鶴聲和劉掞藜獻力最多，特別是柳詒徵，他幾乎可以說是史地學報派的精神導師。至於外國史地之學的輸入，史地學報派亦著墨甚多；在這方面，竺可禎、徐則陵、陳訓慈、胡煥庸和張其昀是其中的要角，竺可禎對西方地理學的引介，奠定了南高的地理學基礎；徐則陵和陳訓慈則對西方史學的介紹不遺餘力，陳訓慈的〈史學蠡測〉整理和介紹西方史學理論，是當時較體大思精的；張其昀既對劉知幾和章學誠的史學情有獨鍾，又致力於西方地理學的引介，可謂中西並重，多所關注，是史地學報派的重要靈魂人物。而時事史、中西史學理論與歷史地理學的結合，正是史地學報派所試圖努力的方向；雖然透過整體的分析，刊載於《史地學報》上的論著並非完全符合上述要求，但史地學報派涵泳舊學並介紹新知的治學方式，則是值得肯定的。

其三，歷史地理學：歷史地理學牽涉的面極廣，一方面是歷史，另一方面是地理，加上對時事的縈懷，可謂集數門學科於一身，在這方面又分成兩個領域，其一為傳統中國史學中的歷史地理學，其二為西方的歷史地理學，前者主要是從地理沿革、方志學和經世史學發展

132；周光倬譯有〈俄國雜記〉，《史地學報》，2:8，頁111-130。

出來的；後者則自西方引入，或許可以視爲西力衝激下之產物。對傳統中國史學中的歷史地理學著墨較多者爲柳詒徵、竺可禎、張其昀和鄭鶴聲等人；在實地考察方面，鄭鶴聲更是眞正的身體力行者；在西方歷史地理學的介紹上，竺可禎、張其昀和胡煥庸是其中的佼佼者。

　　整體而言，《史地學報》的內容雖然龐雜，古今並論，中外同析，表面上看起來似稍欠章法，亦缺少統一性；如對時事的關心在 2 卷 6 期以後明顯地減少，介紹外國史地之學的比例亦是前多後少，但無論《史地學報》的內容如何改變，其堅持歷史地理學的方向是不變的；因爲對時事參與的程度縱有增減，外國史地之學的介紹亦有衆寡之別，但對歷史地理學的投注卻仍一本初衷。

第四節　歷史地理學的理論與實踐

　　研究歷史地理學所牽涉的問題極爲廣泛，除了歷史學與地理學的範疇外，還涉及時事與實地考察，亦即除了學理的探討和研究外，還有身體力行的部分。

　　就學理方面的探討而言，《史地學報》一面自傳統中國史學汲取養分，一面向西學取經，可以說是中西並舉，土洋並用。

　　歷史地理學本身是一門相當複雜的學科，一方面是歷史，另一方面是地理，地理部分又涉及自然地理和人文地理，不但歷史與地理間的結合不易，學理與現實的問題，也有待解決。竺可禎在〈我國地學家的責任〉中大力呼籲知識分子應關心國計民生，不僅要對中國內地進行實地考察，以利政府稅收及各項施政，且因當時北京政府勇於內鬥而無力照顧民生，竺可禎更主張國民應善盡職責，以取代本屬政府

當做的事，並且他的視野也伸到邊疆地區，認爲調查蒙藏新疆是刻不
容緩的事[130]；竺可禎呼籲調查蒙藏新疆，主要是因爲列強對中國邊疆
的野心日熾，俄、英、日、法等國的調查統計做得甚爲完備，更顯出
中國學者在這方面的缺乏用心。竺可禎敍述他自美返國時，在船上遇
到一日本男爵之子，此君大言日本之知中國勝於中國人之自知，竺可
禎認爲這位日本男爵之子大言不慚，想對他有所教訓；但當船抵達日
本時，竺可禎到東京書肆，看到日本有關中國物產、地圖、調查之類
的著作，嚇了一跳，纔相信這位日本男爵之子所言不虛，心中不免有
所感慨[131]。回到中國以後，竺可禎發現各類地理資料調查百廢待舉，
於是大力呼籲調查之必要；而這類調查本來是政府的事，因爲涉及田
賦稅收之類的問題，但正處軍閥交戰的北京政府，根本無暇顧及此類
事務，竺可禎認爲在這種情況下，調查之事祇有依賴國民共同努力[132]。

　　由於歷史地理學與現實有密切的關連，竺可禎在《史地學報》上
發表的論著大部分與時事結合緊密，如對歐戰的觀察，對青島接收的
討論等等，皆係此一理念下之產物。同樣的，陳訓慈在〈組織中國史
學會問題〉中，也指出研究近代史的重要性[133]；由此可略窺史地學報

---

[130]　竺可禎在〈我國地學家之責任〉一文中說：
　　　蒙藏新疆，固由我國之屬地也，試問國人洞悉蒙藏新疆之氣候產物地形
　　　交通人情風俗，有異於李鴻章時代之臺灣乎？曰無有也。試問政府除耗
　　　若干之邊防援庫等等軍費而外，於蒙藏新疆有絲毫之收入乎？曰，無有
　　　也。俄日英法各國書籍之關於我國邊疆各省者，汗牛充棟，而我國書籍
　　　之關於上述各處者，則反如鳳毛麟角。（《史地學報》，1:1，頁 43）

[131]　《史地學報》，1:1，頁 44。

[132]　《史地學報》，1:1，頁 44-45。

[133]　陳訓慈在文中說：
　　　(A)促進清史之編定（如此會廣集學者，即可任此事）。(B)發行年鑑爲研究
　　　資料。(C)搜集無人注意之物可爲最近史之史料者。（《史地學報》，1:2，頁，

派對近代史與當代史的關注。

　　除了關心當代史之外，有關歷史地理學的學理探討，尤爲《史地學報》所重視。

　　在歷史地理學理論的探討方面，史地學報派分別向傳統中國史學與西學汲取養分。中國傳統史學對史地學報派影響最巨的，應屬章學誠《方志略例》與清代學者的歷史地理著作，在這方面史地學報派主要的工作是整理舊學以培新知⑭。事實上，分析《史地學報》所刊載的文字，其中清季經世思想的痕跡是相當明顯的；雖然五四時期的反儒學思潮方興未艾，但史地學報派在傳統中國史學中，汲取養分最多的仍屬清季的經世史學，這是相當值得注意的現象。稍有所異的是史地學報派較重視實踐，與傳統史學坐而論道的治學方式略有不同。因此，史地學報派的歷史地理學不祗是學理的，也是實踐的。如前文所述竺可禎呼籲調查蒙藏地區，陳訓慈提倡當代史料之搜集，皆其著者。這些建議並非空口說白話，而有具體的行動支持。如竺可禎認爲田賦需要翔實的土地調查做基礎，否則無法徵收⑮，柳詒徵則有〈江蘇之財政〉呼應⑯，張其昀亦撰〈上海之地理〉加以實踐⑰。至於調查方面，《史地學報》有關實地考察的幾篇文章是最好的注腳⑱；惟《史地

219)

⑭　關於史地學報派援引舊學的部分，及其與章學誠之淵源，請參閱本書第 3 章第 1 節〈從章學誠《方志略例》到《史地學報》〉。

⑮　《史地學報》，1:1，頁 43-44。

⑯　《史地學報》，2:1，頁 107-125。

⑰　《史地學報》，2:1，頁 81-90；2:4，頁 77-87。

⑱　鄭鶴聲，〈地學考察報告——紫金山〉，《史地學報》，2:1，頁 131-134；〈杭滬定普一帶紀游〉，2:1，頁 89-99；〈地學考察報告——聚寶山，棲霞山〉，2:5，頁 135-143；孫逢吉，〈地學考察報告——高資，香山，朝鳳山〉，2:1，134-137；皆屬實地考察之例。

學報》所刊載的實地考察文章，在比例上未免偏低，就統計所得，《史地學報》4卷20期所刊載的318篇文章中，祇有7篇屬實地考察，占總比例的2.2%；因此，從實地考察的例證，可以瞭解理論與實踐之間，仍有很大的落差。特別是竺可禎所提倡的蒙藏調查，僅得張其昀翻譯的一篇〈黃河遊記〉⑬，以及轉載林長民的〈蒙事略說〉⑭，索倫生的〈西藏旅行談〉⑭。

如果實踐是檢驗真理的標準之一，無可諱言地，史地學報派在理論和實踐上，常常是有落差的，這也是爲什麼不能以相關理論判定其實踐成果的主要原因。當然，以《史地學報》所處的1921年11月到1926年10月之間，知識分子所關注焦點，可能是山東問題和軍閥征戰，而無暇顧及實地考察的實踐，遑論邊疆史地的研究調查；這一點也許可以從南京高等師範學校所在的地理位置加以說明。

事實上，對在東南地區的南京高等師範學校師生而言，東北和西北地區在地理位置上確實稍遠；因此，雖然竺可禎極力呼籲調查蒙藏地區，但在實踐上仍有其無法克服的困難；所以在有關邊疆史地的研究與調查方面，史地學報派所做的遠不如其所呼籲的。就統計所得，《史地學報》4卷20期318篇文章中，有關邊疆史地者僅得28篇，占8.8%；從實地考察和邊疆史地研究這兩項資料來看，史地學報派在這方面的努力，提倡的意義可能大於實踐。

從另一個觀點來看，史地學報派對提倡歷史地理學則不遺餘力，刊載於《史地學報》上的論著，討論歷史地理學相關理論的，更是漪歟乎盛哉。圖3-4-1是《史地學報》4卷20期中刊載有關歷史地理學論

---

⑬ 《史地學報》，1:4，頁95-104。

⑭ 《史地學報》，2:1，頁111-118；此文原刊於《努力週報》第13、14期。

⑭ 《史地學報》，2:1，頁119-122；此文原刊於《道路月刊》，2:3。

著之統計，或許可以爲史地學報派提倡歷史地理學研究做一說明：

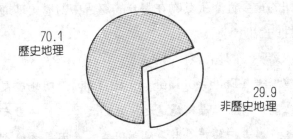

70.1
歷史地理

29.9
非歷史地理

圖 3-4-1　《史地學報》歷史地理學文章比例

圖 3-4-1 所顯示的，《史地學報》有關歷史地理學論著比例爲 70.1%，對一分學術刊物而言，其提倡之用心殆可想見⑭。但分析史地學報派對歷史地理學的提倡，學理的探討往往多於實際的研究，考察《史地學報》所刊載的文字，一個值得檢討的現象是：何以史地學報派對理論的探討興致盎然？反而在實際的研究工作上有所不足？

對部分學科而言，理論和實際研究之間，其實常是有所隔閡的，特別因爲歷史地理學具有理論與實踐並重的特色。比較可能的推論，也許是因爲處在時代的變局中，史地學報派對實學救國的企圖過於強烈，因而常常出現呼籲多於實踐的現象，並且寄望在學理上有所突破，以彌補實踐之不足。

《史地學報》學理的基礎，除來自中國傳統的沿革地理與經世思想外，西方歷史地理學的引介也是相當重要的。

有關西方歷史地理學的輸入，張其昀和胡煥庸是史地學報派的要角，兩人均譯介了不少歷史地理學著作。如《史地學報》2 卷 2 期張其昀譯布倫汗 (Jean Brunhes) 與克米爾 (Camille Vallaux) 著《歷史地理學》

---

⑭ 詳細數據，請參閱本書附錄一〈《史地學報》統計資料〉·附件 1-1〈《史地學報》文類篇數統計〉，附件 1-2〈《史地學報》文類比例統計〉。

(*La Géographie de l'Histoire*)之書介，此書從農業、人口、政治的角度，分析歷史地理學的重要性，張其昀在譯介的導言中對歷史地理學之今昔，做了概括性的說明：

> 歷史地理學者 (The Geography of History)，明地理在歷史上所占之位置；前世學者類能道之。此門之學，其功用有二：窮源以竟委，溫古而知新，由系統之研究，尋因果之線索，此其一也；現代政治經濟諸大問題，皆有地理的原因，欲解明之，不得不識已然之，所謂彰往而察來，又其二也。是則地理之書，至此方爲有用之學。大戰以來，地理學之重要益顯。舉凡國際間之重大問題，果欲得一正確之概念，莫不有賴地理知識與地學原理爲之根據。當今談軍事地理政治地理者，其引人入勝之力，遠非十年前所可同日而語。(《史地學報》, 2:2, 頁73)

由此不難看出張其昀的歷史地理學觀點，係從歷史的角度觀察地理學之重要性，因此他所談的地理學非純然之人文或自然地理之領域，這種具有歷史眼光的地理學，或即歷史地理學之所本。

《歷史地理學》的作者布倫汗與克米爾，對歷史地理學所持的態度與史地學報派的認知大抵若合符節，兩人在論著中對世界局勢亦多所縈懷，盱衡當時局勢，布倫汗與克米爾乃對國際聯盟的作爲有所批評：

> 政治地理之情形時常變遷，而國際聯盟之大目的，則欲維持已成的局面而不敗，是何能濟。將來之世界，非爲普遍的永久的國際聯盟，而爲成群的活動的聯邦。(《史地學報》, 2:2, 頁77)

這段話似乎恰可做國際聯盟的注脚。此書出版於 1921 年，正處巴黎和會與華盛頓會議之間，而國際聯盟日後之失敗已昭然若揭。由此書之論斷，或可略窺當時中國與西方的歷史地理學，皆爲應時事之需要而生，非獨中國爲然。

胡煥庸是史地學報派介紹西方歷史地理學最用心的，他從《史地學報》1 卷 4 期起介紹詹姆士・弗爾格里夫 (James Fairgrieve) 所著的《各國歷史所受地理之支配》(*Geography and World Power*)，此書將西方歷史及中國歷史熔於一爐，自遠古到近代皆有所論略，對各國歷史發展過程中所受地理之支配做一條理分析[14]；雖然此書所見未必是，但對整體人類史的介紹卻是眼光獨具的。分析《史地學報》所刊載的歷史地理學理論，弗爾格里夫的著作可謂爲史地學報派向西方所取的"經"，部分《史地學報》之相關論著，所引述的西方歷史地理學理論即出於此。

在學理探討上，史地學報派一方面追溯歷史的淵源，另一方面又對現實有所關懷，弗爾格里夫的著作正好是典型的代表。雖然就學術的客觀性加以考察，此類泛現實論的學術研究方式，可能存在著政治現實與客觀學術間的張力；但如吾人將時空回到《史地學報》所處的時代，可能會獲得較多同情的瞭解；以當時的學術環境而言，世界局勢詭譎多變，不論中國或西方學術界，對時事的觀察與期許，可能都是無可避免的。除此而外，弗爾格里夫亦前瞻未來世界之發展，此一論點與史地學報派關心時事及爲國家未來謀之行徑,有異曲同工之處。

就《史地學報》所引介的外國歷史地理學著作而言，主要來自五個地區：美國、英國、法國、德國和蘇聯；圖 3-4-2 即爲《史地學報》

---

[14]　《史地學報》，1:4，頁 133-139；2:2，頁 79-84;，2:3，頁 103-108；2:5，頁 85-96；2:6，頁 109-122。

介紹外國史地之學的國別比較：

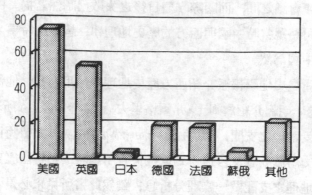

圖 3-4-2　《史地學報》外國史地國別比較

　　由圖 3-4-2 可以看出，《史地學報》介紹的外國史地之學中，美國占了所有外國史地的 50.7%，是比例最高的⑭，這很可以說明當時世界局勢主導者的影響力；其次是英國 36.5%，德國 13.5%，法國 11.5%，就當時的世界勢力而言，美國是主要的領導者，史地學報派以美國爲介紹西方學術之媒介，是可以理解的；英、法在第一次世界大戰以後的國際地位，也使中國知識分子心嚮往之；德國雖爲戰敗國，但其學術在當時亦爲世界首屈一指者。但是，除了國勢的強弱之外，語言的熟習程度亦需列入考量，美國和英國方面的介紹較多，可能和史地學報派所能應用的外文能力有關，如張其昀介紹布倫汗(Jean Brunhes)與克米爾 (Camille Vallaux)《歷史地理學》(*La Géographie de l'Histoire*) 時，就必須透過英文的書介。至於俄國在 1917 年的革命之後成爲當時中國

⑭　此處係以《史地學報》4 卷 20 期刊載有關外國史地之學的全部文章爲基準，亦即以文章中提及外國史地之學的全部爲 100%；詳細數字，請參閱本書附錄一〈《史地學報》統計資料〉·附件 1-3〈《史地學報》外國史地國別統計〉。

的新顯學⑭，史地學報派對俄國時事或學術理論的介紹，是可以理解的。在有關俄國的介紹方面，向達於《史地學報》2卷6期譯介〈俄國革命時期歷史研究之狀況〉，此文原爲俄國 A. Presniakov 教授所作，由 E. Arousberg 譯爲英文，刊載於美國《史學評論》(*The American Historical Review*) 1923 年 1 月號，原標題爲 "Historical Reasearch in Russia During the Revolutionary Crisis," 向達再由英文譯爲中文⑭。在這篇介紹俄國歷史研究的文章中，作者將革命期間的歷史研究做了頗爲周延的介紹。

　　比較難瞭解的是，《史地學報》何以對日本史地之學介紹如此之少？就當時所面臨的外患問題而言，日本是中國的頭號敵人，理應對日本的歷史地理研究多所介紹，以收知己知彼之效，但就《史地學報》所刊載的論著來看卻非如此；分析當時內在與外在因素，原因可能有三：其一，史地學報派熟習日文者可能較少；其二，南京高等師範學校的所在地——南京，屬英美勢力範圍，雖然此時日本於上海與南京亦有其勢力，但比較上而言，似不及英美，因此史地學報派在取得日本資訊上可能稍較不易；其三，史地研究會的指導員竺可禎與徐則陵均留學美國，在介紹相關研究時自以英美之著作爲主。

　　從《史地學報》引介的各國歷史地理學來看，史地學報派的眼界是相當廣廓的，他們並不局限於中國，而是以"他山之石可以攻玉"的態度，引介西方的歷史地理學理論，這一點是值得加以肯定的。

　　事實上，《史地學報》自始即對歷史地理學有所用心，在當時國人求變的風氣籠罩下，祇要有益於國計民生的各種學說，知識分子無不

---

⑭　關於俄國革命之後的情勢，可參看：呂芳上，《革命之再起》（臺北：中央研究院近代史研究所，1989），頁 265-296。

⑭　《史地學報》，2:6，頁 123-131。

傾力為之，引介各國歷史地理學亦惟其中之一端而已。

除因應現實與時事之需要外，史地學報派對地理與人生之關係亦有所著墨。竺可禎在〈地理對人生的影響〉文中，即從地形和氣候兩方面進行討論，引述西方理論和中國的實際狀況加以分析，認為不同的氣候，不同的地理環境，所孕育出來的民族性有其差異。此文在立論和引據上，採中西並舉的方式，但大部分學理上的例證仍以西方為主。如在討論地形的影響時，竺可禎分為山嶺、平原、河流、海洋四方面加以討論，有關山嶺的部分舉喜馬拉雅山、阿爾卑斯山為例，平原則歐洲、西伯利亞、印度、中國並舉，河流方面亦是德、英、法、波蘭、中國同析，海洋尤遍及五大洲。竺可禎更進而將地形與氣候對人的影響，做一條理之分析，他認為不同的地形和氣候，會造成人種的差異，進而產生文化取向有別，而變化不定的氣候也促成了文化的進步⑭；由此文可以看出竺可禎在討論地理與人生之關係時，引用材料中西並舉的情形，而最後他仍將這些責任歸結到知識分子身上，這和他在〈我國地學家的責任〉中的呼籲是一脈相承的⑭。從竺可禎的論點，可以瞭解他在歷史地理學的領域，雖然迻引西方學者之著作，但基本上要解決的還是中國問題。

竺可禎對西方地理學涉獵甚深，所以他的著作引述西方地理學理論之處亦最多，在〈地理對人生之影響〉文中他就提到了近代西方地理學的發展：

---

⑭ 竺可禎在〈地理對人生的影響〉文中說：
　　環境一方面逼迫人勞其手足，困其心志，在他方面就叫你有發展進步，這才能在文化舞臺上佔一位置。我國既為世界文化發祥地之一，而且地形氣候，統有保持文化先進國的優勢，欲達到這個目的，只有在人民努力做去，這責任不在別人，就在我們一輩子！（《史地學報》，2:1，頁12）
⑭ 《史地學報》，1:1，頁41-45。

十八世紀以前的地理課本，都注重於形勢，名勝，疆域一方面，換一句話，地理兩字，在那時候，全是政治地理的代名辭，簡直少有地理與人類的關係。十八世紀以來，研究地理的人漸次轉移他的目光到地理與人生的關係上去。法國有孟德斯鳩（Motesquieu），德國有 Alexander Von Humboldt 和 Carl Ritter，但人文地理的鼻祖，要推德國地理家 Rutzel 了。他在十九世紀末葉，曾著《人文地理》（*Anthropogeology*）一書，把地理與人生之關係，講得很透徹。裡面大意是：地面上有各種地形，各種氣候；無論那一種地形或氣候，對於人生必有一定的影響。人生因所處的地位不同，人的性情體格，不得不適應環境而變遷，因此便生出文化程度高低的差異。（《史地學報》，2:1，頁 1）

在這裡可以看出竺可禎所提倡的地理學其實是比較接近人文地理的，他在《史地學報》所發表的論著亦偏向這一方面，雖然他本身在美國學的是氣象學和地理學，在理論上似應較近於自然地理；但可能因爲時代的需要，竺可禎反而對人文地理多所提倡，且因人文地理本即涉及歷史，因而竺可禎在提倡地理學的同時，亦對歷史地理學的發展有推波助瀾之功。

　　王學素所譯述的〈地理研究之計畫〉，介紹了美國地理學研究的近況，是一篇規劃美國地理學研究藍圖的文字⑭。此文作者臺維斯（William Morris Davis）曾任哈佛大學地理教授多年，對美國的地理教學貢獻良多。在這篇研究計畫中，作者將如何成立一具有學術水準的地理學

⑭《史地學報》，2:2，頁 19-32。

中心規劃頗詳，而這篇研究計畫本來就是爲克拉克(Clark)大學所擬的，文中論及區域地理、野外考察、標本圖書保存與各種必需之設備、天文學理論、地理學家與遊歷者的差異、地理研究院的成立標準等等，可說對地理學的各個層面均有所顧及。比較特別的是臺維斯提及研究地理可符合商業之需要，這一點倒是頗別出心裁⑮。

　　分析《史地學報》所引介的外來學說，其面向是相當廣的；但也可能因爲在西學上多所採擷，使得《史地學報》的內容不免龐雜。但就整體而言，史地學報派對歷史地理學的關注確有普遍的一致性。圖3-4-3爲《史地學報》刊載與歷史地理學有關論著之比例：

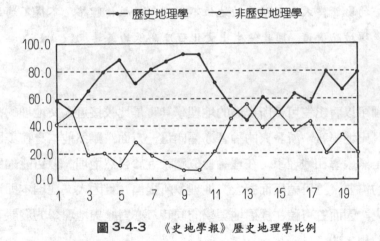

圖3-4-3　《史地學報》歷史地理學比例

---

⑮　臺維斯指出：
　　　地理工程師，所以爲經營國際商業之用。今之商業經營，多遠隔重洋，設無熟悉其地情形之人，則其商戰，必歸失敗，故斯人也，於國際商業上，實益形重要，則斯人也，非地理工程師莫屬矣。地理工程師，可於地理學研究中養成之，其所需之技能，則除地理學應有之基本知識外，而尤宜精於經濟地理及區域地理等可稱之爲地理工程學；其尤要者，則爲出外旅行，藉以豐富其經驗，而增加商業上之利益。但此種經驗可借

由圖中可以看出除了一期(3 卷 1.2 合期)歷史地理學文章較非歷史地理學者少，以及兩期二者相同(1 卷 2 期、3 卷 4 期)，其他諸期《史地學報》有關歷史地理學的著作一直維持相當高的比例。

由於歷史地理學並非孤立的學門，而具有與時代共脈搏、同呼吸的特性，所以在現代中國史學的發展過程中，有其特殊的時代意義。如果將歷史地理學的發展與時代抽離後加以分析，很可能造成的現象是紙上談兵。因此，史地學報派特別用心於史學的實用功能，確有其學科特色之必要性。從此一角度加以分析，對《史地學報》所刊載文章屢屢涉及當代史，便可以獲得較周延的解釋；亦惟如此，史地學報派的實用史學觀念方有其落腳處，史學經世的精神亦得以發揮。

事實上，在現代中國史學的發展過程中，史學的實用性一直是普受討論的，《史地學報》提倡歷史地理學，就當時的情勢而言，主要是為了解決當前的問題，而較少為學術而學術的成分。因而在向西學取經時，不論是歐、美、俄國或日本，祇要有助於經世致用者，均為其取法之對象。而且這些地區也是當時世界舞臺的核心，自然成為史地學報派取經的對象。更重要的是：史地學報派所亟於努力的，正就是如何使中國躋身於世界舞臺；不惟史地學報派如此，近代中國知識分子莫不以此為標的。從此一角度思考，對史地學報派之致力於歷史地理學，當可有進一步地瞭解。

經世史學在中國史學形成的過程中向居重要地位；清代史學之發展表面看似乎以考據為主流，但其經世的一面依然存在⑮，清中葉以後的西北史地研究即其例證；康有為因變法之需要而創立了三世進化

　　老鍊之專家，同出旅行，以得之也。此類人材，現宜由研究院中養成之。
　　(《史地學報》，2:2，頁 32)
⑮　陸寶千，《清代思想史》(臺北：廣文書局，1983)，頁 277-322。

史觀⑱，亦可列入此一系統；致力於救亡圖存的近代中國知識分子，以歷史地理學爲學術救國的手段，亦係此一觀念影響下形成。分析《史地學報》的內容，不難發現經世史學的影響，如果刻意排除經世史學，那麼，對現代中國史學的發展，很可能會有隔靴搔癢的誤解。事實上在現代中國史學發展的過程中，史學的經世的精神，一直有其重要地位，北大和南高在這方面的觀點是一致的，雖然他們在研究取向上確有所異，但骨子裡的救亡圖存思想卻殊無二致。

如謂《史地學報》對時事的關注本於經世史學，那麼，"片馬問題"和"青島問題"可能就是其中最好的演練。

竺可禎在《史地學報》2卷2期發表了一篇演講〈青島接收之情形〉，說明根據華盛頓會議中國收回青島的經過⑲。因爲日本對青島早有覬覦之心，在中國接收的過程中不斷加以干擾，因此整個接收的情形並不順利，竺可禎將礦山、鹽田、郵政、電報、氣象測候所等機構或財產的接收分項加以敍述，而對接收之失敗責任歸屬亦有所分析，是一篇頗具臨場感的報導文字。在此文中，竺可禎對日本的觀察相當細膩而深刻⑳，而竺可禎的分析，可以說是典型以經世史學觀點對時事加以針砭的例證，而類此之論著，在《史地學報》可謂屢見而不鮮，亦足堪說明經世史學乃史地學報派之宗旨所在。

---

⑱ 蕭公權，《康有爲思想研究》(臺北: 聯經出版公司，1988)，頁37-178。

⑲ 《史地學報》，2:2，頁85-90。

⑳ 例如在分析日本對接收工作的干擾時，竺可禎即提出了兩項重要論點: 1.青島被我收回，日人心有所不甘。乃私結土匪，滋擾地方治安，以觀中人是否能整理之。否則彼或乘間而復取之。2.青島之接收，實動全世界之視聽。美邦某報館，且特派訪員，故此次接收青島事情，於我國國體上，有極大之關係。日人故意騷擾，雖不能將膠澳再歸彼統治權之下，亦將辱我國體，以騰笑全世也。(《史地學報》，2:2，頁87)

趙祥瑗的〈片馬問題研究〉⑮，則是經世史學與歷史地理學結合的另一個典型例證。此文從歷史的角度，探討緬甸、雲南與中國的從屬關係，並就地理位置分析國防之需要，以歷史地理學的交錯縱橫，剖析片馬問題的重要性，因而對政府的麻木頗有微詞⑯；他在文中提出了宣傳、勘界、後備的三個解決方案⑰；趙祥瑗的論點，頗能切合實際的情況，殆非書生之論。處在列強環伺的時代，知識分子以歷史地理學為基礎，建議政府處理涉外關係，乃實學報國的具體實踐。因此，趙祥瑗認為「而我國勘界得人，防範周密，內而民氣激昂，內而土司騷動，勢亦有所難當，自不能不讓步於後。英既讓步則野人山片馬諸土保。野人山片馬諸地保，則川滇蜀藏諸省安，而長江粵江兩流域，亦可稍殺英人之勢力矣」⑱。

---

⑮ 《史地學報》，2:4，頁 109-121。

⑯ 趙祥瑗認為：

　　片馬問題，已險惡如彼，政府當局猶麻木如此。吾民負興亡之責，自不能恝然置之。為今之計，吾國不能不籌一具體辦法，據理力爭，以謀一勞永逸。(《史地學報》，2:4，頁 120)

⑰ 趙祥瑗指出：

　　一、關於宣傳者：將野人山片馬等地與我國歷史上之關係，與英人強奪之情形，敘述周詳，露布於中外報紙，訴之世界公論，以喚醒我政府國民，以揭彼英之野心。

　　二、關於勘界者：促政府派精於輿圖之專家，赴野人山一帶實地考察，以明真相而為勘界之準備。派熟悉歷次滇緬界務情形而長於外交者，與之嚴重交涉，勘定邊界。限日使英撤回駐紮片馬兵隊及一切不合理之設施。

　　三、關於後備者：國民連結一體，作示威運動以鼓民氣。移滇川蜀三省兵隊，盛設滇邊，以防不虞。英長於海軍而絀於陸軍，不幸決裂，我國亦未始不能相持。(《史地學報》，2:4，頁 120-121)

⑱ 《史地學報》，2:4，頁 121。

　　以經世史學與歷史地理學觀點對時事多所縈懷，是史地學報派治學的根本，因而在時事變動較劇烈時，史地學報派對當代史的關注亦愈多；反之，在時事較爲平緩時，史地學報派則較用心於一般史地之研究，這種學術與時事之間的互動，是歷史地理學興起過程中極爲特殊的一個現象。

第五節　史地教學與編寫教科書

　　除了觀察、分析時事，致力於經世史學與歷史地理學外，史地學報派對史地教學亦多所關心，並有所建言。

　　五四時期的知識分子似乎特別關心教育問題，不獨史地學報派爲然，因而此時期的教育改革建議可謂琳瑯滿目，各出機杼。史地學報派對教育改革的興趣，主要仍在史地範疇，出現在《史地學報》上的相關文字，有學者們的討論記錄，有史地學報派的個人意見，亦有個人所撰寫的史地教科書；譬如一篇署名叔諒的評論文章〈中國之史學運動與地學運動〉中，作者就對史地教學提出了三個意見：1.中小學史地教本之編纂；2.史地教員之檢查，或設法補濟其缺；3.設法普及國民之史地常識⑮。竺可禎則在〈地理教學法之商榷〉一文中，說明地理學是「研究地面上各種事物之分配及其對於人類影響之一種科學，在中小學則尤須重於事物對於人類之影響，即人文地理」⑯，所以他認爲「專論地球上事物之分配而不及於人生之關係者不謂之良善之地理學」，而「我國中小學地理教師嚮多專述地面上事物之分配，對於人

---

⑮　《史地學報》，2:3，頁13。
⑯　《史地學報》，2:3，頁16。

生之影響，毫未顧及，取其糟粕，遺其精神，地理學遂成爲省縣山川物產名稱之字典，宜其乾枯無味，爲學者所不喜」⑯。爲了改進此一現象，竺可禎建議應擴大地理學的範圍，並且將地理學列爲聯絡各學科的樞紐⑯；此類看法雖不免有過度擴大地理學範圍之嫌，但亦可見史地學報派之用心。而在《史地學報》中，對史地教學提出整體意見的，是 2 卷 1 期的〈今夏中華教育改進社關於史地教育之提案及歷史教育組地理教學組之會議紀錄〉，其中有一項梁啓超的提案「中學國史教本改造案並目錄」，對當時的國史教學提出針砭及改進之道；梁啓超認爲當時的國史教學有幾個重大的缺失：

(1)現行教科書全屬政治史性質，其實政治史不能賅歷史之全部。

(2)舊式的政治史，專注重朝代興亡及戰爭，並政治趨勢之變遷亦不能說明。

(3)關於社會及文化事項，雖於每朝代之後間有敍述，然太簡略，且不聯貫。（《史地學報》，2:1，頁 50）

因爲教科書及教法上有上述缺點，梁啓超於是擬訂了一分「中學國史

---

⑯　《史地學報》，2:3，頁 17。

⑯　竺可禎指出：

地理學之範圍旣廣且大，舉凡地球上物質如地形，氣候，物產，人口，鐵道，航線之分布莫不與地理有關，故教授地理學者不求擴充地理上之範圍，而在限制地理之範圍，編織各種地理之要素，成爲系統，以人類爲前提，而使之貫成一氣，論其位置，則地理學實介於自然科學與社會科學之間；故在中小學地理實處於特殊之地位。因其與各學科均有關係故，實爲聯絡各科之樞紐也。（《史地學報》，2:3，頁 17）

教本目錄」，在這分目錄中，他將三年中學課程擬爲192課，其中年代
(歷史)部分7課，地理部分52課，政治31課，社會及經濟48課，文
化53課⑯，如將地理和文化課程相加，占課程二分之一以上，可見兩
者所占比重；尤其是地理部分比歷史多出45課，亦可見其對地理學的
重視。但要說明的是，地理部分有許多是歷史地理學，文化部分也有
許多與歷史有關者，所以這分教科書目錄可以說是從一部中國全史的
觀點來擬定的。

徐則陵在《史地學報》2卷4期發表〈高級中學世界文化史學程綱
要〉，在這篇綱要中，徐則陵編列了127課，其中地理和文化的比重甚
高，和梁啓超的課程目錄取向相近⑯，或許這正代表了史地學報派對
歷史與地理學的關注：強調地理與文化課程。

就史地學報派所擬的史地教科書內容來看，基本上頗爲強調地理
學的重要性，特別是人文地理；當然，在此同時也有人注意到自然地
理的問題，張其昀就企圖在人文地理與自然地理中找尋平衡的座標。

在〈學地理之興趣〉這篇爲中學生的談話中，張其昀將中學六年
的地理教育劃分爲地學初步、區域地理、政治地理、地學問題等四個
階段⑯；其內容基本上以中國爲本位，惟仍具有世界眼光，不僅重視

⑯ 《史地學報》，2:1，頁51-55。
⑯ 《史地學報》，2:4，頁49-55。
⑯ 《史地學報》，2:4，頁57-62；這四個階段的內容爲：
　地學初步（初一）
　　地理之普通知識，基本觀念，必要之方法與記號。
　區域地理（初二、初三）
　　依地形，氣候，富源，分世界爲若干重大的自然區域。以代表的方法，
　說明各區氣候與地文的關係，環境與人生之影響。
　政治地理（高一、高二）
　　定中華爲本位，擇列邦與吾國關係最密者，以地理背景爲主，以民族

人文地理，同時也觀照自然地理。此外，張其昀對大學的地理學教育
亦有所用心，《史地學報》2卷5期刊載了他的一篇〈兌亞二君之大學
地理教育觀〉，乃係美國克拉克大學校長亞特伍 (Wallace Water Atwood)
的就職演說辭〈地理在美國教育上之新意義〉，以及哈佛大學教授兌維
斯 (William Morris Davis) ⑯的補充說明。在這篇演講中，亞特伍和兌維
斯將美國現行的地理學教育做了一個鳥瞰式的說明，張其昀並將芝加
哥大學地理系學程列為附錄⑯，以說明美國大學的地理教學。

在編輯教科書方面，張其昀編有《初級中學地理》三冊 (由商務印書
館出版)，其中第一、二冊為人文地理，第三冊為區域地理，在編輯例言
中，張其昀說明此書的宗旨「在使學生明瞭地理與人生之關係」⑱，
至於教材的範圍「雖普及於人類全體，但純以祖國為觀察中心點」⑲，
所以在詳略的取捨上，有本末先後之序，且為顧及時事的發展，特闢
一章談國際聯盟，希望能融合中外，結合人文地文兩方面，「凡地理之
普遍知識，基本觀念，必要之方法與記號，均欲源源灌輸」，使此書成

　　的，歷史的，政治的三方面為輔，解釋現世界之重大問題。
　　地學問題 (高三)
　　　提人事為綱，博徵自然地理的材料，分題論究之 (如世界之農業商路
　　等，──考察所受環境之影響)，對於特別問題，有充分的訓練，因而獲
　　得解決之能力也。(《史地學報》，2:4，頁62)
⑯　王學素在《史地學報》2卷2期所譯述的〈地理研究之計畫〉，介紹了美國
　　地理學研究的近況，其作者臺維斯(William Morris Davis)，即張其昀譯
　　為兌亞斯之同一人；〈地理研究之計畫〉刊於《史地學報》，2:2，頁19-32；
　　相關討論請參閱本書第3章第3節〈《史地學報》內容分析〉。
⑰　《史地學報》，2:5，頁25-30。
⑱　《史地學報》，3:3，頁15；此說本於竺可楨，見竺可楨，〈地理對人生的影
　　響〉，《史地學報》，2:1，頁1-12；相關討論請參閱本書第3章第3節〈《史
　　地學報》內容分析〉。
⑲　《史地學報》，3:3，頁15。

爲「初學地理者之門徑」⑩。

由上述討論，可見史地學報派對歷史地理學的關注，基本上是地理多於歷史的，這一點從史地研究會的前身爲地學研究會，已露其端倪，此與禹貢學派的觀點略有所異，因爲禹貢學派立論的基礎仍係歷史，這是兩者在取向上最大的不同點⑪。

身爲史地學報派精神導師的柳詒徵，在史地教學的意見上與前述諸人亦有其相通處，然其所論係以歷史教學爲主題。《史地學報》2 卷 1 期柳詒徵提出〈商榷中小學歷史教學的意見〉，他說：

> 人的教育是兩種 (1) 一國的人 (2) 世界的人。要教一國的人，就要曉得一國的歷史，要教一國的人同時做世界的人，就要曉得世界的歷史。《史地學報》, 2:1, 頁 58)

可見柳詒徵對歷史教育的見解，是以人爲基本的出發點，接著是由本國到世界，從現代到古代，其順序是先中國後世界，先現代後古代，由人文而自然。由此可以看出在史地學報派的理論中，常常出現中西並論、古今交錯的情形，這是史地學報派討論歷史地理學時的共同特色。

《史地學報》對歷史地理學的關注略如上述，其內容可由下面幾個方向加以討論：

其一，整理傳統中國史學中的歷史地理學：在這方面用力較勤的是柳詒徵、梁啓超、張其昀、鄭鶴聲和劉掞藜等人；張其昀對章學誠

---

⑩　《史地學報》, 3:3, 頁 16。

⑪　《禹貢半月刊》的討論，請參閱本書第 4 章第 2 節〈《禹貢半月刊》內容分析〉、第 5 章第 1 節〈《禹貢半月刊》與《史地學報》之比較分析〉。

《文史通義》和《方志略例》的推崇，使章學誠成爲史地學報派有關傳統中國歷史地理學理論的中心；柳詒徵在傳統中國史學的涉獵甚爲廣泛，如〈漢人生計之研究〉⑫，〈正史之史料〉⑬，〈大夏考〉⑭等文，均從傳統史學中擷取材料加以匯整；梁啓超提倡的歷史統計學，以傳統史學爲例證，可謂別出心裁；劉掞藜的〈史法通論〉整理傳統史學方法，爲傳統史學開創新機；鄭鶴聲論析司馬遷的史學與清代學者的歷史地理研究；凡此皆於傳統中擷取菁華，並加以創新之例證。

其二，介紹外國歷史地理學：在輸入西學方面，史地學報派著力甚多，竺可禎、張其昀、胡煥庸、陳訓慈和王學素均其要角，竺可禎對地理學的介紹及身體力行，是史地學報派地理學理論的領航人；張其昀譯介美國與歐洲歷史地理學；胡煥庸對西方理論的引介及對時事的關懷；陳訓慈和王學素有關歐美歷史地理學理論的譯著；使《史地學報》在中國傳統史地之學外，找到新的養分，並因而拓展了歷史地理學的視野。

其三，實地考察的實踐：歷史地理學固非案頭紙上之學問，尙需實踐支撐，竺可禎、柳詒徵提倡於先⑮，鄭鶴聲、孫逢吉實踐於後，雖然竺可禎提倡的調查蒙藏地區未曾履踐，相關的地學考察亦局限於東南地區，但對實地考察確有開啓風氣之功。

其四，對史地教學的提案與教科書之編寫：歷史地理學的扎根工作極爲重要，史地教學是最直接有效的方式，在這方面，柳詒徵的〈商

---

⑫　《史地學報》，1:2，頁 313-318。

⑬　《史地學報》，2:3，頁 39-48。

⑭　《史地學報》，2:8，頁 63-66。

⑮　竺可禎，〈我國地學家之責任〉，《史地學報》，1:1，頁 44；柳詒徵，《史地學報·序》，《史地學報》，1:1，頁 1。

權中小學歷史教學的意見〉提案，梁啟超的「中學國史教本目錄」；徐則陵的「高級中學世界文化史學程綱要」；張其昀的「中學地理教育綱要」和親自編纂的《初中地理》教科書；都是關心史地教學的的例證。

　　整體考察《史地學報》的內容，及其所提倡的歷史地理學，可以明顯看出史地學報派的治學取向：一面涵泳於傳統中國史地之學，一面向西學汲取養分。分析《史地學報》所刊載的論著，不論在歷史或地理學範疇，均有所取於傳統中國史地之學，同時亦介紹西學以養新知。雖然在介紹西學時不免有半生不熟的情形出現，但在中西文化交流的過程中，這類適應期是必須的；而在涵泳傳統中國史地之學的部分，雖別有所愛於經世史學，難免在學術客觀與政治現實之間略有所倚，但處在當時的環境，似亦無須多加苛求。整體而言，在現代中國史學的發展過程中，史地學報派在提倡歷史地理學的研究風氣上，確然有其一定的階段性意義。

第四章　樸學考據的新出路
——《禹貢半月刊》與歷史地理學

1921 年 11 月至 1926 年 10 月，是《史地學報》提倡歷史地理學並引領風騷的時期。在這段時間裡，史地學報派主導了歷史地理學的研究，涵泳舊學，介紹新知，爬梳傳統中國史學，也引介外國史地之學，對現代中國史學發展發揮了相當重要的影響。而《史地學報》於 1926 年停刊，正是顧頡剛所主編《古史辨》第 1 冊出版的這一年。質言之，當《史地學報》致力於提倡歷史地理學時，顧頡剛正忙著提出"大禹是蜥蜴類"的假說①。

一般討論古史辨運動時，常易將古史辨運動定位為杜威實驗主義影響下的產物，實際上此一運動承續清代樸學考據的遺風可能更為明顯。

清代的考據學，在五四時期極受以胡適、錢玄同、傅斯年及顧頡剛等人為中心的"北大派"之青睞；胡適認為清代學者治學的方法就是科學方法②，而清代學者的治學方法中，最值得稱述的則為考據，胡適在〈考據學的責任與方法〉中，曾對考據學的方法論，做了扼要的說明：

---

① 參考：彭明輝，《疑古思想與現代中國史學的發展》(臺北：商務印書館，1991)，頁 65-92。
② 胡適，〈清代學者的治學方法〉，《胡適作品集》，第 4 冊 (臺北：遠流出版公司，1986)，頁 163-164。

> 凡做考證的人，必須建立兩個駁斥自己的標準：第一要問，我
> 提出的證人證物本身可靠嗎？這個證人有作證的資格嗎？這件
> 證物本身沒有問題嗎？第二要問，我提出這個證據的目的是要
> 證明本題的那一點？這個證據足夠證明那一點嗎③？

此處的"第一問"，係審查證據的眞實性，"第二問"是扣緊證據對本
題的關連性，亦即史學方法論的"內部考證"與"外部考證"④。這
種考據學的方法論，乃禹貢學派所慣常使用者，在《禹貢半月刊》⑤
前期(約在第3卷以前)所刊載論著中，可以明顯地看出，顧頡剛、譚其驤
和兩人的學生所常使用者，即爲此類樸學考據之方法。因此，以樸學
考據的方法論，檢查《禹貢》的內容，將會發現兩者是多麼地相似。

　　事實上，清代的樸學考據對現代中國學術思想的影響是相當巨大
的，雖然在反儒學運動中，出現打破傳統的激烈口號，但所使用的方
法卻並未脫離清學的系統，這是一個頗值得玩味的問題；因爲在檢討

---

③　胡適，〈考據學的責任與方法〉，《胡適文選・考據》(臺北：文星書店, 1968)，
　　頁 161-162。

④　有關"內部考證"與"外部考證"的討論，參考：杜維運，《史學方法論》
　　(臺北：三民書局，1985)，頁 151-173。

⑤　下文提及《禹貢半月刊》時，簡稱爲《禹貢》，提及《尚書・禹貢》篇時，
　　如爲連稱則依《尚書・禹貢》方式稱之，如單獨提及，寫成〈禹貢〉，以示
　　兩者之區別；另，下文提及禹貢學派時，意指常在《禹貢》發表文章的較
　　核心分子，並未有嚴格的定義，因爲禹貢學會的會員資格限制並不嚴格，
　　有些會員甚至未曾在《禹貢》發表文章；如張其昀雖爲禹貢學會會員，但
　　除了一封論學書信外，未見其他論著於《禹貢》發表，因此不列入討論；
　　而錢穆治學有其個人獨特觀點，固不能列爲禹貢學派，但因他與顧頡剛交
　　情深厚，且爲禹貢學會理事，在《禹貢》上發表的論著甚多，乃列入討論；
　　本書使用《禹貢》時係指該刊物；使用禹貢學會或禹貢學派時，指常在《禹
　　貢》發表文章的較核心分子，兩者未刻意分別，有時亦交互使用。

現代中國學術思想時，小腳放大的痕跡是相當明顯的。甚至連主張建立科學史學的傅斯年，其所提倡者，仍不脫樸學考據的方法；在〈清代學問的門徑書幾種〉中，傅斯年就對清學大加推崇，他說：

> 宋明的學問是主觀的，清代的學問是客觀的；宋明的學問是演繹的，清代的學問是歸納的；宋明的學問是悟的，清代的學問是證的；宋明的學問是理想的，清代的學問是經驗的；宋明的學問是獨斷的，清代的學問是懷疑的⑥。

因此，傅斯年認為清代學者的治學方法是科學的，雖然他也提醒必須注意西方的方法論⑦。從胡適到傅斯年、顧頡剛，基本上他們的治學方法都淵源於同一個系統：清代的樸學考據。所以，顧頡剛在他的著作中一再提及清代學者的治學方法，禹貢學派亦充分運用樸學考據的方法治學。

　至於清代學者的沿革地理研究，更為禹貢學派所極力推崇，因為

---

⑥ 傅斯年，〈清代學問的門徑書幾種〉，《傅斯年全集》，第 4 冊（臺北：聯經出版公司，1980），頁 408。

⑦ 傅斯年在〈清代學問的門徑書幾種〉中，對樸學考據仍是有所批評的，他說：

> 清代的學問很有點科學的意味，用的都是科學的方法，不過西洋人曾經用在窺探自然界上，我們的先輩曾經用在整理古事物上；彼此所研究的不同，雖然方法近似，也就不能得近似的效果了。（《傅斯年全集》，第 4 冊，頁 408）

他也是五四人物中，少數注意西方科學與中國科學方法有所不同的學者，所以他說：

> 若直用樸學家的方法，不用西洋人的研究學問法，仍然一無是處，仍不能得結果。（《傅斯年全集》，第 4 冊，頁 414）

禹貢學會所要賡續的正是此一傳統，並加以發揚光大。所以禹貢學會的成立，其首要之務就是研究沿革地理。

在現代中國史學的發展過程中，幾個重大的學術運動背後都有強大的思想動力爲主導；以古史辨運動而言，基本上是清季今古文之爭的餘緒，加上反儒學運動的時代背景所形成；中國社會史論戰則是馬克思主義輸入中國後，引起有關中國社會性質及其發展過程的論戰；歷史地理學的興起，主要係緣於知識分子面對時代變局，思以學術救國理念下之產物。

1931 年的九一八事變，是中國現代史上另一次晴天霹靂，其影響殊不下於 1919 年巴黎和會處置山東問題所引起的五四運動。五四運動初期固起於政治事件，並發展爲蓬勃的學術思想運動；九一八事變引起的則是中國面臨外力侵略的生死存亡之秋；而兩次事件都激起高張的民族主義浪潮，再由民族主義引發知識分子學術救國之心，擴而爲民族文化的整體思考，五四的民族主義激起科學救國論，轉而爲反儒學傳統的弔詭式發展，使得民族主義和反儒學成爲天平的兩橛；九一八事變以後的民族主義，激起團結一致對外的呼籲，因而對歷史地理學的發展有推波助瀾之功。

史地學報派對歷史地理學的興趣，比較環繞於學理的探討，以及一般有關歷史學與地理學的問題上，九一八事變以後成立的禹貢學會，面臨國家民族立即而明顯的威脅時，所關注的對象轉而爲邊疆史地之研究，希望藉此喚醒民族魂；特別是東北與西北地區對禹貢學會具有極大的吸引力，主要是因爲東北淪陷後，希望在西北尋回新的生機；因此，禹貢學會對東北和西北史地的用心，或可在民族主義史學的脈絡找到解答。

正因對民族主義的關注，使得禹貢學會的歷史地理學研究，由邊疆民族文化出發，到對國內各少數民族均有所關心，並且由歷史地理學問題轉向民族文化問題，這是現代中國史學發展過程中，有關歷史地理學研究的一個重要轉折。

但處於時代變局中的知識分子，在現實需要與學術客觀之間，如何找到平衡的座標？特別因為禹貢學派的治學方法本於樸學考據，在面臨國家民族生死存亡之秋，其治學由考據轉向經世的歷程，具有怎樣的時代意義？藉由時代變局與史學動向的討論，或許可以找出禹貢學派由樸學考據走向史學經世的蛛絲馬跡。

第一節 從古史辨運動到禹貢學會之成立

《古史辨》第 1 冊出版於 1926 年，但顧頡剛與胡適、錢玄同討論古史的往來書信，卻早在 1920 年底到 1921 年初之間就開始了⑧，而"史地研究會"也差不多在此前後成立；所以，在歷史研究的取向上，顧頡剛和"史地學報派"可說絕不相類。而《古史辨》第 7 冊出版於 1941 年，時距《禹貢》的停刊已有 4 年⑨，因此，一個容易引起討論

---

⑧ 《古史辨》第 1 冊收錄的最早一篇文字，是胡適向顧頡剛詢姚際恆著述的信函，此函未屬日期，顧頡剛的答書為 1920 年 11 月 23 日，就答書內容來看，胡適信函當在此前不久寫的；參考：顧頡剛(主編)，《古史辨》，第 1 冊(臺北：明倫出版社，1970，重印本)，頁 1-5。

⑨ 《禹貢》於 1934 年 3 月 1 日出版第 1 卷 1 期，1937 年 7 月 16 日出版第 7 卷第 10 期停刊，總計出版 74 期；1946 年第二次中日戰爭結束，顧頡剛自大後方回到北京，與齊思和、侯仁之等人會合，擬恢復禹貢學會會務，但因籌不到款，顧頡剛且逢父喪，加上任教復旦大學遷居上海，其事遂罷。參考：劉起釪，《顧頡剛先生學述》(北京：中華書局，1986)，頁 233；又，顧頡剛曾因父喪事致函胡適云：

的問題是：何以在古史辨運動中後期顧頡剛的研究興趣會有所轉向？
當顧頡剛提出"大禹是蜥蜴類"的論點而引發古史辨運動時，在他激
烈的疑古思想之外，所關心的是怎樣的學術問題？古史辨運動與歷史
地理學之間是否有所衝突？或者這樣的轉向是順理成章？如果說古史
辨運動是一個破壞性的運動，那麼，具有建設意義的歷史地理學研究
如何在殘破中站起？在破壞與建設之間，顧頡剛的立足點在那裡？

　　雖然疑古的另一層意義就是考信，但在激烈的疑古思想主導下，
顧頡剛的考信將如何建立？是否研究歷史地理學正好解決了顧頡剛疑
古與考信的疑難？顧頡剛是否有意藉研究中國古代地理解決其破多於
立的古史辨運動？這些問題都是在討論古史辨運動與禹貢學會時，值
得加以探索的。

　　1929 年 9 月顧頡剛辭去中山大學語言歷史研究所主任的職務，轉
任燕京大學國學研究所研究員兼歷史系教授⑩。而顧頡剛之所以離開

　　自家父逝世，舍間財產必須清理，數月以來，專為此忙，甚至涉訟。先
　　父宿好古物，一生收集當有五千件，今正編目，預計需費一年半功夫，
　　故一時不做遠遊之想。俟津浦路通，當到平攜取書物，藉得安心居住。
　　引自：張崇山等（編），《胡適來往書信選》（下）（香港：中華書局香港分
　　局，1983），頁 129；另，鄭良樹，《顧頡剛學術年譜簡編》（北京：友誼出
　　版公司，1987），載顧頡剛任教復旦大學事云：
　　任復旦大學教授，社會教育學院圖書博物館系教授兼民眾讀物主任。（頁
　　235）
⑩　參考：王煦華為《中國上古史研究講義》出版所寫的〈前言〉，顧頡剛，《中
　　國上古研究講義》（北京：中華書局，1988），頁 1；另，鄭良樹《顧頡剛學
　　術年譜簡編》亦提及此事，見頁 121；顧頡剛到燕大是因前一年（1928）11
　　月傅斯年辭去廣州中山大學研究所兼主任，由顧頡剛代理；12 月真除，但
　　顧頡剛真正想做的是學術研究工作；參考：《顧頡剛學術年譜簡編》，頁
　　114。

中山大學，據他自己的說法是爲了北平的環境適宜研究⑪；在〈〔燕京大學〕歷史學會一年來工作概況〉一文中，亦曾述及顧頡剛帶領學生參觀故都文物的教學活動，或許可以爲顧頡剛選擇北平故都做研究工作的一個注脚⑫。顧頡剛很可能就是因爲北平的古蹟古物和各種文獻資料有利於歷史研究而離開中山大學的，因爲在中山大學他主要的工作是民俗與歌謠採集⑬。

　　在燕京大學的第一年，顧頡剛開的是"中國上古史"，而這門課是他在中山大學就已經開設的，起因當然是因爲他編了《古史辨》第 1 冊和第 2 冊，成爲一般所謂的古史專家；在燕大的這一年，顧頡剛將舊講義重新改寫，編爲《中國上古史研究講義》⑭。但顧頡剛本人對這門課一直是不甚滿意的，因爲他覺得中國上古史還有許多尚待解決的問題，特別是做爲歷史骨架的地理沿革部分，所以到了 1933 年，顧頡剛就把課程改爲"中國古代地理沿革史"，因爲他認爲研究歷史，地理是相當重要的，在《禹貢》1 卷 1 期的〈編後〉，顧頡剛說明開設這門

---

⑪　鄭良樹，《顧頡剛學術年譜簡編》，頁 121。

⑫　在這篇〈〔燕京大學〕歷史學會一年來工作概況〉中，作者寫道：
　　北平爲歷代國都者垂六百年，古跡古物，在在皆是，故論者謂北平爲天然研究歷史之地。……故本會成立之初，即汲汲于是。本所年內所參觀者內有大高殿及北大國學研究所之檔案，故宮文獻館之四庫全書……。每次參觀皆蒙顧先生預爲計畫接洽，臨時又蒙顧先生解釋一切，殷殷之意可感也。
　　見：《〔燕京大學〕史學年報》，第 2 期（北平：燕京大學，1930:6），頁 167。

⑬　參考：吳鳴（彭明輝），〈五四時期的民歌採集與《詩經》研究〉，收入：中國古典研究會（主編），《五四與文化變遷》（臺北：臺灣學生書局，1980），頁 407-440。

⑭　這分講義燕京大學曾油印發給"中國上古史研究"課的學生，部分亦曾單獨於學術期刊發表，1988 年顧頡剛的學生王煦華將油印本講義與手稿重新整理出版；參考：顧頡剛，《中國上古史研究講義》，頁 1-5。

課的經過:

> 頡剛七年來, 在各大學任 "中國上古史" 課, 總覺得自己的知
> 識不太夠, 尤其是地理方面, 原爲研究歷史者迫急的需要, 但
> 不幸最沒辦法。材料固然很多, 但我們苦於不能用它。說要擷
> 取一點常識來敷衍罷, 這不但在自己的良心上過不去, 而且就
> 是這一點常識也不容易得到。我常常感覺, 非有一班人對于古
> 史傳下的原料做深切的鑽研, 就無法抽出一點常識做史學或地
> 學的基礎。因此我就在燕京和北大兩校中改任 "中國古代地理
> 沿革史" 的功課, 借了教書來逼著自己讀書。預計這幾年中,
> 只作食桑的蠶, 努力搜集材料, 隨時提出問題: 希望過幾年後,
> 可以吐出絲來, 成就一部比較可靠的 「中國古代地理沿革史講
> 義」。 (《禹貢》, 1:1, 頁 23)

所以, 顧頡剛涉足古代地理, 乃係爲解決古史研究的一些問題和疑難。
但顧頡剛容易沈迷的個性⑮, 卻使他很快地投入沿革地理的研究之中
而不可自拔, 甚至將全部精力投入此一領域。

　　在此之前, 顧頡剛指導的燕大國學研究所研究生譚其驤自 1932 年
起在輔仁大學擔任 "中國地理沿革史" 課程⑯, 當顧頡剛於燕京大學

---

⑮　顧頡剛在《古史辨》第 1 冊〈自序〉中, 曾自言他因看戲而入迷的事, 且
　　因看戲而發展出他 "層累造成的古史" 觀; 參考: 顧頡剛, 《古史辨》, 第
　　1 冊,〈自序〉, 頁 19。

⑯　譚其驤 1932 年畢業於燕京大學文科研究所歷史學部, 獲碩士學位, 論文題
　　目爲〈中國內地移民史 (湖南篇)〉; 參考:〈本系〔燕京大學歷史系〕歷屆
　　畢業論文題目表〉,《史學年報》, 3:1(北平: 燕京大學, 1939:12), 頁 202;
　　譚其驤畢業前即已在輔仁大學兼課, 講授 "中國地理沿革史"; 參考: 譚

和北大講授"中國古代地理沿革史"時，常與譚其驤討論有關古代地理沿革研究的問題。

由於研究古代地理所面臨的諸多問題，顧頡剛認爲有必要成立一個能共同研討的園地，而且希望將這類討論藉公開的園地發表出來，所以決定以北京大學、燕京大學和輔仁大學三校同學的課藝爲基礎，辦一分雜誌⑰；從《禹貢》1卷1期的〈編後〉中，可以看出顧頡剛創

其驤，〈譚其驤自傳〉，收入：晉陽學刊編輯部(編)，《中國現代社會科學家傳略》，第1輯(太原：山西人民出版社，1982)，頁361-373；又，本文所提及之禹貢學會重要成員，有多人出身燕京大學，其畢業年度及論文如下：

碩士：

譚其驤 1932 中國內地移民史

張維華 1934 明史佛郎機和蘭意大里亞三傳注

陳觀勝 1934 The growth of geographical knowledge concerning the West in China during the Ch'ing dynasty

馮家昇 1934 遼史與金史新舊五代史互證舉例

張瑋瑛 1938 清代漕運

學士：

張印堂 1926 The campain for religion liberty in China in 1916-1917

齊思和 1931 黃帝之制器故事

馮家昇 1931 契丹名號考釋

鄧嗣禹 1932 中國考試制度史

周一良 1935 大日本之史學

〈本系〔燕京大學歷史系〕歷屆論文畢業題目表〉，《史學年報》，3:1 (1939: 12)，頁198-207。

⑰ 顧頡剛在《禹貢》1卷1期的〈編後〉中說：

我們覺得學問的興趣是應當在公開討論上養成的，我們三校的同學如能聯合起來，大家把看得見的材料，想得到的問題，彼此傳告，學業的進步一定很快速。而且這項學問，前代因爲沒有精確的地圖和辭典可以依據，所以很不發達，現在則製圖術大進步了，何況我們在北平，什麼材料都容易看見，我們儘有超出於上課的工作可做。爲要造成大家工作的勇氣與耐性，我們決定辦這個半月刊。這個刊物是以三校同學的課藝作

辨《禹貢》的初衷是爲了研究古代地理，而在此同時他仍繼續從事《古史辨》的討論與編輯。如果以顧頡剛的學術歷程來看，他是由辨僞書而走上辨僞史的路，而因辨僞史提出"大禹是蜥蜴類"的論點，再透過看戲的經驗，推出"層累造成說"⑱，又因研究古史的需要而從事地理沿革研究。所以，從表面上看，古史辨運動似乎是一個破壞性的運動，研究歷史地理則具有較多的建設意義，但實質上，辨僞的另一面其實就是考信，甚至可以說辨僞祗是手段，考信纔是目的，研究古代地理乃其考信之一環。因此，就學術發展的軌跡而言，顧頡剛由古史考辨到研究古代地理沿革，確有其明顯的線索可循。其實顧頡剛本身亦瞭解，一味的辨僞有走入虛無主義的危險⑲，所以他由疑古走向審慎釋古的過程⑳，並非突如其來，而有其學術發展之理路。從此一角度思考，或許可以還顧頡剛由編輯《古史辨》到發起組織禹貢學會的本來面目。

當然，從提出"大禹是蜥蜴類"的假說到考訂古史地理，是一段頗爲漫長的學術之路，而顧頡剛之所以選擇以"禹貢"爲學會與刊物之名，是因爲他相信《尚書·禹貢》是研究中國地理沿革史最古的一篇，顧頡剛在《禹貢》1卷1期的〈編後〉中說：

> 爲求簡單而明瞭，這個刊物採用了"禹貢"二字，因爲〈禹貢〉篇是研究中國地理沿革史的出發點。但我們期望中的成績是應

基礎的。但外面的投稿我們一律歡迎。 （《禹貢》, 1:1, 頁 24）

⑱ 彭明輝，《疑古思想與現代中國史學的發展》，頁 65-92。

⑲ 顧頡剛語，見《秦漢的方士與儒生·序》；顧頡剛，《秦漢的方士與儒生》（臺北：里仁書局，1985），頁 5。

⑳ 余英時，〈顧頡剛、與洪業與現代中國史學〉、〈顧頡剛的史學思想補證〉，收入：余英時，《史學與傳統》（臺北：時報出版公司，1982），頁 263-299。

遠超於〈禹貢〉之上的。又我們所討論的地理沿革，並不限於
上古地理；就是中華民國的設區設道以及市縣的增減材料，也
在我們的搜集之中。不過漢以前的，材料少而問題多，材料彼
此都可看見，問題彼此都可明曉，所以這方面的文字較多而已。
希望讀者能承受我們這個意思，勿重古而輕今。 (《禹貢》，1:1，頁
24)

在這篇〈編後〉中，顧頡剛將《禹貢》的宗旨與來龍去脈交代得頗為
清楚明白；質言之，《禹貢》的創立，主要即是為了研究古代地理沿革，
惟在古史之外，亦接受一般有關歷史地理的文章。雖然顧頡剛一再強
調，希望讀者"勿重古而輕今"，但他本人不但確有重古而輕今的傾向，
而且從《禹貢》初期 (特別是 1 卷 12 期以前) 所刊載論著來看，《禹貢》亦不
脫"重古輕今"的色彩，雖然顧頡剛在初期的《禹貢‧編後》屢屢強
調注意當代史事的重要性，由他和譚其驤聯合執筆的《禹貢‧發刊詞》，
也再三致意，但理想是一回事，實踐卻是另一回事。

此外，在《禹貢‧發刊詞》和前幾期的《禹貢‧編後》中，顧頡
剛和譚其驤也一再強調史學致用的重要性。但是，這樣的的研究理路，
和顧頡剛原本的疑古態度是大相逕庭的，因為在古史辨運動初期的顧
頡剛，所亟於努力的就是把古代還給古代，而不要讓聖賢之書成為現
代人生活的指導[21]。但是，到了《禹貢》時期的顧頡剛，在思想上有

---

[21] 在《古史辨》第 4 冊的〈自序〉中，顧頡剛就說：
我們要使古人只成為古人而不成為現代的領導者；要使古史只成為古史
而不成為現代的倫理教條，要使古書只成為古書而不成為現代的煌煌法
典。這固是一個大破壞，但非有此破壞，我們的民族不能得到一條生路。
我們的破壞並不是一個殘酷的行為，只是使他們各個回復歷史上的地
位：真的商周回復其商周的地位，假的唐虞夏商周回復其先秦或漢魏晉

了相當大的轉變,這種轉變使他在學術上的研究取向與前此有所不同。至於爲何顧頡剛不再執著於爲學術而學術的理念, 反而有與時代結合的趨勢, 是一個相當值得玩味的問題。在他和譚其驤聯合執筆的《禹貢・發刊詞》中, 或許可以爲他因感時憂世而轉變學術取向做一言詮:

> 這數十年中, 我們受帝國主義的壓迫眞夠受了, 因此, 民族意識激發得非常高。在這種意識之下, 大家希望有一部中國通史出來, 好看看我們民族的成分究竟怎樣, 到底有那些地方是應當歸我們的。但這件工作的困難實在遠出於一般人的想像。(《禹貢》, 1:1, 頁2)

由於體驗到帝國主義的壓迫, 所以顧頡剛纔會發起組織禹貢學會, 希望藉歷史與地理的研究, 喚醒民族意識。並且因爲歷史這門學科的特性, 幾乎涵蓋各種學科的知識, 尤其和地理的關係極爲密切㉒, 可惜的是, 雖然研究地理沿革在前淸時曾經盛行過一時, 但在當時研究歷史地理學的風氣卻頗爲衰落, 《禹貢・發刊詞》指陳當時各種文史學報上找不到這一類的論文, 大學歷史系裡找不到這一類的課程; 而一般學歷史的人, 甚至往往不知道〈禹貢〉九州、漢十三部爲何物, 唐十道、宋十五路又是什麼, 顧頡剛和譚其驤認爲這是現代中國人極端的

的地位, 總之, 送他們到博物院去。(《古史辨》, 第4冊,〈自序〉, 頁13)

㉒　《禹貢・發刊詞》說:
　　因爲歷史是記載人類過去的活動的, 而人類社會的活動無一不在大地之上, 所以尤其密切的是地理。歷史好比演劇, 地理就是舞臺; 如果找不到舞臺, 哪裡看得到戲劇! 所以不明白地理的人是無由瞭解歷史的, 他只會記得許多可佐談助的故事而已。(《禹貢》, 1:1, 頁2)

恥辱㉓。雖然就事實而言，《禹貢·發刊詞》的陳述不免過激，而且當時除了禹貢學會之外，尚有許多學者從事歷史地理學的研究，《史地學報》固創刊於禹貢學會之前，1927 年斯文·赫定 (Sven Anders Hedin, 1865-1952)亦與中國學術團體協會聯合組成西北科學考察團，赴內蒙與新疆進行考察㉔。但《禹貢·發刊詞》主要在呼籲學術界重視地理沿革研究，因而不免有過甚之詞。

　　《禹貢·發刊詞》接著指責國人之所以跟著日本的節拍起舞，是因為讀死書而不知變通。因而《禹貢》的宗旨特別強調實際察勘的重要性㉕，並且也因為提倡實際查勘的緣故，使得《禹貢》由最初的古史地理沿革研究，漸轉而對當代史多所關注。這種切合當代實際的史

㉓　《禹貢·發刊詞》，《禹貢》，1:1，頁 2。

㉔　一個有趣的現象是柳詒徵在《史地學報·序》中，也提及同樣的情形，對強鄰肆虐，國人應加強歷史地理學之認知有所呼籲，並對清代學者的歷史地理學研究大力推崇。但可怪的是：何以顧頡剛在執筆之際會幾乎忽略了《史地學報》的存在？這一點和 1949 年以後的大陸歷史地理學工作者由清代學者的歷史地理學直接跳到禹貢學會，而無視於《史地學報》在現代中國史學發展過程中的影響，兩者有相類似處；比較可能的推測是禹貢學會和 1949 年以後的大陸歷史地理學工作者，主要出身北大系統，不免有意忽略南高系統的史地學報派。此外，1927 年的西北科學考察團是中國學術界對斯文·赫定籌組科學考察團抗議後所聯合組成的，因此西北科學考察團設有中外團長各一，外國團長為斯文·赫定，中國團長為時任北大教務長的徐炳昶，團員有黃文弼等五人；參考：孟凡人，〈黃文弼〉，收入：劉啓林(主編)，《當代中國社會科學名家》(北京：社會科學文獻出版社，1989)，頁 74-83；特別是頁 75-78。

㉕　《禹貢·發刊詞》上說：
　　　〈禹貢〉列在《書經》，人所共讀，但是沒有幽州，東北只盡於碣石，那些讀聖賢書的人就以為東北境確是如此的了。不搜集材料作實際的查勘，單讀幾篇簡單的經書，就注定了他的畢生的地理觀念，這又不是我們的恥辱？　（《禹貢》，1:1，頁 2）

學研究方式，一方面要在故紙堆中找材料，從事沿革地理研究，使史學逐漸建立在穩固的基礎上，另一方面也要顧及采風及搜集當代史料。

顧頡剛認爲故紙堆中有的是地理書，不讀書的便不能說話；而且也不能取巧務名，因爲地理是事實並且是瑣碎的事實，不能單憑一二冷僻怪書就大發議論㉖；也不能祗固守考據之藩籬，而忽略了實地考察之必要。

由於顧頡剛和譚其驤認爲史學需要有穩固的基礎，而這基礎是建立在地理學研究上的，所以他們「一方面要恢復清代學者治〈禹貢〉，〈漢志〉，《水經》等書的刻苦耐勞而謹嚴的精神，一方面要利用今日更進步的方法——科學方法，以求博得更廣大的效果」㉗，而他們所謂的"科學方法"，在某種意義上毋寧說是一種"科學主義"㉘，乃係清代的樸學考據，加上一些杜威實驗主義的方法論㉙，這亦是五四時期文史學者對所謂科學的一般認知。在五四及其後的 1920-30 年代，中國知識界確然有一種惟科學是尙的傾向，這種傾向在 1949 年以後的臺灣和大陸依然持續了相當長的一段時間，甚至有陷入科學萬能論的危

㉖ 《禹貢・發刊詞》，《禹貢》，1:1，頁 3。

㉗ 《禹貢・發刊詞》，《禹貢》，1:1，頁 3。

㉘ 關於科學主義的討論，參考：郭穎頤 (D. W. Y. Kwok),*Scientism in Chinese Thought, 1900-1950* （New Haven: Yale University Press, 1965）；林毓生 (Lin Yü-sheng) , *The Crisis of Chinese Consciousness, Radical Antitraditionalism in the May Fourth Era* （Madison, Wisconsin: The University of Wisconsin Press, 1979）.

㉙ 實驗主義 (Experimentalism) 又稱 "實證主義" (Pragmatism)、"工具主義"(Instrumen-talism)，胡適引入中國時並未加以明確的定義；參考：胡適，〈實驗主義〉，《胡適作品集》，第 4 冊，頁 61-112；吳森，〈杜威思想與中國文化〉，收入：汪榮祖 (編)，《五四研究論文集》(臺北：聯經出版公司，1979)，頁 125-156。

險。所以，當吾人在《禹貢》中讀到類似的說法時，並不會感覺特別
突兀。

　　雖然對於科學的認知，禹貢學派同樣未達吾人今日所瞭解的科學
標準，一如當時的大部分文史工作者對科學的概念式瞭解。但史學研
究是否是科學似乎並不重要㉚，而是依附“科學”而存在的學術救國
之前提，因為這纔是知識分子救亡圖存思想的本源。所以，禹貢學派
由古代地理沿革轉而對時事的關心，以及因而做出的研究成績，就階
段性的成果而論，卻是不容抹煞的。事實上，不論他們認知的是科學
還是科學主義，都無損其以實學救國的想法，而這一點纔是最重要的。

　　但《禹貢》亦非顧頡剛一人之力所能獨撐大局，譚其驤的襄贊是
此學會能夠順利推展的其中一個重要因素。因為《禹貢》初期的文章
泰半來自燕京大學、北京大學和輔仁大學，而譚其驤此時在輔仁大學
擔任“中國地理沿革史”課程。加上此時北平聚集了研究史學的各路
人馬，這對《禹貢》的稿源是一個有力的支持，就禹貢學會正式成立
之後的人力物力支援而言，亦為一有利因素㉛。

㉚　歷史是科學或藝術的爭論迄今仍呶呶不休，本書不擬對此加以討論，參考：
　　杜維運，《史學方法論》（臺北：三民書局，1985），頁 43-52。
㉛　《禹貢》4 卷 10 期刊登的一篇〈禹貢學會募集基金啓〉（1936 年 1 月 16 日
　　出版），敍述當時麇集北平的史學工作者，略云：
　　　民國二十一年，譚其驤先生在北平私立輔仁大學擔任“中國地理沿革史”
　　　一課，翌年，顧頡剛先生在國立北京大學及私立燕京大學擔任“中國古
　　　代地理沿革史”一課，性質旣同，時以述作相討論。是時燕京大學中，
　　　鄭德坤先生研究《水經注》，重繪《水經注》圖；朱士嘉先生研究地方志，
　　　編《中國地方志綜錄》；馮家昇先生研究遼金史，作〈契丹名義考釋〉等
　　　文；張維華先生研究中西交通史，注《明史》〈佛郎機〉、〈呂宋〉、〈和蘭〉、
　　　〈意大利亞〉四傳；從事於歷史的地理之研究者日多。而燕京大學以外，
　　　北平學界研究甲骨文及金文中之地名與其地方制度者有董作賓，于省吾，

　　《禹貢》於1934年3月1日創刊，但禹貢學會則在2月間就已經開始籌組的工作；最初是藉顧頡剛北平成府蔣家胡同寓所成立，也在那裡編輯發行，1935年9月2日，張國淦（石公）以北平小紅羅廠等處房地捐贈，禹貢學會始得較具規模之會址㉜。雖然就現有資料來看，禹貢學會一直到1936年5月24日，纔在燕京大學臨湖軒召開正式的成立大會，但禹貢學會的簡章卻在《禹貢》1卷2期(1934年3月16日出版)就已經出現了㉝，比較可能的解釋是：在禹貢學會正式成立以前，係

吳其昌，唐蘭，劉節諸先生，研究古文集中之地名及民族演進史者有傅斯年，徐炳昶，錢穆，蒙文通，黃文弼，徐中舒諸先生，研究方志者有張國淦，瞿宣穎，傅振倫諸先生，研究中西交通史者有陳垣，陳寅恪，馮承鈞，張星烺，向達，賀昌群諸先生，研究地圖史者有翁文灝，王庸諸先生，是諸家者，時有考辨之文揭載於各定期刊物中；風氣所被，引起後生之奮發隨從者不少。顧、譚二君擔任此課，於學生課卷中屢覯佳文，而惜其無出版機會，不獲公諸同好，爰集合北大，燕大，輔大三校選課學生，於二十四年二月在北平成府蔣家胡同三號組織禹貢學會，自三月一日始發行《禹貢》。經費除顧譚二君之特別捐助外，均賴會員所繳會費維持之。初時每期僅二三萬言，從事撰稿者不過二十餘人；其後會員日增(至今有二百人)，銷行日廣，稿件紛集，遂逐漸擴充篇幅，至今每期累七八萬言，而文稿猶多積壓，所討論問題亦遠軼於創辦期矣。(《禹貢》，4:10，頁4)

㉜　《禹貢》，7:1.2.3，頁10。
㉝　"禹貢學會"簡章以前5條及第12條涉及權利義務較多，茲引錄如次：
一、本會以集合同志，研究中國地理沿革史爲目的。
二、凡有志研究本項學術，經會員一人以上之介紹，及事務委員會之通過者，爲本會會員。
三、本會設研究委員會及事務委員會，各選主席一人，副主席一人，委員五至七人，任期一年，連選得連任。
四、選舉手續以通信方式行之；選舉結果由會務報告發表之。
五、研究委員會之職務爲編輯刊物，審察來稿，及聯絡各會員間之研究工作等項。事務委員會之職務爲審查會員資格，徵收會費及捐款，主持

由顧頡剛、譚其驤及兩人所領導的北大、燕大與輔大的學生所組成；因此，雖然〈禹貢學會簡章〉有公開的入會辦法，但可能是比較封閉的。易言之，在 1936 年 5 月 16 日出刊的《禹貢》5 卷 6 期以前，禹貢學會很可能是由顧頡剛、譚其驤和鄭德坤負責主要的會務，基本上對外並不是很開放。而自籌組到刊登籌募基金啓事後的禹貢學會正式成立期間，就〈禹貢學會簡章〉來看，其組織屬委員會制而非正式成立以後的理監事制[34]。在這段期間，禹貢學會的經濟狀況一直相當拮据，大部分的印刷經費都是由顧頡剛、譚其驤和鄭德坤墊付[35]。

1936 年 5 月 24 日禹貢學會於燕京大學臨湖軒召開成立大會，由李書華擔任主席，請費孝通演講談調查廣西花藍猺之經過，並在大會中通過章程，選舉職員。選出顧頡剛、錢穆、馮家昇、譚其驤等人爲理事，于省吾、容庚、洪業、張國淦等人爲監事，8 月 22 日召開第一

印刷發行事務，編輯會務報告，及與其他團體合作事項。兩委員會得自定辦事細則。

十二、本簡章得以會員十人以上之提議，討論修改之；提議與討論並由會務報告發表。 （《禹貢》，1:2，頁 56）

[34] 參考：〈禹貢學會簡章〉，《禹貢》，1:2，頁 56；〈本會三年來大事表〉，《禹貢》，7:1.2.3，頁 11-12；即知禹貢學會前後期的組織有所差異。

[35] 參考：〈禹貢學會捐集基金啓〉：

……集合北大，燕大，輔大三校選課學生，於二十三年二月在北平成府蔣家胡同三號組織禹貢學會，自三月一日始發行《禹貢》。經費除顧譚二君之特別捐助外，均賴會員所繳會費維持之。 （《禹貢》，4:10，頁 4）

又：

本會編印地圖底本，爲作沿革地圖之準備，此乃本會種種研究事業之基礎；惟當創辦之際，困於資力，故所有繪圖員薪金及印刷費用均由顧頡剛鄭德坤二先生墊付。 （《禹貢》，4:10，頁 14）

另外〈本會三年來大事表〉亦多次提及因印刷經費拮据而向教育部申請補助，以及會員發起募捐之事；見：《禹貢》，7:1.2.3，頁 9-18。

次理事會，互選顧頡剛爲理事長，于省吾爲監事長㊱，時距 1 月 16 日
刊登籌募基金啓事已 7 月餘。

　　《禹貢》最初刊載之論著，大部分是北大、燕大與輔大三校學生
的習作，而且主要的範圍是古代地理。所以初期的《禹貢》稍偏向考
據之學，且略有沈悶之感㊲；顧頡剛感覺到如果繼續這樣板著臉說話，
專收嚴整的考據文字，對沒有這方面興趣的人而言，必然是望而生畏
的，而且也不是引人入勝的好法子，所以顧頡剛主張「只望材料新，
不怕說得淺」，他特別舉 1 卷 12 期刊出的楊向奎〈豐潤小志〉爲例，
說明地方小記的趣味，不但可以吸引讀者，也可以深入報導。

　　楊向奎的〈豐潤小志〉是一篇類似散文體的報告文學，文字平實
曉暢，與《禹貢》之嚴肅論著略有所異，但顧頡剛在《禹貢》1 卷 12
期〈編後〉中表示，希望以後每期都有一兩篇此類地方記，以增加刊
物的可讀性，雖然他仍認爲在撰寫時不妨參考史書和方志，以加強其
學術性，但抒筆直寫也未嘗不可㊳。因此，《禹貢》自 1 卷 12 期起兼

㊱　禹貢學會的全部理監事名單如次：
　　理事：顧頡剛　錢　穆　馮家昇　譚其驤　唐　蘭　王　庸　徐炳昶
　　候補理事：劉　節　黃文弼　張星烺
　　監事：于省吾　容　庚　洪　業　張國淦　李書華
　　候補監事：顧廷龍　朱士嘉　（《禹貢》，7:1.2.3，頁 17）
㊲　顧頡剛在 1 卷 12 期的〈編後〉就談到了這個現象：
　　有許多人說這刊物是“專門研究古地理”的，這固然是事實，因爲既講
　　沿革地理當然偏於古代。但我們須確實聲明的：我們沒有忘記現代！我
　　們將來有財力，有人才，有材料時，還要注意到現代中國的經濟地理方
　　面去。此刻我們在北平的大學裡，所能見到的是北平各圖書館的收藏，
　　這些收藏是偏於古代的，我們要做些切實的工作當然只能向古代地理方
　　面著手。要是將來經費充裕，許我們專力從事工作，我們必須組織旅行
　　團，分道四出，做實際的調查，搜集現代的史料。（《禹貢》，1:12，頁 37）
㊳　《禹貢》，1:12，頁 36-37。

採地方小志及紀游之作，使得這分原本以古代沿革地理爲主體的刊物，在內容上有了些許的轉變。

此外，顧頡剛所希望做的現代史料調查，也在往後的工作中陸續進行，其中尤以《禹貢》7 卷 1.2.3 合期的一項調查計畫最爲具體。此項調查計畫擬訂時東北已然淪陷，外蒙新疆亦成禁地，所以禹貢學會計畫分爲三路出發，從事於近邊之調查㊴，其調查內容以下列九項爲主：(1)西北民族感情之考察，(2)西北教育之考察，(3)西北經濟狀況之考察，(4)邊族宗教之研究，(5)邊族統治世系之研究，(6)古蹟圖及古物譜之編製，(7)邊族文化之搜求，(8)邊族歌謠之採集，(9)邊陲碑銘雕刻之摹拓㊵；雖然這項調查在尚未完成以前，即因第二次中日戰爭爆發，

㊴　這三條路線是：

（1）由大同出發，西至托克托縣，經伊克昭盟之準格爾旂，達拉特旂，轉南入東勝縣，歷郡王旂，札薩克旂，烏審旂，而達楡林；復沿長城西至寧夏定遠營，歸途則由靈武經金積，環，慶，而至西安。此行目的，在考古方面，欲探考此族南侵之兩大道（一爲綏遠大同一帶，一爲寧夏環慶一帶），及西夏王國之東部。在民族方面則研究伊克昭及阿拉善蒙古。在宗教方面，除喇嘛教外，尤注意於號稱 "中國回教默德那" 之金積。

（2）由皋蘭沿湟水西至西寧，復循青海北岸西達都蘭；歸途則由西寧南經塔爾寺貴德，東循黃河至循化，再入大夏河流域之臨夏二縣而返皋蘭。此行目的，在考古方面，可考查都蘭一帶吐谷渾及吐蕃所遺留之古蹟。在民族方面，除藏族之外，可研究青海蒙古，及循化突厥族之撒拉爾人。在宗教方面，西寧臨夏旣爲西北回教之兩大營，塔爾寺拉卜楞寺又爲喇嘛教之兩大中心，亦可附帶考查。

（3）由皋蘭出發，繞民勤居延二縣，西達敦煌。此行目的，將循長城西進，力避通行大道，探求古蹟，試行發掘。表現第二敦煌石室，獲得重要之史料，固不敢望，但古蹟圖與古物譜之製作將必有差強人意之成績。此外復調查河西諸地水利，以爲他日從事遷移中原過剩人口者之參考。

（《禹貢》，7:1.2.3，頁 14）

㊵　《禹貢》，7:1.2.3，頁 15-23。

平津旋爲日軍所占，《禹貢》亦因之停刊，但這項調查計畫確爲當時相關研究較具規模者④。

　　就時代背景而言，因爲禹貢學會同仁對國是的關懷，處在第二次中日戰爭前夕，其尤著重於邊疆考察，乃其來有自。

　　雖然《禹貢》創刊之初，係因顧頡剛和譚其驤爲了北大、燕大和輔大等三校修習“中國古代地理沿革史”和“中國地理沿革史”的學生有習作發表園地而創辦，但處於九一八事變之後，知識分子救亡圖存之心愈越熱切，學術報國的意圖亦更爲顯明，不免對國人盲目跟隨日本的節拍起舞有所批評④；對於學術界的這種現象，禹貢學會再三強調研究地理的重要，在 7 卷 1.2.3 合期上，一篇未署名的〈本會此後三年中工作計畫〉就說：

> 竊維士居今日，欲求經世致用，救亡圖存之學，其道固有多端，而於吾國地理之研究實居重要地位之一。蓋研究吾國地理之目的，端在明瞭古今疆域之演變，户口之增損，民族之融合，山

---

④　此項調查計畫，可與西北科學考察團相互輝映；1927 年的西北科學考察團是中國學術界對斯文・赫定籌組科學考察團抗議後所聯合組成的，因此西北科學考察團設有中外團長各一，外國團長爲斯文・赫定，中國團長爲時任北大教務長的徐炳昶，團員有黃文弼等五人；參考：孟凡人，〈黃文弼〉，收入：劉啓林(主編)，《當代中國社會科學名家》(北京：社會科學文獻出版社，1989)，頁 74-83；特別是頁 75-78。

④　《禹貢・發刊詞》說：
　　民族與地理是不可分割的兩件事，我們的地理學旣不發達，民族史的研究又怎樣可以取得根據呢？……試看我們的東鄰蓄意侵略我們，造了“本部”一名來稱呼我們的十八省，暗示我們邊陲之地不是我們原有的；我們這群傻子居然承受了他們的麻醉，任何地理教科書上都這樣地叫起來了。這不是我們的恥辱？　　《禹貢》，1:1，頁 2)

川之險易，以及郡縣建置，道路修築，邊城關堡之創設；運河
溝洫之濬鑿，土地物產之利用，其所關於民生經濟及國家之大
計者爲重且鉅也。生既爲斯土之民，長於斯，食於斯，則必於
斯土之各種情勢均能洞悉，方能盡其愛護之天責。（《禹貢》，7:1.
2.3，頁13）

這種經世致用的救亡圖存思想，可以說是近代中國知識分子面對國事
蜩螗，而思有以報國之道的具體實踐。事實上，自清季的自強運動、
變法運動，以迄於革命運動、五四新文化運動，都是知識分子救國救
民的終極關懷，所以禹貢學會乃思以學術救國：

> 本會同仁感念國是日非，懼民族衰亡之無日，深知抱爲學問而
> 學問之態度實未可以應目前之急，亦非學人以學術救國所應出
> 之一途，爰糾集同志從事於吾國地理之研究，竊願藉此以激起
> 海內外同胞愛國之熱誠，使於吾國疆域之演變有所認識，而堅
> 持其愛護國土之意向。（《禹貢》，7:1.2.3，頁13）

因此，《禹貢》由一分研究中國古代地理沿革的學術性刊物，發展爲與
時代共脈搏、同呼吸的歷史地理學期刊，時代脈動乃爲其中主要的關
鍵。

雖然摻雜了時代變局的因素，使得《禹貢》因著意於當代之史而
影響其學術純度，但緣於時代變局所做的各類調查，卻成爲其後史學
工作者極佳之研究材料，"失之東隅，收之桑楡"，得失之評量實爲難
言。

但是，如何在地理沿革與學術救國之間尋求平衡的座標，其間的

困難如何克服？具體的計畫有那些？如何纔能使沿革地理有益於歷史研究，以及對國計民生有用？在在都是有待思考與解決的。在《禹貢·發刊詞》中，顧頡剛和譚其驤提出了五個方向：

1.將地理沿革史的幾個重要問題研究清楚；從散漫而雜亂的故紙堆中整理出一部地理沿革史來。

2.將研究的成果，用最新式的製圖法，繪成若干種詳備精確而又合用的地理沿革圖。

3.廣事搜集所有中國歷史上的地名，一一加以考證，用以編成一部可用，夠用，又精確而又詳備的中國歷史地名辭典。

4.完成清人未竟之業，把每一代的地理志都加以一番詳密的整理。

5.將地理志中的經濟史料、移民史料、文化史料等等輯錄出來，做各種專題的研究⑬。

在《禹貢》初期的〈編後〉中，顧頡剛屢屢提及「九成之臺，起於累土；千里之行，始於足下」的話，認爲禹貢學會所要做的是把一畚一畚的土堆積起來，向著目的開步走去。至於九成之臺的最後成就，是幾年或幾十年之後，甚至是數世之後的事，因爲顧頡剛認爲眞實的工作是沒有徼倖成功的，也絕不會在短期內就完工的⑭。

由《禹貢》內容，以及禹貢學會的研究與調查計畫來看，除了地理沿革之外，最重視的殆屬邊疆史地。在整理相關研究計畫及《禹貢》所刊載的文章，下列項目是禹貢學會投入關注較多者：(1) 編輯中國民族志，(2) 編輯中國地理沿革史，(3) 編輯中國地理沿革圖，(4) 研討中國邊疆問題，(5) 編輯中國地名辭典，(6) 考訂校補歷代正史地理志，(7) 輯錄地方性之文化史料作專題之研究，(8) 與其他學科

---

⑬ 《禹貢》，1:1，頁 3-4。

⑭ 《禹貢》，1:2，頁 54-55。

者合作，徵求地理問題之解答。

　　整體而言，禹貢學會投注最多心力的，可能還是邊疆地理與民族的研究，而兩者之間又是息息相關的。所以，地理沿革、邊疆史地與民族研究，可以說是禹貢學會的三個範圍，特別是三者之間的交集部分，這也可能和禹貢學會地處北方，接觸外族機會較多，在認知上亦較爲深刻有關。

　　雖然《禹貢・發刊詞》已指出此刊物之宗旨，係起於列強侵略而思有以救亡圖存，惟分析《禹貢》初期所刊載論著，可能仍受顧頡剛與譚其驤相當大的影響，而對古代地理沿革多所用心；事實上，《禹貢》對當代史的關注，一直要到 1 卷 12 期刊載楊向奎的〈豐潤小志〉以後纔略有轉向。所以，就整體的考察，《禹貢》在理論和實際的合拍上，也是要到 1 卷 12 期以後纔漸上軌道的。易言之，關心當代史雖爲《禹貢》創刊之宗旨，但在實踐上卻是按部就班地由古代而當代，這和《史地學報》一開始就與時代緊密結合的情形略有所異[45]。

　　在對邊疆事務的關心上，禹貢學會可以說是真正的實踐力行者；而由於對邊疆史地的關注，使得禹貢學會對中國內部的少數民族亦有所縈懷。在〈本會此後三年中工作計畫〉文中，即對禹貢學會從事歷代北部邊防研究做了詳明的解釋：

> 吾國以北部與游牧民族爲鄰，故邊患常在北方，歷代君主對於北部邊防無不苦心經營，百方杜禦，如邊城烽燧斥堠關鎮堡壘之設置，如屯田遣戍，開中聚糧，立官設衛，如置茶馬市，開關市易，或計在防守，或謀在羈縻，其遺制多有可資借鏡者。

---

⑤　有關《禹貢》與《史地學報》內容之分析比較，請參閱本書第 5 章第 1 節〈禹貢半月刊〉與《史地學報》之比較分析〉。

> 本會亦擬集合人力從事於此，上起古代之秦晉趙燕，下至明清，
> 凡與邊防制度有關者，悉爲分代研究。　《禹貢》，7:1.2.3，頁22)

由於中國歷代邊患主要來自北方，因此相關討論亦以北方爲重心，不論就地理沿革或國防地理的角度，均有較多的材料與研究成果，禹貢學會之所以將目光集中於東北和西北，乃其來有自；加上日本的侵略又因北進與南進政策的爭議，北進派暫時獲得勝利，對中國的侵略乃從北方來，正好符合了中國歷代邊防的情形；禹貢學會之著眼於北方邊防制度研究乃係結合了歷史與現實，正是由考據到經世史學的進一步發揮。

　　分析經世史學對禹貢學會的影響，與古史辨運動之取向有若天淵，反倒與史地學報派的論點若合符節。並且由於重視邊防之研究，連帶地對邊疆民族史亦多所用心。但禹貢學會對邊疆民族的研究與傳統中國史學以異族眼光看待邊族是有所不同的，禹貢學會基本上比較能以同情的眼光對待邊疆民族，並且一視同仁，這與傳統中國對待邊疆民族的方式有相當大的差異。

　　傳統中國史學向來將邊疆史地置於「四夷傳」中，對待異族的方式不外下列兩種：其一，征伐或對抗：視異族爲「非我族類，其心必異」[46]，孔子「微管仲，吾其披髮左衽矣」的論點，均屬此類[47]；其

---

[46] 《左傳》，成公四年：
　　　史佚之志有之曰：「非我族類，其心必異。」
　　《左傳》(十三經注疏本，臺北：大化書局，1977)，頁4125A。
[47] 《論語‧憲問》：
　　　子貢曰：「管仲非仁者與？桓公殺公子糾，不能死，又相之。」子曰：「管
　　　仲相桓公，霸諸侯，一匡天下，民到於今受其賜，微管仲，吾其被髮左
　　　衽矣！豈若匹夫匹婦之爲諒也，自經於溝瀆而莫之知也。」

二，內附或和親：如《春秋》的華夷之辨，孔子的「遠人不服則脩文德以來之，既來之，則安之」㊽，即屬此類；但禹貢學會的邊疆史地研究，與傳統中國史學對待異族的方式，有著根本上的差異，其論點已經脫離了以漢民族爲中心的歷史解釋，乃能以平等的眼光看待邊疆民族。

整體而言，禹貢學會對邊疆民族的研究主要分成三個重點：

1.搜集邊族史料：賡續清中葉以降的西北史地研究成績，繼續探討清代學者所忽略的突厥、西藏及西南諸族。除正史外，亦爬梳歷代遊記、隨筆、文集與碑刻，纂集各族史料，供學者研究之參考。

2.翻譯外國學者的專題研究：研究某一問題需先知相關的研究概況，以免浪費力氣重複相同的工作，此爲學術研究之一般性概念。而中國史學在有關邊疆民族的研究成績向來不如外國，因而翻譯外國學者有關中國邊疆史地的著作，做爲初學者入門的嚮導。

3.搜集與翻譯外國文籍的中國邊族史料：這和前項工作是一體的兩面，一面翻譯西人的專題研究，一面翻譯外國文籍中有關中國邊疆史地的史料，以利研究及收參互搜討之效。

禹貢學會對古代地理的措意，係因此刊物緣起於顧頡剛"中國古代地理沿革史"和譚其驤"中國地理沿革史"兩門課的學生習作。此

《論語》（十三經注疏本，臺北：大化書局，1977），頁5455B。

㊽ 《論語・季氏》：

孔子曰：「求！君子疾夫？舍曰欲之，而必爲之辭。丘也，聞有國家者，不患寡而患不均，不患貧而患不安。蓋均無貧，和無寡，安無傾。夫如是，故遠人不服，則脩文德以來之，既來之，則安之！今由與求也，相夫子，遠人不服而不能來也，邦分崩離析而不能守也。而謀動干戈於邦內，吾恐季孫之憂，不在顓臾，而在蕭牆之內也。（《論語》，十三經注疏本，頁5474B，5474C）

外，顧頡剛個人的興趣也有很大的影響，因古史辨運動是顧頡剛的第
一個史學陣地，並且引起史學界對中國古代信史的重新檢討，特別是
對中國古代史料觀念的重詁，造成了現代中國史學發展過程中的史料
學革命⑲；而禹貢學會對當代史的關注，則可以說是九一八事變以後，
知識分子著眼於學術救國之產物⑳。從此一觀點思考，禹貢學會從事
邊疆史地研究之用心所在，便可以找到一合理的落腳處。

第二節 《禹貢半月刊》內容分析

《禹貢》自1934年3月1日出版第1卷第1期，迄1937年7月
16日出版第7卷第10期，總計出版7卷74期㊶；刊載文章除編後及

㊽ 關於古史辨運動與史料學革命的討論，參考：彭明輝，〈顧頡剛與中國史學
現代化的萌芽──以史料學爲中心的探討〉，《國史館館刊》，復刊第12期
（臺北：國史館，1991年6月），頁9-24。

㊾ 其實在創辦《禹貢》以前，顧頡剛對當代局勢即已多所關注，如1933年3
月，與鄭德坤聯名於《東方雜誌》發表〈研究經濟地理計畫芻議〉，即對北
伐後國家建設的停滯多所針砭。《東方雜誌》，第30期5號(1933年3月1
日)，頁13-15。

㊶ 以《禹貢》每卷12期計，應爲82期，但因第5卷3.4期，8.9期；第6卷
3.4期，8.9期；第7卷1.2.3期，6.7期，8.9期等爲合期，故爲74期，劉
起釪在《顧頡剛先生學述》說：
《禹貢半月刊》辦到七卷九期時，因日軍在蘆溝橋爆發侵華戰爭，便被迫
停刊。總計自創刊至此共出了八十一期，刊載文章近千篇。（頁233）
這段敘述略有所誤；即以《禹貢》上的總號統計也是82期而非81期，因
爲劉起釪少算了7卷10期(出版於1937年7月16日，即蘆溝橋事變後一
星期)；本書爲便於統計，將合期亦視爲一期。

通信外,計有 732 篇㊄；創刊初期係由顧頡剛和譚其驤兩人主編,1934
年 8 月顧頡剛丁母憂返鄉, 故自 2 卷 1 期起由譚其驤負責, 12 月 16 日
顧頡剛返北平,《禹貢》編務仍由顧頡剛負責。在此期間, 顧、譚兩人
在北平時即共同負責編務, 顧頡剛返杭時則由譚其驤負責；1935 年 7
月譚其驤赴廣東任教學海書院,《禹貢》自 5 卷 1 期起由顧頡剛與馮家
昇合編㊳, 一直到 1937 年 7 月 16 日出版第 7 卷第 10 期爲止,皆由顧、
馮編輯㊴。

　　雖然在《禹貢·發刊詞》中, 顧頡剛和譚其驤一再提及民族意識,
但分析《禹貢》所刊載論著, 大多數篇章似乎並非直接與時事有關之
論述, 而是間接透過地理沿革之研究, 做爲提振民族認同與建立民族
自信心的手段。所以《禹貢》初期的宗旨, 其實是希望經由地理沿革
之研究, 爲歷史研究準備舞臺, 以便歷史能夠在這個舞臺上演出；從
這一點也可以看出, 顧頡剛從事地理沿革研究的主要目的仍是爲了歷
史而非純然的地理。就學科的認知而言, 禹貢學會係將地理附於歷史
之下, 這一點和史地學報派以歷史、地理爲個別主體的見解略有不同。
當然, 這種觀點和顧頡剛有很密切的關連, 因爲他最早就是從討論古
史起家的, 所以顧頡剛在有意無意間其實是將初期的《禹貢》當成古

㊄　參考本書附錄二〈《禹貢半月刊》統計資料〉·附件 2-1〈《禹貢半月刊》文
　　類篇數統計 (以期爲單位)〉, 附件 2-2〈《禹貢半月刊》文類篇數統計 (以
　　卷爲單位)〉, 下文中提及文章篇數及各項統計數字時, 如未特別說明均據
　　此項統計。

㊳　馮家昇於 1934 年畢業於燕京大學文科研究所歷史學部, 獲碩士學位, 論文
　　題目爲〈遼史與金史新舊五代史互證舉例〉, 畢業時間較譚其驤晚兩年；見
　　《〔燕京大學〕史學年報》, 3:1 (北平: 燕京大學, 1939:12), 頁 202。

㊴　有關禹貢學會之紀事, 參考〈本會〔禹貢學會〕三年來大事表〉寫成；見:
　　《禹貢》, 7:1.2.3, 頁 9-18。

史辨運動之延續，從這一點來看，或許會對《禹貢》初期所刊載論著
得到一個比較合理的解釋。

1.歷史地理學：從沿革地理出發

《禹貢》初期所刊載的文章大部分是古書的讀後感或有關古史地
理之考據，在寫作的格式上則延續清代的筆記體和考據體，雖然顧頡
剛一再強調科學方法的重要，但在初期《禹貢》上幾乎看不到任何受
科學洗禮的相關論著。事實上，顧頡剛所認知的科學與今日吾人所認
知者亦有極根本的差異，在《古史辨》第1冊的〈自序〉中，顧頡剛
即明白表示自己對科學認知的淺薄[55]；事實上，顧頡剛所說的科學祇
是一種態度，而不是真正運用所謂的科學方法從事研究工作。

《禹貢》第1卷所刊載的94篇文章，全部與歷史地理學有關，純
粹的史學論著反而付諸闕如，亦不談史學理論或方法論，在著作格式
方面則泰半屬考據之體，幾乎看不出有若何科學的影子，或者《禹貢·
發刊詞》所呼籲的學術救國之傾向。就統計所得，《禹貢》第1卷所刊
載文章中，邊疆史地有9篇，占9.6%，有關當代史者14篇，占14.9%，
整體比例都不算高[56]，所以，《禹貢》第1卷所刊載的文章，說得上符

---

[55] 《古史辨》，第1冊，〈自序〉云：

我常說我們要用科學方法去整理國故，人家也就稱許我用了科學方法而
整理國故。倘使問我科學方法究竟怎樣，恐怕我所知的遠不及我所標榜
的。（頁94）

顧頡剛在這篇〈自序〉繼續談到他後來對科學的認知，但談來談去不外是
胡適的"大膽假設，小心求證"八字箴言，以及一些因果歸納之類的理論
而已。

[56] 有關《禹貢》刊載論著文類比例，參見本書附錄二《〈禹貢半月刊〉統計資
料》·附件2-3〈〈禹貢半月刊〉文類比例統計〉；下文提及相關比例時，如
未特別說明，皆據項統計。

合創辦宗旨中衹有地理沿革的部分；但縱使這一部分也還是習作多而研究少(57)。所以，如果以嚴格的學術標準，分析初期的《禹貢》，很可能對這分刊物會持一個懷疑的態度，即《禹貢》的內容與宗旨究竟是否相符？即使顧頡剛和譚其驤所一再強調的邊疆史地，在《禹貢》所刊載文章中所占比例，其實也是到第 4 卷纔提高爲 26.6%，眞正全面研究邊疆史地可能還要更晚，到第 6 卷纔達到 65.9%，這是因爲有關邊疆史地的研究，主要是以專號的形式出現(58)；至於實地考察工作，也是顧頡剛一再強調的，但眞正地落實卻是以 1936 年 7 月的“後套水利調查”爲開端，雖然在這之前也有風土小志之類的文章，但均屬小品，鮮有具規模之集體調查行動。而自 1934 年 3 月 1 日《禹貢》創刊迄 1937 年 7 月 16 日發行第 7 卷第 10 期爲止，在實地調查方面的文章總比例亦不過 10.5%，在第 1、2、3、4、5 卷，這部分的文章在總比例上都不超過 9%，第 6 卷和第 7 卷之所以提高，主要還是因爲專號的緣故。因此，如果以《禹貢》內容來檢驗《禹貢·發刊詞》的期許，

---

(57) 顧頡剛當然也很清楚這一點，所以他在第 1 卷 2 期的〈編後〉才會說：

> 我們自己覺得，這是一班剛入門的同志的練習作品，說不到成績和貢獻，決沒有受人稱讚的資格。同樣，我們正在開始工作，只要道路不走錯，勇氣不消失，又永遠能合作下去，我們的前途自然有無限的光明，也沒有受人菲薄或妄自菲薄的理由。（《禹貢》，1:2，頁 30）

其實，這樣的意見在《禹貢》1 卷 1 期的〈編後〉中，顧頡剛已經再三致意了；顧頡剛說：

> 這個刊物是我們做研究的一個機關，所以希望讀者不要用很嚴格的眼光來看，也不要對我們最近的成就有太苛的責望。只要時局不再大混亂，容我們一步一步地走下去，將來必可有正式的研究報告貢獻於讀者之前。所以現在我們期望於社會的，是多給我們培植和保護。我們現在是一群小孩，小孩時能受好教育，長成了纔可任大事業咧！（《禹貢》，1:1，頁 24）

(58) 關於《禹貢》的邊疆史地研究和專號，請參閱本書第 4 章第 3 節〈邊疆史地研究與實地考察〉。

常常是有落差的。

　　事實上，在《禹貢》第4卷以前，所刊載文章幾乎全屬古代地理，比較符合創辦宗旨的論著和專號，其實是從5卷3.4合期的「利瑪竇專號」開始。而且也要到第5卷以後，《禹貢》的專題企劃纔顯現了比較強烈的企圖心，內容上亦較能呼應顧頡剛與譚其驤在《禹貢・發刊詞》中的期許。考察《禹貢》自5卷3.4合期的「利瑪竇專號」起，迄7卷8.9合期的「察綏專號」，《禹貢》總計出版了10次專號，其中有兩次是關於歷史地理學的，即前述5卷3.4合期的「利瑪竇專號」和7卷6.7合期的「古代地理專號」，但整體而言，最具意義的仍屬邊疆史地的部分，自5卷8.9合期的「西北研究專號」至7卷8.9期的「察綏專號」，總計出版了8次專號，其主題大部分爲邊疆史地研究[59]，這些專號可以說眞正展現了禹貢學會的精神，而由這些專號中亦可瞭解理論與實踐之間所遭遇的困難。

　　研究歷史地理學是《禹貢》創辦的主要宗旨，邊疆史地研究則是因應時代變局的轉向，惟在實踐上卻是步履維艱。以下即就《禹貢》推出之專號及主要成員的論著略加介紹，以觀其內容之梗概。

　　《禹貢》5卷3.4合期的「利瑪竇地圖專號」和7卷6.7合期的「古

---

[59]　這8期專號的內容如下：
　　西北研究專號 5:8.9
　　回教與回族專號 5:10
　　東北研究專號 6:3.4
　　後套水利調查專號 6:5
　　南洋研究專號 6:8.9
　　康藏專號 6:12
　　回教專號 7:4
　　察綏專號 7:8.9

代地理專號」頗能表達禹貢學會的理念。在「利瑪竇地圖專號」專號中，洪煨蓮（業）的〈考利瑪竇的世界地圖〉是較符現代學術格式的論著，在此文中，洪業將利瑪竇世界地圖(坤輿萬國全圖)的各種版本做了詳密的考證，引用中西資料，說明利瑪竇編製世界地圖的經過，以及他與中國官場人士交往的情形；如在討論地圖編製時，洪業說：

> ……利氏之編製世界地圖，乃是應付中國官長之要求，乃是知其有爲傳教教士宣揚名譽之價值，乃是知其有消解一般中國人對西洋之疑慮的作用。　(《禹貢》，5:3.4，頁8)

因爲編製地圖具有這幾重作用，利瑪竇編製地圖的用心殆可想見；洪業在文中也指出利瑪竇的世界地理知識並不是很豐富[60]。但這一本世界地圖仍對中國起了很大的作用，甚至影響及後來所編繪的世界地圖，可惜當時的中國人對利瑪竇這一套地圖，並不甚瞭解[61]；接著洪業費了相當多的篇幅，說明各種版本的差異，及利瑪竇世界地圖的影響。

　　其後因〈考利瑪竇的世界地圖〉引起的討論，洪業在 6 卷 10 期發表了〈論利瑪竇世界地圖答鮎澤信太郎學士書〉，此文主要討論萬曆年間的八幅地圖是否爲李應試與馮應京二人所刻，鮎澤信太郎認爲是，

---

[60]　《禹貢》，5:3.4，頁 41。

[61]　洪業指出：

> 利氏的各本世界地圖，原刻，翻刻，刷印，傳佈，如彼之多，當時中國人對於這一套新的地理知識，究竟瞭解得幾何？我想：與利氏相熟而爲他刻圖的人，如吳中明，馮應京，李之藻等，也許曾有一知。好奇務得而翻刻者，如王圻，章潢，程百二之流，恐怕還不及半解。至於收藏傳觀之人，我恐怕其所得者更少，甚至果如利氏所云有誤會圖意而有微言者。　(《禹貢》，5:3.4，頁 41)

洪業以為非，並舉數條資料為證[62]。從這兩篇文章來看，洪業的考證功夫是下得很深的，惜《禹貢》所刊僅此兩篇，未見其他[63]。

「利瑪竇地圖專號」中另一篇重要著作是陳觀勝〈利瑪竇對中國地理學之貢獻及其影響〉[64]，此文所引用的資料亦是中西並舉，材料豐富，論證充分，是《禹貢》所刊載論著的力作之一。

陳觀勝認為利瑪竇的《坤輿萬國全圖》雖然有部分認知上的錯誤，諸如神話與傳說之混入等等，但這些錯誤似不能全怪利瑪竇，因為當時正是西歐科學開化初期，對科學的知識還是很粗淺的，其勢力尚無法打破社會一般普遍的神話和迷信[65]。所以，陳觀勝認為利瑪竇對開啓中國當時的世界地理知識有其一定的貢獻，其中較重要的有下列諸項：

---

[62]　《禹貢》，6:10，頁 51-52。

[63]　洪業在歷史地理學方面的文章除此二篇之外，撰著亦少，查考《洪業論學集》（臺北：明文書局，1982），亦僅〈蔚秀園小史〉（頁 39-40）；〈駁景教碑出土於盩厔說〉（頁 56-63）；〈再說《西京雜記》〉（頁 393-404）等 3 篇，加上《禹貢》的 2 篇，總計不過 5 篇，其史學之重心恐怕還是在編輯引得方面。參考：余英時，〈顧頡剛、洪業與中國現代史學〉，收入：余英時，《史學與傳統》，頁 263-279；其中提及洪業的重要論著，僅〈再說《西京雜記》〉與歷史地理學有關（頁 266）；又，陳毓賢，《洪業傳》（臺北：聯經出版公司，1992），談及洪業的學術生涯時，有關歷史地理學的部分也祇提到《禹貢》的兩篇文章，大部分則是討論他編輯引得的成績（頁 171-181）；關於當時燕京大學成立引得編纂處，從事中國典籍之引得編纂工作狀況，可參看：王鍾翰，〈哈佛燕京學社引得編纂處〉，收入：《燕大文史資料》，第 3 輯（北京：北京大學出版社，1990），頁 22-28。

[64]　《禹貢》，5:3.4，頁 51-72；稍早以前，陳觀勝在《禹貢》1:8 發表〈乾隆時學者對利瑪竇諸人之地理學所持的態度〉，也提到了十八世紀時，中國讀書人一般對於耶穌教士的學術介紹始終存著一種疑惑的態度，以為利瑪竇這一班人的立論全是荒渺、妄謬、不可靠的；見：《禹貢》，1:8，頁 12。

[65]　《禹貢》，5:3.4，頁 58。

1.實地測量：當時中國的地理學還沒有發展到實地測量，第一個用近代科學方法和儀器做實地測量的就是利瑪竇，而且將經緯的意義介紹到中國，這是相當重要的貢獻。

2.地名的譯定：利瑪竇是第一個將地名、海名和其他地理學專用名詞加以審定的，此舉使後來的地理學者得以採仿沿用，有些名詞如：亞細亞、地中海、那坡里、羅馬、古巴、加拿大、北極圈等，甚至一直沿用到現在，使得中國地理學名詞無形中得以統一，並且省卻許多地理學者重複的工作㊏。

3.介紹歐洲當時地理學上的發現：十五、十六世紀是歐洲地理大發現的探險時期，利瑪竇將這些發現及時地介紹到中國來。

4.世界地圖的認識：在利瑪竇的《坤輿萬國全圖》以前，中國未曾有過世界地圖，憑空臆造的地理觀念與實際有很大出入，利瑪竇是第一個將世界觀念介紹到中國的。

5.地帶的分法：將近代的熱帶、亞熱帶等觀念帶到中國。

6.五大洲的觀念與地球圓說：此論糾正了一些當時中國人的世界觀念㊐。

陳觀勝也指出利瑪竇的兩個謬誤：其一，論經緯線每度多少的錯誤：利瑪竇最後算定每度爲 250 里，實際上每度祇有 194 里；其二，利瑪竇所承認的宇宙論之錯誤：因囿於天主教徒以地球爲中心的成見，未將地繞日行說及早介紹給中國㊑。

㊏　陳觀勝舉了 18 個例子加以說明，比較重要的如：亞細亞, 地中海, 那坡里, 羅馬尼亞, 羅馬, 古巴, 加拿大, 南北極, 北極圈, 地球, 經緯線, 大西洋, 赤道等；《禹貢》, 5:3.4, 頁 59-60。

㊐　《禹貢》, 5:3.4, 頁 58-61；爲行文流暢起見，本文所述非陳觀勝原文，而略經改寫。

㊑　《禹貢》, 5:3.4, 頁 73-96。

　　洪業和陳觀勝兩人的文章，是《禹貢》所載論著中，資料運用與論證較詳密者，即在當時的學術界亦屬少見；惟兩人在《禹貢》的文章均少[69]，未見進一步之論著。

　　「利瑪竇地圖專號」中，周一良翻譯了日本學者中村久次郎的〈利瑪竇傳〉，是一篇頗為詳盡的傳記；而相應於利瑪竇的世界地圖，顧頡剛和童書業合寫了〈漢代以前中國人的世界觀念與域外交通的故事〉，此文的基本論點係本於顧頡剛〈秦漢統一的由來和戰國人對於世界的想像〉[70]及〈古史中地域的擴張〉[71]二文。兩位作者在此文末尾自述乃讀書札記之一段，並非考證專文，博引詳徵則有俟異日。但因作者將古史地理以說故事的方式處理，頗能引人入勝。賀昌群的〈漢以後中國人對於世界地理知識之演進〉，則從魏晉一直談到《皇輿全覽圖》的測繪，甚見鉤勒之功[72]。上述顧頡剛、童書業與賀昌群之文，所引材料皆以中國為主，此乃《禹貢》所刊論著之一般面貌。

　　此外，「利瑪竇地圖專號」，也刊載了朱士嘉的〈明代四裔書目〉，將明代所刊有關各國史地之書做一整理，是一篇蒐羅頗為豐富的參考資料；李晉華的〈《方輿勝略》提要〉，陳觀勝的〈《方輿勝略》各國度分表之校訂〉二文，論析與利瑪竇同時的中國人觀點之世界地理。

　　從「利瑪竇地圖專號」可以略窺《禹貢》專號的一般處理方式，即在主要論文之外，尚有輔助之文加以補充說明。而且在一般的論述之外，大部分專號會有一、兩篇翻譯的文章，這類翻譯文章的來源以

[69]　同期中另刊有陳觀勝的〈方輿勝略中各國度分表之校訂〉，《禹貢》，5:3.4，頁165-194。

[70]　此文原載於國立中山大學《語言歷史學研究所週刊》第1集第1期，後選入：《古史辨》，第2冊，頁1-9。

[71]　《禹貢》，1:2，頁26-30。

[72]　《禹貢》，5:3.4，頁121-136。

日本最多，其次是英國、法國和美國⑦。

　　《禹貢》與歷史地理學有關的專號，尚有 7 卷 6.7 合期的「古代地理專號」，這是《禹貢》74 期中惟一逕以“地理”爲名的專號，而且是以古代爲主題的探討，此與《禹貢》漸次向邊疆史地調查的方向是有所反背的，關於這一點，擔任該期策畫主編的童書業在〈序言〉中有所說明：

　　　　自從東北四省失陷以來，我們的國家受外侮的凌逼可謂到了極
　　　　點，所以有血氣的人們大家都暫時放棄了純學術的研究而去從
　　　　事於實際的工作。至於留在學術界的人物，也漸漸轉變了研究
　　　　的方向，即如本刊的由研究地理沿革而轉趨到邊疆調查，就是
　　　　這種潮流的明顯的表現。在這學風轉變的時期之中，本刊忽然
　　　　又出了這冊近於考據性的古代地理專號，會不會使大家疑心我
　　　　們又在那裡開倒車呢？　（《禹貢》，7:6.7，頁 1）

接著童書業自問自答地說道：

　　　　歷史乃是整個的物事，決沒有放棄一部分而永遠不問的道理。
　　　　我們要明白中國的成因，無論如何不能不追溯到古代。舉個人
　　　　人知道的簡單例子來說：要抵抗人家的侵略，說明滿州和蒙古
　　　　很早就已成了中國的領土，我們便不能不研究些戰國秦漢的歷
　　　　史地理，才好把那時的歷史地理來做證明。這是很明顯的事實，

---

⑦　關於《禹貢》所載外國史地部分，下文將進行討論，相關比例請參看本書
　　附錄二〈《禹貢半月刊》統計資料〉·附件 2-3〈《禹貢半月刊》文類比例統
　　計〉。

顯明到一般人都看不出來: "研究古代並不就是開倒車"! 《禹貢》, 7:6.7, 頁1)

基於上述理由, 由童書業所主編的「古代地理專號」, 主要就是探討中國古代的民族、歷史與疆域; 在此期專號中刊載的 24 篇文章, 約可分爲 6 組:

1.研究古代民族遷徙的論文: 如馬培棠〈三代民族東遷考略〉, 蒙文通〈中國古代民族遷移考〉, 楊向奎〈夏民族起於東方考〉, 顧頡剛〈九州之戎與戎禹〉等篇。

2.研究古代國族的論文: 有楊寬〈說虞〉、〈說夏〉, 陳夢家〈商代地理小記〉; 楊、陳二人皆近於疑古派, 故三篇文章的主要論點即: 民族史的一部分由神話史所演成。

3.研究古代國族疆域的論文: 如饒宗頤〈魏策吳起論三苗之居辨誤〉, 陳子怡〈散氏盤石鼓文地理考證〉, 鍾鳳年〈戰國疆域沿革考序例〉, 張維華〈魏長城考〉等篇, 這部分的論文有以文獻考據者, 有以出土文物考據者, 可以說是結合了民初文獻考古派與出土文物考古派的論點。

4.研究古代地方制度的論文: 包括顧頡剛〈春秋時代的縣〉, 錢穆〈秦三十六郡考補〉, 史念海〈秦縣考〉, 顧文參考文獻典籍和彝器銘文寫成; 錢文綜合諸家之說, 史文自古籍中考訂出三百多個秦縣, 雖較一般所考爲少, 但考訂嚴謹, 是一篇難得的力作。

5.考證古代地名的論文: 有孫海波〈周金地名小記〉, 饒宗頤〈古海陽考〉, 童書業〈春秋王都辨疑〉、〈目夷亭辨〉, 劉厚滋譯日本學者小川琢治的〈穆天子傳地名考〉等文。

6.研究古代地理書的論文: 如侯仁之〈海外四經海內四經與大荒

四經海內經之比較〉，顧頡剛〈讀周官職方〉，鍾鳳年〈水經注析歸引言〉，孟森〈禹貢山水澤地所在篇中之熊耳山問題〉等篇。

上述文章的寫作和內容大抵即為《禹貢》的一般模式，雖然「古代地理專號」所刊載的文章均屬秦漢以前之論文，但在其他卷期的《禹貢》，除了時代方面無此限制外，其所刊載文章皆與此相類，即一般所謂的考據體。

從「利瑪竇地圖專號」和「古代地理專號」的內容，大抵可以看出《禹貢》的一般研究取向，亦即以地理沿革為主要的重心，並兼及其他的相關討論；雖然這兩期專號可能在焦點的集中上與其他卷期略有所異，但不論文章的寫作格式或內容，大體上是相當一致的。

由於《禹貢》乃為研究地理沿革所創辦者，所以刊載論著與歷史地理學有關者所占比例極高，圖 4-2-1 即為《禹貢》所刊載文章中有關歷史地理學的比例：

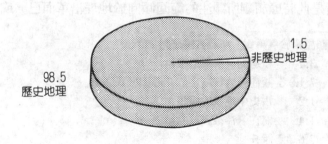

1.5
非歷史地理

98.5
歷史地理

圖 4-2-1　《禹貢》刊載歷史地理學論著比例

由圖 4-2-1 可以看出《禹貢》有關歷史地理學的文章，比例高達98.5%，而與歷史地理學無關者僅1.5%，可見此刊物的專業性；易言之，在《禹貢》所刊載的文章，幾乎都與歷史地理學有關。從這個角度加以觀察，便可以瞭解《禹貢》的選稿取向。此處所謂與歷史地理學有關，意指這些論著的內容，主要即是沿革地理或與此相關者；而且這些論著大部分均係考據體，所以就學術的理路而言，禹貢學派的治學方法，基本上可說是繼承了清代的樸學考據，雖然在實地考察方面有其新的見解。

2.顧頡剛的影響：古史研究與民族意識

身為禹貢學會的創辦者，顧頡剛在《禹貢》所發表的文章大抵可以表達其基本理念。

考察顧頡剛於《禹貢》所發表文章的內容，是頗為有趣的經驗。熟悉《古史辨》內容者，均知顧頡剛主要的研究範圍在漢代以前，同樣的，在《禹貢》也有相同的情形；顧頡剛在《禹貢》的文章大抵皆與中國古代史有關⑭，由此或亦可以看出古史辨運動的痕跡。易言之，在高呼喚醒民族意識的同時，顧頡剛其實仍不忘其古史考辨；略有所異者是此時顧頡剛所關注的範圍傾向於地理沿革而已。或許可以這樣

---

⑭ 顧頡剛於《禹貢》所發表論著略如下表：

3:4	崔邁的《禹貢遺說》
7:1.2.3	談尚書禹貢篇之偽孔傳與孔氏正義
1:2	古史中地域的擴張
1:4	寫在〈澤藪表〉的後面
7:6.7	說丘
7:6.7	春秋時代的縣
7:6.7	讀《周官‧職方》
2:5	從地理上論今本〈堯典〉為漢人作
2:9	〈堯典〉著作時代問題的討論
5:3.4	漢代以前中國人的世界觀念與域外交通的故事
5:7	跋〈河南葉縣長沮桀溺古跡辨〉
5:10	有仍國考
7:6.7	九州之戎與戎禹

說，顧頡剛在呼籲學術救國時，並非直接以學術研究爲時代之用，而是以間接的方式，說明中國的地理範圍，確立中國的領土、主權與民族，以此對抗日本學者的論點，並進而喚醒民衆，共同致力於反帝國主義之侵略。

當然，顧頡剛也有少部分的論著與當代史有關，其中〈介紹《中華民國疆域沿革錄》〉一文⑦，係以近代角度討論沿革地理，此文主要是介紹王念倫所著《中華民國疆域沿革錄》，顧頡剛認爲這本書對清季以來的疆域變革，不論因襲、併合、析置、改名，均逐一注錄，爲研究沿革地理的人解決不少困難。另外，〈《十七世紀南洋群島航海記》序〉亦祇是簡單地介紹佛蘭克(Fryke)與適威思爾(Schweltzer)的 *Voyages to the East Indies* 中譯本，值得一提的是在此序文中，顧頡剛對歐人向東航海的目的有相當深刻的分析⑦。

顧頡剛當然沒有忘記研究邊疆史地的用心，雖然他刊載於《禹貢》的文章中，有關邊疆史地的論著不多，但幾次的實地調查都由他所推動，部分論著以顧頡剛個人的名義發表，但大部分這方面的意見是在專號的導言中出現。其中以個人名義發表的文章中，最重要的當屬〈王同春開發河套記〉。在這篇文章中，顧頡剛以類似小說的傳記體筆法，將王同春寫得極爲傳神，所引用的材料亦頗爲豐富，但在行文之際卻

---

⑦　《禹貢》，3:6，頁44-45。
⑦　顧頡剛於〈《十七世紀南洋群島航海記》序〉中說：
　　　泊乎清末，南洋之瓜分殆盡，遂轉舵東向，以老大之支那爲對象。數十
　　　年來，中國之不亡者倖也。藉通商之美名，攫殖民之實利，今之所謂 "勢
　　　力範圍"、"關稅政策" 者，名目雖異，其目的與動機，則固與當年經營
　　　南洋無二致也。　《禹貢》，5:5，頁56)
　　此處顧頡剛所顯現者乃實用史學之一面，雖然他在從事這方面的工作時，
　　略有藉他人酒杯澆自己心中塊壘之意在焉。

不免有民間傳奇的影子，有類他在《古史辨》中談孟姜女的故事⑦；
如談王同春的別號時，顧頡剛寫道：

> 農民對他信仰極了，眞要把他當做龍王拜。後來他和人打架，
> 被挖了一隻眼睛，大家就稱他爲"獨眼龍"，嵌進了這龍字。又
> 因他小名進財，也稱他"瞎進才"。凡到河套去，提起王同春，
> 這名字太文雅了，未必人人知道；一說瞎進才，沒有不知道的。
> 他還有一個表字，叫做"濬川"，這當然因他有開渠的功績，念
> 書人取了〈堯典〉中的句子替他加上的了⑧。

從這段敍述來看，王同春之爲一地方勢力是很明顯的，但因爲王開渠
道有功，顧頡剛乃視其爲民族英雄。顧頡剛之所以會注意到王同春這
個人，是因爲他對開發河套水利的貢獻，如在描寫王同春開渠的能力
時，說：「他識得水脈，有開渠的天才，一件大工程，別人退避不遑的，
他卻從容布置，或高或下，或向或背，都有很適當計畫」⑨。在這篇
傳記式的文章中，顧頡剛下了相當深的考證功夫，亦頗能出之以通俗

---

⑦　參考：顧頡剛，《古史辨》，第 1 冊，〈自序〉，頁 66-70。

⑧　《禹貢》，2:12，頁 5；接著顧頡剛談到王同春的生平事蹟，以及招兵買馬做
　　起土皇帝的過程，在敍述王同春懲罰的手段時，顧頡剛寫道：
　　但是他的手段也實在辣。凡是和他有利益上的衝突的，或是犯了他的禁
　　令的，捉了來就要處罰。他的刑罰有三種。第一種叫做"住頂棚房子"，
　　是冬天渠冰，鑿開一洞，把人投入。第二種叫做"下餃子"，把土袋裝了
　　這人，扔下黃河。第三種叫做"吃麻花"，是把牛筋曬乾，像一條麻花似
　　的，把人打死。所以漢高祖還要約法三章，他則只有死刑一章。有一年，
　　他曾經用這三種刑罰處死了三千五百人。總算起來，在他手裡結果的人
　　可不少咧！（《禹貢》，2:12，頁 6）

⑨　《禹貢》，2:12，頁 5。

的筆法寫作，乃能引人入勝。

由於致力邊疆史地與邊疆民族研究，顧頡剛的學術面貌可謂相當多樣。在古史研究的範疇，他是說出"大禹是蜥蜴類"的激烈疑古派，而在從事古史研究的同時，他又對民間文化有濃厚的興趣，從這一點來加以考量，他對古史和當代史的同時關注，便可獲得較清楚的釐清。顧頡剛有關王同春的文章另有刊載於《禹貢》4卷7期的〈介紹三篇關於王同春的文字〉，介紹王喆(王同春五子，即王樂愚)的〈王同春先生軼記〉、巫寶三訪問王樂愚談河套開墾前期的一段小史，以及曲直生補充顧頡剛〈王同春開發河套記〉的文字。

對於發現王同春開發河套的事跡，顧頡剛本人是很自得的，所以一再地加以推介，甚至在《禹貢》6卷5期還編了一期「後套水利調查專號」，在這一期專號中，當然也有關於王同春的文章，即張維華的〈王同春生平事蹟訪問記〉⑧⑩，可見顧頡剛對其人其事的重視。

由於日本謀華日亟，顧頡剛對邊疆史地的措意亦更加緊腳步，而且此時東北已為日本所占，禹貢學會對西北的用力更勤，幾個專號主要就是關於邊疆和民族史的，顧頡剛本人也寫了〈回漢問題與目前應有的工作〉⑧⑪和〈回教的文化運動〉⑧⑫；此二文主要是對近代的回教文化運動提出一些個人的觀點與建議。如在〈回漢問題與目前應有的工作〉中，顧頡剛便提出了四個建議：

---

⑧⑩ 《禹貢》，6:5，頁119-137；關於後套的開發請參閱本書第4章第3節〈邊疆史地研究與實地考察〉。

⑧⑪ 《禹貢》，7:4，頁179-181；此文原載《獨立評論》227期。

⑧⑫ 《禹貢》，7:4，頁187-189；此文原載於《大公報‧星期論文》，1926年3月7日；據劉雪英，〈白壽彝先生撰述目錄(1929年——1989年1月)〉所列，此文為白壽彝所代筆，《史學史研究》，1989年第1期(北京：北京師範大學史學研究所，1989:1)，頁74-80；關於此文的說明在頁75。

1.各大學應開設回回的文字語言和歷史課程,特別是北京大學、中央大學和即將在西北設立的大學;回教法律、政制和哲學也應在相關科系設立科目。

2.回教人自設的學校,如北平成達師範學校,上海伊斯蘭回文師範學校,除了宗教課程外,也應注意灌輸國家思想和消滅回漢糾紛的隱患。

3.戮力搜集回教經典和歐洲有關回教的著作,樹立圖書館的基礎。

4.聯合回教學者與對回漢問題有興趣的人組織學會[83]。

由上述建議可知顧頡剛個人對回教問題並未有深入研究,所以僅能提一些基本的建議事項。

然而整體考察顧頡剛於《禹貢》所發表的文章,他在邊疆史地研究上,除了對王同春曾做過較縝密的考證與調查之外,大體上是未曾用力的。就顧頡剛在其他時期的論著來看,他對邊疆史地的關心,也是提倡多於實踐,這和他的古史研究有很大的不同。同樣的,在〈回教的文化運動〉中,顧頡剛也止於觀察與建議,而未真正下功夫研究回漢問題[84]。

---

[83] 《禹貢》, 7:4, 頁 180-181。

[84] 顧頡剛在〈回教的文化運動〉中所提的建議,和他在〈回漢問題和目前應有的工作〉是一以貫之的,譬如他認為回教文化運動的新階段應包含下列項目:

  1.須於回教根本教義及各部重要教法有理論上的闡發;

  2.須把回教歷史上關於阿拉伯文化與中國文化的媒合,及回教徒與非回教徒沒有真正的種族區別的各種事實,使教內外人有普遍的認識;

  3.須大量地而且精細地翻譯整理各種回文典籍,給中國學術界以新鮮的刺激;須對亞細亞諸回教國家有密切的聯絡和切實的瞭解,使得他們可因文化的關係,作保持我國四陲國防的重要因子。(《禹貢》, 7:4, 頁 188)

顧頡剛的治學固本於清代之樸學考據，因而對當代史的關注，提倡的意義往往大於實際研究，應是可以理解的。

3.古今交錯: 譚其驤、馮家昇與侯仁之

譚其驤在《禹貢》的論著大部分亦屬考據類，而且主要的是有關地理沿革之考證，由於他對地理學興趣盎然，所發表的論著皆與此有關，如〈遼史地理志補證〉[85]、〈清史稿地理志校正（直隸）〉[86]、〈清史稿地理志校正（奉天）〉[87]、〈元福建省建置沿革考〉[88]、〈元陝西四川行省沿革考〉[89]、〈釋明代都司衛所制度〉[90]、〈補陳疆域志校補〉[91]、〈《宋州郡志校勘記》校補〉[92]、〈西漢地理考辨〉[93]、〈粵東初民考〉[94]等篇；這些文章基本上都是考據形式，且屬歷史地理之範疇；身為《禹貢》的創辦人之一，譚其驤可能在研究範疇上更接近禹貢學會的精神: 因為顧頡剛的興趣主要還是在古史，譚其驤則對中國歷代以來的地理沿革都有興趣，如〈粵東初民考〉屬於上古史，〈清史稿地理志校正（直隸、奉天）〉已到近代，上下之間幾乎涵蓋整個中國歷史，但整體而言,譚其驤的主要興趣還是在於中國中古時期以後到近代之間，其研究取向亦屬清代樸學考據之一路，故其文多以"考辨"、"校

---

⑧⑤　《禹貢》, 1:2, 頁 6-7。
⑧⑥　《禹貢》, 1:3, 頁 2-5。
⑧⑦　《禹貢》, 1:9, 頁 14-18。
⑧⑧　《禹貢》, 2:1, 頁 2-4。
⑧⑨　《禹貢》, 3:6, 頁 1-5。
⑨⑩　《禹貢》, 3:10, 頁 1-7。
⑨①　《禹貢》, 5:6, 頁 7-18; 5:10, 頁 23-31。
⑨②　《禹貢》, 6:7, 頁 37-40。
⑨③　《禹貢》, 6:10, 頁 47-50。
⑨④　《禹貢》, 7:1.2.3, 頁 45-47。

正"、"校補"爲名，寫作時亦多以考據或札記體行之。所以，從顧頡剛和譚其驤身上，可以明顯地看到清代樸學對禹貢學派的影響。當然這並不意味禹貢學派祇是清代樸學的遺緒，而係在清代樸學考據的傳統中走出新出路：以考據爲基礎，進行中國疆域沿革的界定，並由此推論出中華民族的地緣和血緣關係，進而提出團結一體共禦外侮的呼籲，此一理路與樸學考據稍遠，而近於清季以經世爲主的西北史地研究之發展。

如果說禹貢學會的基本精神是考據、邊疆史地和當代史的結合，那麼，馮家昇可能就是其中的典型代表了。

馮家昇在《禹貢》發表有關考據的文章，基本上仍守著沿革地理的範疇，如〈遼金史地理志互校〉⑤，〈周秦時代中國經營東北考略〉⑥，〈述肅愼系之民族〉⑦，〈述東胡系之民族〉⑧，〈慕容氏建國始末〉⑨，〈西遼建國始末及其紀年〉⑩，〈大月氏之民族與研究之結論〉⑪，〈原始時代之東北〉⑫，〈契丹可敦考〉⑬，〈豆莫婁國考〉⑭等篇，這些論著大部分與邊疆史地有關；所以，馮家昇的治學方向，可以說是以考據爲手段，進行邊疆史地之研究。在這些論著中，直接與當代史有

---

⑤ 《禹貢》，1:4，頁 6-10。

⑥ 《禹貢》，2:11，頁 13-16。

⑦ 《禹貢》，3:7，頁 1-5。

⑧ 《禹貢》，3:8，頁 1-7。

⑨ 《禹貢》，3:11，頁 9-20。

⑩ 此文爲譯文，原作者爲日本學者羽田亨，《禹貢》，5:7，頁 47-62。

⑪ 《禹貢》，5:8.9，頁 1-18。

⑫ 《禹貢》，6:3.4，頁 11-27。

⑬ 此文爲譯文，原作者爲日本學者松井，《禹貢》，6:11，頁 51-64。

⑭ 《禹貢》，7:1.2.3，頁 195-200。

關者爲〈介紹到西北去的兩部書〉[105]，此文介紹《綏遠概況》和1930年綏遠省政府的《年刊》，馮家昇認爲這兩本書是研究綏遠的重要著作，且當"到西北去"的口號響徹雲霄之際，相關的日記、筆錄、報告等汗牛充棟，而多屬走馬看花之作，上述二書是較爲難得的深刻著作。此文發表後，馮家昇又寫了一篇〈再介紹到西北去的一部書〉[106]，推介《綏遠省分縣調查概要》，在此文中，馮家昇引述樊庫於該書〈自序〉中的觀點對西北的定義提出了看法：

> 顧"西北"二字範圍甚廣，究應從何處著手，實爲當前難解決之一大問題。然新青甘寧等省爲"遠西北"，綏遠爲"近西北"；欲開發"遠西北"，需先從"近西北"開端，已爲一般人所公認者也。　(《禹貢》，1:12，頁27)

因此，馮家昇在文中一再呼籲應結合所有中國人的力量來開發西北，視西北建設爲中國的新希望[107]。馮家昇之所以呼籲建設西北是因爲此時東北已淪入日本之手，希望建設西北爲抵抗日本的堡壘，當然這也

---

[105]　《禹貢》，1:9，頁28-30。

[106]　《禹貢》，1:12，頁26-28。

[107]　馮家昇在文中說：
我盼望華僑們不要在外國受人家的侮辱和壓迫了，賺下錢趕快回祖國來開發西北吧。利益一時雖然得不到，總比在海外被人沒收了強的多。我又盼望國內的有錢階級們不要老在外國銀行一批一批地存起來了，第二次世界大戰不是快到了嗎？也許這些銀行把你們坑了，倒不如投資西北，建立些事業的好。我再盼望一些有權階級們不要老在上海蓋洋樓，在湯山建別墅了，也許再來一次松滬大戰，把你們的洋樓和別墅轟毀了，倒不如省下十萬或二十萬大洋去西北開墾幾千頃吧。這爲己爲國，豈不是兩全其美？　(《禹貢》，1:12，頁28)

因爲他的研究範圍原爲遼史，涉及東北與西北史地的緣故。

在 1930 年代，東北史研究是一個相當重要的顯學，傅斯年、蔣廷黻和金毓黻是其中的倡導者[108]，馮家昇的研究亦具有其時代意義。

馮家昇的東北史地研究，主要從地理沿革下手，如在〈東北史中諸名稱之解釋〉一文中，將東北在歷史上的名稱，如東夷、東胡、韃靼、滿州等做條理清析之爬梳，並認爲 “南滿”、“北滿”、“口滿”、“奧滿” 名詞等係政治影響下所產生的[109]；在〈東北史地研究已有成績〉文中，馮家昇則列舉歐美各國有關東北史地之研究，特別是與東北關係密切的日本和蘇聯更因現實之需要而多有成果，甚而設立機關專門研究，如蘇聯堪贊大學 (University of Kazan) 設有東方語學講座，海參威設有東方研究院，彼德堡的遠東學院更是研究東北之中心[110]；日本學者在這方面的成績尤爲驚人，以內藤虎次郎和白鳥庫吉爲主要的領導人，1931 年南滿洲鐵道株式會社成立滿洲學會，滿洲教育專門學校史地科畢業生組織滿蒙地理歷史研究會，日本陸軍中將高橋武化組織滿蒙文化協會，均從事有關滿蒙之研究，特別是有關東北的部分，既有學界人士之提倡，又復發行刊物，成績極爲可觀[111]；中國學者部分當

---

[108]　相關討論請參閱本書第 5 章第 3 節〈東北史地研究〉。

[109]　馮家昇說：

> 又有所謂 “南滿”，“北滿”，“口滿”，“奧滿”，則爲晚出之名稱，而受政治影響者也。“南滿”，“北滿” 見於中國文書者自光緒二十四年五月十八日〈中俄東省鐵路續訂合同〉始；“口滿”，“奧滿” 則爲日人所妄定，至其範圍則向未有明確之解釋……。要之，俄日任意定名，意有所受，各欲其勢力範圍之擴大，馴致一種名稱欲尋求其界說而不可得耳！ （《禹貢》，2:7，頁 7）

[110]　《禹貢》，2:10，頁 4。

[111]　關於日本東洋學的形成，靑木富太郎有深入的分析，參考：靑木富太郎，《東洋學の成立とその發展》（東京：螢雪書院株式會社，1940），頁 146-

然亦有一定的研究成績，但馮家昇認爲中國學者的東北史地著作雖徵引豐富，見解卓越，可惜的是各自爲政，不能分工合作，研究重複，不免浪費人力⑫。

　　馮家昇的東北史地研究不祗是橫切面的，尤具有歷史縱深；如前文所提及的：〈周秦時代中國經營東北考略〉、〈述肅愼系之民族〉、〈述東胡系之民族〉、〈原始時代之東北〉、〈契丹可敦考〉、〈豆莫婁國考〉等篇，均屬有關東北的歷史縱深之研究，其中尤以〈原始時代之東北〉引證資料最爲豐富，在這篇文章中，馮家昇對日本學者和歐美學者的著作均有所引述。此外，他也注意到目錄之學的重要性，在〈日本對於我東北的研究近況〉中，馮家昇即將日本研究中國的兩大機關：南滿洲鐵道株式會社與關東廳的調查資料和實測地圖做了詳盡的分析；同時，馮家昇也整理了日本非官方機構學者的研究成果，他認爲日本的東北研究中，有兩項成績是値得注意的：其一，日本官方機構和一般學者所編寫的現代地志，以及他們所編繪的地圖，因爲這兩項特別對軍事政治有深切關係⑬；其二，日本的各種調查報告，因爲這是日人實際的工作，也是他們希望實現的計畫⑭；因此，在面對日本學者與各種機構對東北的研究近況時，馮家昇不免憂心忡忡，乃在〈日本對於我東北的研究近況〉中大聲疾呼：

　　　　日人對我國東北的研究，不論古今，不論那一科，無不有突飛

　　　286；有關滿洲研究部分在頁 222-247；另可參考：易顯石，《日本の大陸政策と中國東北》（東京：六興出版株式會社，1989）。

⑫　《禹貢》，2:10，頁 8。

⑬　馮家昇，〈日人對於我東北的研究近況〉，《禹貢》，5:6，頁 1。

⑭　《禹貢》，5:6，頁 3。

> 猛進的成績。返〔反〕看我國事事落後，又事事顢頇，眞不禁令
> 人長嘆息！按中日戰前有"朝鮮學"，朝鮮以滅；日俄戰前有
> "滿鮮學"，遼省以陷；"九一八"以前有"滿蒙學"，四省以亡。
> 今之日人又高唱"東亞學"了，鳴呼！劍及履及，事至迫矣，
> 請看明日之東亞將爲誰家之天下？願我國人醒一醒吧！ （《禹
> 貢》，5:6，頁6)

類似的觀點，在當時有關東北史地的論著中，是常常出現的；蓋因此
一時期的東北史地研究，現實政治上的意義其實大於學術研究。

事實上，馮家昇在一篇題爲〈我的研究東北史地的計畫〉文中，
已經對研究東北的步驟做了詳細地說明。在這篇研究計畫中，馮家昇
認爲由於中國學者對東北素少研究，在清季與外國交涉時已經吃了不
少虧，到了民國以後仍然是如此，當日本和俄國對東北的研究愈來愈
細密，中國學者如再不急起直追，東北可能就要斷送掉了⑪。馮家昇
的研究東北史地計畫分爲下列幾個項目：

1.整理材料：包括正史中的〈東夷傳〉，雜史筆記，古器古物的摹
拓，後人的研究以及外國學者之著作。

2.遊歷：有三種遊歷的方式，一是實際調查，二是實地考古，三是
考察外國人所藏的古物或研究的情形。

3.學科的基本訓練：包含兩個項目，一是語言文字的訓練，如滿、
蒙、朝鮮語之研究，以及外文如日、俄、法、德文的研究；二是基本
知識的訓練，如製圖術、統計學、社會學和民族學等著作⑯。

由馮家昇的研究計畫來檢驗其研究成績，大體上是相吻合的。可

---

⑪ 《禹貢》，1:10，頁4。

⑯ 《禹貢》，1:10，頁4-6。

惜在東北淪陷的情形下，實地考察進行不免有所困難，因而馮家昇的
東北史地研究仍以文獻材料爲主，實地考察部分自然較弱。

　　因爲東北與西北在中國歷史上是分不開的，所以馮家昇對西北史
地的研究亦與日俱增，除前文提及的兩篇有關到西北去之書介外，〈西
遼建國始末及其紀年〉、〈大月氏之民族與研究之結論〉和〈匈奴民族
及其文化〉⑰，均爲有關西北史地之研究，其中尤以〈大月氏之民族
與研究之結論〉和〈匈奴民族及其文化〉二文最爲深入，引述之相關
著作亦夥，將當時中國、歐美與日本之研究成果擇精取要地做一完整
之分析，並提出可信度頗高之見解。

　　如謂馮家昇之研究取向，融合了樸學考據、邊疆史地研究與對當
代史之關切，那麼，侯仁之亦爲禹貢學派中，同時出入於古代與當代
的研究工作者。

　　侯仁之在古代史研究方面的著作仍不脫考據傳統，如〈《漢書·地
理志》中所釋之〈職方〉山川澤寢〉⑱，〈燕雲十六州考〉⑲，〈海外
四經海內四經與太荒四經海內經之比較〉⑳；〈《漢書·地理志》中所
釋之〈職方〉山川澤寢〉尚屬習作，然其治學方式已可看出樸學考據
理路；〈燕雲十六州考〉係「東北研究專號」中的一篇，體例結構頗稱
嚴謹；〈海外四經海內四經與太荒四經海內經之比較〉是「古代地理專
號」中的一篇，屬考據之體，略有學術上之新見。至於與當代史有關
的著作則大部分是實地考察與翻譯，如〈河北新村訪問記〉㉑，〈薩縣

---

⑰　《禹貢》，7:5，頁 21-34。

⑱　《禹貢》，1:5，頁 19-23。

⑲　《禹貢》，7:6.7，頁 319-326。

⑳　《禹貢》，6:3.4，頁 39-45。

㉑　《禹貢》，6:5，頁 59-68。

新農試場及其新村〉⑫，〈記本年湘鄂贛皖四省水災〉⑬此外，尚有〈讀
《黑龍江外記》隨筆〉⑭等。

〈讀《黑龍江外記》隨筆〉是「東北研究專號」之一篇，屬於考
據式之文章，對西清的《黑龍江外記》諸種刊本有所論析，於書中所
述亦加以綜合整理，惟侯仁之對該書未記訥爾朴、方觀承、范如松等
人的事蹟甚不以爲然，希望能有人將這些人的事蹟博采入傳，以爲將
來研究之史料。

〈河北新村訪問記〉和〈薩縣新農試場及其新村〉是「後套水利
調查專號」中的兩篇實地考察報告，材料搜集頗爲完全，文獻與訪問
並行，且附地圖，讀來生動有趣，如身歷其境。〈河北新村訪問記〉是
1936 年 7 月 11 日禹貢學會 "河套水利調查團" 往訪河北新村的記
錄，侯仁之於文中所繪地圖與所做統計，以及對該村之描寫，均極爲
詳盡。文末並呼籲青年熱忱參與西北之開發⑮。〈薩縣新農試場及其新
村〉所記爲閻百川（錫山）於 1929 年 4 月 1 日所興辦者，位於薩縣城東
南 15 里處，此農場試行大農制，使用機器耕種的方式經營西北墾牧，

---

⑫ 《禹貢》，6:5，頁 105-117。

⑬ 《禹貢》，4:4，頁 73-80。

⑭ 《禹貢》，6:3.4，頁 167-182。

⑮ 侯仁之認爲河北新村其初雖爲私人組織，但其事業發展之最終目的，則在
於開發西北地利之後，更繼之以新村之社會建設，故其事工，含有甚大之
社會改革意味，不應以平常開墾事業視之，他說：

年來 "開發西北" 之呼聲，甚囂塵上；而吾人則雅不欲以提倡開發西北
而置已經喪失之東北於不聞不顧。不過，目前西北之命運，亦再難容於
已往之半荒廢狀態，有志鄉村建設之青年，如果具有吃苦耐勞犧牲奮鬥
之精神，正宜從事於此等拓荒與創新之事業；同時未來新村之發展，必
亦甚望此輩青年之參加也。（《禹貢》，6:5，頁 68）

希望做爲將來創辦新村的試驗⑫。此文對"新農試場"的記錄極細膩，尤其對場內的生活作息，有相當深入的描寫。此外，這次禹貢學會後套水利調查團的〈旅程日記〉亦由侯仁之執筆⑫，〈旅程日記〉對調查活動的記載相當詳細，可視之爲當時到西北去的一個典型範例。其他侯仁之有關當代史的論著尚有〈記本年湘鄂贛皖四省水災〉，報導 1935 年長江大水災的狀況，文中統計資料之運用頗見純熟。

從侯仁之的論著內容，可以看出禹貢學派的治學模式，即以考據爲治學之基本方法，研究範圍大抵集中於歷史地理、邊疆史地與當代史，在有關古史部分出之以考據方法，當代史部分強調實地考察，兩者更時而交互爲用。

除了地理沿革的考據和當代史的實地考察外，侯仁之亦曾譯美國史家拉鐵摩爾 (Owen Lattimore) 的《滿洲之蒙古人》 (Mongols of Manchuria) 爲中文，於《禹貢》先後刊出第七章〈蒙古的蒙部與旗〉⑫，及第五章〈蒙古的王公，僧侶，山下平民階級〉⑫，對當時蒙古的社會階層及其歷史淵源，有相當深入之剖析，而 Lattimore 之著作對其後的蒙古史與西域研究亦有所影響。惟侯仁之在譯者的前言中說明第七章以後將陸續譯出，卻未見《禹貢》登出續文。

在西北史地研究方面，侯仁之翻譯了斯文·赫定 (Sven Anders Hedin)

---

⑫ 農業試驗場在當時俗稱"新村"，見：侯仁之，〈薩縣新農試場及其新村〉，《禹貢》，6:5，頁 105。

⑫ 《禹貢》，6:5，頁 149-190；另，張維華亦有一分〈旅程日記〉刊出，《禹貢》，6:5，頁 190-196。

⑫ 《禹貢》，3:6，頁 29-34；侯仁之譯 Owen Lattimore 爲拉丁摩，亦有譯爲拉丁摩爾或賴德懋者；Owen Lattimore 之到中國，實負有情報任務，惟因其事與本文無關，此處不擬贅述。

⑫ 《禹貢》，3:10，頁 24-31。

的〈黑城探險記〉("The Black City of the Gobi Desert"),乃斯文・赫定於 1931-32 年間率 "斯文・赫定亞洲探險隊" (Sven Hedin Asia Expedition) 於寧夏黑城一帶進行考察之紀錄,是一篇結合調查與考古之作⑬,在此之前,斯文・赫定曾於 1927 年率 "西北科學考察團" 赴新疆考察⑬

雖然馮家昇和侯仁之兩人對古代史與當代史均有所觀照,但禹貢學派各人仍是各有專長,並非人人都是一手古代一手當代,亦非人人能從事翻譯,而在譯事上獻力較多者爲周一良、劉選民、韓儒林和白壽彝。

4.向西學取經:周一良、劉選民、韓儒林、白壽彝

周一良本身研究的範圍是魏晉南北朝,於《禹貢》所譯文章大部分爲日本學者著作,如太谷勝眞〈安西四鎮之建置及其異同〉⑬,內藤虎次郎〈都爾鼻考〉⑬,中村久次郎〈利瑪竇傳〉⑬,森鹿三〈禹貢派的人們〉⑬,另外有一篇朝鮮李丙燾的〈眞番郡考〉⑬;從周一良翻譯的文章可以看出大部分屬考證類,惟〈利瑪竇傳〉與〈禹貢派

---

⑬ 《禹貢》,1:9,頁 23-28。

⑬ 此次考察團設團長二人,中國一人爲徐炳昶;顧頡剛,《當代中國史學》(香港:龍門書店,1964),頁 66。

⑬ 《禹貢》,1:11,頁 15-22。

⑬ 《禹貢》,2:3,頁 9-13。

⑬ 《禹貢》,5:3.4,頁 73-96。

⑬ 《禹貢》,5:10,頁 65-68;森鹿三此文原載:《東洋史研究》,1 卷 2 號 (京都:京都大學文學部,1935:2);後收入:森鹿三,《東洋學研究・歷史地理篇》(京都:東洋史研究會,1970),頁 371-375。

⑬ 《禹貢》,2:7,頁 23-28;2:8,頁 28-39;此文亦從日文譯出,《禹貢》,2:8,頁 39;編者案語云:右文原載日本一九二九年出版之《史學雜誌》第四十號第五期,故推測此文原爲日文。

的人們〉非考證文章;〈利瑪竇傳〉是「利瑪竇地圖專號」中的一篇,
〈禹貢派的人們〉則是日本學者對《禹貢》的看法。而周一良之所以
翻譯這篇文章可能和同期中張宏叔的〈對於日本靑山定男〈中國歷史
地理研究的變遷〉之辨正〉有關。

　　靑山定男〈中國歷史地理研究的變遷〉一文論證王國維的西北史
地研究係受日本學者藤田豐八、內藤湖南 (內藤虎次郎) 和狩野子溫等人
的影響,而中國近代歷史地理的研究風氣又受王國維影響,所以靑山
定男認爲中日學者的歷史地理學研究係同一師承。惟張宏叔則認爲王
國維的西北史地研究與日本學者無關,乃係受沈曾植的影響,並且王
國維在學術上的地位並非奠基於西北史地研究,而是金文甲骨之學和
宋元戲曲。張宏叔認爲近代中國史學的發達,不能歸功於某一、二人,
而是一種必然的趨勢。燕京大學的史學研究與王國維沒有很深的關涉,
禹貢學會的成立,由其工作成績可知其爲一科學之研究機關⑬。森鹿
山〈禹貢派的人們〉則主要是談禹貢學會所做的工作,雖然其中有一
些錯誤,但周一良認爲未嘗不可以供做反省和思考的參考,故將之譯
出⑬。

---

⑬　張宏叔之文刊於《禹貢》,5:10,頁 57-64;本文所述乃整理靑山定男與張宏
　　叔之文而成;靑山定男之文原載日本《歷史學研究》,3 卷 5 號,魏建球(中
　　譯)載於《禹貢》,5:10,頁 49-56。
⑬　此文最重要的一段是:
　　　這派的人們分工地研究各時代各部門,建立地理沿革的大殿堂。這些工
　　　作都是在以辨僞爲基礎,努力於國學的廓淸和整理的顧〔頡剛〕編輯的設
　　　計和監督之下的。早晚這些研究結果能集合起來,如〈發刊詞〉所說,
　　　變成中國地理沿革史,歷代地理沿革圖,歷代地名大辭典,歷代地理志
　　　考證等等。　《禹貢》,5:10,頁 68)
　　雖然周一良在翻譯時指出了森鹿山的不少錯誤,但他仍然認爲這篇文章可
　　供做參考之用。

　　從張宏叔的文章和周一良的翻譯來看，當時禹貢學會可能相當重視日本方面的反應，亦即在政治層面的對峙外，學術上也常針鋒相對。從這個角度加以觀察，更可以加深吾人對禹貢學會何以著眼於東北和西北史地研究之瞭解。

　　除了譯作之外，周一良本人發表於《禹貢》的著作，大抵亦屬考據類，如〈北魏鎮戍制度考〉⑬，〈北魏鎮戍制度續考〉⑭，皆爲考據之文，從這些文章來看，周一良與禹貢學派的大部分論著，有其一以貫之的精神，即先求其可信，再求其經世，基本上可以說符合了戴震"考據明而後義理明"的精神。

　　另一位翻譯日本學者著作的是劉選民，其著作和翻譯在《禹貢》較晚期方始出現，而他的翻譯主要集中於東北史地研究；如百瀨弘〈日人研究滿洲近世史之動向〉⑭，青木富太郎等輯〈東北史地參考文獻摘目〉⑭，中山久四郎〈三百年來之滿洲研究〉⑭，田口稔〈法人對於東北的研究〉⑭等。

　　上述譯文中，〈日人研究滿洲近世史之動向〉、〈三百年來之滿洲研究〉、〈法人對於東北的研究〉等三篇文章係屬書目解題之類的著作，〈三百年來之滿洲研究〉所錄著作止於昭和八年(1933)，其後之相關著作則由〈日人研究滿洲近世史之動向〉補充；這兩分書目解題大體將日本學者有關滿洲史的研究做了一個相當詳盡的介紹；而〈法人對於

---

⑬　《禹貢》，3:9，頁 1-10。

⑭　《禹貢》，4:5，頁 11-18。

⑭　《禹貢》，6:3.4，頁 111-118。

⑭　《禹貢》，6:3.4，頁 257-483；此文其實很難說是翻譯，因爲劉選民並未將日文著作名稱譯爲中文，而以原貌呈現，反倒是劉選民的校補甚具價值。

⑭　《禹貢》，6:10，頁 69-78。

⑭　《禹貢》，6:7，頁 49-61。

東北的研究〉乃係日本學者田口稔介紹法國有關東北史地的研究成果，內容包括專書與論文在內，可說是一轉手之資料，但由此亦可知日本學者對滿洲史研究的重視。

〈東北史地參考文獻摘目〉主要是翻譯日本學者青木富太郎、近角文常、藤野彪、旗田巍、川久保悌郎、三上次郎、百瀨弘、中山八郎、式守富司、柴三九男等人合作編纂的〈滿洲史參考文獻目錄〉，此文原載於 1925 年 12 月日本歷史研究會刊行的《歷史學研究·滿洲史研究專號》，但劉選民在翻譯的同時也做了一些補充，所以此文不單是翻譯，也是他個人研究東北史地所搜集相關文獻的整理。此譯文發表於 1926 年 10 月 16 日出刊的《禹貢·東北研究專號》中，做為有關東北研究的重要參考資料。此專號中，劉選民尚譯有〈日人研究滿洲近世史之動向〉，以及他自己的論著〈東三省京旗屯墾始末〉[145]。

〈東三省京旗屯墾始末〉探討清嘉道之際到光緒年間的京旗屯墾，是一解決在京旗人生計的方案，所引用的資料以《大清會典事例》、《東華錄》、《清朝文獻通考》、《皇朝經世文編》、《仁宗聖訓》為主，也引用了《吉林通志》中的材料，著作大體尚稱嚴謹，其行文則不脫考據體。

劉選民的翻譯重心是東北史地，有關西北史地的主要翻譯者是和韓儒林、白壽彝。

韓儒林本身的研究範圍是蒙古史[146]，其譯作主要環繞突厥史、蒙古史和回教史的範疇，如〈突厥文芯伽可汗碑譯釋〉[147]、〈突厥文暾欲

---

[145] 《禹貢》，6:3.4，頁 81-90。

[146] 顧頡剛，《中國當代史學》，頁 115。

[147] 《禹貢》，6:7，頁 1-14。

谷碑譯文〉⑭，為有關突厥史者；〈蒙古之突厥碑文導言〉⑭，係有關蒙古史者；〈近五十年西人之回教研究〉⑯，則為回教史之研究書目解題。其中〈突厥文苾伽可汗碑譯釋〉、〈突厥文暾欲谷碑譯文〉、〈蒙古之突厥碑文導言〉等三文所討論者為嗢昆河 (Orkhon) 附近所發現的三個突厥文古碑，其一為苾伽可汗碑，其二為闕特勤碑，其三為暾欲谷碑；苾伽可汗碑與闕特勤碑是同時發現的，韓儒林的〈闕特勤碑〉譯文刊於北平研究院《院務彙報》6 卷 6 期，〈突厥文苾伽可汗碑譯釋〉刊於《禹貢》，韓儒林於譯者前言中特別交代此二碑之譯文需並讀；暾欲谷碑則是在發現苾伽可汗碑與闕特勤碑之東所發現的，三碑譯文均據丹麥 V. Thomsen 之譯文重譯，至於〈蒙古之突厥碑文導言〉則是 V. Thomsen 為苾伽可汗碑與闕特勤碑譯文所寫的導言，此導言於突厥之歷史背景、社會結構與族人生活有深入之分析，對突厥史研究工作者，甚具參考價值。〈近五十年西人之回教研究〉原作者為 Graudefroy-Demombynes，係一研究概況之介紹，包括英文、法文、德文與阿拉伯文之著作，列入《禹貢》7 卷 4 期「回教專號」之卷首，對西方的回教史研究做了頗為全面的介紹。

白壽彝為回族，在開拓回族史研究領域有相當大的貢獻⑯，他的

---

⑭ 《禹貢》，6:7，頁 21-32。

⑭ 《禹貢》，7:1.2.3，頁 213-222。

⑮ 《禹貢》，7:4，頁 1-18。

⑯ 有關白壽彝的回族史研究，參考：牙含章，〈回回民族的傑出史學家〉，《史學史研究》，1989 年第 1 期 (北京：北京師範大學史學研究所，1989:1)，頁 4-7；牙含章文中提及白壽彝 1932 年畢業於燕京大學國學研究所，惟查考燕京大學歷史系〈本系歷屆畢業論文表〉，《史學年報》，3 卷 1 期 (1939:12)，頁 198-207，未見其畢業論文，待考；白壽彝的著作目錄，參考：劉雪英，〈白壽彝先生撰述目錄 (1929 年——1989 年 1 月)〉，頁 74-80。

翻譯主要爲西北史地之相關論著，如譯 B. Laufer 之〈波斯錦〉⑫，
E. Bretschneider〈耶律楚材西游錄考釋〉、〈中世紀中國書中的回教
記錄〉⑬。E. Bretschneider 爲蘇聯史學家，其專長爲突厥、維吾爾
史與回教史⑭。從白壽彝的翻譯來看，他應是懂俄文的，而且研究範
圍主要亦爲西北史地，因爲他在《禹貢》發表的文章，不祗翻譯與西
北史地有關，其著作亦皆屬西北史地的範疇，特別是回教史。如〈從
怛邏斯戰役說到伊斯蘭教之最早的華文記錄〉⑮，〈關於創建清眞寺碑〉⑯，
〈宋時伊斯蘭教底香料貿易〉⑰，〈論設立回教研究機關之需要〉⑱諸
文，均與回教有關。〈關於創建清眞寺碑〉討論創建清眞寺碑的眞偽，
引述日本學者桑原騭藏、中國學者陳垣(援庵)與顧頡剛等人的論點，說
明此碑何以是偽碑的理由；〈從怛邏斯戰役說到伊斯蘭教之最早的華文
記錄〉和〈宋時伊斯蘭教底香料貿易〉二文所引材料甚爲豐富，乃相
關著作中較有見地者；雖然白壽彝自承〈從怛邏斯戰役說到伊斯蘭教
之最早的華文記錄〉未曾引用阿拉伯文和波斯文的資料，不免感覺有
憾。

　　整體而言，白壽彝的翻譯和著作大抵皆能引述中西文之相關著作，
就當時的學術背景而言，是頗爲難得的。

---

⑫ 《禹貢》，4:12，頁 21-24。
⑬ 〈耶律楚材西游錄考釋〉《禹貢》，7:1.2.3，頁 223-230；〈中世紀中國書中的
回教記錄〉，7:4，頁 19-25。
⑭ 《禹貢》另刊出一篇 E. Bretschneider 的〈中世紀西方史者關於維吾爾之
研究〉，王日蔚（譯），《禹貢》，6:10，頁 57-68。
⑮ 《禹貢》，5:11，頁 57-77。
⑯ 《禹貢》，7:4，頁 46。
⑰ 《禹貢》，7:4，頁 47-77。
⑱ 《禹貢》，7:4，頁 185-187。

　　由於外文能力的良窳，影響及研究所能引用之材料及相關研究成果，因此禹貢學會中能事翻譯或通外語者，其著作大抵比較能走出樸學考據之舊窠，而有新的見地，洪業、陳觀勝、馮家昇、侯仁之、劉選民、韓儒林和白壽彝是幾個較具代表性的例證。

　　其他當然還有一些零星的翻譯⑲，大部分與上述所論接近，即以日本、歐洲、美國和蘇聯為主要的譯介對象，文章的內容則以東北、西北、西南、回教、東南沿海為主體，亦即本文所謂的邊疆史地研究。

　　這些翻譯文字的內容為研究著作或者相關領域的研究概況、書目解題與文獻介紹，而鮮少有及於方法論者，此為一值得探討的現象。由於過去討論近、現代中國史學的發展，常將西方史學的輸入列為重點，而往往忽略了西方史學輸入中國之後於史學研究的實際運用；就歷史地理學的範疇而言，史地學報派固對相關理論興致盎然，禹貢學派則對史學理論或方法論興趣缺缺，因此，所譯介的外國史學著作有關方法論者極少，而以實際之研究成果為介紹重心。

5.向古史借鏡：童書業、楊寬、楊向奎、史念海

　　童書業、楊寬、楊向奎和史念海等人，係三位主編者之外，《禹貢》較具代表性的撰稿人。

　　童書業和楊寬是《古史辨》中的"童疑"、"楊守"，兩人的治學基本上為古史考辨，因而在《禹貢》所發表的論著亦以此見長。

　　童書業曾策劃編輯《禹貢·古代地理專號》，其研究範疇大抵不出

---

⑲　如：仇在廬（譯），白鳥庫吉，〈大秦傳中所見之漢人思想〉，《禹貢》，3:3.
　　3:4；桑原騭藏，〈漢里的實長〉，4:2；紀彬（譯），堀謙德，〈丁零國考〉，
　　4:1；張傳瑞（譯），八木奘三郎，〈環居渤海灣之古代民族〉，4:2。

中國古史，如〈四岳考〉⑯，〈“蠻夏”考〉⑯，〈說驩兜所放之崇山〉⑯，〈盟津補證〉⑯，〈天問“徂窮西征”解〉⑯，〈重論鄭和下西洋事件之貿易性質〉⑯，〈春秋王都辨疑〉⑯，〈夷蠻戎狄與東西南北〉⑯等篇，另有一篇與顧頡剛合寫的〈漢代以前中國人的世界觀念與域外交通的故事〉⑱。

〈四岳考〉、〈“蠻夏”考〉、〈說驩兜所放之崇山〉、〈盟津補證〉、〈天問“徂窮西征”解〉諸文，均極短小，殆屬一名詞或古史地理之考證，未脫《古史辨》之學術格局；〈重論鄭和下西洋事件之貿易性質〉是童書業極少數非上古史之論著，此文認爲鄭和下西洋有“貿易性質”，而非主張其下西洋之主要使命爲“經營貿易”⑲，在論證上所舉材料尚稱豐富，立論亦有可取，然此文猶是考辨之體，因爲童書業之所以寫這篇文章是吳春晗（辰伯，即吳晗）於《清華學報》11 卷 1 期發表〈十六世紀前之中國與南洋〉一文，而引發許道鄰和李晉華質疑的一段學術公案，童書業是替其師顧頡剛爲文支援吳說駁斥李說的，所以

---

⑯　《禹貢》，2:3，頁 8。

⑯　《禹貢》，2:8，頁 25-26。

⑯　《禹貢》，4:5，頁 31-32。

⑯　《禹貢》，5:2，頁 22。

⑯　《禹貢》，5:5，頁 51-55；此文以“童疑”之名發表，文末附與楊寬討論“盟津”之書函，函中楊寬署名“楊守”，童書業稱楊寬爲“拱辰”，自署爲“童疑”。

⑯　《禹貢》，7:1.2.3，頁 239-246；文末附張維華與童書業討論鄭和下西洋之書函。

⑯　《禹貢》，7:6.7，頁 153-168。

⑯　《禹貢》，7:10，頁 11-17；此文以童疑之名發表。

⑱　《禹貢》，5:3.4，頁 97-120。

⑲　《禹貢》，7:1.2.3，頁 239。

此文在基本上仍係考據之屬。

童書業比較具規模的著作是〈漢代以前中國人的世界觀念與域外交通的故事〉和〈春秋王都辨疑〉。其中〈漢代以前中國人的世界觀念與域外交通的故事〉係與顧頡剛合寫者，刊於《禹貢‧利瑪竇地圖專號》，此文大抵依顧頡剛的的觀點立論。〈春秋王都辨疑〉是一篇考證詳密、立言有本的著作，乃童書業於《禹貢》所發表論著中較具學術功力者；〈夷蠻戎狄與東西南北〉是一篇通俗著作，談中國的東夷西戎南蠻北狄，其論自清代的疑古大師崔述出發，認為一般所談的東夷、西戎、南蠻、北狄，與事實根本不相符，此論殆屬古史辨派之觀點。〈夷蠻戎狄與東西南北〉以通俗的白話體寫作，童書業希望能藉此糾正一般人的迷誤⑩。所以，從童書業的論著中很容易可以看出他的考據底，而其論著和他的筆名童疑亦相當吻合。

〈"蠻夏"考〉、〈說驩兜所放之崇山〉、〈夷蠻戎狄與東西南北〉和〈重論鄭和下西洋事件之貿易性質〉諸文，均可視為廣義的邊疆史地⑪。而其他人在《禹貢》所發表的論著，亦常以類似童書業的模式出現⑫。正因如此，所以當吾人看到童書業的論著鮮少涉及當代史時，乃是一

---

⑩ 《禹貢》，7:10，頁 11；此文即：童書業，《中國疆域沿革略》（臺北：開明書店，1969），第 3 章〈四裔民族〉之所本，見頁 88-134。

⑪ 禹貢學派討論南洋時係視之為中國的邊疆，也就是將東北、西北、西南和南洋定位於中國的邊疆史地來加以研究，因此有「南洋研究專號」之編輯，本書論析禹貢學派的歷史地理學時，係以當時的定義為依皈，而非今日之觀念。

⑫ 饒宗頤的論著和童書業頗為相類，他在《禹貢》的論著大部分是中國古代地理沿革的考辨文字，如〈廣東潮州舊志考〉，《禹貢》，2:5；〈平德溪考〉，6:11；〈海陽山辨〉，6:11；〈韓山名稱辨異〉，6:11；〈潮州府韓文公祠沿革〉，6:11；〈古海陽考〉，6:11；此外，齊思和、牟潤孫和勞榦等人的論著，在觀點和體例上亦甚相類。

般現象，而非特例；蓋顧頡剛、譚其驤及相關的禹貢學派人士雖一再呼籲關心當代史與邊疆史地，但在實際的研究上，仍各有其領域，因而檢驗《禹貢》所刊載論著，攸關邊疆史地與當代史所占的比例並非特別高，這是理論和實際不一定合拍的一個例證。

　　楊寬在古史辨運動中扮演調和的脚色，其《中國上古史導論》提出“神話分化說”，爲顧頡剛的“層累造成說”重新做了一個通盤的整理，即將古史神話演變的過程，用分化說的方式加以解釋，其主要論點認爲古史傳說多係古代東西二系民族原有神話的演變和融化，而且這種融化和演變多是自然的演化，很少是人爲的改造；又因一個神話會演變成多個神話，此即古史日趨複雜的原因。古史辨運動將中國古史的系統整個打破的結果，使得能夠考信的內容未免太少，楊寬的“神話分化說”正好解決了這個問題，而由他對古史的態度，亦略可推知其在《禹貢》所刊載文章的性質。

　　楊寬在《禹貢》的論著不多，除了與童書業論學的書函外，僅得「古代地理專號」的〈說虞〉和〈說夏〉⑰兩篇。這兩篇文章的論點，和他在《古史辨》中所論，基本方向是一致的，亦即以古史考辨的方式，研究古史之地理沿革，而著眼於歷史地理在史學研究中的運用⑱。〈說夏〉亦從懷疑其存在的可能性加以討論，認爲「夏代之有無，本

---

⑰　《禹貢》，7:6.7，頁 39-49；頁 51-59。

⑱　如在〈說虞〉中楊寬將鯀娶妻之有關帝女傳說史料整理排比，然後說：
　　　夏史中諸重要之帝，自鯀以至於桀，幾無不有娶帝女之傳說。疑無非帝女下嫁下后神話之分化也，……古史傳說本多展〔輾〕轉演變分化，一事化爲數事，一人分爲數人，一地演爲數地，此本傳說之通例。殷以上之古史本全爲神話，其地名亦多神話中之地名，多由通名演化而成。(《禹貢》，7:6.7，頁 49)
　　類此的解釋，在楊寬的文章中是屢見不鮮的，

屬疑問」⑰；通篇所論並不在解決夏在何處的問題，而是質疑其存在的眞實性，因此，楊寬這兩篇文章所代表的《古史辨》意義可能大於《禹貢》，難怪顧頡剛在讀到〈說夏〉這篇文章時，也不免"手癢"，寫了一段編者案爲他的古史辨運動說項⑯。可見《禹貢》雖係以研究地理沿革爲主，但在精神上和古史辨運動是相通的，《禹貢》所刊載的文章涉及古史者，其討論方式大抵皆與《古史辨》相近⑰。易言之，《禹貢》與《古史辨》祇有論題的不同，在治學方法上則是一脈相承的，當然這也因爲古史辨派和禹貢學派基本成員相近的結果。

　　楊向奎在《禹貢》的角色較楊寬吃重，這一方面可能是因爲此時楊寬任職於上海市博物館，楊向奎則人在北平⑱。雖然楊向奎的研究範圍主要是中國上古史，但《禹貢》第一篇與當代有關的文章卻是楊向奎所寫的，此即《禹貢》1卷12期的〈豐潤小志〉⑲。這是一篇散文氣息相當濃厚的報告文學作品，惟在行文中兼顧史學的求眞，與一

---

⑰　《禹貢》，7:6.7，頁52。

⑯　顧頡剛說：

　　　楊寬先生用研究神話之態度以觀察古史傳說，立說創闢，久所企仰。其懷疑唐虞之代名與吾人意見差同，而否認夏代之存在又不期同於陳夢家先生所論。……楊先生此文之最大貢獻，在指出"夏國"之傳說與"下國"之傳說有關係，或禹啓等人物與夏之代名合流之由來，即緣"夏后"而傳訛者乎？　《禹貢》，1:6.7，頁61)

　　在這篇〈編後〉中，顧頡剛還希望對古史討論有興趣的人對楊寬此文予"深切之注意"。

⑰　與楊寬論點相近的還有陳槃、高去尋等人。

⑱　《禹貢》，7:6.7，頁58；楊向奎是顧頡剛的學生，童書業爲顧頡剛任教燕京大學時之助教，楊寬係童書業的好友，與顧頡剛淵源似不深；參考：黃永年，〈童書業傳略〉，收入：晉陽學刊編輯部（編），《中國現代社會科學家傳略》，第1輯（太原：山西人民出版社，1982），頁329-337。

⑲　《禹貢》，1:12，頁29-409。

般報告文學之誇大略有所異；雖然在這篇文章中楊向奎也自承因爲環境的不允許，所以此文寫作時並未搜集足夠的歷史材料⑱。

事實上，《禹貢》自創刊到 1 卷 11 期所刊載的文章大部分都是考據體，讀者群不廣，銷售相當困難，顧頡剛在請人代售雜誌時，也遭遇了拒絕的命運。所以他希望能藉由類似〈豐潤小記〉這類文章來吸引更多的讀者⑱。但這種吸引祇是表達方式的不同，眞正的意圖仍是

---

⑱　《禹貢》，1:12，頁 29。
⑱　顧頡剛在《禹貢》1 卷 12 期的〈編後〉中說：

……我們這刊物請求通都大邑中幾家著名的書舖代售，竟遭拒絕，他們的理由是「性質太專門，恐不易銷賣」。唉！他們的經驗是不錯的，有幾家書舖起先應允代售，但幾期之後就退回來了。說「沒有人買」。有時我們請幾位朋友售〔賣〕，但他們翻了一下就縮手了，說「看不懂」。

我們不能順應環境，偏與群衆立異，當然是我們的傻。但若只順應了環境做事，這種不費勢力的成功，有何可喜！這種迎合潮流的心理，又有何價值！我們一定要用自己的熱忱和毅力改造這環境，使得大家明白本國的民族史和疆域史的重要，具備了這方面的常識，懂得了研究的方法，各就所能，和我們合作。只消我們不停止地向前跑去，不信將來沒有這一天！

但若永遠板著臉說話，專收嚴整的考據文字，在沒有這方面興趣的人必然是望而生畏的，這決不是引人入勝的好法子。所以我個人的主張，只望材料新，不怕說得淺。例如本期中的〈豐潤小志〉，是作者的隨筆，和本刊它期的文字不同，似乎不該收。但這雖不是精密的調查，確是作者意識中最深的印象，他寫了出來，我們讀了之後，也許會對豐潤縣發生較深刻的認識：這就是它的效用。　（《禹貢》，1:12，頁 36）

從顧頡剛這一段話可以略窺禹貢學會對國是之縈懷是間接的而非直接的，易言之，《禹貢》雖然也出現與當代史有關的文章，但大部分時候仍以古史的地理沿革爲主，希望透過此類的研究，使國人對中國境內的民族和疆域沿革有所認識，並因此而激發出愛國意識，這和直接以當代史爲題的做法是有所不同的。雖然《禹貢》第 6 卷和第 7 卷的方向有所轉變，但藉歷史考據推論出民族主義史學的論點則殊無二致。

「強鄰狂施壓迫，民族主義正在醞釀激發的時候，更應該有人想到考究本國的民族史和疆域史」⑱。楊向奎這篇〈豐潤小記〉確實做到了顧頡剛所希望的將"意識中最深的印象"寫了出來，在行文上做到雅俗共賞的境地。此文的內容分為土地、風俗、教育、人物、娛樂、歌謠等項目；其中一段有關豐潤縣北區風俗淳厚的描述，便傳神地表達了鄉間的人情之美⑱；此外，可能是受了歌謠採集運動的影響，楊向奎在〈豐潤小記〉中，也記錄了三首歌謠，歌詞頗為俚俗⑱；此類俚俗的歌詞，在歌謠採集運動中是相當常見的⑱；且正因其俚俗，故流行的層面很廣，楊向奎的〈豐潤小記〉在某種層面或許也代表了這層庶民化的意味。

但楊向奎的學術研究，基本上仍屬古史範疇，他在《禹貢》的論

---

⑱　《禹貢》，1:12，頁 36。

⑱　楊向奎在〈豐潤小記〉中寫道：

　　一個慣於出外經商的人曾經說道，「當你走到北山根底下，天晚了或是大風雨的時候，你儘管走到一個人家說，『大哥，容我一宿吧！』他們將毫不遲疑地答應你的請求，並且像客一般的款待」。所謂"北山根"就是我說的北區；聽到這幾句話，你就知道那地方的風俗是如何的淳厚了。

　　（《禹貢》，1:12，頁 30）

⑱　其中一首如：

　　張大嫂，李大嫂，上南涯，摘豆角。

　　關上門，頂上ㄨㄍㄠ（鐵器）；

　　捲坑席，鋪乾草，把老娘也請到了；

　　放個屁，白拉倒。　（《禹貢》，1:12，頁 33）

⑱　參考：鍾敬文（編），《歌謠論集》（上海：上海文藝出版社，1989；原書於1928 年由上海：北新書局出版）；此書封面及蝴蝶頁編者名皆印成"鐘"敬文，書內則有作者鍾敬文，案：五四時期整理歌謠者確有鍾敬文其人，而無"鐘"敬文，恐係重印時校對有誤。

著大部分亦均與古史有關，如〈自戰國到漢末中國戶籍之增減〉[186]，
〈介紹《史學論叢》中三篇古代地理文字〉[187]，〈夏本紀勾踐世家地理
考實〉[188]，〈夏代地理小記〉[189]等篇，大抵延續古史考辨的方向，此類
文章與童書業、楊寬等人所作，基本上並沒有甚麼太大的差異。比較
值得一提的是〈記察綏盟旗〉[190]，此文係楊向奎少數邊疆史地著作之
一，討論察哈爾省與綏遠省的蒙古盟旗現況，對兩省蒙古的人口、戶
口與牧畜做了頗詳盡的統計，有關盟旗的社會結構與政治組織亦討論
甚詳，惟主要參考資料則是日本學者吉村忠三的《內蒙古》一書[191]。
楊向奎寫此文的時間是 1936 年 12 月 24 日，刊於《禹貢·察綏專號》，
出版日期爲 1937 年 7 月 1 日，在不到一個星期之後，七七蘆溝橋事變
就登場了，而《禹貢》再出一期便因時局的急轉直下而不得不停刊。
處在這樣的時局之中，楊向奎心中不免感慨良深，因而在文末寫了幾
句題外話：

> 邊疆之學向不爲中朝人士所注意，清季以來雖因元史之學而及

---

[186] 《禹貢》，1:1，頁 20-21；此文爲一頗爲簡陋的習作。

[187] 《禹貢》，1:6，頁 32-34。

[188] 《禹貢》，3:1，頁 3-7。

[189] 《禹貢》，3:12，頁 14-18；楊向奎在此文的一開頭就說：
夏代歷史，文獻無徵，本屬渺茫。故考其地望所在，尤屬捕風捉影之事。
（《禹貢》，3:12，頁 14）
可見他基本上仍係站在疑古派的的立場。

[190] 《禹貢》，7:8.9，頁 89-99。

[191] 楊向奎自承因居異域，此文取材不得不採日文書：
……尤令人慚愧者，則筆者之寫此文，因居異域之故，又未得不採日文
書，本篇大部分取材即在吉村忠三於民國二十四年出版之《內蒙古》一
書也。（《禹貢》，7:8.9，頁 99）

於西北邊疆地理，然終無大成績，而造成一時之學風。反觀東
鄰日本則由滿鮮又至滿蒙，筆之所至，槍亦隨之，由鮮而滿而
蒙將底於何處！今幸國之將士，殺敵守土，然我輩讀書之士，
猶不能於槍先到處而筆隨之，殊可慨惜！　　（《禹貢》，7:8.9，頁99）

類此的論調，在《禹貢》上其實是常常出現的，從創刊到停刊之間，
禹貢學會再再提及此一論點。因此，表面上看起來，《禹貢》所刊載的
文章係以古代史為主，似與當代史並無直接關連，惟其學術報國之心
卻無時或已。

　　楊向奎在《禹貢》的另一項重要工作是編輯「國內地理消息」，自
4卷3期起每期刊載，其初係與葛啓揚合作，4卷6期以後又有張佩蒼
加入編輯行列，5卷6期以後由葛啓揚和趙惠人接手，但5卷8、9合
期後此欄即未再出現，因此，「國內地理消息」的編輯，楊向奎占了相
當重要的分量，其主要內容則是全國各地的物產、交通、水利、農業
等資料，可以看出當時的建設及時局之變化⑲。

　　童書業、楊寬和楊向奎的研究範疇主要都在上古史，真正以歷史
地理學為研究重心的則是史念海。

　　史念海在《禹貢》的著作大部分謹守兩個治學方向，一是考據，
另一為歷史地理，亦即《禹貢》宗旨四個項目中的兩項，對於邊疆史
地和當代史，他似乎興趣不高，也未因時事之變化而有何改變⑳。在

---

⑲　「國內地理界消息」大部分是從報紙上節錄下來的，有時則是政府公文，
　　內容極多樣而豐富，有些可以做為研究經濟史的資料。

⑳　雖然史念海在《中國歷史地理論叢・前言》中提到歷史地理學"旣要重視
　　文獻記載，又要兼重實地考察"；但在《禹貢》時期，他並未有實地考察的
　　相關著作；見《中國歷史地理論叢》，1981年第1輯（西安：陝西師範大學
　　歷史地理研究所，1987），頁2。

禹貢學派中，史念海是少數一生謹守歷史地理學範疇的學者[194]，而禹貢學會則是培植他的搖籃。史念海在《禹貢》的論著幾乎均屬考據之作，如〈兩漢郡國縣邑增損表〉即其代表[195]，此文係將兩漢地方劃分之增損演變做一總表，以免學者「稍一不慎，動輒致誤，非指鹿爲馬，即李冠張戴」[196]，並由此更進一步推求南方開發的原因，史念海說：

> 兩漢交遞之時，中原大亂，人民不惟不能安居樂業，抑且時多
> 死亡，故人口大減，理所當然；而珠江長江兩流域，則遠處南
> 鄙，兵戈不及，社會安逸，其情況自較優於黃河流域矣。且長
> 江珠江二流域，物產氣候，在在均較黃河流域爲優，人民謀生
> 自甚便利，故相率南徙，北地漸虛，特此種遷徙不若政治原因
> 之顯而且著也。　（《禹貢》，1:8，頁27）

此係在考據外別有史學之推理在，有類趙翼的《二十二史箚記》，乃《禹貢》中較有見地之論著；雖然史念海的其他著作並非均有此類推論，且大部分謹守考據之分際，如〈兩唐書地理志互勘〉[197]，〈西漢侯國考〉[198]，

---

[194]　另外兩位一生致力於歷史地理學的是譚其驤和侯仁之。參考：譚其驤、葛劍雄，〈歷史地理學〉，收入：蕭黎（主編），《中國歷史學四十年》（北京：書目文獻出版社，1989），頁 552-571；侯仁之，《歷史地理學的理論與實踐》（上海：上海人民出版社，1979），頁1-4。

[195]　《禹貢》，1:8，頁 15-28；1 卷 12 期另有〈關於〈兩漢郡國縣邑增損表〉〉的續篇。

[196]　《禹貢》，1:8，頁 15。

[197]　《禹貢》，3:4，頁 19-24；3:5，頁 37-41；3:6，頁 17-29；3:9，頁 27-36。

[198]　《禹貢》，4:2，頁 27-39；4:5，頁 19-28；4:9，頁 9-17。

〈西漢淮南三國考〉⑲，〈秦縣考〉⑳，〈西漢燕代二國考〉㉑等篇，均屬純粹的沿革地理考據，而鮮有進一步之推論。縱使〈秦縣考〉是「古代地理專號」中的一篇，〈西漢燕代二國考〉爲「察綏專號」中之一篇，但史念海均未因此而有逾越考據之外的推論。

分析《禹貢》所刊載的論著，往往發現禹貢學派的治學塗徑主要仍屬考據理路；因此，雖然翻譯外國史學著作有"他山之石"之效，但在比例上並不高，圖4-2-2即爲《禹貢》中有關中外史地之學的比例：

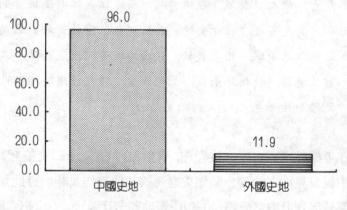

圖4-2-2 《禹貢》中外史地比例

圖4-2-2左圖爲《禹貢》所刊載論著中，提及或討論中國史地的部分，約占96%，此處所謂提及係指文章中引述或談到中國史地 (包括材料之運用或著作在內)，討論則意謂此文本即以中國史地爲研究客體者；右圖爲《禹貢》所刊載論著中，提及或討論外國史地的部分，約占11.9%，包括譯文、文章中引述外國著作、引用外國相關材料，以及研究客體

---

⑲ 《禹貢》，7:1.2.3，頁165-169。

⑳ 《禹貢》，7:6.7，頁271-318。

㉑ 《禹貢》，7:6.7，頁61-68。

即爲外國者；由圖中所顯示的比例，可以看出《禹貢》所關心的仍是以中國史地之學爲主。而這樣的傾向，在創刊時即已表明，何況禹貢學會主要成員的研究範圍，本即以中國歷史地理爲重心。

6.錢穆的文化史觀與南北論

除上述所論禹貢學派的較核心分子外，錢穆在《禹貢》的論著亦有其特殊性。

錢穆與顧頡剛之論交，始於古史辨運動有關先秦諸子年代與今古文問題的討論⑳，他任教燕京大學也是由顧頡剛所推薦，兩人在學術上的交誼可見一斑㉓。錢穆在《禹貢》的論著大部分爲考據之屬，如：〈西周戎禍考〉㉔，〈黃帝故事地望考〉㉕，〈子夏居西河考〉㉖，〈戰國時宋都彭城考〉㉗，〈再論《楚辭》地名答方君〉㉘，〈秦二十六郡

㉒　這部分的文字收入：《古史辨》，第 5 冊，頁 101-249；第 6 冊，頁 50-73；頁 257-267；頁 293-295；頁 533-558；後收入：錢穆，《兩漢經學今古文平議》（臺北：東大圖書公司，1978）。

㉓　錢穆於《八十憶雙親‧師友雜憶合刊》提及到燕京大學任教事云：

余在蘇中，函告頡剛，已卻中山大學聘。頡剛復書，促余第二約，爲燕京學報撰文。余自在后宅，即讀康有爲《新學僞經考》，而心疑，又因頡剛力主講康有爲，乃特草〈劉向歆父子年譜〉一文與之。然此文不啻特與頡剛諍議，頡剛不介意，既刊此文，又特推薦余至燕京任教。此種胸懷，尤爲余特所欣賞。固非專爲余私人之感知遇而已。

引自：錢穆，《八十憶雙親‧師友雜憶合刊》（臺北：東大圖書公司，1986），頁 132。

㉔　《禹貢》，2:4，頁 2-5；2:12，頁 27-32。

㉕　《禹貢》，3:1，頁 1-3。

㉖　《禹貢》，3:2，頁 1-3。

㉗　《禹貢》，3:3，頁 7-13。

㉘　《禹貢》，7:1.2.3，頁 157-164。

考補〉⑳，這些論著後來大部分收入他的《古史地理論叢》一書中⑳；此時期錢穆的治學方法大抵歸本於清代之樸學考據；比較值得討論的是〈中國史上之南北強弱觀〉⑪和〈水利與水害〉⑫二文。

〈水利與水害〉的立論，主要係針對一般人認爲黃河爲害、長江多利而來，錢穆認爲水可以爲利，亦可以爲害，設若黃河祇能爲害，那麼中國文明何以發源於黃河，1931 年又爲何有長江大水災？所以，水之爲利爲害端看是否能夠加以利用，錢穆說：

> 中國文明之起源及其孕育全在黃河流域，而且自春秋戰國下迄漢唐盛世，中國史上最燦爛最光輝的時期便在黃河流域發皇滋張。那時的長江，在歷史上還佔不到重要的位置。自唐代天寶以後，中國史漸漸走上衰運，而長江流域卻漸漸見其重要。……清代以下暫置不論，就乾隆以前的中國史看，上半部以黃河流域爲中心而後半部以長江流域爲主腦，大體上卻是黃河流域代表的文化還超過長江流域所代表的文化之上，這是稍一思考亦就瞭然的⑬。

---

⑳　《禹貢》，7:6.7，頁 259-269。

⑳　錢穆，《古史地理論叢》(臺北：東大圖書公司，1982)。

⑪　《禹貢》，3:4，頁 1-8。

⑫　《禹貢》，4:1，頁 1-10；4:4，頁 1-7。

⑬　《禹貢》，4:1，頁 1；雖然中國文明起於黃河之說在近年的研究有所修正，一般相信中國文明起源是多元的而非一元的，參考：張光直 (Chang, Kwang-chih)，*The Achaeology of Ancient China, 4th Edition* (New Haven & London: Yale University Press, 1986)；此書修正其前三版之一元散播論；另可參考：張光直，《考古學專題六講》(臺北：稻鄉出版社，1988)；惟中國文明的輝煌時期在黃河流域時期則是無庸置疑的；此外，中國文明是否屬大河文化，亦有所爭議，參考：何炳棣，《黃土與中國農業文

故錢穆認為水之為利為害和人事有密切關係，否則同一黃河，何以肆虐於宋後，而不為崇於唐前？他的解釋是：唐天寶以後河朔之地久屬藩臣，縱有河事亦難上達朝廷，淤積愈形嚴重，甚至在五代十國時期，諸國交戰之際又有決水行軍之事，從此以下，不僅黃河的情形變了，整個北方的經濟文化亦隨之改變，錢穆認為這是中國史上的一個絕大關鍵，因此，「從中唐天寶以後之藩鎮割據，實在是北方黃河流域經濟文化上一致命傷」[214]；錢穆認為自五代十國以後，南北經濟文化地位便顯然倒植，宋代統一，中國經濟已全賴長江，人物文化亦南盛於北，漸致於整個重心全向長江遷徙。

在討論長江黃河經濟文化倒轉時，錢穆認為隋代以下運河的運用是一重要關鍵，江南亦從此成為北方的經濟動脈。但水利之興端賴人事，人謀不臧，問題隨之而來，錢穆甚至擔心將來長江的魚米之鄉也可能步上黃河的後塵，他說：

> 然而現在的蘇松天府，已是常犯著高田鬧旱，低田鬧水的苦況。而一般達人貴客，因有洋米洋麵進口，饑年荒歲，慢不在意。正猶如唐宋以來，北方仰食江南，而北方的農田水利日益墮落。待到將來的江浙，墮落到現在北方的地位，而再和他提及往年之所謂水利，以及七里一縱浦，十里一橫塘之說，則必將攘臂而起，正如近人辨古史上之井田溝洫，終為一令人難信之疑案也。（《禹貢》，4:4，頁7）

因此錢穆希望江浙兩省的建設，能多注意公路建設之外的水利建設，

化的起源》（香港：中文大學出版社，1980）。
[214] 《禹貢》，4:1，頁4-5。

因爲這將會有很大的影響。

從歷史上的水利問題談到現在的水利問題，可見錢穆具有相當宏觀的分析能力，在《禹貢》所刊載的論著中，亦爲少數自樸學考據之外提出通識性意見者。

前文分析禹貢學派主要成員的著作，大體延續樸學考據之傳統，而少及於經世，在這方面錢穆的論著則略有所異。

錢穆另外一篇具宏觀眼光的論著是〈中國史上之南北強弱觀〉，此文主要是修正一般人的北強南弱觀念。因爲歷代塞外蠻族不斷向南侵略，數次南北對峙之局，大半係由北方統一南方，因而形成了中國史上所謂的北強南弱觀，並且造出種種解釋，諸如山川形勢、氣候物產、民族文化各方面之分析[215]。但錢穆認爲這樣的解釋未必盡然，在〈中國史上之南北強弱觀〉中，錢穆提出馬匹的的精壯與否和數量的多寡，是一個容易被忽略的關鍵[216]。基本上錢穆認爲中國歷史上的南北對峙之局，主要是以馬匹的良窳爲決定性之勝負。但到了近代，槍砲既興，騎兵難以必勝，加上鐵道火車通行，南人涉北，已無需馬匹，於是中國史上南弱北強的說法，漸不可恃[217]。此文的觀點，頗能表現錢穆的治史方向，他是少數從考據出發，並提出一己之見者，雖然這些意見亦受其他學者的批評或提出商榷[218]。

---

[215] 《禹貢》，3:4，頁1。

[216] 錢穆在〈中國史上之南北強弱觀〉中指出：
　　大抵軍隊中有馬匹，而其馬匹又多又精壯的，其軍隊常佔勝利。其軍隊中若少馬匹，及雖有而不多又羸弱的，常易失敗。這一點雖若小節，然有時足以推翻或改定上述種種關於山川，形勢，氣候，物產，民族，文化各方面的南北強弱觀之解釋。(《禹貢》，3:4，頁1)

[217] 《禹貢》，3:4，頁8。

[218] 如蒙文通即對錢穆的論點提出部分修正，在〈讀〈中國史上之南北強弱觀〉〉

錢穆在〈中國史上之南北強弱觀〉和〈水利與水害〉中的論點，其後在《國史大綱》中有進一步地發揮[219]。而錢穆的治學在古史辨運動時期和《禹貢》時期其實就已奠立了，從他以考據為根柢，通觀為論說，大體可以略窺其治學塗徑之端倪。所以，在現代中國史學的發展過程中，錢穆應屬能乘勢而起之學者，其《先秦諸子繫年》最早是在古史辨運動時期所發表的，並且收錄於《古史辨》第4、6冊中[220]，雖然在《師友雜憶》中，錢穆自述其論點與顧頡剛立異[221]，但其治學本於考據卻與古史辨派殊無二致；因此，在檢討現代中國史學的發展過程時，治學方法的探討可能比表象的贊成或反對更具意義。就錢穆

一文中，蒙文通即認為宋之無法抵抗金兵，是因為自弱以致之：

……宋之盛時國馬之數，未少於漢逐匈奴，唐擒突厥之時；養馬之地，未遜於樓煩沙苑。取馬於胡，事亦猶貳師之功，而終不能制契丹之眾者，宋之立國然也。契丹不強於匈奴突厥，而是以困宋；金且踐南夏如升虛，非胡騎之終不可犯，實宋之自弱以致之耳。故一轉易間，韓岳張劉，屢破鐵騎；以地考之，每戰益北。亦足明宋之最弱而遼金最驕，非徒胡騎之威，而實宋之所以先後自敗者各有由也。（《禹貢》，4:1，頁18）

[219] 參考：錢穆，《國史大綱》（下）（臺北：商務印書館，1980），頁532-595；余英時在〈猶記風吹水上鱗〉中，認為錢穆的治學有其獨特"以通馭專"的道路，余英時說：

錢先生走出了自己的獨特的"以通馭專"的道路。現在大家都把他當作學術思想史家，其實他在制度史、沿革地理，以至社會經濟史各方面都下過苦功，而且都有專門著述。《國史大綱》中〈南北經濟文化之轉移〉三章尤其有絕大的見識，顯示了多方面的史學修養和現代眼光。

余英時，〈猶記風吹水上鱗〉，收入：余英時，《猶記風吹水上鱗》（臺北：三民書局，1991），頁1-15；所引在頁10。

[220] 這部分的文字後來收入《古史辨》，第4冊，頁115-122，271-278，383-411，610-615，623-625；第6冊，頁50-73；頁257-267；頁293-295；頁533-558；即《先秦諸子繫年》的前身，參考：錢穆，《先秦諸子繫年》（臺北：三民書局，1981）；案：本書初版為：上海：商務印書館，1935。

[221] 錢穆，《八十憶雙親‧師友雜憶合刊》，頁132。

的史學而言，他固然提出了一家之言，其著作亦富宏觀眼光，但錢穆最初之崛起確與古史辨運動有關，雖然他的論點和顧頡剛並不完全相同；而《國史大綱》中有關南北問題的觀點，亦早在《禹貢》時期就已經建立，就此而言，錢穆的治學方法實近於“北大”而與“南高”稍遠⑳。

　　由《禹貢》的內容來看，其承續清代樸學考據之學術理路是相當明顯的，而且因爲禹貢學派的主要成員大部分研究範圍爲古代史，這可能與北大的傳統有關，因爲北大文科、國學門及其後設立的歷史系，本即由經學而史學，古史辨運動之所以興起，固與此一傳統有關，禹貢學派的治學方法亦本於樸學考據，所以雖然處於時事急轉直下的動亂中，顧頡剛等人亦大聲疾呼學術救國之際，但《禹貢》所刊載論著直接攸關當代史的比例並不高，圖4-2-3即爲《禹貢》刊載當代史文章之比例：

---

⑳　余英時認爲錢穆不在任何派系之中，使他比較能看清各派的得失，雖在1930年錢穆到北平以後，表面上已進入中國史學的主流，但他的眞正立場和主流中的“科學”考證或“史料學”又不盡相合；此一論點大抵指出錢穆治學的特色，見：《猶記風吹水上鱗》，頁12；但在〈一生爲故國招魂〉中，余英時也指出：

　　他〔錢穆〕的主要學術著作全是針對著當時學術界共同關注的大問題提出一己獨特的解答，而他的解答則又一一建立在精密考證的基礎之上。（《猶記風吹水上鱗》，頁23）

又說：

　　在三十年代，錢先生是以擅考證見稱於世的，雖然他從來不掩飾他對於傳統文化的尊重，也不諱言他的考證是爲了一個更高的目的服務——從歷史上去尋找中國文化的精神。 （《猶記風吹水上鱗》，頁25）

由此可見錢穆治學本於樸學考據確有其可循之理路。

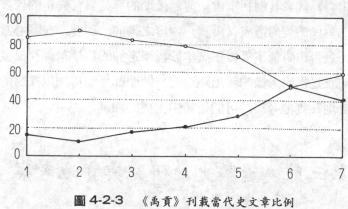

圖 4-2-3　《禹貢》刊載當代史文章比例

由圖中所顯示的,《禹貢》在第 3 卷以前與當代史有關的文章, 比例上一直未超過 20%(其中第 1 卷 14.9%, 第 2 卷 10.5%, 第 3 卷 17.2%), 第 4 卷和第 5 卷稍有所增加, 但仍在 30% 以下 (第 4 卷 21.1%, 第 5 卷 28.7%);《禹貢》關心當代史的論著其實要到第 6 卷纔急遽增多, 雖然在「西北研究專號」(5 卷 8.9 合期) 和「回教與回族專號」(5 卷 10 期) 支撐下的第 5 卷已有明顯提高的現象, 但真正大幅升高還是第 6 卷以後的事; 第 6 卷攸關當代史的比例達 50.4%, 是《禹貢》7 卷中比例最高的; 第 7 卷雖降為 41.3%, 但比例上亦不算低;《禹貢》第 6 卷和第 7 卷之所以對當代史特別縈懷, 主要原因可能是日本的侵略野心日益明顯, 在戰爭即將爆發的陰影下, 禹貢學會關心當代史的程度亦相對提高。

雖然顧頡剛和譚其驤在《禹貢・發刊詞》中, 一再強調中國受帝國主義壓迫, 亟求能以沿革地理之研究喚起民族意識, 但《禹貢》前 4 卷所刊載之論著, 似乎和他們的呼籲是有距離的, 這種現象一直到第 5 卷以後以專號的形式呈現研究成果纔略有所改變。這種改變可能與日本的滿鐵調查報告有所關連, 且因時事的急轉直下, 使《禹貢》在內容上有所調整。但在此類討論中，一個值得思考的問題是：究竟初期的《禹貢》代表其創刊宗旨，還是後期的專號具有眞正的代表性？如果因爲時代的變局造成《禹貢》內容之轉向，那麼，在關心當代史的同時，是否也降低了禹貢學派本於樸學考據的治學精神？又或者關心當代史正是樸學考據的新出路？這些問題都是值得加以探討的；研究邊疆史地和實地考察，可能是其中主要的關鍵。

第三節　邊疆史地研究與實地考察

顧頡剛和譚其驤在《禹貢・發刊詞》中，一再強調研究邊疆史地的重要性，但實際工作則幾乎到第 1935 年 7 月的"後套水利考察團"纔開始。

有關邊疆史地之記載，在傳統中國史學向來置於"傳"中，如《史記・匈奴列傳》、《漢書・西域傳》與各正史之「四夷傳」、「外國傳」等，乃屬傳統中國史學的一支，因此就史學的觀念而言似無新意，惟禹貢學會在從事邊疆史地研究時，主要乃著眼於民族學的角度，而非傳統史學視之爲夷狄，這是兩者最大的不同點。如馮家昇在一篇題爲〈我的研究東北史地的計畫〉一文中，提到學科的基本訓練即包含兩個項目：一是語言文字的訓練，如滿、蒙、朝鮮語之研究，以及外文如日、俄、法、德文的研究；二是基本知識的訓練，如製圖術、統計學、社會學和民族學等著作；顧頡剛在〈回漢問題與目前應有的工作〉中，亦提出了有關開設語言文字等課程的建議，認爲可以朝兩方面入手：一是各大學應開設回回的文字語言和歷史課程，特別是北京大學、中央大學和即將在西北設立的大學，回教法律、政制和哲學也應在相關科系設立科目；二是回教人士自設的學校，如北平達成師範學校、上海伊斯蘭回文師範學校，除了宗教課程外，也應注意灌輸國家思想和泯除回漢糾紛的隱患。由馮家昇和顧頡剛的論點來看，禹貢學會研究邊疆史地基本上比較立足於民族平等的角度，尊重其文化的獨立性，有類今日學術的文化人類學或民族學之觀點。

　　惟在傳統中國史學的發展過程中，向來缺少邊疆民族語言的字典或辭典之編纂，這是一個相當可怪的現象。所以，在有關邊疆史地研究的部分，禹貢學會借助了許多外國學者的研究以爲翼助。禹貢學會之所以對邊疆史地研究有興趣，受時代變局影響的成分極大，其中最明顯者當屬日本之入侵東北。然則，日本並非惟一對中國懷有野心者，自 1840 年代以降，西方帝國主義對中國的侵略，早已使中國知識分子對邊疆史地有所用心，這是近代中國知識分子邊疆史地研究的第一回合㉓；而這一回合的研究，個人雖有成果，團體未成氣候，主要的原因是書案考據與實地考察的落差，以及學者各自爲政，整體成績因而見樹而不見林。五四運動後的中國知識分子亦有注意及邊疆史地者，特別因爲巴黎和會對山東問題的解決方案，引起知識分子著眼於邊疆問題，“到西北去”、“到邊疆去”的呼聲響徹雲霄，一些邊疆省分的年鑑、個人的遊記、雜誌的論文等等，殆亦不少。但這些著作和相關資料，有一個明顯的現象，即缺少整體的研究計畫，東一點、西一點的零碎報導或資料，難成大局。且因研究者彼此缺少連繫，有許多工作不免重複，在人力物力上均屬浪費，而所做的成績也不免打了折扣。即或用心於提倡歷史地理學的史地學報派，在邊疆史地研究方面亦是呼籲多而行動少，因此，有關邊疆史地研究的推動，禹貢學會的努力

㉓　關於清代學者的邊疆史地研究及其經世思想，請參閱本書第 2 章第 1 節〈清季的經世史學〉。

確然有其學術上之獻替。

如謂禹貢學會的地理沿革研究系出樸學考據，那麼，研究邊疆史地可能受外來影響的成分較大。近代中國受列強的侵略壓迫，已無庸多費筆墨描述，而列強爲了鯨吞蠶食中國，所做的諸多調查研究，則是刺激禹貢學會研究邊疆史地的最大動力。在一分祇供內部傳閱的〈禹貢學會研究邊疆計畫書〉中㉔，便說明了日本的圖謀中國日亟，其侵略野心已是昭然若揭，在此國家危急存亡之秋，禹貢學會特別呼籲重視研究邊疆的急迫性，以爭取學術界的支持。

〈禹貢學會研究邊疆計畫書〉正文分爲五部分：(1) 創辦緣起，(2)百年來中國之邊疆學，(3)百年來外人對於我國之調查研究，(4)近年日本學者之中國研究，(5)我國研究邊疆學之第二回發動。在「百年來中國之邊疆學」一節中，討論近代中國研究邊疆史地的肇端，略云：

> 清道光後，中國學術界曾激發邊疆學之運動，群以研究邊事相號召，甚至國家開科取士亦每以此等問題命爲策論。察此種運動之起因，實由於外患之壓迫。道光二十二年，"南京條約"首將老大帝國之病態揭開。咸豐八年，英法聯軍長驅入北京，訂立天津條約。是年政府又割黑龍江以北之地於俄。十年，以俄人之無厭，又將烏蘇里江圖們江以東及沙賓達巴哈以西之兩地

㉔　〈禹貢學會研究邊疆計畫書〉於1935年禹貢學會成立後，因見中日局勢急轉直下，於憂憤中提出的，但在當時的局勢下需注意保密，所以祇在學術界內部傳布以爭取支持，一直未曾公布，1981年白壽彝將此分資料發表於《史學史研究》，1981年第1期(北京：北京師範大學史學研究所，1981)，頁66-69。

割與之。國中經此數度戰刺，遂激起一般學人跳出空疏之範圍而轉向於經世致用之學術。邊疆學者，經世致用之大端也㉕。

以經世致用爲前提的史學研究主要有四個方向：其一爲當代史研究；其二爲外國史地研究；其三爲元史研究；其四爲邊疆史地研究；雖然這四個方向的研究內容不盡相同，但目的均爲經世致用，可謂殊途而同歸。

當清季知識分子展開邊疆史地研究工作的同時，列強亦創立各種學會對中國進行研究。〈禹貢學會研究邊疆計畫書〉第三節「百年來外人對我之調查研究工作」即敍述各國的研究概況，如 1822 年法人與德人在巴黎創立“亞細亞學會”，出刊《亞洲學報》；1823 年英人於倫敦創立“皇家亞洲學會”，出刊《皇家亞細亞學報》，改變過去歐洲研究中國假手於傳教士的辦法，由學者直接搜集材料進行研究；1858 年英人成立“皇家亞洲學會華北分會”於上海，1872 年在香港組織“中國言論社”，此二機關均發行刊物；法人 1890 年在巴黎發行《通報》，同年德人在柏林刊行《東方語言學會會刊》；1900 年法人於安南刊行《河內遠東博物學院學報》。對中國興趣最高的日本，則於 1905 年組織“東洋學會學術調查部”，刊行《東洋學報》，1906 年“南滿洲鐵道株式會社”組織“學術調查部”，編輯《滿鮮歷史地理研究報告》，至 1935 年已出版了 14 冊。此後各國於其勢力範圍從事文獻搜集，並努力於實地考察，如日本對東北，俄國於東北、蒙古、新疆，英國於新疆、西藏，法國於滇、黔，即其著例。

　　〈禹貢學會研究邊疆計畫書〉第四節爲「近年日本學者之中國研

㉕　〈禹貢學會研究邊疆計畫書〉，《史學史研究》，1981 年，第 1 期，頁 66。

究」，揭露日本學者的東洋學研究，直接提供政府做爲侵略之用的眞面目，如首相田中義一之"滿蒙積極政策"密奏，即明白表示乃係根據矢野仁一"滿蒙非支那論"的研究結論。而爲了對東北進行侵略，日本軍部於 1920 年由陸軍中將高橋武化於大連組織"滿蒙文化協會"，發行《滿蒙》、《文化》（後改爲《大同文化》）等刊物，出版圖書近 400 種，印刷最詳密的《滿蒙西伯利亞地圖》。"南滿洲鐵道株式會社"爲調查東北情況，聘考古學家八木奘三郎等人編輯《滿洲舊跡志》三冊，而且爲了侵略東北，聘請東洋史學家白鳥庫吉組織"滿鐵學術調查部"，延攬箭內亙等學者編寫《滿洲歷史地理》兩巨冊。九一八事變，由早稻田大學專家編輯《第一次滿蒙學術調查研究報告書》，內容分爲地理、地質、礦產、植物、動物、人種等項目。在此同時，日本又組織"東方文化事業委員會"、"同文書院"等機構，對中國進行各種調查，並培養官方的御用學者。上述日本有關研究中國的機構，由 1932 年 12 月《滿鐵月志》所刊〈日本支那研究機關〉，即可知其研究中國的團體多如雨後春筍。再從東京"大冢史學會"所編的《東洋史學要目》和"東方學社"編輯的《東洋學研究文獻類目》，即可知日本對中國的研究是如何地無孔不入，在在都足以使人怵目驚心㉖。

　　由於近代西方列強對中國的侵略與日俱增，日本尤處心積慮，使得禹貢學會同仁覺得局勢愈來愈不利，因而發起研究邊疆史地的呼籲，此即〈禹貢學會研究邊疆計畫書〉第五節所提出的，要做"我國研究

㉖　〈禹貢學會研究邊疆計畫書〉，《史學史研究》，1981 年，第 1 期，頁 68；禹貢學會似乎忽略了非爲日本帝國主義服務的日本學者，如矢內原忠雄的觀點，比較可能的解釋是禹貢學會因爲要對抗日本的滿蒙論，因而將焦點集中於主張滿蒙非支那論的學者；矢內原忠雄的論點，參考：矢內原忠雄，《帝國主義研究》（東京：白日書院，1948）。

邊疆學的第二回發動"⑳，並且於 1936 年創立 "邊疆研究會" 協助有
關調查研究之進行。可惜這項研究計畫因第二年的七七事變而中斷，
在研究成果上亦未如禹貢學會之所期。但類此的研究計畫，乃係禹貢
學會學術報國之具體表現，而在禹貢學會成員的努力下，也確實做出
了一些成績，這些研究成果主要呈現於《禹貢》的各期專號。

　　《禹貢》的邊疆史地研究，大部分以專號的形式出現。所以，探
討禹貢學會的邊疆史地研究成績，以分析《禹貢》各期相關專號的方
式進行，應是較爲明晰的。

　　禹貢學會由研究古代中國地理沿革而轉向邊疆史地，直接的觸媒
應爲日本圖謀中國日亟。然則爲何在九一八之後創刊的《禹貢》，其初
期之研究仍爲古代中國地理沿革，而非直接研究與當代有關之邊疆史
地？ 這是一個饒富深趣的問題。事實上，《禹貢》創刊之初，即對邊疆
史地研究有所提倡，並且做了懇切的呼籲，但是，顧頡剛和譚其驤也
認爲祇有透過沿革地理的研究，纔能瞭解歷史的變遷，在《禹貢‧發
刊詞》中，顧頡剛和譚其驤對此一現象亦有所說明，希望國人重視歷
史地理研究，並以此爲基礎建立疆域與民族的觀念⑳；所以《禹貢》
初期並非不重視邊疆史地，而是以研究沿革地理的間接方式，希望藉
此喚醒國人的民族意識。

　　禹貢學派中，最早致力於東北研究的是馮家昇，他在〈我的研究
東北史地的計畫〉中，提到日本的東洋史研究狀況，以及國人對此毫
不經心在意的情形，馮家昇說：

　　　我國學者對于自己的邊疆素少研究，在前清時代，和別國起了

---

⑳ 〈禹貢學會研究邊疆計畫書〉，《史學史研究》，1981 年，第 1 期，頁 68。
⑳ 《禹貢》，1:1，頁 2。

境界問題的交涉時，已不知吃了多少大虧。就是民國以來，一旦遇上這類問題，仍是受人欺騙。譬如東北四省，就歷史上，地理上，法律上說，明明是中國的領土，而日本人爲了伸展領土的野心，早幾年前就在國際間宣傳他們的“滿蒙非支那論”，可憐我國學者沒有一個能起來加以有力的反駁的。同時日本人爲了實現此種基調起見，就雇用了大批學人專門致力於“滿鮮學”或“滿蒙學”，研究的成績很能獨樹一幟。回顧我國，九一八以前，東北史地簡直無人過問；九一八以後，則爲了欲證明東北是中國的領土起見，才臨時作起文章來。我嘗說：憑日本對于東北研究的成績，也可以把東北取走了。假使國際聯盟重視學術研究的話，憑我們臨時作的幾種小冊子，是要失敗的，東北四省還是要送掉的㉙！

所以馮家昇擬訂了一項研究計畫，一方面用裴松之注《三國志》的方法，將正史中的〈東夷傳〉加以注釋，另一方面也開始著手東北史地研究；他的做法係以東北民族爲主體，打破向來以中國朝代爲段落的陳套，其主旨在說明：(1) 各民族的文化概況，(2) 各民族間的關係，(3) 各民族與中國文化的關係㉚。

　　馮家昇自己訂下的研究時間是 10 年，此文發表於 1934 年 7 月 16 日出版的《禹貢》1 卷 10 期，三年後的這一天《禹貢》正式停刊，原因如前文所述係日本發動七七事變，平津陷落，禹貢學會不得不結束其未完成的各項計畫。雖然馮家昇爲禹貢學會中較有心於東北史地研究者，但其他成員亦對邊疆史地有所縈懷，而類此之學術取向，其主

㉙　《禹貢》，1:10，頁 2。

㉚　《禹貢》，1:10，頁 6。

要動力乃係學術救國之呼籲。

正因爲對國是的關懷，處在日軍侵華前夕，禹貢學會尤著重於邊疆考察，乃其來有自。而且就在東北的局勢愈來愈不利之時，馮家昇於《禹貢》6卷3.4合期主編了「東北研究專號」。

「東北研究專號」出版於1936年10月16日，已是馮家昇發表〈我的研究東北史地的計畫〉的兩年多以後，這期專號所採取的是歷史縱深與橫切面並重的方式，論析東北的地理沿革與歷史淵源。

在歷史的縱深方面，刊載了張印堂〈中國東北四省的地理基礎〉[231]，馮家昇〈原始時代的東北〉[232]，王懷中〈唐代安東都護府考略〉[233]，侯仁之〈燕雲十六州考〉[234]，尹克明〈契丹漢化略考〉[235]，潘承彬〈明代之遼東邊〉[236]，劉選民〈東三省京旗屯墾始末〉[237]，趙泉澄〈清代地理沿革表（續，東三省）〉[238]，龔維航〈清代漢人拓殖東北述略〉[239]等篇。

上述諸文中，張印堂〈中國東北四省的地理基礎〉敍述東北的地理範圍，將地形地勢，氣候農產，土壤礦產，居民生活等，做了詳細地說明，所引述的材料包括英國軍部所測繪的地圖，日本南滿洲鐵道株式會社的《報告書》[240]，《第四次中國礦業紀要》等，資料的引用頗

---

[231]　《禹貢》，6:3.4，頁1-9。

[232]　《禹貢》，6:3.4，頁11-27。

[233]　《禹貢》，6:3.4，頁29-38。

[234]　《禹貢》，6:3.4，頁39-45。

[235]　《禹貢》，6:3.4，頁47-60。

[236]　《禹貢》，6:3.4，頁61-80。

[237]　《禹貢》，6:3.4，頁81-91。

[238]　《禹貢》，6:3.4，頁93-103。

[239]　《禹貢》，6:3.4，頁105-110。

[240]　下文談及此報告書時，簡稱爲《滿鐵調查報告》。

爲周延。馮家昇〈原始時代的東北〉和劉選民〈東三省京旗屯墾始末〉
二文，亦屬材料豐富，見解獨具之著作⑳；王懷中〈唐代安東都護府
考略〉、侯仁之〈燕雲十六州考〉、尹克明〈契丹漢化略考〉、潘承彬〈明
代之遼東邊牆〉、趙泉澄〈清代地理沿革表（續，東三省）〉諸文，殆
猶考據之屬，其主要目的乃在證明東北向來爲中國所有，亦即以沿革
地理之研究，破除日本學者對歷史事實的扭曲。龔維航〈清代漢人拓
殖東北述略〉係與劉選民〈東三省京旗屯墾始末〉相呼應者，後者所
述乃探討清嘉道之際到光緒年間(1800-1880)的京旗屯墾，爲當時解決在
京旗人生計的一個方案。後者分析滿清入關以後，漢人移民東北的情
形，由清初之招墾時期，到康熙七年(1668)禁止漢人出關，然禁令愈嚴，
漢人拓殖之念愈盛，終至禁不勝禁，且因漢人之拓殖日著成效，禁令
亦日漸鬆弛，乃於嘉慶八年(1803)公布移民章程，漢人移入者更多。龔
維航分析清廷禁令之失策，以及漢人移殖成功的原因，認爲兩者是互
爲消長的。清廷之失策在於視東北爲其禁臠，導致東北沃野淪爲日俄
競逐之地，到了逼不得已時清廷始開放漢人移殖，不免爲時已晚⑳。
而漢人之所以移民東北，原因有二：其一爲內地生活困苦，其二是東
北地廣人稀，物產豐富，具有高度的吸引力。在討論完清代漢人移殖
東北的狀況之後，龔維航不免對東北之淪亡有所感慨：

> 漢人拓殖東北，以受清廷限制，備極艱辛。因不得作大規模及
> 完善之組織，故對于邊防方面不生效力，然其成功已至偉大。
> 當日地廣人稀，滿目荒涼之東北，所以有今日之繁榮者，實皆

---

⑳　此二文之討論，請參閱本書第 4 章第 2 節〈《禹貢半月刊》內容分析〉，討
　　論馮家昇和劉選民的部分。
⑳　《禹貢》，6:3.4，頁 105-110。

彼輩血汗所經營之成績。吾人今日目睹東北之淪亡，緬懷先輩
之艱辛開創，能不奮然興起而謀收復乎？　《禹貢》，6:3.4，頁110）

類此之感慨，正說明了當時中國知識分子的時時以東北之收復爲念。

在「東北研究專號」中，除了縱的史地考據外，亦顧及橫切面的
照應，這部分主要照顧的層面係與近代有關者，如劉選民翻譯日本學
者百瀨弘的〈日本研究滿洲近世史之動向〉㉔，分析日本學者對東北
史地的研究；李敬敏〈東北海關稅設立之經過及各關貿易之情形〉㉔，
討論自1842年起所設立的海關稅，迄1931年之間的發展與演變，其
中貿易的主要對象即爲俄國與日本；洪逸生〈日本對於滿洲通貨之統
制〉㉔，分析九一八以後日本於東北扶持溥儀組織“滿洲國”，著手金
融之統制，奠下東北通貨一元化的基礎。此文討論九一八以前貨幣混
亂的情形，再分析“滿洲國”成立以後的通貨統制，並予以相當程度
的肯定。然而，在日本統一貨幣成功的背後，洪逸生仍本民族主義的
觀點，發出與李敬敏文中同樣的憂心之言，認爲東北同胞將爲此通貨
統制之鎖練所套住而不得翻身㉔。

㉔　《禹貢》，6:3.4，頁111-118。
㉔　《禹貢》，6:3.4，頁119-144。
㉔　《禹貢》，6:3.4，頁145-157。
㉔　洪逸生在文中說：
　　日本對“滿”通貨統制總算成功了，誠如《朝日新聞》所言，通貨統制
　　乃一切經濟統制的基礎。此後日本將在這一堅實的基礎之下，來建築它
　　華麗玲瓏的經濟統制的高樓。這座高樓築成之後，有人將設宴高樓上，
　　歡欣鼓舞，來慶賀他們的成功！而數千萬東省的可憐同胞，爲神妙的“通
　　貨統制”的鎖練所套住，永遠被囚禁於黑暗的地域做著牛馬的工作，過
　　著非人的生活！我們眼見得東北同胞這樣的苦痛，能不傷心？再回頭看
　　看我們自身所處的環境，我們該如何地興起共圖生存呢？《禹貢》，

　　雖然實地考察是禹貢學會所極力提倡者，但此時東北已淪入日本之手，旅行考察較爲困難，爲彌補聊勝於無之缺憾，「東北研究專號」發表了王華隆〈瀋陽史蹟〉⑳，侯仁之〈讀《黑龍江外記》隨筆〉⑳，以及汪聲玲的〈烏桓泥爪〉⑳。

　　〈瀋陽史蹟〉是一篇有關風土文物介紹之類的文字，〈讀《黑龍江外記》隨筆〉介紹西清《黑龍江外記》的各種刊本，並討論書中所述之內容，此書內容爲乾嘉之際(1790-1800)的東北，對當時滿人各部族之分布與漢人移墾的情形，有頗爲寫實之描述。〈烏桓泥爪〉爲日記體之札記，敍述辛丑年之花子溝案，汪聲玲於赴熱河途中將所見所聞付諸筆墨。類此之札記隨筆，在無法從事實地考察時，亦有其一定的參考價值。

　　值得注意的是「東北研究專號」中，有 4 篇屬書目文獻之類的資料，極具參考價值，包括：金毓黻〈遼海叢書總目提要〉⑳，陳鴻舜〈東北期刊目錄〉⑳、〈東北書目之書目〉⑳，靑木富太郎等輯、劉選民校補的〈東北史地參考文獻摘目〉⑳等；這些書目及提要，對東北史地研究提供了極佳的研究資料，而且陳鴻舜〈東北期刊目錄〉、〈東北書目之書目〉，劉選民〈東北史地參考文獻摘目〉等篇，所收材料均及於日文、英文、法文、德文與俄文，皆屬蒐錄頗全之參考文獻。

　　　6:3.4，頁 157)

⑳　《禹貢》，6:3.4，頁 159-166。

⑳　《禹貢》，6:3.4，頁 167-189。

⑳　《禹貢》，6:3.4，頁 183-189。

⑳　《禹貢》，6:3.4，頁 191-201。

⑳　《禹貢》，6:3.4，頁 203-231。

⑳　《禹貢》，6:3.4，頁 233-255。

⑳　《禹貢》，6:3.4，頁 257-297。

　　以上所述乃《禹貢‧東北研究專號》之主要內容，而此一專號之內容，與其他各期專號有其相似之處，亦即在縱的歷史之外，有橫切面的呼應，加上實地考察與研究成果的書目提要，就此而言，《禹貢》的專號大體上是相當具有參考價值的研究材料；雖然這些專號也許祇解決了某些問題，或僅提供一個可能的解決方向[254]；但無論如何，這種顧及各種層面的研究方式，是值得參考的。而且更重要的是，在類此的研究方法中，同時存在著樸學考據與學術救國的時代使命，亦即考據之學與經世之學的交互爲用，從這一點來說，禹貢學派可謂替樸學考據找到了一條新的出路。

　　但因此時東北已經淪陷，部分材料搜集不易，實地考察之旅行亦不可得，這是「東北研究專號」的小小缺憾；惟在有關西北史地研究方面則較少此類困擾，因爲此時西北名義上猶在南京政府統治下，有較多旅行的自由，在資料搜集和實地考察方面，均較方便進行。

　　《禹貢》推出五次有關西北的研究專號，包括「西北研究專號」、「回教與回族專號」、「後套水利調查專號」、「回教專號」、「察綏專號」等，其中最早推出的是 5 卷 8.9 合期的「西北研究專號」。

　　「西北研究專號」於 1936 年 7 月 1 日出版，所刊載的論著以考據和研究爲主；考據方面如趙惠人〈史漢西域傳記互勘〉[255]，趙泉澄〈清代地理沿革表 (陝西省，甘肅省，新疆省)〉[256]，王崇武譯日本學者安島彌一郎的〈月氏西遷考〉[257]。

---

[254]　如日本學者對本期內容即有所批評，見：成田節男著、王懷中 (譯)，〈禹貢的東北研究專號〉，《禹貢》，6:11，頁 65-67。

[255]　《禹貢》，5:8.9，頁 115-144。

[256]　《禹貢》，5:8.9，頁 145-151。

[257]　《禹貢》，5:8.9，頁 29-36。

趙惠人〈史漢西域傳記互勘〉與趙泉澄〈清代地理沿革表（陝西省，甘肅省，新疆省）〉二文，係傳統的考據文章，與前文所論「東北研究專號」之文類近，即樸學考據之延續。日本學者安島彌一郎的〈月氏西遷考〉所引資料以《史記》、《漢書》爲主，並參考日本學者的相關著作，對月氏西遷之史實考訂頗爲詳確。此文爲「西北研究專號」中有關月氏研究的三篇文章之一，另外兩篇爲馮家昇〈月氏之民族與研究之結論〉⑱，以及張星烺譯述的〈大月氏民族最近之研究〉⑲；馮家昇的文章是爲 1932 年夏徐中舒和鄭德坤有關 "月氏" 與 "月氐"之爭辯做一總結，對 "月氏" 的讀音、含意、種屬、居地、版圖及中西學者有關之著述做一整理，所引述的資料頗爲豐富，包括中、英、日、法、俄文之著作均加以搜羅，而且馮家昇亦能綜合各家說法提出一己之見，是一篇極具研究意義且富參考價值之論著。張星烺的譯述基本上是一篇夾譯夾評的文章，在敍事上稍顯紊亂。正確地說，《禹貢·西北研究專號》事實上應爲「大月氏研究專號」，因爲本期專號的三篇主要論著均與大月氏有關。

　　一如《禹貢》其他專號，「西北研究專號」亦刊登數篇有關當代史的論著，包括實地考察和相關研究的參考書目。譚惕吾〈新疆之交通〉⑳，是一篇相當詳盡的報導，將新疆的各種道路形態、路程遠近、驛站、航路、郵政、電報、航空等等，均有翔實之記錄，是一篇極佳之旅遊指南，也是頗具參考價值的國防地理。而作者之所以撰寫此文，主要是希望可以做爲建設新疆的參考，因而對新疆交通現況之描述，幾近

---

⑱　《禹貢》，5:8.9，頁 1-18。

⑲　《禹貢》，5:8.9，頁 19-36；此文原作者爲挪威之斯敦柯諾甫，但查考相關著作皆不得其外文名，暫缺。

⑳　《禹貢》，5:8.9，頁 49-112。

巨細靡遺，尤其各相關里程之數據對開發西北極具參考價值⑳。

　　朱士嘉與陳鴻舜合寫的〈西北圖籍錄——新疆〉㉒，是一分當時相關著作的總目錄，內容涵蓋中、日、英、法、德、俄文等資料，編目的方式和「東北研究專號」中陳鴻舜〈東北期刊目錄〉、〈東北書目之書目〉二文類近，由此或可推知陳鴻舜可能是當時搜集邊疆史地研究著作目錄的專家；而且由〈西北圖籍錄——新疆〉所列的參考書目來看，當時外國的相關研究似乎比中文著作要多得多，亦不禁令人心生感慨。

　　在有關實地考察方面，「西北研究專號」與「東北研究專號」的情形有點類似，亦即未有當時代之實地考察，而以介紹舊有之著作代替，如丁則良譯英國楊哈斯班的〈帕米爾遊記〉㉓，吳玉年〈跋《西域見聞錄》〉㉔等；〈帕米爾遊記〉乃楊哈斯班 1890 第三次赴帕米爾旅行之記錄，譯自楊哈斯班所著《大陸之中心》(*The Heart of a Continent*) 書中的第 8 章〈遊帕米爾紀實〉("To The Pamirs 1890")，此文對 1890 年代帕

㉑　例如譚惕吾說：
　　　新疆僻處西陲，交通阻塞。以言行旅，則火車輪船之便俱無。最近西土鐵道雖成，然權屬俄國，有如長蛇繞腹，對我害多而利少。昔日由內地入新，動需五六十日或二三月不等。近來汽車雖通行，然道路未修，覆車，損機之事當所不免……。故新疆雖為我國至富之地，而國人多裹足不前。以言郵電，則名雖有之而實幾於無。每遇變故，即告停頓。其在平時，亦傳遞艱難；由首都與新疆通訊，一函之達，動經月餘；電報之速率有時較郵遞且遲。且多數之地皆不通郵電，公家消息猶有驛站可傳，至於民間則暌離兩地者即如同隔世矣！自今以往，國人對於新疆建設如有決心，必當首自開闢交通與整理交通始。（《禹貢》，5:8.9，頁 50）

㉒　《禹貢》，5:8.9，頁 153-177。

㉓　《禹貢》，5:8.9，頁 37-47。

㉔　《禹貢》，5:8.9，頁 49。

米爾的地理環境與風土民情有翔實之描述。〈跋《西域見聞錄》〉介紹七十一所著之《西域見聞錄》，將此書之各種版本做了詳確的考證，於書中所述之可信者與文獻無徵處均予以分析，殆猶考據之屬。

《禹貢‧東北研究專號》的實地考察部分付諸闕如，是可以理解的，因九一八事變後東北已淪入日本之手，且「東北研究專號」出版於1936年10月16日，旅行考察較爲困難；「西北研究專號」於1936年7月1日出版，此時的西北的大部分地區在南京國民政府統制之下，旅行考察應無特殊限制，何以無實地考察文章令人費解。

禹貢學會眞正身體力行實地考察，是1936年7月的"後套水利考察團"，亦即「西北研究專號」出版的同時。這次考察的成果製作成《禹貢》6卷5期的「後套水利調查專號」。

1936年7月6日，"後套水利考察團"由北平出發，團員爲張維華、侯仁之、李榮芳、蒙思明、張瑋瑛和陸欽墀，由張維華擔任領隊，張瑋瑛負責會計事務，交際接洽之事由侯仁之負責；此次考察，顧頡剛本擬隨行，因臨時有事取消；"後套水利考察團"的目的主要是訪問後套，參觀河北新村、安北和碩公中墾區和薩縣新農試場。這次考察的成果相當豐碩，一方面做了翔實的調查與研究，另一方面亦對學術救國做了良好的呼應。這次的考察進行約25天，由7月6日至31日，其中侯仁之、蒙思明、張瑋瑛和陸欽墀於7月21日啓程東返，沿途繼續參觀民生渠和雲岡石窟，7月26日抵達北平；張維華和李榮芳繼續訪問趙寡婦村牛壩和五原水利局等地，7月31日東歸，次日抵達北平㉖。

㉖ 訪問行程據侯仁之與張維華〈旅程日記〉寫成；《禹貢》，6:5，頁149-196；案：此日記7月6日迄26日爲侯仁之所記，21日後因考察團分兩路，另有張維華之日記，迄31日止。侯仁之的日記以感性的筆調寫成，如在出發前他這樣寫道：

此次考察的成果發表於《禹貢‧後套水利調查專號》，這期專號可能是最符合禹貢學會宗旨的一期，亦即樸學考據、歷史地理、邊疆史地與實地考察的結合，尤具意義的則是實踐了“到西北去”的時代呼喚。

在〈安北和碩公中墾區調查記〉文中，李榮芳記錄了九一八事變以後，東北流亡民眾的西北移墾成績。而為了號召民眾到西北去，“西北移墾委員會”印發了幾本小冊子，包括：《西北移墾委員會移墾說明書》、《西北移墾委員會墾民須知》和《西北移墾委員會辦事處組織大綱》，在這些小冊子中，“西北移墾委員會”要墾民們知道的事有下列諸項：為什麼要去開墾？為什麼要到西北去開墾？到西北的那個地方去？有志於到西北去開墾的人如何登記？並且在這三本小冊子的封面上都印了開墾的信條㊻，由這些信條或可略窺當時“到西北去”的呼喚是如何深入民心；而在「後套水利調查專號」中，此類呼聲不一而

當晚大家曾把《綏遠分縣圖》細讀一番，又請顧剛師把此行特別應該注意的問題寫下來。他一面筆記，一面解說，大家伏在圓桌周圍，傾耳細聽。屋子高而大，燈光就顯得分外微弱了。四周襯得一片寂靜，只聽得顧剛師絮絮蘇白，像爐旁燈下一位老人在傳述著一些古老的舊話似的，使人神往……。四人裝著滿腔的興奮踏上歸途，月光從天津塔上瀉進未名湖裡，映出一種意味飄渺的神仙境界。四人之中的一個忽然說：「不久之後，我們應該趁著月光到荒茫無際的黃河邊上散步了！」這是夢麼？（《禹貢》，6:5，頁149）

㊻ 有一篇呼籲民眾到西北開墾的廣告是這樣寫的：
我們到西北去，要人人自食其力！
我們到西北去，要人人做一個生產者！
我們到西北去，要堅決我們的志願，努力創造我們的新天地！
我們到西北去，要同心協力，精誠互助，開闢我們的樂園！
我們到西北去，要先公而後私！
我們到西北去，要準備實力，誓復國仇！
我們到西北去，要將汗灑在西北，血流在東北！（《禹貢》，6:5，頁88）

足。但“後套水利考察團”並非止於口號式之呼籲，而是對河套地區確實做了詳盡的報導，如侯仁之〈河北新村訪問記〉(267)、〈薩縣新農試場及其新村〉(268)，李榮芳〈安北和碩公中墾區調查記〉(269)、〈綏遠宗教調查記〉(270)，張瑋瑛〈後套兵屯概況〉(271)，張維華〈王同春生平事蹟訪問記〉(272)，其中侯仁之〈河北新村訪問記〉、〈薩縣新農試場及其新村〉，李榮芳〈安北和碩公中墾區調查記〉、張瑋瑛〈後套兵屯概況〉諸文，均附有地圖，頗爲詳盡且富參考價值。

李榮芳〈安北和碩公中墾區調查記〉對墾區的地形、交通、組織、建設及領導人，均有所錄，尤其關於墾區的組織運作和實際建設，有縝密的分析與描述，可以看出當時屯墾區的一般狀況，係一篇融合調查與分析相當成功的報導(273)；雖然李榮芳對西北開墾未免過度樂觀，在自然條件的限制下，西北墾拓所須面對的問題，並非簡單的水利溝

(267) 《禹貢》，6:5，頁 59-68。
(268) 《禹貢》，6:5，頁 105-117。
(269) 《禹貢》，6:5，頁 87-104。
(270) 《禹貢》，6:5，頁 139-147。
(271) 《禹貢》，6:5，頁 69-86。
(272) 《禹貢》，6:5，頁 119-137。
(273) 如在描述屯墾區之現況時，李榮芳說：

> 墾區的面積，共七萬一千八百零一畝六分，除去沙陀二千九百二十九畝三分，計有荒地六萬八千八百七十二畝三分；再除去汽車路，公路，溝渠，壩，細沙地，堿片地三成，實再〔在〕可耕墾的，共有四萬八千三百一十畝，墾區土地的性質，是粘土的性質，內中含著細沙，也含著很重的鹹性，不過經過河水澆灌，無論什麼地方，都可以成爲肥美的土地，種田禾，種菜蔬，都是很相宜的，所以講求水利，也是墾區惟一的要務。……總括起來，墾區的基址，無論從交通方面說，無論從水利方面說，都是很便於墾發的，如果墾區辦理順利，幾年之後，便可以楡柳成林桑麻遍野，把一個荒涼的地方，變成繁富的區域。(《禹貢》，6:5，頁 91)

渠即可解決，至於像李榮芳所說的由荒涼到富庶，尤非一蹴可即[274]。

張瑋瑛〈後套兵屯概況〉乃參考"綏區屯墾督辦辦事處"編印的《綏區屯墾第一二三年工作報告》所寫成者，對有別於"民屯"之"兵屯"有深入的分析。此兵屯計畫爲閻錫山所倡，乃寓兵於農之措施，在各方的努力配合下，成績斐然。張瑋瑛在分析兵屯狀況後，做了一個總結：

> ……後套兵屯，爲期不過四年，而事業規模，蔚爲大觀。曩昔閻百川氏〔案：閻錫山〕力倡土地村有之制，雖其理論及實施不無可議之處，然仍不失爲改革土地私有制之有力方案，正宜假綏西墾區，實地試驗。……望當其事者，一本已往數年中努力創業之精神，領導後套開發事業，加大規模水利之整頓與交通之興建等等，並應注意土地之分配，新社會之建設，則其前進之發展，吾人於有厚望焉。　(《禹貢》, 6:5, 頁86)

張瑋瑛的期望，可視爲知識分子對實際從事建設者之期許。如果說"到西北去"是當時的一種口號，那麼，上述移墾和兵屯便是具體的實踐，而禹貢學會的邊疆史地研究和實地考察，亦從"後套水利考察團"獲得實踐。

李榮芳〈綏遠宗教調查記〉是一篇有關宗教信仰的調查報告，對

---

[274] 地質學家翁文灝便認爲對西北開發不可過於樂觀，他以專家的角度論析因地形雨量種種限制，開發西北的方法也不能如一般所說的移民實邊便能成功；見：翁文灝，〈如何開發西北〉，《獨立評論》，第40號 (1933年3月5日)，頁2-3。

綏遠的佛教、喇嘛教、道教、回教、基督教、天主教和大教⑳，皆有所敍述，但因李榮芳停留的時間可能不長，蒐集之材料亦非豐富，不免於稍嫌浮光掠影。張維華〈王同春生平事蹟訪問記〉㉖則賡續顧頡剛於《禹貢》2 卷 12 期所發表的〈王同春開發河套記〉，且因實際接觸了王同春的兒子王喆 (樂愚) 和女兒王雲卿 (二老財)，所得資料極其珍貴，對王同春開發河套之事蹟有更深入的報導。

一如《禹貢》其他專號，「後套水利調查專號」當然也有歷史考據的部分；如李秀潔〈後套沖積地的自然環境概況〉㉗，張維華〈古代河套與中國之關係〉㉘，蒙思明〈河套農墾水利開發的沿革〉㉙等篇，皆屬歷史背景之研究，亦即以考據爲基礎的歷史審視。

此外，在「後套水利調查專號」中，尚有兩篇與現實相結合的論著；其一是郭敬輝〈劃分西北自然地理之我見〉㉚，其二爲段繩武〈開發後套的商榷〉㉛；段繩武是 "河北新村" 的村長，"後套水利考察團" 訪問的目的之一即他所主持的河北新村，在〈開發後套的商榷〉一文中，段繩武對河套的現狀及應有的開發方案，以親身經歷者的角度加以分析，如政治組織、經濟輔助、水利管理與技術、稅收、土地所有權、造林、農業改良、移民等問題，均有鞭辟入裡的見解，尤其對後

㉕ 大教是一種民間信仰，融合了儒、釋、道之教義，其廟宇有文昌祠、菩薩廟、財神廟、土地廟、馬王廟、家廟、關帝廟、龍王廟、娘娘廟等，見：《禹貢》，6:5，頁 142。

㉖ 《禹貢》，6:5，頁 119-137。

㉗ 《禹貢》，6:5，頁 1-8。

㉘ 《禹貢》，6:5，頁 9-24。

㉙ 《禹貢》，6:5，頁 33-49。

㉚ 《禹貢》，6:5，頁 25-31。

㉛ 《禹貢》，6:5，頁 51-58。

套未來的規劃，更顯現了實務工作者與學術研究之間的差異。郭敬輝
〈劃分西北自然地理之我見〉係由《劃分中國自然區域地理芻議》所
節錄出來的，此文將西北自然地理分爲：塔里木盆地、準噶爾盆地、
柴達木盆地、黃河上流區、套西蒙古草原、河套區域、西蒙二盆地、
漠北蒙古區域、東蒙草原等九區，並認爲應依自然區域之劃分從事開
墾。

　　透過「後套水利調查專號」的內容，觀察禹貢學會研究與現實之
結合，可能較易瞭解禹貢學會的宗旨，即在樸學考據之外，對時事多
所關心，並由此走出新的方向。但分析《禹貢》7卷總計74期的內容，
其理想與實際之間仍是有落差的。因此，究竟以較符合宗旨之「後套
水利調查專號」爲檢驗禹貢學會有關歷史地理學研究的標準，或以大
部分《禹貢》各期所呈現的內容爲評量，是一個見仁見智的問題。如
果以「後套水利調查專號」爲代表，那麼很可能造成一個錯誤的假象，
以爲《禹貢》各期內容均爲如此，而造成形式主義之誤謬；比較可信
的推論，可能仍需將《禹貢》定位於以樸學考據爲根本的治學方法，
邊疆史地研究則是時代風潮下之轉向，或許可以獲得較接近事實之理
解。

　　刊載於《禹貢》7卷1.2.3合期的〈本會此後三年中工作計畫〉一
文，便對《禹貢》自第5卷以後的邊疆史地研究有所說明：

> 在已往一年之內，曾以情勢所迫，趨重邊疆問題之研究，如西
> 北回族，西南康藏，東北史地，北邊國防，河套水利，南洋華
> 僑問題，均經調查研究。當此國家多難之日，吾輩書生報國有
> 心，而力有未逮，竊願竭駑鈍之資，爲救亡圖存之學。《禹貢》，
> 7:1.2.3，頁13-14)

在慶祝禹貢學會成立三週年的〈紀念辭〉中，同樣也提到在邊變的時局下，知識分子的學術報國之道：

> 在這樣嚴重的時勢之下誰不感受到窒息的痛苦，只要是有血氣的人，誰的心裡不曾沸騰著熱血，於是大家嚷著救國。可是，救國固仗著熱烈的感情，但尤其仗著冷靜的理智；救國不是一個空談的問題，乃是許多有效的實際規畫與行動的總和。所以我們不願用了策論式或標語式的幾句門面話來博取一剎那間洩憤的快意，而要低著頭沉重著腳步走路，希望在眞實的學術裡尋出一條民族復興的大道來。　《禹貢》，7:1.2.3，頁 1-2)

從這段話來看，禹貢學會轉向邊疆史地研究，實乃時代因素使然，從此一方向思考，對禹貢學會的關心邊疆事物，當可以獲得較具同情的瞭解。

除「後套水利調查專號」之外，《禹貢》7 卷 8.9 合期再次製作了與西北有關的「察綏專號」。

「察綏專號」的內容與「東北研究專號」、「後套水利調查專號」相類，即樸學考據、地理沿革、邊疆史地與實地考察的結合；但在實地考察方面較「東北研究專號」多，而少於「後套水利調查專號」，至於有關地理沿革部分則幾乎皆屬考據體◯。

◯ 如：陳增敏，〈察綏之歷史地理概況〉(《禹貢》，7:8.9，頁 1-16)；葛啓揚，〈察綏二省之自然地理鳥瞰〉(頁 17-22)；楊寔，〈察哈爾省農業區之自然環境〉(頁 23-24)；李秀潔，〈釋陰山〉(頁 35-40)；張維華，〈趙長城考〉(頁 41-60)；史念海，〈西漢燕代二國考〉(頁 61-68)；高佩，〈兩漢征伐匈奴考〉(頁 69-76)；馮家昇，〈蠕蠕國號考〉(頁 77-80)。

「察綏專號」是 1936 年 11 月禹貢學會赴察哈爾考察蔚縣古石刻的成果，但實地考察的成績卻無多。關於當代史的文章，亦多卑之無甚高論[283]。其中馮家昇〈記察綏盟旗〉取材自日本學者吉村忠山之《內蒙古》一書[284]，殊少個人見解；比較具有現實意義的是王喆〈後套渠道之開濬沿革〉[285]，樓祖貽〈察綏郵驛述略〉[286]，劉恩〈從察哈爾省的疆域到察哈爾省的危機〉[287]等三篇文章。

王喆乃王同春之子，他的〈後套渠道之開濬沿革〉一文，將後套地區的九條渠道做了極詳盡的描述，對各渠的水量、長度、流經區域等等，做細部的解剖，由於是當事者的一手記錄，有極高的參考價值。樓祖貽〈察綏郵驛述略〉對郵譯的設立與現況，描述細膩，於驢馬數量、火車郵路、汽車郵路等項目，均有所整理，里程上的數字亦考訂精確，是相關文字中較縝密者。劉恩〈從察哈爾省的疆域到察哈爾省的危機〉一文，描述察省人民的艱苦生活，人口的稀少加上兵災人禍，水旱連年，期望當政者能速謀解決。

在「察綏專號」中，真正屬於禹貢學會察哈爾考察計畫的文章，僅張維華的〈懷安漢墓發掘訪問記〉[288]，但此文所敍述者並非當初所欲調查的對象——蔚縣古碑，而是懷安縣所發掘的漢墓。

---

[283]　如：韓儒林，〈綏北的幾個地名〉（《禹貢》，7:8.9，頁 81-88）；馮家昇，〈記察綏盟旗〉（頁 89-99）；許錫五，〈集寧設治與改縣之確實日期〉（頁 101-104）；紀國宣，〈宣化縣城文獻述略〉（頁 105-122）；劉塞生，〈塞北概況〉（頁 171-174）。

[284]　《禹貢》，7:8.9，頁 99。

[285]　《禹貢》，7:8.9，頁 123-151。

[286]　《禹貢》，7:8.9，頁 153-165。

[287]　《禹貢》，7:8.9，頁 167-170。

[288]　《禹貢》，7:8.9，頁 175-179。

　　此外，「察綏專號」亦刊載了許輯五和吳玉年合輯的〈關於察綏問題的圖籍與論文索引〉[289]，但僅限於中文部分，是《禹貢》專號中蒐錄參考書目較不齊全者。就整體的製作而言，「察綏專號」在實地考察的成效上不算成功，書目的整理亦未見豐富，是《禹貢》所製作專號中較爲疏陋的一期。

　　禹貢學會因應時局變化而加強邊疆史地研究的軌跡是相當明顯的，圖 4-3-1 即爲《禹貢》與邊疆史地研究有關的文章之統計：

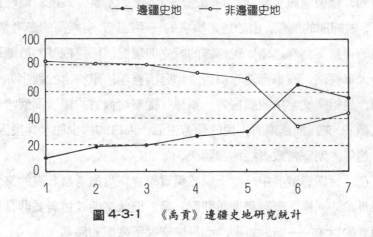

圖 4-3-1　　《禹貢》邊疆史地研究統計

　　由圖 4-3-1 所顯示的，在第 5 卷以前，與邊疆史地有關的論著呈緩慢成長，到第 6 卷則急遽地增加，就《禹貢》的內容加以分析，主要是專號的製作所使然，因爲大部分的專號均以邊疆爲主，因此專號較多的第6卷，有關邊疆史地研究的文章高達65.9%，第7卷亦達55.9%，可見《禹貢》到第 6 卷與第 7 卷時，有關邊疆史地的論著較地理沿革爲多，很可以說明時局變化對禹貢學會研究方向的影響。

[289]　《禹貢》，7:8.9，頁 181-188。

　　雖然戰局起東北，西北亦連帶叫急，因而有關西北的專號最多。此外，禹貢學會對西南的康藏地區和南洋移民亦有所關心，6 卷 12 期的「康藏專號」和 6 卷 8.9 合期的「南洋研究專號」即其代表。

　　「康藏專號」的編輯方式與「東北研究專號」、「後套水利調查專號」相類，即歷史的回顧與現況調查並行，惟歷史的回顧較現況調查稍多⑳，而且因爲自近代年以降西藏向爲英國之屬地，因而在歷史背景的敍述上，刊載了較多外國學者的相關論著，如斯文・赫定〈西藏〉㉑，榮赫鵬〈英人探險西藏埃非爾士峰記〉㉒，這兩篇文章大體代表了外國學者對西藏的一般見解；此外，也訪問了美國的西藏通駱約瑟博士 (Dr. Joseph Francis Charles Rock) ㉓；因而「康藏專號」成爲《禹貢》中引介外國學者論著較多的一期，反倒是中國學者的研究甚少。由此可知在 1920-30 年代間中國學界有關西藏的研究，猶在蒙昧初啓的時期，甚或在中國近代史學史上，有關西藏論著雖有不少，但整體而言，卻未受到應有的重視。

　　事實上，在傳統中國史學中，有關邊疆史地的研究一直在正統史學的邊緣，即使在清中葉後雖一度成爲顯學㉔，但大部分時代則是不

㉚　《禹貢》6 卷 12 期歷史溯源的論著包括：王謨，〈由地形氣候物產說明康、衛、唐之重要性〉（頁 21-23）；吳豐培，〈記清光緒三十一年巴塘之亂〉（頁 43-52）；余貽澤，〈藏軍犯康述略〉（頁 53-63）；孟森，〈國史所無之吳三桂叛時滿漢蒙文勅諭跋〉（頁 69-72）；吳玉年，〈撫遠大將軍奏議跋〉（頁 73-74）；傅振倫，〈西藏銀幣考〉（頁 83-596）等篇；有關現況者有：榮赫鵬著、絳央尼馬（譯），〈英人探險西藏埃非爾士峰記〉（頁 29-41）；余貽澤的一篇短訊〈康定現狀〉（頁 65-68）。

㉛　《禹貢》，6:12，頁 1-20。

㉜　《禹貢》，6:12，頁 29-41。

㉝　《禹貢》，6:12，頁 75-81。

㉞　參考：杜維運，《中國歷史地理・清代篇》，收入：石璋如等，《中國歷史地

受重視的。這正說明了在中國傳統史學中，向來視邊疆民族爲 "夷"，鮮少有學者以民族平等的態度來看邊疆民族問題，這種心態在論著上乃明顯地表現出來。所以，《禹貢》4卷2期刊載吳玉年〈西藏圖籍錄〉和傅成鏞〈西藏圖籍錄補〉㉟，以及「康藏專號」中鄭允明〈西藏圖籍錄再補〉㉟、吳玉年〈西藏圖籍錄拾遺〉㉟等四篇有關西藏研究的書目中，外國學者的研究，在質量上均超過中國學者。因此，就「康藏專號」而言，在現實意義上，主權宣示的成分可能較學術研究的成分大。雖然在北平圖書館輿圖部編的〈康藏論文索引〉中，所列的均爲中文論文㉟，相對的也有范道芹譯的〈《泰晤士報》十年來關于西藏的文字索引〉，則是英國《泰晤士報》中刊載有關西藏的報導㉟。在1930年代有關西藏的研究，就現有資料所顯示的，中國學術界確仍在起步的階段，此類現象接續在清中葉以降邊疆史地研究的顯學之後，確實是令人感到訝異的。

　　將南洋群島的華人移民列入邊疆史地，主要是著眼於移民史、開發史、經濟史與文化交流史的角度，特別是在1930年代的中國，對貿易地位與戰略之需求尤爲重要；有關這方面的討論，陳增敏在〈南沙

理》，第3冊(臺北：中華文化出版事業委員會，1954)，頁7；胡平生，〈近代西北史研究之回顧〉，收入：臺灣大學歷史系(主編)，《民國以來國史研究的回顧與展望》(臺北：國立臺灣大學歷史系，1992)，頁1611-1650；有關清儒重視邊疆史地的討論在1612-1613；方豪，《中西交通史》(臺北：華岡出版公司，1977)，頁3-4。

㉟　參考：吳玉年，〈西藏圖籍錄〉，《禹貢》，4:2，頁53-63；傅成鏞，〈西藏圖籍錄補〉，《禹貢》，4:2，頁65-70。

㉟　《禹貢》，6:12，頁95-105。

㉟　《禹貢》，6:12，頁107-111。

㉟　《禹貢》，6:12，頁113-127。

㉟　《禹貢》，6:12，頁129-134。

群島的自然環境與其在國際上所發生的關係〉一文提出的見解，具有
相當的代表性：

> 以過去本區〔案：指南沙群島〕位置太偏僻，不大為人注意，雖受中
> 國印度影響甚深，但未被作有計畫的開發，更未深加研究和瞭
> 解。所以南沙群島無論在經濟開發或學術研究，都形成新的園
> 地，而且有著很大的誘惑力，引起各色冒險性的人們之注意。
> 困苦的人常想來這裡謀生，稍有野心的便想來發財；有學問的
> 尤其是科學家，常想到這裡來尋求新發現和新發明；野心政治
> 家更早把此地看得非常複雜和重要，他們認為這裡可以阻塞東
> 方勢力之向外膨脹，也是西方勢力的堡壘和侵略遠東的根據地。
>
> （《禹貢》，6:8.9，頁1）

因此，面對世界的新局勢，禹貢學會覺得有必要對南沙群島進行研究，
討論此地區與中國的關係，歷史上有關的記載及地名之考異等等，並
對南洋地區華僑沒落的原因，以及華僑的現況加以分析，禹貢學會的
用心，顯然係將南洋視為類似東北和西北地區加以看待，亦即希望透
過歷史文化的溯源，接續南洋與中國的母子關係，並進而思考南洋現
況與未來的發展。

　　由禹貢學會的邊疆史地研究，可以看出一個明顯的現象：從事邊
疆史地研究時，往往必須借助外國的研究或資料，康藏地區借助於英
國與歐洲學者的考察報告或研究成果，東北地區參考日本，西北地區
則是俄國、日本與歐洲皆有所取材。這說明了當時中國學術界對於邊
疆史地的研究，大抵仍處於有心栽花、尚未結果的情形。

　　在傳統中國史學中，雖然亦可找出許多例證，說明邊疆史地在某

一時期受到青睞，但在 1930 年代的中國，此一研究領域之尚待開發，則是無庸置疑的。如謂邊疆史地研究是出於中國史學界內自發的運動，毋寧說是受時代之影響可能更爲允當。而在關心當代時事的過程中，禹貢學會當然也注意到傳統中國史學曾有過關心邊疆史地的時期，因而顯現於《禹貢》者，乃係在尋根中探索未來的方向。事實上，現代中國史學發展過程中的反傳統運動，參與者大部分是在舊學紮穩根基之後，再對傳統加以檢討，而非在未認識傳統以前，就大放厥詞⑳。所以，在從事邊疆史地研究的時候，禹貢學會念念不忘者仍是清代學者的研究成果，並希望能賡續其精神，做進一步的發揮。在這方面，禹貢學派和史地學報派的做法可謂殊途而同歸。

　　然而研究邊疆史地固非書案考據所能解決，實地考察尤爲不可或缺的一環。《禹貢》第 6 卷和第 7 卷的實地考察文字，在比例上較第 5 卷以前爲高，即與專號的設計有關，因《禹貢》的專號內容主要爲邊疆史地研究，在實地考察方面較具急迫性與必要性。以現代學術名詞來說，實地考察即田野調查，禹貢學會的實地考察內容，在邊疆史地的部分包含兩項意義：其一爲歷史地理層面，另一則是文化人類學的層面，因爲在有關邊疆史地的研究中，所遭遇到的不僅是地理考察的問題，尚有民族文化的探源尋根問題，所以在研究的過程中，常將歷史地理、民族學與文化人類學的問題混爲一談。這類研究在當時可能是不自覺的，因爲在傳統的學術分類中，歷史地理學、民族學和文化

---

⑳　參考：余英時，〈中國近代思想中的激進與保守〉，收入：余英時，《猶記風吹水上鱗》，頁 199-242；關於五四知識分子的反傳統思想，余英時文中這段話指出了問題的關鍵：

　　"五四"第一代的反傳統者如胡適、錢玄同、魯迅等人都是舊學深湛的人。蔡元培在答林紓的信中便強調了這一點。他們反中國傳統，是入室操戈以後的事，因此確有所見。　（頁 241）

人類學之間，並未有明確的學門定義，而以籠統的史學加以涵蓋，因此在進行實地考察時，這些問題是同時受到照應的。圖 4-3-2 爲《禹貢》有關實地考察的統計：

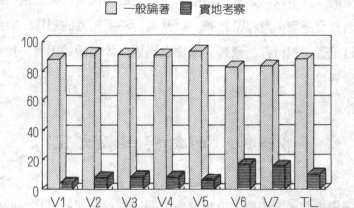

圖 4-3-2　　《禹貢》實地考察比例

　　由圖中所顯示的，《禹貢》在第 5 卷以前，實地考察文章所占比例均未超過 10%，第 6 卷增加爲 17.1%，第 7 卷爲 16.1%，這兩期《禹貢》的實地考察文章，在比例上接近是前幾卷的兩倍，可見實地考察愈來愈受禹貢學會的重視。但《禹貢》中的實地考察文章並非全部與邊疆史地有關，部分文章僅屬地理小記之類，有些僅爲作者故鄉的采風報導，在寫作上近於文學而遠於歷史，雖然在資料搜集上謹守依據材料說話的基本原則，但在敍述上則以較文學化的形式呈現⑳，其文

㉚　此類遊記如：孟心史〔森〕，〈旅行松花江日記〉，《禹貢》，6:10，頁 97-112；李書華，〈陝遊日記〉，7:1.2.3，頁 297-315；徐炳昶，〈青峰山及雞峰遊記〉,，7:1.2.3，頁 317-324；丁稼民，〈登萊旅程日記〉，7:1.2.3，頁 325-334；侯仁之與張維華調查後套的〈旅程日記〉，6:5，頁 149-196；張璿，〈香河小志〉，

章屬性可能與傳統史學中的方志略近。

此外，部分實地考察文章係旅行札記之屬，並非嚴格的史學文字，與今日田野調查之嚴守學術分際亦有所異。較值得注意者可能是遊記寫作的提倡，其中以李書華的幾篇名山遊記最具代表性[302]，這些遊記大部分附有交通圖與遊程路線圖，以及旅行時所拍攝的照片，寫作方式則爲日記體，對行程、景觀、風物之描述，大體頗爲翔實，足可供旅行之參考[303]。

第四節　回教與回教文化

由邊疆史地研究出發，禹貢學會發展出對邊疆民族文化的關心，並由此拓展視野，從邊疆史地研究到對境內所有少數民族文化的整體關懷，乃禹貢學會走出樸學考據的新方向之一；在這方面最具代表性的就是回教與回教文化研究。

在《禹貢》專號中，有關邊疆民族研究最具規模的可能是 5 卷 11 期的「回教與回族專號」和 7 卷 4 期的「回教專號」。在這兩期專號中，當然也有《禹貢》傳統的歷史考據類文字[304]，其中金吉堂〈回教民族

5:2，頁 69-73。

[302] 李書華於《禹貢》發表之遊記甚多，如：〈黃山遊記〉，3:10，頁 32-47；〈房山遊記〉，5:2，頁 45-67；〈天臺山遊記〉，6:1，頁 43-54；〈雁蕩山遊記〉，6:2，頁 51-63。

[303] 這類文字與《史地學報》的「地學考察報告」相類，相關討論請參考本書第 3 章第 4 節〈歷史地理學的理論與實踐〉。

[304] 如《禹貢・回教與回族專號》有：金吉堂，〈回教民族說〉（頁 29-39）；王日蔚，〈回族回教辯〉（頁 41-48）；（日本）桑原騭藏著、牟潤孫（譯），〈創

說〉和王日蔚〈回族回教辯〉、〈維吾爾（纏回）民族名稱變遷考〉三篇文章，將回教與回族之關係做了詳密的考證，解決了中國史上相關問題之爭論。白壽彝〈從怛羅斯戰役說到伊斯蘭教之最早的華文記錄〉和〈宋時伊斯蘭教徒底香料貿易〉二文，在文獻方面考訂詳確，對早期回教徒與中國之關係，做了周延的考證與敘述，是考據文字中較能提出一己之見的著作。Friderich Hirth & W. W. Rockhills 合著、安文倬譯〈十三世紀前中國海上阿拉伯商人之活動〉，其實是 Chau Ju-Kud: *His Work on the Chinese and Arab Trade in the Twelfth and Thirteenth Centuries* 一書之前言；牟沇譯〈趙汝适大食諸國志考證〉則是此書的正文部分。大體而言，兩期回教專號的歷史敘述內容頗為豐富，文獻資料與研究著作亦涵蓋中國、日本、俄國與美國，頗能反應當時學術研究之行情。

　　兩期回教專號中的歷史背景敘述，固然呈現了當時的研究成果，有關回教的當代史部分，更是這兩期專號最值得稱述的地方。「回教與回族專號」和「回教專號」的主編是白壽彝，從《禹貢》所刊載論著來看，有幾篇文章係白壽彝譯自俄文，由此推測他可能懂俄文，而且因為他是回民，對回教文化和回族史的關心亦較一般史學工作者高，因此白壽彝主編的兩期回教專號，在內容和資料的整理上，都極有可觀。

　　刊載於「回教與回族專號」的〈中國回教與成達師範學校〉，作者

建清真寺碑〉（頁 49-55）；白壽彝，〈從怛羅斯戰役說到伊斯蘭教之最早的華文記錄〉（頁 57-77）；Friderich Hirth & W. W. Rockhills 合著、安文倬（譯），〈十三世紀前中國海上阿拉伯商人之活動〉（頁 79-90）；《禹貢‧回教專號》有：王日蔚，〈維吾爾（纏回）民族名稱變遷考〉（頁 27-45）；白壽彝，〈宋時伊斯蘭教徒底香料貿易〉（頁 47-77）；Friderich Hirth & W. W. Rockhills 合著、牟沇（譯），〈趙汝适大食諸國志考證〉（頁 79-98）。

馬松亭阿衡爲回教的領導人。"阿衡"在回教中有其特殊的政教地位，不但職掌宗教的理論和儀式，而且對回民彼此的糾紛，也能片言折獄，使教民服從，形成阿衡在回教中的崇高地位⑳；所以，馬松亭阿衡在回教中固有其一定的影響力，在教育上也有舉足輕重的地位。在〈中國回教與成達師範學校〉文中，馬松亭阿衡將成達師範學校的回教教育做了一個完整的說明。

　　成達師範學校於 1925 年 4 月 24 日在濟南創立，此時馬松亭阿衡正擔任西關穆家車門禮拜寺教長，與唐柯三、法靜軒、穆華庭、馬紱等熱心宗教的志同道合之士，在互相研討之後，決議將計畫組織的回教師範學校命名爲 "成達"；據馬松亭阿衡的說法，是取其 "成德達材" 的意思。成達師範學校的校址設於西關穆家車門禮拜寺內，公推唐柯三爲校長，校內事務則由馬松亭阿衡負責。由成達師範學校的創立緣起，可知其目的乃在培養健全師資，發展回教文化⑳，所以成達師範學校乃以教育健全師資爲理想使命，馬松亭阿衡說：

---

⑳　馬松亭阿衡在〈中國回教與成達師範學校〉文中說：
　　中國回民因爲信仰的特殊，而影響到思想，文化，生活的各方面，在文化上，社會上，生活上，均保持獨立的系統。這種系統的存在，是被保存在一種特殊制度之下。這種特殊制度很值得我們注意的，便是每個回民聚居的地方，至少要有一個禮拜寺。這禮拜寺，並不是專供回民去禮拜禱告，實在是這一方回民活動的中心，主要的人物便是回民的領袖——阿衡。阿衡在中國回民中，實具著不可思議的神祕權力，固然阿衡都是學識深，品性高，使人尊重，而同時也是因爲服從領袖，是回民信德之一，並加以阿衡用種種的領導方法，使教民接受他的指導。這種指導，是純基於《古蘭》的教訓，及回民的法規。於是就形成了文化上，社會上，生活上，種種的特徵。　《禹貢》，5:11，頁 1）

⑳　〈成達師範學校總章〉第二條說：
　　本校遵照中華民國教育宗旨，施行師範教育，以造就健全師資，啓發回民智識，闡揚回教文化爲宗旨。　《禹貢》，5:11，頁 6）

此項師範教育具有二重作用：一，啓發回民智識。回民近來文化水準之漸低，回民教育之落伍，殆爲一種事實。然回民教育，自回教入中國以來，即成一獨立系統，各種教育部門均在特殊情況下發展著。故欲以普通教育而謀提高回民智識，殆爲事實所難能。因此成校之目的，即基於事實與回民教育之系統下，而謀啓發回民智識。其第二作用，闡揚回教文化。回教文化爲世界文化之一巨流，其影響世界文化頗鉅，同時亦爲回民信仰之中心，回民智識之源流，中國回民文化之骨幹。欲啓發回民智識，當然不能不注意到回教文化的闡揚。換言之，闡揚回教文化，即啓發回民智識也。　（《禹貢》，5:11，頁6）

馬松亭阿衡認爲闡揚回教文化不僅有利於回民，也對中國的存亡有所影響，因爲在中國文化失掉重心，中國人民意識上亦極爲散漫，以致國際地位淪落的時刻，回教文化對於當時的中國，有其相當之需要；因此，馬松亭阿衡認爲闡揚回教文化，即中國富強之一道。至於成達師範學校所訓練的畢業生，就馬松亭阿衡的看法可以擔任三種職務：

(1)宗教方面：擔任教長或教師，所謂教長即回教之阿衡；教師是普通領導人材，希望以教長的地位，領導全部的回民。(2) 教育方面：擔任普通小學或社會教育行政或教授的職務，利用教育的力量，作基本的領導啓迪工作。(3) 社會方面：擔任民衆組織與社會團體的領導工作，利用團體力量領導回民的種種社會活動[307]。

成達師範學校雖然具有崇高的理想，惟在成立時則遭遇種種挫折，諸如校址狹隘，經費拮据，師資、學生與職員均缺乏等等問題，但總

---

[307] 《禹貢》，5:11，頁7。

算突破種種艱阻，於 1925 年 8 月正式開課。

經過 10 年的慘澹經營，成達師範學校終於做出一些成績，學生與教師人數不斷成長，圖書館亦略具規模，定期出版圖書與刊物，畢業生亦均有良好發展⑳。在成達師範學校漸有規模之後，馬松亭阿衡希望能百尺竿頭更進一步，即小學和研究班恢復招生，以及開辦特別班，加強充實圖書館，成立研究回教的團體等等⑳，並與各文化學術團體聯絡，研究回教文化，以謀求回教文化的有機發展。

「回教與回族專號」中與回教教育有關的文章，尚有龐士謙的〈中國回教寺院教育之沿革及課本〉⑳，介紹明清以降到民國時期的回教寺院教育，並將各種回文大學課本內容加以分析，揭開回文教育的神祕面紗。

馬松亭阿衡和龐士謙的文章，將成達師範學校的源起和發展做了扼要的說明，對回教文化的現況與未來亦多所縈懷。趙振武的〈三十年來之回教文化概況〉⑳，則對近代中國回教文化之脈絡，有清晰之描述，如各中學、師範學校的分布與教學內容，埃及愛資哈爾大學中國學生名錄，經典譯著的出版概況，回教著作的出版情形，近代中國有關回教刊物的發行狀況，學術研究團體之介紹，回教圖書館的設備

---

⑳　馬松亭阿衡指出：

　　成校畢業生業已前後三班，共計四十七人，計有師範部兩班，研究部一班；畢業生中除派五人赴埃及愛大留學外，餘或派赴甘，陝，寧，籌辦回民教育，或擔任內地教長，或留校服務。（《禹貢》，5:11，頁 13）。

⑳　成達師範學校本有小學部，但因 1933 年擴充師範及籌建研究部而停辦，研究部第一屆於 1935 年畢業，因校舍關係，未得續招；特別班指非正式組織系統中之班次，擬訂預科二年，本科四年，招考回民舊式清真寺教育中 “海里凡” 之資格相當者成立專修部。（《禹貢》，5:11，頁 14）

⑳　《禹貢》，7:4，頁 99-103。

⑳　《禹貢》，5:11，頁 15-28。

與藏書等等，均有所論略，亦即對二十世紀初年迄 1936 年間的回教文化發展，做了整體的回顧。

由趙振武和馬松亭阿衡的文章內容來看，1920-30 年代可能是回教文化復興的時代，這種文化復興的意義，主要表現在對回教歷史與文化的研究上，而且在這股風潮中，牽連著文化與民族的意義，使得相關研究和時代有緊密的結合。因而在《禹貢》的專號中，所討論的不再限於是歷史或地理之研究，而涉及整個民族文化的問題；因此，禹貢學會的邊疆史地研究，就某種層面而，其實並非純然的地理沿革或歷史研究，而更接近民族學或文化人類學的研究方式，對邊疆民族有較多的尊重，且有心於保存邊疆民族的語言、文化及相關之哲學、法律等，在這種情形下，禹貢學會所著眼的不再是單純的邊疆史地或國防地理之類的問題，而是對回教文化的全面關心。

在有關東北史地的研究中，禹貢學會所努力的是證明東北為中國屬地，以對抗日本的侵略野心，在此前提下，禹貢學會在某種程度上，其實是用「以子之矛，攻子之盾」的戰略；也因為這樣，使得日本學者對禹貢學派有所批評，甚至以王國維受日本學者影響的淵源，試圖說服禹貢學會和他們合作⑫。這項企圖雖為禹貢學會所識破，但以歷史地理證明領土所有權的研究取向，禹貢學會和日本學者的做法是相類似的。惟在有關西北史地的研究中，禹貢學會則發展出對民族文化的興趣，並由此拓展其研究視野，從邊疆史地研究到民族文化的整體關懷，而且自邊疆民族擴及對境內各少數民族的關懷，尤為此前相關研究所未曾出現者。

---

⑫　相關討論參閱本書第 4 章 2 節〈《禹貢半月刊》內容分析〉；日本學者對禹貢學派的批評，見：森鹿三，〈禹貢派の人々〉，《東洋學研究‧歷史地理篇》（京都：東洋史研究會，1970），頁 371-375。

　　相對於趙振武和馬松亭阿衡對中國回教文化的關注，韓儒林所譯的〈近五十年西人之回教研究〉⑬，介紹了西方有關回教民族與文化的研究成果，對各種經典的譯本及相關著作臚列頗爲詳細，包括學術研究、通俗著作與回教詩文集，均納入書目範圍，是相關著作中，蒐羅文類較廣泛者。

　　除了文化與教育的分析外，當事者的自述尤彌足珍貴，王靜齋阿衡的〈五十年求學自述〉⑭，是一篇橫跨兩個時代的長者之自述。王靜齋阿衡本身是一位《古蘭經》專家，曾出版《古蘭經譯解》、《偉戛業》、《中阿新字典》、《回耶辨眞》等書⑮，此文將他的五十年經歷做了梗概的自述，對瞭解近代中國的回教，是一篇極好的參考資料。

　　蘇盛華的〈回漢糾紛經歷錄〉⑯，亦係以親身經歷寫成，此文對近代中國的回漢衝突，有相當翔實的描寫；特別因爲蘇盛華樸實無華的行文方式，頗能表達回漢糾紛的眞實面貌；他將西北的回漢問題歸爲四個癥結：(1) 西北回漢子弟，自幼在各自的單純的環境中耳濡目染的傳統觀念；(2) 成年後彼此接觸時，各自本著不同觀念發出的言行互相刺激；(3) 作官的人和土著有力量的人士始終跳不出傳統歧視的成見圈套；(4) 遠見深知的人太少，所以到處荊棘滿地；即有少數肯致力於此道的人，也是孤掌難鳴，終不免一敗塗地，致後來者咸有戒心⑰。因此，蘇盛華呼籲所有關心回漢問題的人，同心爲彌縫回漢之隔閡而努力。

---

⑬　此文的原作者爲 Gaudefroy Demombynes；《禹貢》，7:4，頁 1-17。
⑭　《禹貢》，7:4，頁 105-114。
⑮　《禹貢》，7:4，頁 114。
⑯　《禹貢》，7:4，頁 115-137。
⑰　《禹貢》，7:4，頁 136。

　　兩期回教專號均極關切回民的現況，如在「回教專號」所刊載的
10 篇各地回民狀況[318]，就是明顯的例證。此外，學者們對回教文化運
動的回應，亦極爲熱烈；如顧頡剛的〈回教的文化運動〉[319]，即對二
十世紀的中國回教文化運動，做了歷史性的回顧，並認爲這個運動的
新階段應包含下列四點：

　　1.在回教根本教義及各部重要教法有理論上的闡發。

　　2.將回教歷史上，關於阿拉伯文化與中國文化的媒合，及回教徒與
非回教徒沒有眞正的種族區別的各種事實整理出來，使教內外人有普
遍的認識。

　　3.大量而且精細地翻譯整理各種回文典籍，給中國學術界新鮮的
刺激。

　　4.對亞細亞各回教國家保持密切的聯絡和切實的瞭解，使得他們
因爲文化的關係，作保持中國西陲國防的重要因子[320]。

　　惟回教文化運動並非一蹴可即，顧頡剛指出在運動過程中亦出現
了幾個缺陷：其一，各方努力的不集中，亦即各團體間的合作不夠；
其二，回教徒發表的言論，往往是學術研究和宗教情緒混淆不清；其

---

[318]　這些文章包括：虎世文，〈成都回民現狀〉（頁 145-152）；盧振明，〈開封回
　　　教譚〉（頁 153-161）；王紹民，〈綏遠包頭的回民概況〉（頁 163-164）；戴鵬
　　　亮，〈河北交河泊頭鎮回民概況〉（頁 164-166）；益光，〈河北滄縣回民概況〉
　　　（頁 167-168）；泰安回教公會，〈山東泰安清眞寺調查表〉（頁 168-171）；鄭
　　　道明，〈河南鄭縣回民概況〉（頁 171-173）；馬全仁，〈河南新野沙堰鎮回教
　　　概況〉（頁 173-174）；馬有曜，〈雲南昆明的明德中學〉（頁 174-176）；馬旭
　　　初，〈雲南玉溪的回民概況〉（頁 593-178）。

[319]　《禹貢》，7:4，頁 187-189；據劉雪英，〈白壽彝先生撰述目錄（1929 年
　　　——1989 年 1 月）〉所列，此文爲白壽彝所代筆，《史學史研究》，1989 年
　　　第 1 期，頁 75。

[320]　《禹貢》，7:4，頁 188。

三，尚未建立具體的理論。而這三個缺陷除了回教徒本身的努力外，尤需各方之配合，所以顧頡剛呼籲政府和各學術團體能與他們合作，因爲祇有藉由政府的提倡和學術團體的合作，回教的文化運動方能有更美好的遠景㉑。

白壽彝本身是回族，也是研究回教史的專家，他在〈論設立回教研究機關之需要〉中，認爲中國學術研究長期處於落後之景況，是令人感到憂心的，尤其擁有五千萬教徒的回教，豈能再藉外國的研究報告來瞭解而已㉒。接著白壽彝分成學術研究、邊疆問題與種族問題等層面加以分析，討論設立研究回教文化機關的必要性：

> 回教同胞中不乏開明之士，非回教同胞中也有許多認識回教文
> 化的學者。我希望大家能夠結合起來，在政府輔持之下，設立
> 一個研究回教文化的機關，負起它在這個時代所應負的時代使
> 命。 （《禹貢》，7:4，頁187）

白壽彝的論點大抵頗切中時弊，因而能有愷切之建言。此處所謂時代使命包含兩重意義，其一是回教的學術文化研究，其二爲邊疆史地

㉑ 《禹貢》，7:4，頁188-189。

㉒ 白壽彝指出：
> 我國回教徒雖達五千萬的數目，但向來沒有一個研究回教的機關，作集
> 中研究的工作。以致弄得關於回教的知識，也還得看歐美人底研究報告，
> 看歐美人底旅行筆記。在以前，大家糊糊塗塗地過日子，覺得這不過在
> 學術上說，我們臉上無光而已，也還沒有什麼嚴重的關係。到現在，事
> 實上的教訓非常嚴厲，使我們覺得一個回教文化機關底設立，不只對於
> 純粹學術有許多好處，並且對於邊疆問題和國內種族問題底解決，也爲
> 必不可少的研究機關。 （《禹貢》，7:4，頁185-186）

與國防的需要⑳。但要使回教徒成爲國防上的助力而非阻力，則必須先瞭解他們的根本信仰，以及形成他們思想和生活形態上所憑藉的文化，此即白壽彝所謂研究回教文化的時代意義。

從《禹貢》的兩期回教專號，可以瞭解禹貢學會在邊疆史地的研究上，係將歷史地理、國防地理與民族文化三個層面加以結合的，因此，在東北淪陷，西北成爲國防後盾的情況下，禹貢學會乃用心於西北史地之研究，而此類研究亦非純粹之邊疆史地所能解釋，更非《禹貢》創刊初期之地理沿革所能涵蓋。由古代地理沿革到邊疆史地研究，甚而對民族學、文化人類學的關注，說明了禹貢學會因時局變化，在研究取向上的調整，正是樸學考據的新出路。

第五節　編繪歷史地圖

地圖對歷史地理學而言，是相當重要的一環，因爲歷史地理學本非空言之學門，而有其實用性。講求實用的歷史地理學則須有足供參考之資料，諸如相關之地理位置、山川原澤、里程遠近等等，均係歷史地理學所關切的主題，因而地圖的編繪便顯得相當重要了。

《禹貢》所刊載的地方小記之類文字，大部分均附有地圖，旅行考察之類的文章亦復如此，由此可見禹貢學會對地圖的重視。研究歷

---

⑳　白壽彝指出：

　　從人數底比例上說，回教徒可以說是邊疆同胞之最主要的成分。這些邊疆上的回教同胞，比起其他的回教同胞來，宗教信仰更爲強烈，宗教組織更爲堅強。如善處之，即可成爲捍衛邊疆的干城；不能善處，未嘗不可爲國防工作上的障礙。（《禹貢》，7:4，頁186）

史地理學而沒有地圖，猶如海員缺少航海圖，如何能在大海中航行？
同樣的，研究歷史地理學而未用心於地圖之編繪，終不免於是空中樓
閣。其實並非歷史地理學如此，一般歷史研究工作者亦需倚地圖爲翼，
否則同一地名在不同時代的地理位置可能差別甚大，如果沒有詳確的
地圖做參考，極易造成誤失。甚或滄海桑田，景物全非，在史實的考
訂，山川物產之分布，所引起的問題可能更多。

禹貢學會成立之初，即已將編繪地圖列入優先工作項目之一，因
而《禹貢》所刊載的文章，除了第 1 卷和第 2 卷因爲大部分是學生的
習作，而且文章內容係以考據爲主，所附地圖較少外⑭，自第 3 卷以
後所刊載文章，在內容上有必要時，大部分均附有地圖。幾期以邊疆
史地爲主題的專號，更以地圖爲重要輔助。

雖然《禹貢》大量刊載地圖是第 3 卷以後的事，但對地圖的重視，
則在創刊時即屢屢談及，由顧頡剛和譚其驤聯合執筆的《禹貢·發刊
詞》，便對歷史上的地理變遷有所說明：

> 自然地理有變遷，政治區畫也有變遷。如果不明白這些變遷，
> 就到處都成了 "張冠李戴" 的笑柄。例如認現在的黃河即是古
> 代的黃河，濟水將安排何處？ 認近代的兗州即是古代的兗州，
> 其如那邊並無沇水！ 打開二十四史一看,滿紙纍纍的都是地名。
> 要是一名限于一地，那就硬記好了； 無奈同名異實的既很多，
> 異名同實的也不少，倘使不把地理沿革史痛下一番功夫，眞將

---

⑭ 在《禹貢》2 卷 12 期以前並非全部未附地圖，如：袁鍾姒，〈〈禹貢〉之沇
水〉，《禹貢》，1:8，頁 13-15； 斯文·赫定（Seven Anders Hedin）著、
侯仁之(譯)，〈黑城探險記〉，1:9，頁 23-28； 顧頡剛，〈王同春開發河套記〉，
2:12，頁 2-15）； 即附有地圖，惟所占比例不高。

開口便錯。　（《禹貢》，1:1，頁2）

因此，禹貢學會希望藉地理沿革的研究，解決這方面的問題，在此前提下，清代學者的地理沿革研究，乃爲禹貢學派所極力推崇，而研究地理沿革又與歷史地圖關係密切，禹貢學會之所以重視地圖編繪，其因在此。

　　由於當時所出版的歷史地圖適用者極少，禹貢學會因而有心編一套方便而精確的地圖，由顧頡剛和譚其驤聯合執筆的《禹貢·發刊詞》，便對當時通行的地圖有所批評㉕，而編繪地理沿革圖的工作在《禹貢》創刊的前一年已經開始進行了㉖，這分地圖就是《地圖底本》。

㉕　《禹貢·發刊詞》說：
　　稅安禮的《歷代地理指掌圖》早已成了骨董，成了地圖學史中的材料了。近三十年來中國日本兩方面所出版中國地理沿革圖雖然很多，不下二三十種，可是要詳備精確而合用的卻一部也沒有。日本人箭內亙所編的《東洋讀史地圖》很富盛名，銷行甚廣，實際錯誤百出，除了印刷精良之外一無足取。中國亞新地學社所出版的《歷代戰爭疆域合圖》還比箭內亙圖稍高一籌。至於商務印書館等所出版的童世亨們的《中國地理沿革圖》，固然最爲通行，但其訛謬可怪卻尤有甚於《東洋讀史地圖》者。比較可以稱述的，祇有清末楊守敬氏所繪錄的《歷代輿地圖》。此圖以繪錄地名之多寡言，不爲不詳，以考證地名之方位言，雖未能完全無誤，亦可以十得七八，可是它有一種最大的缺點，就是不合用。一代疆域分割成數十方塊，驟視之下，旣不能見其大勢，檢查之際，又有繙前繙後之苦。所以我們第二件工作就是要把我們研究的結果，用最新式的繪圖法，繪成若干種詳備的而又合用的地理沿革圖。　（《禹貢》，1:1，頁3-4）
㉖　《地圖底本》的繪圖員吳志順在《禹貢》2卷8期發表了〈《地圖底本》作圖之經過〉，提及此圖的編繪說：
　　我們從二十二（1933）年春天開始作這地圖底本，到現在能夠付印的祇有十二幅。　（《禹貢》，2:8，頁34）
　　而《禹貢》創刊於1934年3月；此外，《禹貢》1卷4期頁30的〈《地圖底

　　《地圖底本》係針對研究地理沿革與調查而編繪的，編纂者是顧頡剛和鄭德坤，譚其驤校訂，吳志順和張頤年繪圖。編繪這分《地圖底本》的目的，主要是拿來當做繪圖底稿使用。顧頡剛認為當時還未有一種適合研究工作時用來打底稿用的地圖，一般的地圖問題很多，諸如：篇幅太小，使用不便；顏色過於複雜，著墨其上看不清楚等等；最麻煩的是當時普通的合裝本地圖，關於某一地方，買一本祇有一張，打了一回草稿之後就不能用了，必須重買一本，而如果研究者自己畫，亦有其困難，一則製圖技術不是人人都會，再則製圖太費時間，而且畫一張祇能用一次，同一地方，使用幾次就得畫幾次，極為不便，因此禹貢學會纔計畫繪製此《地圖底本》，以為研究者繪製草稿圖之用㉗。

　　在《地圖底本》的出版預告中，曾對編繪此圖的目的加以說明：

　　1.用經緯線分幅，各圖之間可以分開合併，其大小可隨使用者需要而改變。

　　2.用紅色套印，使用者可視需要，加上藍色或黑色的文字和符號。

　　3.將1928以後新置的縣和1929年以後改名的縣，均依內政公報採錄；即不當做底本用，也是當時最新的地圖㉘。

　　《地圖底本》編繪的方式在當時是相當進步的製圖法，如在經緯度方面用圓錐投影法作標繪製；山脈以暈滃線法，地形據投影原理，依照光線的射入而分畫線的粗細，在國都、省會、縣治等與不同等級的地名，以大小不同的字體標示。

　　這分《地圖底本》共39幅㉙，在經過一年的編繪後，大部分的圖

本》出版預告〉上也說：「我們從去年三月起，開始畫《地圖底本》。」

㉗　《禹貢》，1:4，頁30。

㉘　《禹貢》，1:4，頁30。

㉙　這39幅地圖的名稱如次：(1) 黑龍江 (2) 庫倫 (3) 科布多 (4) 虎林

已經繪製完成，最後再請譚其驤做校訂，出版預告上說明譚其驤校好幾幅就印幾幅，約半年內可以印畢。

　　但實際上這分《地圖底本》卻一直未付剞劂，主要的原因可能是顧頡剛個人太求好心切，直到 1934 年 11 月 16 日出版的《禹貢》2 卷 6 期仍刊出《地圖底本》的出版預告，可見此時應尚未印製。到了 12 月 16 日《禹貢》出版 1934 年的最後一期，可能因為詢問的人太多，負責繪圖的吳志順寫了一篇〈《地圖底本》作圖之經過〉，說明遲未出版的原因是顧頡剛要求的標準太高[330]。而為了考訂地名的正確位置，編纂者和繪圖者亦費盡心機，因而出版時間一延再延，就《禹貢》所討論的情形加以判斷，很可能是到 1935 年 9 月以後纔陸續出版[331]。

（5）永吉（6）赤峰（7）烏得（8）居延（9）哈密（10）長白（11）北平（12）歸綏（13）寧夏（14）敦煌（15）迪化（16）京城（17）歷城（18）長安（19）皋蘭（20）都蘭（21）南京（22）漢口（23）成都（24）昌都（25）噶大克（26）閩侯（27）長沙（28）貴筑（29）鹽井（30）廈門（31）番禺（32）昆明（33）瓦城（34）拉薩（35）瓊山（36）河內（37）普羅謨（38）曼谷（39）新加坡。

[330] 吳志順在〈《地圖底本》作圖之經過〉文中說：
　　今年夏，此圖大致繪竣，經顧先生的審閱，譚其驤先生的勘校，他們要求更細緻，於是此圖幾乎全部做廢。顧先生的意見是：「我們作這圖，並不是想來求利，只因市肆出版的圖有這個沒那個，誤謬之處太多，用起來非常困難，所以要編一本比較完備的地圖來作研究的底本，決不使它抱殘守缺，難於適用。」我提議：「這圖暫時出版，而另作一部完備的地圖，以免金錢損失過大。」顧先生表示：「不在乎金錢損失，但須不自誤誤人。」其實這種態度，我是很贊同的：若是一方為利，一方為工，任何時也作不出好圖來；非得同心合力這樣去做，始能有成績。（《禹貢》，1:8，頁 3-4）

[331] 《禹貢》4 卷 1 期出版於 1935 年 9 月 1 日，在這一期中刊登了繪圖者吳志順的〈歷史地圖製法的討論〉（頁 121-123），因此，很可能此時《地圖底本》尚未出版；甚至到 1937 年 7 月 16 日《禹貢》最後一期出版時，此《地

　　自從《禹貢》1 卷 4 期刊出《地圖底本》的出版預告後，《禹貢》
陸續刊出了幾篇討論製圖法的文章，如王育伊〈歷史地圖製法的幾點
建議〉⑳，鄭秉三〈改革歷史地圖的計畫〉㉝，王育伊〈鄭秉三先生
〈改革歷史地圖的計畫〉讀後記〉㉞，蔡方輿 (聚賢) 〈繪製《清代歷史
地圖》報告〉㉟，李秀潔〈繪製各省的人口密度圖能以自然區為單位
嗎?〉㊱，這些文章討論的中心，有的是技術性問題，有的是觀念性問
題，要皆以方便研究者使用為焦點。

　　王育伊〈歷史地圖製法的幾點建議〉認為楊守敬的紅底套印法可
能不太理想，建議顧頡剛用兩圖分立的方式㊲；鄭秉三認為現行地圖
有許多弊病，他建議用複頁地圖來加以解決㊳。此種複頁製圖方式，

圖底本》可能祇印行了一部分，而未全部付梓；譚其驤在《中國歷史地圖
集・前言》中說:
　　本世紀三十年代顧頡剛先生倡導成立的禹貢學會，曾經把繪製這種圖集
　　作為學會重點工作之一。可是限於經費和人力，經過三年多的時間，連
　　用作底圖的今地圖還沒有畫全，就因日本饞涎欲滴者的入侵而中斷，終
　　成泡影。
譚其驤 (主編)，《中國歷史地圖集》，第 1 冊 (上海: 地圖出版社，1982)，
〈前言〉，頁 2。
㉝　《禹貢》，2:12，頁 40-43。
㉝　《禹貢》，2:12，頁 43-45。
㉞　《禹貢》，2:12，頁 45-46。
㉟　《禹貢》，4:1，頁 121-123。
㊱　《禹貢》，6:7，頁 63-64。
㊲　王育伊說:
　　新圖最好不採用楊氏的朱墨套印法，而用歷史及當代兩圖分立的法子。
　　歷史地圖用黑色印，著彩色更好。當代地圖用紅色印，印在透明或半透
　　明的油臘紙或臘絹上。　(《禹貢》，2:12，頁 42)
㊳　所謂複頁地圖，就鄭秉三的說法是:
　　……先把一幅厚紙，印著現實之形勢全圖，然後另用一透明紙印著所需

獲得王育伊的呼應，但王育伊並不贊同全圖與局部地圖合用的方式，因爲比例和尺寸可能會發生問題⑲。

王育伊和鄭秉三的討論，引起《地圖底本》繪圖者之一吳志順的反駁，在〈歷史地圖製法的討論〉文中，吳志順認爲王育伊所說的複頁地圖之襯觀法是行不通的，因爲紙質不同，在印刷時無法完全吻合，如用在不能有絲毫出入的圖上，可能會出問題。而且，因印刷技術的發達，原圖存版再印並無困難，不必用複頁地圖代替⑳。

由吳志順的論述來看，《地圖底本》可能仍依顧頡剛和鄭德坤所訂定的方式編繪，亦即出版預告中的繪圖方式說明。

除了前述的 39 幅《地圖底本》外，禹貢學會另編繪《全中國及中亞細亞地圖》，列入禹貢學會地圖底本丙種第二號。這幅《全中國及中亞細亞地圖》，內容包括中國及中亞細亞全部，東至日本九洲及琉球群島，西至裏海及波斯灣，南至印度半島及安南半島；編繪此地圖的目的，主要是爲了研究地理沿革：

> 這《全中國及中亞細亞地圖》，是特爲我們研究地理沿革的人們編纂的。因爲我們打算研究民國以前各朝各代的疆域史，或其他關於地理的沿革考證，因於各朝各代所轄的疆域不同，設用現代中國地圖來作底本，有許多朝代，就以疆域擴展較廣，不敷應用了。設或再找比較中國疆域廣闊一點的地圖，祇好就用

的局部地圖，以後就將兩幅一起疊著（當然模樣要一樣大小，且全圖的應在下，局部的應在上，糊亦只要一邊糊著，其餘一邊不用糊及），兩相對照，於是我們應用起來就格外覺得明白便利了。（《禹貢》，2:12，頁43）

⑲　《禹貢》，2:12，頁 45。
⑳　《禹貢》，4:1，頁 121。

　　亞洲圖了。　(《禹貢》, 5:8.9, 頁 186)

所以這分地圖的編繪係以中國爲中心的中亞細亞爲範圍, 在地區上不
至於太大, 使用上亦較爲方便。此圖於 1936 年 7 月出版, 對其後的邊
疆史地研究, 應有相當大的幫助。

　　從編繪地圖的選材, 可以瞭解禹貢學會對邊疆史地認知, 可能仍
存在傳統中國史學的四域觀念, 也就是將中國鄰近的國家、地區亦列
入其邊疆史地的範疇, 如東南亞地區的泰國、越南、新加坡, 禹貢學
會似均視之爲中國的邊疆, 甚至南洋地區亦視之爲邊疆史地來加以研
究。這類研究方式可能導源於兩個原因, 其一, 受傳統史學觀念的影
響: 祗要非中國本土的地區均可以列入「四夷傳」或「外國傳」, 亦即
禹貢學會的邊疆史地研究範疇; 其二, 商業往來或戰略上的需要: 因
爲自海通以來, 東南亞地區和南洋地區的商業地位愈來愈重要,《禹貢》
製作「南洋研究專號」, 其原因便是從商業和戰略地位加以考量的[341]。

　　《地圖底本》的編繪, 主要是增加治學的實用性, 使有需要的研
究工作者, 皆能有方便的 "地圖底本" 可用, 省掉事必躬親的煩惱,
可謂是禹貢學會的新猷。雖然這分《地圖底本》並未全部完成出版,
但其講求實用之意圖, 是值得加以肯定的; 此外,《禹貢》對地圖製法
的討論, 也使地圖編繪迎向較科學的方式, 奠定後來譚其驤主編《中
國歷史地圖集》的初階基礎[342]。

　　總結本章之討論, 在面臨國家民族立即而明顯的危機時, 禹貢學
派本於樸學考據的治學方式, 因時代變局的影響, 關注的對象乃有所

---

[341] 相關討論請參閱本書第 4 章第 3 節〈邊疆史地研究與實地考察〉。

[342] 譚其驤在《中國歷史地圖集・前言》中, 即提及 1930 年代禹貢學會編繪《地
　　圖底本》之事; 見:《中國歷史地圖集》, 第 1 冊,〈前言〉, 頁 2。

轉移，因而對邊疆史地研究情有獨鍾，特別是東北與西北地區對禹貢學會具有極大的吸引力。而且在東北淪陷後，尤致力於西北地區之考察與建設，希望藉由西北建設重塑民族之生機；因此，禹貢學會對東北和西北史地的用心，或可在民族主義史學找到解答。

正因對民族主義史學的多所關注，使得禹貢學會的歷史地理學研究，由對邊疆民族文化的興趣，轉而對國內各少數民族均有所關心，並且由歷史地理學轉向思考民族文化問題，說明了禹貢學派治學方向的轉變，與時代脈動有極密切的關連。

由地理沿革到邊疆史地研究，以及歷史地圖之編繪，禹貢學會確爲現代中國史學的發展找到新方向，這個新的方向係以地理沿革爲本，因應國防之需要而從事邊疆史地研究，再由邊疆史地研究拓展到對邊疆民族文化的探本溯源。並且爲了研究的需要，禹貢學會在地圖的編繪上亦多所用心，凡此種種，皆爲現代中國史學發展的新里程碑；尤其在結合歷史與地理沿革方面，禹貢學派由考據的根柢出發，到轉向關心時事與建設的經世史學，確實爲樸學考據走出了新的方向。雖然這個新的方向，可能涉及客觀學術與時代變局之張力，而降低其學術的純粹性；但知識分子在面臨國家民族絕續存亡之秋，如何在學術與時代變局中找尋平衡座標，殆屬理想與現實之兩難。探討禹貢學會治學方向的轉折及其研究成績，如能從民族主義史學的角度加以審視，應可獲得同情的瞭解，而非斤斤於做出那些學術研究成果。

第五章
歷史地理學興起的時代意義

　　在現代中國史學的發展過程中，學術與時局的互動關係，是一個值得探討的現象，這個現象說明了現代中國知識分子不再是躲在象牙塔中的鴕鳥，而係對時局動向有著深切的關懷，就這一點來說，現代中國知識分子與時代同呼吸、共脈搏的取向，與原始定義之俄國知識分子 (intelligentsia) ①有相類近處。當然，傳統中國的士，在此一定義下，亦係對國計民生多所關切。如以儒學傳統的"內聖外王"理路②，觀察現代中國知識分子，在對時事的關心程度上，大抵呈顯出外王的色彩。

　　分析近代中國知識分子在面對外患凌逼時的解決之道，很容易發現藉思想・文化以解決問題觀念的根深柢固③，雖然相關研究曾指出

---

① 有關知識分子的原始意義，參考: Michael Confino, "On Intellectual and Intellectual Tradition in Eighteenth and Nineteenth Century Russia," in S. N. Eisenstadt and S. R. Graubard eds., *Intellectual and Tradition* (Humanities Press, 1973), p. 117.

② 關於"內聖・外王"的討論，陳弱水有精闢的見解，見: 陳弱水，〈"內聖外王"觀念的原始糾結與儒家政治思想的根本疑難〉，《史學評論》，第 3 期（臺北: 華世出版社，1931:3），頁 79-116。

③ 關於這方面的討論，請參考: 林毓生 (Lin Yü-Sheng), *The Crisis of Chinese Consciousness, Radical Antitradition in the May Fourth Era* (Madison, Wisconsin: The University of Wisconsin Press, 1979), pp. 10-55.

此模式在實際解決問題時的局限，但在局部問題的討論上，卻亦有其一定的解釋性。而在藉思想・文化以解決問題的過程中，史學之用常是知識分子首先想到的參考方案。所以，自 1840 年代以降到辛亥革命以後，以歷史經驗為參考的解決方案，常被拿出來加以檢討，無論在治學方法或解決現實政治問題，都可以看到舊痕跡不斷踩上新的腳印。但是，這些新的腳印究竟是新花樣還是舊瓶裝新酒？在面對不同問題時，傳統中國的“內聖外王”理路，其功效如何？史學的鑑戒功能，是否一如往昔？更重要的是，在現代中國史學的發展過程中，研究歷史地理學，是否僅僅衹是清季經世史學的翻版？

　　現代中國史學的發展，一直是歧路多荊的，在面臨一個完全新的、異於往昔的時代變局，史學之用是否仍具有相同的效力？傳統史學對待“四夷”的解決方案，在對付西方列強時，有沒有同樣的功用？當史地學報派和禹貢學派在傳統中國史學找尋可能的解決之道時，他們遭遇了那些問題？關於邊疆史地研究，他們在心態上與傳統中國史家有何差異？在探討邊防問題時，他們又如何解決歷史與現實之兩難？

第一節　《禹貢半月刊》與《史地學報》之比較分析

　　《史地學報》於 1921 年 11 月創刊，迄 1926 年 10 月停刊，計發行 4 卷 20 期，這段期間正是五四運動及其相關之新文化運動發展最蓬勃的時期；而《史地學報》創刊前的“地學研究會”成立於 1919 年 10 月，正是第一次世界大戰結束，巴黎和會召開之後，此時因巴黎和會引發的山東歸屬權問題，是當時中國學術界所熱切關心的。處在五四的學術風氣下，《史地學報》對山東問題的回應，以及相關的學術文化思考，是一個值得探討的問題。其間所呈現出的中西學術交流，治學方法與史學理論的異同，都是值得加以分析的。

《禹貢》於 1934 年 3 月 1 日出版第 1 卷 1 期，至 1937 年 7 月 16 日出版第 7 卷第 10 期停刊，總計出版 7 卷 74 期。《禹貢》的發行，距離五四運動已有一段時間，1931 年九一八事變日本侵入東北，是中國當時立即而明顯的威脅；而因爲東北的淪陷，使西北建設的重要性更爲突顯，禹貢學會對邊疆史地研究的用心，或許可以在這方面找到解答。

《史地學報》和《禹貢》創刊前後，所面臨的外患問題都來自日本，前者是山東問題，後者是東北問題，表面上看起來似無何差異，惟實際所面臨的威脅，在程度上仍有所不同。山東問題基本上比較屬於外交層面，九一八以後的東北問題，則在外交之外還有軍事層面的問題。因此，在面對同一個外患始作俑者的日本，威脅力度有所不同時，《史地學報》和《禹貢》的回應亦有所異。

固然，外緣因素並非《史地學報》和《禹貢》內容與觀點差異的惟一解釋，更重要的可能還是治學方法與理念的不同；譬如史地學報派可能受浙東經世史學的影響較大，禹貢學派則主要係植基於樸學考據；山東問題對位於南京的史地學報派之威脅，並非立即而直接；東北問題對主要成員在北方、基址亦設於北平的禹貢學會，有較直接的切膚之痛。在介紹外國史地之學方面，位於南京的史地學報派以英美著作爲主，而位於北平的禹貢學派則以日本研究爲多，這可能與長江流域屬英國勢力範圍有關，也可能是受徐則陵和竺可禎留學美國的影響。而禹貢學派之所以廣泛介紹日本學者的著作，一方面可能是面臨直接的外患威脅，另一方面則是日本在華北的勢力範圍與文教事業，使得禹貢學派在資料的獲得上有較多之便利，而且在知己知彼的立場上，也有必要多蒐集日本學者的著作。由以上討論，或可瞭解不論在外緣因素或治學取向上，史地學報派與禹貢學派均有其根本之差異，顯現於學術研究上的自亦有所不同。因此，雖然史地學報派和禹貢學派對歷史地理學均有所用心，但因成員的研究取向不同，外緣因素與治學方法的差異，研究方向與重心的不同等等因素，兩者之間所顯現的面貌，乃係理一分殊。以下將就治學方法、外國史地之學的引介、對邊疆史地與當代史的關注、史地教學、編繪歷史地圖等項，對《史地學報》與《禹貢》的內容進行檢討，冀期找出其間的共通點與彼此歧異之處。

1.治學方法

　　史地學報派對史學理論與方法論的興趣較禹貢學派高，對傳統中國史學方法的整理亦多所著墨。在中國傳統史學理論的整理方面，柳詒徵、梁啓超、張其昀和劉掞藜是主要的詮釋者。柳詒徵的著作大抵屬於中國史學之範疇，他的《中國文化史》基本上立足民族主義史學，爲中國文化面對當時世界局勢的演變，提出可能的處方；《國史要義》則將傳統史學的理論與史學方法重新整理，雖然在理論與方法上均未參考西方相關論著，但在解釋體系上自成一格，是一本極具參考價值的史學方法論著作④；梁啓超雖非南京高等師範學校的教授，但發表

---

④　柳詒徵，《國史要義》（臺北：臺灣中華書局，1979），此書共計十篇，分別爲：史原、史權、史統、史聯、史德、史識、史義、史例、史術與史化；各篇所論，係將中國傳統史學之各相關理論與方法拆散重組，甚有新見；惟一般研究較重視梁啓超的《中國歷史研究法》，而少論及柳詒徵《國史要義》，張其昀曾撰〈吾師柳翼謀先生〉，論述柳詒徵的治學；此文原載於《傳記文學》，12 卷 2 期（臺北：傳記文學社，1968:2）；後收入：《張其昀先生文集》，第 9 冊（臺北：國史館・中國國民黨中央黨史委員會・文化大學，

於《史地學報》的論著卻不少，惟有關方法論者僅得〈歷史統計學〉
一篇⑤，此文舉丁文江〈歷史人物與地理之關係〉爲例，對統計在史
學的應用有具體的解釋；雖然以今日的學術眼光來看不免粗疏；其所
謂新史學亦曾論及西方的史學方法，惟整體而言仍以中國史學爲主。

　　張其昀〈論劉知幾與章實齋之史學〉一文，對章學誠的史學有相
當深入的分析⑥，而史地學報派亦奉章學誠的史法爲圭臬，舉凡對當
代史的關注，對地方志的重視，均可於章氏著作中找到理論依據⑦；
劉掞藜也是史地學報派的理論大將，他在《史地學報》的論著大部分
與中國史學有關，其〈史法通論〉乃《史地學報》有關中國史學理論

1988)，頁 4710-4718；張其昀提到柳詒徵《國史要義》時，說：
　　當年柳師講歷史研究法，初發其凡，是書到他晚年才完成。可說是一部
　　空前的名著，其價值較劉知幾《史通》與章實齋《文史通義》，有過之而
　　無不及。　（頁 4714-4715）
有關柳詒徵《中國文化史》的撰著，張其昀認爲其宗旨爲：
　　表揚民治精神，前者指中華民族群策群力急公好義的精神，後者指中華
　　志士提高人格注重節操的精神。　（頁 4715）
又說：
　　柳師對於史學，主張沿流討源，援古證今，講明當代典章文物，以達經
　　世致用之目的。　（頁 4716）；
由此或可略窺柳詒徵的史學理念。此外，康虹麗撰有〈論梁任公的新史學
和柳翼謀的國史論〉，收入：杜維運、陳錦忠(編)，《中國史學史論文選集》
(三) (臺北：華世出版社，1980)，頁 429-504；此文對梁啓超和柳詒徵的
史學方法進行比較分析，是少數討論柳詒徵史學理論與史學方法的論著。
⑤　《史地學報》，2:2，頁 7-14。
⑥　此文原刊於《學衡》第 5 期，其後轉載於《史地學報》，見：《史地學報》，
　　1:3，頁 133-149；1:4，頁 105-132。
⑦　相關討論，請參閱本書第 3 章第 1 節〈從章學誠《方志略例》到《史地學
　　報》〉、第 3 章第 3 節〈《史地學報》內容分析〉。

最完整的論著⑧；在〈史法通論〉中，劉掞藜對中國史學的史識、史體、史才、史德、闕訪、自注、紀元等範疇均有所論略，在這方面，受章學誠的影響頗多，因爲史才、史德、闕訪、自注等皆係章學誠所極力主張者。此外，〈史法通論〉也討論通史、史表、史圖等問題。

反觀禹貢學派則對史學理論興趣缺缺，也很少討論史學方法，縱使提倡科學治史的顧頡剛，在提及方法論的時候，往往也是信筆帶過，極少在這方面大作文章。其他禹貢學派的主要成員，在實際的研究工作中，大部分承續了清代的樸學考據方法，惟鮮少對史學理論與方法有所著墨。在有關方法部分，《禹貢》惟一曾進行討論的是地圖製法，此係因禹貢學會編輯《地圖底本》所引發的討論⑨；除此之外，史學理論與史學方法似乎未曾吸引禹貢學會主要成員的注意力，或許他們比較相信的是史無定法，而史學方法應在實際研究中呈現，而非別有一種方法論之存在⑩。

---

⑧　《史地學報》，2:5，頁1-20；2:6，頁1-15。

⑨　相關討論請參閱本書第4章第5節〈編繪歷史地圖〉。

⑩　姚從吾就認爲史學方法與史學工作是互相助長的，並曾說：「騎馬要跳到馬背上，游泳要跳到水池裡」；在其《歷史方法論》的授課講義中，對史學方法曾有下述定義：

(1) 方法寓於工作之中，不從事研究工作，也可以說就沒有一套切實的工作方法。(2) 方法出自經驗，但經驗卻不等於方法。那就是說不是所有經驗，都可以當作方法的。方法可以說是「有效的經驗」。(3) 方法與工作的關係，可以拿騎馬與游泳作爲示例。(4) 想學騎馬，就須騎在馬的身上，留心乘騎，摔了幾個觔斗（跟頭），克服了所遭遇的一些困難，久而久之熟練了，有經驗了，即會騎馬了。(5) 游泳也是如此。穿上游泳衣，跳在水中，喝了幾口水，久而久之，知道了門路，也就會游泳了。若是但看「騎馬術」或「游泳術」的書，或者高談闊論如何騎馬，如何游泳；不騎在馬上，或不跳入水中，那是永遠也學不會騎馬與游泳的。(6) 學理與實踐應力求互相輔導與互相配合。

可能因爲《史地學報》有關史學理論與方法的討論較多，實際的研究便相對地少了，《禹貢》則是理論少而研究多，這是兩者出入較大之處。雖然有關史地之學的研究，究竟如何在理論與實際研究間找到平衡座標，是一個不易釐清的問題；在歷史地理學興起的年代，相關學理的探討固有其必要性，實際的研究成果尤爲具體之說明，在分析相關問題時，或許祇能以學術取向之不同來加以解釋，至於孰優孰劣的問題，恐怕是難以斷言的。

由於學術取向的不同，史地學報派在治學方法上大體比較服膺清代學者的經世之學，因而對典章制度和當代史事關注較多；禹貢學派則以清代的樸學考據爲依皈，因而《禹貢》所刊載論著大部分是考據體，尤以第3卷以前爲然。即或在有關邊疆史地的研究上，所本者亦仍是樸學考據之一路。所以，當禹貢學會因時代變局而轉移研究客體時，其治學方法仍謹守考據的基本原則，此與史地學報派以經世史學爲標竿的學術取向有明顯差異。

2.外國史地之介紹

在外國史地的介紹上，《史地學報》與《禹貢》之間有相當大的出入；《史地學報》4卷20期中，總計發表了318篇文章，其中提及外國史地者有148篇⑪，其比例占總篇數的46.5%，可見《史地學報》在引介外國史地之學所下的工夫⑫；《禹貢》總計7卷74期中，刊載文

見:《姚從吾先生全集》(一)《歷史方法論》(臺北: 正中書局，1974)，頁2。

⑪　參見: 本書附錄一〈《史地學報》統計資料〉·附件1-1〈《史地學報》文類篇數統計〉，下文提及相關數據，如無特別說明，皆據此表；以下有關統計資料類此。

⑫　參見: 本書附錄一〈《史地學報》統計資料〉·附件1-2〈《史地學報》文類

章總數爲 732 篇，提及外國史地者有 87 篇⑬，約占總篇數的 11.9%，可以明顯看出兩者間的差異⑭；圖 5-1-1 即爲《史地學報》與《禹貢》所刊載有關外國史地之比例：

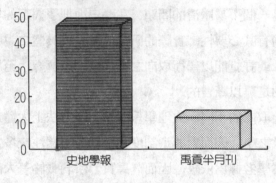

圖 5-1-1 外國史地比較

由圖 5-1-1 所顯示者，《史地學報》的外國史地比例明顯較《禹貢》爲高⑮，《禹貢》雖亦介紹外國史地，但在比例上則稍低，而且《禹貢》與外國史地有關之論著，主要內容僅係相關研究之翻譯，特別是有關中國史地研究之翻譯，這和《史地學報》介紹外國歷史與地理學理論

比例統計〉。

⑬　參見：本書附錄二〈《禹貢半月刊》統計資料〉‧附件 2-1〈《禹貢半月刊》文類篇數統計（以期爲單位）〉，附件 2-2〈《禹貢半月刊》文類篇數統計（以卷爲單位）〉。

⑭　參見：本書附錄二〈《禹貢半月刊》統計資料〉‧附件 2-3〈《禹貢半月刊》文類比例統計（以卷爲單位）〉。

⑮　必須說明的是此處所謂提及外國史地，並非指該篇文章內容爲外國史地，而係指該文不論內容爲外國史地或中國史地，祇要文中提及外國史地之理論或方法，甚至以外國史地爲例證，以及外國學者的中國史地研究，均列入統計，而不特別分析其所占分量之輕重（如該文內容爲外國史地亦計入）。易言之，一篇文章祇要提及外國史地，並不考量其所占分量多少，皆列入提及外國史地之統計。

有所不同。

　　事實上，《禹貢》最初主要是爲討論中國沿革地理而創立的，因而有關古代地理沿革的文章，在創刊初期所占比例極高；其學術傳承，就顧頡剛與譚其驤的期許，亦以承續清代之地理沿革研究爲目的；因此，《禹貢》可以說是純屬傳統中國史學的產物，特別是受樸學考據的影響甚大，這一點證諸古史辨運動的治學方法亦可得到相類似的結論⑯。

　　所以，表面上看似乎以北大爲主的古史辨派和禹貢學派是西化的、革命的，但實質上受傳統影響的部分，反較南高的史地學報派多；而一般觀念視爲保守派的南高，在外國史地之學引介上反而用力甚勤；而不論北大或南高，均有所取擷於傳統中國學術與西學，這和近代中國面臨西力的衝激，當有密切的關連；因此，保守與傳統不一定畫上等號，西化當然也不等於革命；這類弔詭的現象，在現代中國學術思想史上是頗發人深思的。

　　在有關外國史學的輸入上，史地學報派較關心史學理論與史學方法的探討，其要角爲張其昀、胡煥庸和陳訓慈⑰；禹貢學派則仍謹守實際研究的範疇，所刊載的外國史學論著，有關史學理論與方法論者極少，主要仍是外國學者關於中國歷史地理的研究成果或考察報告之翻譯⑱。

　　就《史地學報》所引介的外國史地而言，主要是來自四個地區：美國、英國、德國和法國，其中又以美國最爲重要，其次是英國、德

---

⑯　參考：彭明輝，《疑古思想與現代中國史學的發展》（臺北：臺灣商務印書館，1991），頁 52-127。

⑰　相關討論請參閱本書第 3 章第 3 節〈《史地學報》內容分析〉、第 3 章第 4 節〈歷史地理學的理論與實踐〉。

⑱　相關討論請參閱本書第 4 章第 2 節〈《禹貢半月刊》內容分析〉、第 4 章第 3 節〈邊疆史地研究與實地考察〉。

· 國和法國，圖 5-1-2 爲《史地學報》和《禹貢》引介外國史地之學各國
所占比例：

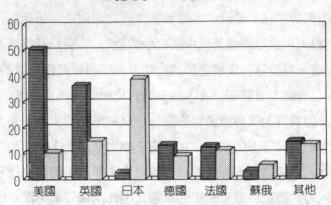

圖 5-1-2 外國史地各國比例

　　圖 5-1-2 的統計方式係以《史地學報》和《禹貢》各別所刊載的外
國史地論著比例爲基準，即《史地學報》的 46.5% 當成 100% 計算，《禹
貢》的 11.9% 當成 100% 計算⑲。

　　由圖中所顯示者可看出《史地學報》介紹外國史地之學的分布情
形，其中美國占 50.7%，是各國中最高的⑳，其次英國 36.5%，德國
13.5%，法國 12.8%，俄國 3.4%，日本則祗有 2.7%，此一現象說明史
地學報派在介紹外國史地時，基本上是比較傾向歐美的，其所以如此，

⑲　此項統計數字總加逾 100%，此乃因部分文章可能同時提及不同國家的史
　　地之學，譬如某篇文章介紹歐洲史學或地理學，則可能同時談及英國、法
　　國與德國；也有的文章是英美並論的，其餘各國並論的情形亦所在多有，
　　因而此項統計百分比僅表示其大勢，並非毫無共通之交集。

⑳　參見：本書附錄二〈《禹貢半月刊》統計資料〉·附件 2-4〈介紹外國史地國
　　別比較〉。

主要的原因可能有三：

其一，史地研究會的指導員徐則陵和竺可禎皆留學美國，兩人爲南京高等師範學校的教授，對史地學報派影響甚大，而在他們的指導之下，學生傾向於歐美史地之學的介紹乃勢所必然。

其二，自近代以來，長江地區即屬於英國的勢力範圍，美國雖主張門戶開放政策，但其活動地區仍以長江中下游爲主，南京高等師範學校在此區域內，受英美文化的影響是可以理解的。

其三，史地學報派主要成員的外文能力，就分析其論著所得，大部分以英文爲主，所以在介紹外國史地時無形中亦以英語系國家爲中心，即使在介紹德國、法國、或俄國史地時亦常以英文資料爲媒介。

反觀《禹貢》所介紹的外國史地，主要以日本爲中心，占所有與外國史地有關文章的 39.1%，其次是英國 14.9%，法國 11.5%，美國 10.3%，德國 9.2%，俄國 5.7%；何以《禹貢》所介紹的外國史地之學中，日本所占比例最高？如就已往之相關研究所解釋的，將北大視爲西化派，那麼，在歷史地理學研究所顯現的似乎並非如此。就《禹貢》所處的時代及其研究歷史地理學的內容加以分析，下列三個原因或許可以爲此一現象找到合理的解答：

其一，《禹貢》所處時代外患的主要威脅來自日本，而且是立即而明顯的威脅；雖然《史地學報》所處時代外患之由來亦爲日本，但遠在歐洲巴黎和美國華盛頓解決中國問題，與《禹貢》迫在眉睫的直接威脅，兩者間的感受當有所異，因此，面臨眼前的直接威脅時，禹貢學會特別重視日本的研究論著，是可以理解的。

其二，日本的勢力範圍主要在北方，其相關研究出版品甚易獲得，禹貢學會基址處此範圍內，以日文著作爲參考資料，乃順理成章之事。

其三，日本爲遂行其"東亞共榮圈"的目的，先有"朝滿學"，繼之有“滿蒙學”，由矢野仁一、白鳥庫吉等學者領導，從事有關中國的研究，其中尤以“南滿洲鐵道株式會社”所編纂的《滿鐵調查報告》最爲著名，而《東洋學研究文獻類目》更是研究中國史地的重要參考書目，亦由此形成日本的東洋學研究傳統㉑，禹貢學會處在此種環境下，參考日本學者的研究實有其必要性。

分析《史地學報》和《禹貢》介紹外國史地之學的內容，可以瞭解學術文化的東西交流實非一蹴可即，而需經時間之錘煉，表面上看起來史地學報派似乎在介紹外國論著上較禹貢學會熱心，但在運用的成熟度上，則是禹貢學會高於史地學報派，特別因爲史地研究會的主要成員當時大部分是學生，在外文的閱讀和翻譯能力上均尚未成熟，雖有心於此，但在介紹與應用之間仍有落差；禹貢學會的基本治學方法雖本於樸學考據，對介紹外國史地的熱度雖不若史地學報派，但在譯事及應用上則稍較成熟。

3.對當代史的關注

外患的紛至沓來，可能是造成《史地學報》和《禹貢》關心當代史的主要動力，因而時局變化愈大，有關當代史的文章比例亦愈高，特別是強調經世史學的《史地學報》，在面臨巴黎和會與華盛頓會議討論山東問題的解決方案時，史地學報派時以其所長之歷史地理學做觀察報告或有所建言。且因對時事的關心，使得《史地學報》刊載的文章常對現實政治與外交有所著墨，圖5-1-3爲《史地學報》刊載當代史之比例：

㉑ 參考：靑木富太郎，《東洋學の成立とその發展》（東京：螢雪書院株式會社，1940），頁146-286；有關滿洲研究部分在頁222-247；相關討論請參閱本書第4章第3節〈邊疆史地研究與實地考察〉。

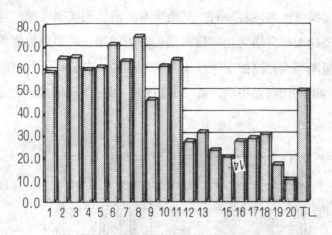

圖 5-1-3　《史地學報》當代史比例

　　圖 5-1-3 的橫座標為《史地學報》之卷期序號，其中 9 代表 2 卷 5 期，12 代表 2 卷 8 期⑳，縱座標為與當代史有關之文章所占百分比；由圖 5-1-3 所顯示的，可以看出幾乎每一期均有與當代史相關之文章，惟須說明的是：此處所謂有關當代史係指在文章中提及時事、或對時局有所評騭，並非內容全為當代史㉓。由圖中所顯示的，《史地學報》前後期之間對當代史的關注略有不同，大抵而言，在創刊初期對時事的關心程度似乎較高，後期則略有減少之趨勢。

　　就統計所得，在《史地學報》刊載的 318 篇文章中，有關當代史的有 160 篇，約占 50.3%，可見史地學報派對時事的關心程度。而對時事多所縈懷，正是經世史學的具體實踐；這種學術研究與現實結合的取向，是《史地學報》的特色之一。

㉒　序號與相關期數之對照，參見本書附錄一〈《史地學報》統計資料〉，附件 1-1〈《史地學報》文類篇數統計〉、附件 1-2〈《史地學報》文類比例統計〉。

㉓　詳細討論請參閱本書第 3 章第 3 節〈《史地學報》內容分析〉。

　　而由《禹貢》的內容來看，其治學本於清代的樸學考據，且因禹貢學派的要角大部分研究範圍爲古代史，所以雖在時事急轉直下的動亂中，顧頡剛等人亦高聲疾呼學術救國的同時，《禹貢》所刊載的文章直接攸關時事的比例並不高，圖5-1-4即爲《禹貢》刊載當代史之文章比例：

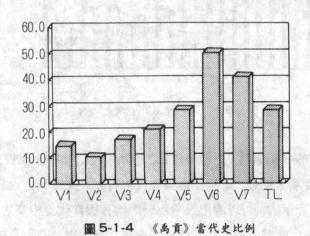

圖 5-1-4　　《禹貢》當代史比例

　　圖5-1-4中橫座標代表卷數，縱座標爲與當代史有關之文章所占百分比，由於《禹貢》係爲研究地理沿革而創辦者，因此初期所刊載論著主要即爲有關地理沿革之研究，而且大部分屬考據類文字，尤其因爲禹貢學會的主要成員：顧頡剛、譚其驤、馮家昇、史念海、周一良、童書業、楊向奎等人，其研究範疇皆爲古代史，特別是古史考辨與地理沿革，乃禹貢學派用力較勤者，在這方面的研究成績亦較可觀；即令提倡以歷史地理學喚醒民族意識的顧頡剛，在《禹貢》所發表的文章，主要仍是古史考辨，僅有幾篇與後套水利調查有關的零星文章屬當代史部分，其餘禹貢學會的主要成員大抵類此。

　　禹貢學會成員中對當代史關注較多的是侯仁之和白壽彝，兩人的研究領域爲蒙古史和回教史，而建設西北則爲當時學術界與一般民衆的共同心聲，因而在邊疆史地研究方面，涉及當代史的部分稍多。

　　但整體而言，《禹貢》有關當代史的論著，其總比例仍然不高；就統計所得，在第 3 卷以前的比例一直未超過 20%，第 4 卷和第 5 卷稍有增加，但仍在 30% 以下；所以，《禹貢》與當代史有關的文章其實要到第 6 卷纔急遽增多的。

　　何以《禹貢》在第 6 卷以後，有關當代史的文章突然增多？在分析當時的國內外形勢之後，發現主要的原因可能是外患問題的日趨嚴重，中日關係已十分緊張，禹貢學會成員已無法專心從事原本的研究工作，轉而對當代史多所關注，此亦爲禹貢學會由考據走向經世的重要關鍵。

　　由上述分析，《史地學報》對當代史關注的開高走低，以及《禹貢》對當代史關注的開低走高，透過時事背景的瞭解，或許可以獲得較符合眞象的推論。

4.邊疆史地研究

　　在邊疆史地研究上，《史地學報》雖有所呼籲，但實際的研究工作則未進行。竺可禎在《史地學報》1 卷 1 期發表〈我國地學家之責任〉，呼籲國人應儘速考察十八行省以及滿蒙藏疆[24]；這種學術研究與現實結合的取向，是史地學報派向來所極力提倡的。但竺可禎的呼籲似乎並未獲得史地學報派成員的回響，除了幾篇零星的文章，如張其昀翻譯的一篇〈黃河遊記〉，以及轉載林長民的〈蒙事略說〉，索倫生的〈西藏旅行談〉等少數篇章外，《史地學報》極少刊載與邊疆史地相關的文

---

[24]　《史地學報》，1:1，頁 41。

章㉕; 史地學報派的邊疆考察, 要到 1931 年 6 月至 8 月張其昀帶領中央大學學生李鹿苹等 6 人赴東北進行考察纔登場的; 另外, 張其昀亦於 1934 年 9 月 10 日至 1935 年 8 月 6 日期間赴西北考察㉖; 所以, 史地學報派的邊疆史地研究不免於是說得多做得少; 探究其原因主要可能有二: 其一, 此時中國所面臨的問題, 主要是外交上的山東歸屬權, 以及內政上的軍閥恣睢, 東北和西北的問題似尚未浮出檯面, 因而未吸引史地學報派對這方面多所用心; 其二, 南京高等師範學校位於長江流域, 對東北和西北問題較缺乏立即的臨場感, 因而關注的程度自與禹貢學派有所不同, 就這方面而言, 地緣關係的影響可能是不容忽視的。

在邊疆史地的研究與實地考察方面, 史地學報派是說得多做得少, 禹貢學會則在這方面用力稍勤。

雖然顧頡剛和譚其驤在《禹貢·發刊詞》中強調受帝國主義壓迫, 亟求能以沿革地理之研究喚起民族意識, 但《禹貢》前 4 卷刊載文章之內容似乎和他們的呼籲略有距離, 這種現象一直到第 5 卷以後的專號出現纔有所改變。這種改變可能與日本的《滿鐵調查報告》有所關連; 而且日本侵略的野心亦日益明顯, 時事的急轉直下, 可能是其中的重要驅動力; 因此, 研究邊疆史地和時代變局之間, 是彼此交互反應所產生的結果; 圖 5-1-5 即《史地學報》與《禹貢》有關邊疆史地研究之統計比例:

㉕ 相關討論請參閱本書第 3 章第 3 節〈《史地學報》內容分析〉、第 3 章第 4 節〈歷史地理學的理論與實踐〉。

㉖ 張其昀的東北與西北考察, 請參閱本書第 5 章第 3 節〈東北史地研究〉、第 5 章第 4 節〈西北史地研究〉。

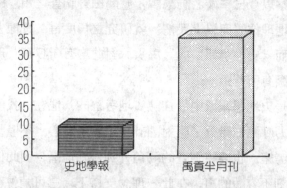

圖 5-1-5 邊疆史地研究比較

就統計所得，在《史地學報》總計 4 卷 20 期 318 篇文章中，有關邊疆史地者有 28 篇，占 8.8%，《禹貢》7 卷 74 期 732 篇文章中，與邊疆史地研究有關者有 259 篇，占 35.4%，由比例上來看，兩者間的出入是相當大的。

禹貢學會之所以對邊疆史地研究有興趣，受時代變局影響的成分極大，其中最明顯者當屬日本之入侵東三省。1931 年九一八事變以後，有關邊疆省分的的遊記、雜誌的論文等等，有如雨後春筍，且因學術風氣之影響，各省分之地圖、年鑑亦有長足之進步，禹貢學會的邊疆史地研究亦屬其中之一環；且因時代變局愈越激烈，對邊疆史地研究投注的心力亦愈來愈多，所關心的地區則由東北、西北到西南，此乃學術研究呼應時代的典型例證。而禹貢學會由古代地理沿革研究，轉而對邊疆史地的多所用心，正反映出其由考據走向經世的轉變，此一學術取向的調整，雖非完全受時代變局影響所致，但外患問題的日益嚴重，無疑是探討此一轉向的重要線索之一。

5.實地考察的理論與實踐

　　實地考察以今日學術名詞來說，應屬田野調查之類，研究歷史地理學因涉及地理位置與風土民情，就研究之角度言，實地考察乃有其必要性，因而《史地學報》與《禹貢》對此均有所呼籲，但實際的成績卻與其呼籲有所差距。

　　竺可楨是史地學報派中最強調實地考察的，他在〈我國地學家的責任〉中大力呼籲知識分子應對國計民生有所關心，不僅要對中國內地進行實地考察，也要將調查的觸角伸到邊疆地區，因此他認爲調查蒙藏新疆是刻不容緩的事。在此一理念支持下，竺可楨曾親赴青島觀察有關青島接收的過程㉗。但除此之外，他在實地考察方面，雖有提倡之功卻缺乏實踐成果；至於蒙藏地區的調查就更是坐而言而不能起而行了；在這方面，鄭鶴聲反而是史地學報派中眞正對實地考察身體力行者，他在《史地學報》上的地學考察報告，是史地學報派成員中最多的；但整體而言，史地學報派在實地考察方面的理想與實際仍有所落差㉘。

　　禹貢學會對實地考察亦極力呼籲，雖然在實踐上可能仍不理想，但在整體成績上似較史地學報派爲佳，其中比較大規模的調查有兩次：其一是1936年7月的"後套水利考察團"，其二爲1936年11月的"察哈爾調查團"㉙，考察的成績以"後套水利考察團"較爲豐碩㉚。

㉗ 《史地學報》，2:1，頁131-134。

㉘ 相關討論請參閱本書第3章第4節〈歷史地理學的理論與實踐〉。

㉙ 參考：張維華，〈懷安漢墓發掘訪問記〉，《禹貢》，7:8.9，頁175；「察哈爾調查團」的調查對象是蔚縣古碑，但因確實地點不明，成果不如預期。

㉚ 1936年7月6日，「後套水利考察團」由北平出發，團員有張維華、侯仁之、李榮芳、蒙思明、張瑋瑛等人，此行的目的主要是訪問後套，參觀河北新村、安北和碩公中墾區和薩縣新農試場。這次「後套水利考察團」的成果發表於《禹貢》6卷5期的「後套水利調查專號」，相關討論請參閱本書第

　　史地學報派和禹貢學會均對實地考察有所提倡，惟比較上而言，史地學報派的調查對象集中於東南地區，禹貢學會則對西北地區用力較勤，這可能也涉及兩個學術團體活動範圍的問題，史地研究會在東南，其調查研究大體亦不離此區域，禹貢學會在北平，到西北去的呼聲又甚囂塵上，因而對西北調查乃多所用心；至於禹貢學會未對東北地區進行實地考察，主要的原因是此時東北已淪入日本之手，旅行考察較為不易。

　　在實地考察的整體比例上，《禹貢》則較《史地學報》略高，圖 5-1-6 為兩分刊物有關實地考察之比較：

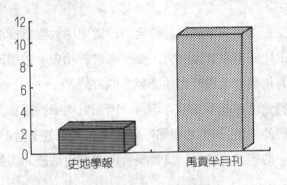

圖 5-1-6　實地考察比較

　　由圖中所顯示者，《史地學報》的實地考察文章所占比例甚低，整體僅得 2.2%，可見在這方面史地學報派在理論和實踐之間有很大的落差；《禹貢》有關實地考察之比例為 10.5%，雖在理論和實踐的合拍程度似較《史地學報》稍佳，但整體比例上亦不算高。

　　禹貢學會的實地考察成績較史地學報派為佳，其原因主要是邊疆

4 章第 3 節〈邊疆史地研究與實地考察〉。

　　史地學報派對史地教學的關心，禹貢學會對歷史地圖製法的討論，均有助於歷史地理學研究，乃能在清代的沿革地理與邊疆史地研究基礎上更上層樓，一面汲取外國史地之學的菁華，一面亦有所創新，促成了歷史地理學研究風氣的興起。

7.歷史地理學

　　《史地學報》與《禹貢》創立的目的不同，因而對歷史地理學的見解亦略有所異，《史地學報》是史地研究會的機關刊物，其前身爲地學研究會，因此將歷史與地理當成兩個範疇來加以看待，即歷史歸歷史、地理歸地理，兩者並非合而爲一，從《史地學報》的英文名稱 *Journal of Historical and Geographical Society* ㉜，亦可明瞭史地學報派在面對歷史與地理這兩個範疇時，並未將之視爲一體；《禹貢》創刊時英文譯名爲 *The Evolution of the Chinese Geography*，至1935 年 3 月 1 日出版的《禹貢》3 卷 1 期改爲 *The Chinese Historical Geography* ㉝，可見禹貢學會已經將歷史地理學視爲一體，而非舊有兩門學科之混合；就這一點來說，在專業性上禹貢學會似較史地研究會爲高；所以，《史地學報》所刊載的部分文章其實並非歷史地理學，而是歷史學或地理學，並且史地研究會的成員亦依個人興趣在歷史學或地理學領域各展所長，其研究範疇有相當大之出入；如陳訓慈

㉜　此英文名稱自《史地學報》2 卷 1 期起使用。

㉝　《禹貢半月刊》每期封面上即有其英文名稱；另，史念海在《中國歷史地理論叢·前言》中說：

　　……歷史地理學這個名稱的定型，也爲時並非很久。50 年前，禹貢學會的英文譯名才正式使用了這個名稱。

　　見：《中國歷史地理論叢》，1987 年第 1 輯（西安：陝西師範大學歷史地理研究所，1987），頁 2。

特別重視西方史學理論的探討，劉掞藜於中國史學方法別有所得，兩人在純粹的歷史地理學方面反而未見著作；張其昀、王庸和鄭鶴聲是較用心於歷史地理學的，三人的著作亦較在這方面下工夫；在指導員中，柳詒徵固守於中國文化與史學理論之領域，竺可楨大力提倡地理學，在引介西方地理學理論上多所用心；其他史地學派成員亦各有其專精領域，雖然他們大抵仍環繞於歷史地理學的大題目進行研究與討論，而未遠離史地研究會之宗旨。圖5-1-7爲《史地學報》與《禹貢》有關歷史地理學論著比例：

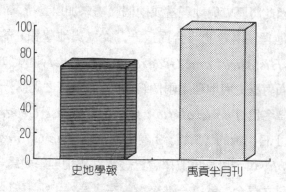

圖 5-1-7 歷史地理學論著比較

　　由圖中所顯示者,《史地學報》與歷史地理學有關的文章占 70.1%，因此，就歷史地理學而言，《史地學報》的專業性不可謂不高，但如與《禹貢》相較，在比例上便顯得稍低，《禹貢》所刊載與歷史地理學有關的文章占 98.5%，其專業性可見一斑。

　　《史地學報》所刊載與歷史地理學有關的文章，部分屬理論層面之探討，實際的研究主要亦屬一般史地論著，而少及於邊疆；《禹貢》則初期刊載了許多地理沿革的考據文章，其後漸及於邊疆史地，尤其第 6 卷和第 7 卷更以邊疆史地研究爲主，這是兩者最大的不同點。

8. 成員動態

《史地學報》於 1921 年 11 月創刊，是史地研究會的機關刊物，其基本成員爲南京高等師範學校文史地科學生，教授則擔任指導員，因此，《史地學報》可以說是一分學生刊物。

由於《史地學報》的學生刊物特性，其會務主要由學生負責，幾位擔任指導員的教授，固然在學理上的啓發，對史地研究會的治學方向有所影響，但就《史地學報》所刊載的會務記錄來看，似乎並未參與實際的運作，因此，史地研究會的主要領導人，乃係當時仍是學生的諸葛麒、胡煥庸、陳訓慈、劉掞藜、張其昀、向達與鄭鶴聲，其中尤以張其昀、向達與鄭鶴聲最爲重要，《史地學報》第 2 卷以後的編輯方向，基本上就是由他們三人所主導的㉞。

由於是學生刊物，《史地學報》所面臨的問題有二：其一是成員的結構不穩定，學生畢業離校對刊物的影響極大，《史地學報》停刊的主要原因，很可能就是張其昀、向達與鄭鶴聲等主要負責人畢業離校，使《史地學報》難以爲繼；其二，學術的訓練尚未成熟，雖有心提倡歷史地理學，但實際的研究成績則未如所期；而在介紹外國史地之學方面，運用亦稍欠純熟。此外，史地研究會基本上是比較封閉的，其成員主要是南京高等師範學校的學生與畢業生㉟，使得會務的推動有

㉞ 相關討論請參閱本書第 3 章第 2 節〈《史地學報》的創立及其組織〉。

㉟ 《史地學報》3 卷 1 期刊出〈國立東南大學史地研究會簡章〉，詳述史地研究會的組織與會員資格，其中會員資格略可看出史地研究會的封閉性：

　　會員：本會會員分下列五種

　　　A.甲種普通會員：在校同學原爲本會會員者

　　　B.乙種普通會員：甲種普通會員離校願繼續爲本會會員者

　　　C.通訊會員：校外同志由會員二人以上之介紹經評議會之通過者

所限制，雖然畢業後仍可爲會員，惟眞正能實際負責的恐亦有限，因而當主要負責人紛紛畢業離校後，接任者無法繼續原有理想，《史地學報》亦惟停刊之一途。

《禹貢》於 1934 年 3 月 1 日創刊，是禹貢學會的機關刊物，發起人爲顧頡剛與譚其驤，創立之初，乃係爲顧頡剛在燕京大學與北京大學“中國古代地理沿革史”修課學生、及譚其驤在輔仁大學開設“中國地理沿革史”的學生課堂習作有發表的園地；因此，在《禹貢》初期所刊載的文章，學生習作的比例甚高；1936 年 5 月 24 日禹貢學會正式成立，選出顧頡剛、錢穆、馮家昇、譚其驤等人爲理事；于省吾、容庚、洪業、張國淦等人爲監事，8 月 22 日第一次理監事會，互選顧頡剛爲理事長，于省吾爲監事長㊱，使得禹貢學會有較廣濶的學術人脈，對會務推動有相當大的助益。

禹貢學會正式成立以後，相關研究與會務乃能有較良性的發展，各項調查與研究推動亦較順利。而且，禹貢學會的理監事大抵爲大學教授或專業研究人員，在史學研究上有較良好的基礎訓練，其成果亦較爲豐碩，惟因第二次中日戰爭爆發，使得歷史地理學研究未能在良好的學術環境下發展；《禹貢》亦不得不在蘆溝橋事變後一週的 1937 年 7 月 16 日，於出版第 7 卷第 10 期後停刊。

禹貢學派除了顧頡剛在古史辨運動時期，因“大禹是蜥蜴類”的假說與劉掞藜、柳詒徵發生論戰，相關討論曾於《史地學報》上刊出

D.名譽會員：本校教職員及校外史地專家由本會敦請者
　E.永久會員：以上四種會員熱心會務一次繳足會費二十元以上者
在經費項目則說明甲乙種普通會員須繳費，名譽會員及永久會員免繳費，未提及通訊會員，可見史地研究會的主要成員係以甲乙種普通會員爲中心，亦即東南大學的在校學生與畢業生爲主。
㊱　《禹貢》，7:1.2.3，頁 17。

之外㊲，其餘成員均未曾在《史地學報》發表文章；史地學報派成員中，僅王庸與禹貢學會較有往來，且爲禹貢學會理事，曾在《禹貢》發表數篇文章㊳；鄭鶴聲在《禹貢》的論著僅得一篇㊴，張其昀則更是祇有論學書信㊵；由此可見雙方往來無多㊶。就一般考察所得，史

㊲ 《史地學報》，3:1，頁 42-45；相關討論，參考：彭明輝，《疑古思想與現代中國史學的發展》(臺北：商務印書館，1991)，52-92。

㊳ 王庸曾任職北平圖書館，負責編輯《中國地學論文索引》，他在《禹貢半月刊》的論著亦不多，查考所得，如：〈桂萼的輿地指掌圖和李默的天下輿地圖〉，《禹貢》，1:11，頁 10-12；〈中國地學論文索引序〉，1:11，頁 29-34。

㊴ 鄭鶴聲，〈讀尚書禹貢篇之僞孔傳與孔氏正義〉，《禹貢》，7:1.2.3，頁 283-286。

㊵ 張其昀此信是寫給錢穆的，詢問商務印書館是否有意印行顧亭林的《天下郡國利病書》稿本事，見：《禹貢》，4:8，頁 63。

㊶ 北大與南高與的對立是否存在，是一個見仁見智的問題，張其昀在〈吾師柳翼謀先生〉文中說：
　　民國八年以後，新文化運動風靡一時，而以南京高等師範爲中心的學者們，卻能毅然以繼承中國學統，發揚中國文化爲己任。他們的代表性刊物是《學衡》雜誌，該刊的〈發刊詞〉，出於柳師手筆，可見他所居的地位。世人對北大南高有南北對峙的看法。
　　見：張其昀，〈吾師柳翼謀先生〉，收入：《張其昀先生文集》，第 9 冊，頁 4710-4718；所引在頁 4712；郭廷以在口述回憶中，描述他與羅家倫在清華與中央大學共事的經驗，以及在兩校任職期間與同事的相處，似乎北方學統與南方學統亦多所交流，見：張朋園等 (訪問紀錄)，《郭廷以先生訪問錄》(臺北：中央研究院近代史研究所，1987)，頁 187-211；嚴耕望自述 1944 年他有意進國立編譯館工作，但李符桐告訴他人文組主任某人心地仄狹，非中大出身，甚難被錄用，見：嚴耕望，《錢穆賓四先生與我》(臺北：商務印書館，1992)，頁 73；余英時在〈猶記風吹水上鱗〉中，談到 1930 年錢穆赴北京後，表面上已經進入了中國史學的主流，但他和反主流派的學人卻更投緣，與南方以中央大學爲中心的史學家如繆鳳林、張其昀交往亦甚密切，見：余英時，《猶記風吹水上鱗》(臺北：三民書局，1991)，頁 1-15；所引在頁 12；由此看來，北大與南高確實隱隱然有其學術對立之情形。

地學報派和禹貢學派均有心於提倡歷史地理學，惟主要成員之間極少問學往來，這可能也局部地削弱了研究歷史地理學的集體合作力量。

　　整體而言，《史地學報》與《禹貢》雖均為研究歷史地理學的專業性刊物，但兩者的研究取向其實有很大的差異。在治學方法上，史地學報派較傾向於經世一路，禹貢學派則從考據入手而轉向對經世的關懷；在外國史地之學介紹方面，史地學報派用力甚勤，其重心主要是美國，其次為英國、法國和德國，禹貢學派在介紹外國史學方面雖不若史地學報派用力，但在運用上則較為純熟，而其重心主要是日本學者的研究論著，其次是英國、法國、美國和德國，而對新興的蘇聯，史地學報派和禹貢學派均有所介紹，惟皆屬浮光掠影。

　　由於受經世史學的影響，史地學報派對當代史特別關注；《禹貢》在創刊初期所刊載文章多屬考據之屬，其後因外患的威脅迫在眉睫，對當代史的關注亦隨之升高，但總體比例仍低於《史地學報》；史地學報派與禹貢學派均提倡實地考察，雖然史地學報派是說得多做得少，禹貢學派在提倡與實踐間亦有所落差，但禹貢學派在理論與實踐的合拍程度，其整體比例似較史地學報派稍高；史地學報派對史地教學極為關切，禹貢學派則對歷史地圖的編繪多所討論，各呈現其不同風貌；由上述分析，吾人對史地學報派與禹貢學派之致力歷史地理學研究，及其對現代中國史學發展的影響，當可有一較全面之認識。

　　歷史的發展與變遷，有其長遠的淵源，同樣的，學術思想的承繼與開啟，亦有其可循的線索；近代中國的歷史地理學上承嘉道以降的經世學風，加上外患的凌逼，使知識分子有心於邊疆史地研究，此為歷史地理學興起的重要因素；1919 年巴黎和會討論山東歸還問題，是民國以後所面臨的另一起外交問題，《史地學報》所代表的正是外患影響下的歷史地理學研究風氣；事實上，在面對近代以來的外患問題時，歷史地理學與民族主義史學是一體的兩面；以傳統的道器說加以討論，民族主義史學近於道，歷史地理學近於器；因而歷史地理學興起的基調乃係民族主義。

自 1840 年代以降到 1931 年的九一八事變，民族主義史學的興起是近代中國史學發展的一個重要課題；九一八事變對中國造成立即而明顯的威脅，知識分子在學術報國的前提下，研究邊疆史地的呼聲甚囂塵上，《禹貢》即為此一風潮下之產物，因而從時代變局的角度分析史學動向，庶幾可得一較接近真象之推論。

在此前提下，考據與經世的交互為用，成為現代中國史學發展過程中的一個重要轉折；歷史地理學的興起一方面承續了舊的傳統，另一方面則開啓新的契機。更重要的是，史學在時代的呼喚裡，不再是象牙塔裡的豆飣考據，而係關乎國計民生的大事；隨著時代脈搏的跳動，歷史地理學在尋根與前瞻中，為民族文化融合與建設中國找尋新的方向。

第二節　外患與民族主義史學的興起

在分析現代中國史學的發展時，西力衝激與知識分子內省的自覺，是兩條不可分割的平行線；類似清季知識分子解決問題的方案亦層出不窮，歷史地理學與民族主義史學的勃興，便是其中顯明的例子。

《史地學報》的創刊，其目的即在賡續清季的史地研究[42]，因此，史地學報派一面向西學取經，一面自傳統中國史學汲取養分，表面上

---

[42]　相關討論請參看本書第 3 章第 1 節〈從《方志略例到《史地學報》〉，及第 3 章第 4 節〈歷史地理學的理論與實踐〉。

看起來，似乎較著重於歷史學與地理學理論的探討，但深一層的用意則在民族主義史學的建立，而建立民族主義史學的目的，除了救亡圖存之外，亦希望中國的學術能立足於世界，柳詒徵在《史地學報‧序》中說：

> 國有珍聞，家有瑰寶，叩之學者，舉不之知，而惟震眩於殊方絕國鉅人碩學之浩博。即沾溉於殊方絕國者，亦不外教科講義之常識，甚且掇拾剿末稗販糟粕，並教科講義之常識而不全，而吾國遂以無學聞於世。嗚呼！今世人之所知者，已至於有史以前之史，大地以外之地，而吾所知，如此，匪惟不能爭衡於並世，且舉先民之已知者，而失墜之，而猶侈然自居於學者，其可恥孰甚。吾嘗以此曉諸生，諸生亦恥之，於是有《史地學報》之刊。　（《史地學報》，1:1，頁前1）

可見在柳詒徵心目中，《史地學報》的刊行，在某種意義上是爲了給惟西是尚的學者們當頭棒喝。雖然在《史地學報》中，亦有外國史地之學的介紹，且比例甚高，但在柳詒徵心目中可能仍以中國傳統史地學爲依皈，嚴格地說，這是一種相當弔詭的現象。惟其擎舉民族主義史學大旗之用心，卻是無庸置疑的。

在史地研究會的指導員中，除了柳詒徵之外，對成員影響力較大的可能是竺可禎，他在〈我國地學家之責任〉一文中，一再強調近代中國外患的影響，希望地理學界能攘臂而起，爲國家民族多盡一些心力⑬。

---

⑬ 《史地學報》，1:1，頁44。

　　分析柳詒徵和竺可禎的論著，可以發現一個普遍的現象：以自主性的研究或調查，對抗外國學者和他們所做的調查研究。雖然在此類論點中，竺可禎借鏡西學的成分可能多些，柳詒徵則純從中國傳統史地之學入手。惟兩人的相關論著，時時不忘近代中國所遭遇的外患，是其共同特點，雖然竺可禎對當代中國與世界的局勢關心較多，柳詒徵則試圖以思想文化解決當前問題。

　　柳詒徵擎舉民族主義史學大旗最明顯的應屬《中國文化史》一書。此書最初於《學衡》第 46 期 (1925 年 10 月) 起連載㊺，其後於 1948 年發行單行本。由於《中國文化史》是有所為而作的，因而在取材上簡於戰爭，詳於文化，尤其重視全體民族的精神表現㊺；此書雖名文化史，

㊹　《中國文化史》篇幅甚巨，自《學衡》46 期連載至 72 期 (1925:10-1929:11) 始刊完全書，惟此書與一般中國文化史或中國通史著作略有所異，因為全書寫到 1922 年，即柳詒徵寫作的當時；在全文刊載完竣時，《學衡》總編輯吳宓有一段按語云：
　　按本書初稿，成於民國十年以前，其後雖微有修改，亦迄民國十五年為止。作者久擬另撰或增補第二編最後之數章，以求完備而合事實，乃無暇而輟。本誌〔案：指《學衡》雜誌〕逕以原稿付印，其有缺陷，及與今日之國是政局教育實業各項情形不合之處，至祈讀者諒之。
　　見：《學衡》，72 期，頁 10094；但《中國文化史》出版時，與《學衡》所刊載的內容完全相同，僅刪除吳宓的按語，惟不知是否另有修訂之版刊行；另，《學衡》出版時衹有單篇文章的頁碼而無總頁碼，為方便查考覆按，本文所引乃依據臺北：臺灣學生書局 1971 年景印本之新編頁碼。

㊺　在〈緒論〉中柳詒徵亦對此再三致意，他說：
　　世恒病吾國史書，為帝王家譜，不能表示民族社會變遷進步之狀況。實則民族社會之史料，觸處皆是，徒以浩壞無紀，讀者不能博觀而約取，遂疑吾國所謂史者，不過如坊肆綱鑑之類，舉無可稽。吾書欲祛此惑，故於帝王朝代，國家戰伐，多從刪略，惟就民族全體之精神所表現者，廣搜而列舉之。
　　柳詒徵，《中國文化史》(臺北：正中書局，1954)，頁 9；案：此書據 1948

但亦及於一般史實，因而亦可視之爲通史，惟其關注之焦點則較傾向於中國歷史輝煌的一面㊻。

柳詒徵認爲中國文化有幾個特色是世界其他國家所沒有的：

> 中國的幅員廣衾，世無其匹；世界雖有像大英帝國之類的大國，合五洲屬地，華離龐雜，但與中國的整齊聯屬，純然爲一片土地者不同；(1) 種族複雜，今日的中國雖號稱五族共和，其實除了五族之外，還有苗猺撞蠻等種族；即使其中最大的族群——漢族，亦決非一單純種族，因爲數千年來所吸納同化的異族極多，使得中國歷史上的各異族皆有通婚易姓，逐漸混入漢族者；(2) 歷史悠久，在世界開化較早的國家中，惟獨中國歷史最悠久，壽命最長；(3) 史籍豐富，世所未有。 (柳詒徵，《中國文化史》，頁 2-9；《史地學報》，3:8，頁 4-12)

柳詒徵之所以強調中國的特殊性，其用意在於希望能以此恢復民族的自信心，可見他仍希冀以思想文化的方式，解決當時的外患問題。如

年版景印；此〈緒論〉於 1925 年同時發表於《學衡》第 46 期，頁 6281-6289；及《史地學報》，3:8，頁 3-32；所引在《史地學報》，3:8，頁 12。

㊻ 關於這一點柳詒徵說得很明白：

歷史之學最重因果，人事不能有因而無果，亦不能有果而無因，治歷史者，職在綜合人類過去時代複雜之事實，推求其因果，而爲之解析，以詔示來茲，舍此無所謂史學也。人類之動作，有共同之軌轍，亦有特殊之蛻變。欲知其共同之軌轍，當合世界各國家各種族之歷史，以觀其通，欲知其特殊之蛻變，當專求一國家一民族或多數民族組成一國之歷史，以覘其異。今之所述，限於中國，凡所標舉，函有二義，一以求人類演進之通則，一以明吾民獨造之眞際。

見：柳詒徵，《中國文化史》，頁 1；《史地學報》，3:8，頁 3。

以五四時期的學術思想背景分析柳詒徵的論點，可能會得到一個矛盾的現象：在反儒學傳統的氛圍中，如何擎舉中國文化的大旗？

相關研究向來視柳詒徵爲反五四新文化運動的大將，在反新文化運動中，他擎舉中國文化的大旗，反對惟西學是尚的新文學運動或新文化運動，類此的解釋似乎言之成理；但如以學衡派亦引介西方文學與文化理論的角度加以審視，便很難以西化或保存中國文化來加以解釋㊼。因此，柳詒徵提出中國文化的特質，如能從民族主義的角度加以分析，或許比較容易觸摸到事實的眞象，而非表面上的傳統與西化之爭。

處在五四時期的學術風氣下，反儒學傳統和民族主義是一個很難釐清的命題；如果反儒學傳統爲眞，那麼，民族主義如何在反儒學傳統中建立？如果民族主義是不可抗拒的潮流，又爲什麼會出現反儒學運動？關於此類問題之論爭，過去的研究極少扣緊主要論題，而停留於口號式之論辨。事實上，五四時期的學術思想本來即存在矛盾之弔詭，以反儒學傳統爲中心的討論，往往忽略了五四人物反儒學之終極目的是爲了中國的富強，他們之所以反儒學傳統，是因爲在認知上判定儒學傳統爲阻礙中國進步的罪魁禍首，所以希望藉由向西學取經的方式，根本解決中國積弱的問題；從此一角度審視五四時期的中西之爭，當會發現在反儒學傳統與民族主義之間，存在著千絲萬纏的關係，史地學報派和禹貢學派均植基於中國傳統史地之學又向西學取經的過

㊼　沈松僑在《學衡派與五四時期的反新文化運動》中，對學衡派引介的西方文學與文化理論有精闢的分析，他認爲學衡派與文學革命派的分歧並非中西之爭，而是文學與文化取向的不同；參考：沈松僑，《學衡派與五四時期的反新文化運動》(臺北：臺灣大學文學院，文史叢刊之六十八，1984:6)，頁201-268。

程，便可以在此找到合理的落腳處。所以史地學報派一面介紹外國史地之學，一面希冀能建立中國的歷史地理學相與頡頏，在心態上是複雜且矛盾的。

柳詒徵在《中國文化史》所揭櫫的中國歷史特質，或許可以爲其文化史觀做一強而有力的注腳，這種強調中國歷史特質以喚醒民族魂的論點，在現代中國史學的發展過程中，屢屢而有。

如果說 1919 年的巴黎和會催生了五四運動，《史地學報》係五四學術風氣孕育下之產物；在面對更直接威脅中國生存的九一八事變時，知識分子的學術救國運動更是漪歟乎盛哉。

1931 年九一八事變激起知識分子的學術救國熱潮，其中以傅斯年等人聯合執筆的《東北史綱》最具代表性，《禹貢·東北研究專號》亦爲呼應時代變局之產物，金毓黻 1941 年出版的《東北通史》，旨在保存足徵之文獻⑱。這方面的著作雖在清中葉以後已開其先聲，然在九一八事變前後及第二次中日戰爭期間，民族主義史學的呼聲尤相續不絕。

第二次中日戰爭是中國現代史上的又一次外患危機，在面對國家民族危急存亡之秋，史學工作者的民族主義呼聲乃甚囂塵上；在這方面可以錢穆、雷海宗、陳寅恪與陳垣爲代表。

錢穆在《國史大綱·引論》中，從民族主義的角度舉出中國史學的三個特點：

> 中國爲世界上歷史最完備之國家，舉其特點有三。一者悠久。
> 從黃帝傳說以來約得四千六百餘年。從《古竹書紀年》載夏以

---

⑱　關於東北史地的討論，請參閱本書第 5 章第 3 節〈東北史地研究〉。

來，約得三千七百餘年。二者無間斷。自周共和行政以下明白有年可稽，自魯隱公元年以下，明白有月日可詳。三者詳密。此指史書體裁言。要別有三，一曰編年，二曰紀傳，三曰紀事本末。其他不勝備舉。又中國史所包地域最廣大，所含民族分子最複雜，因此益形成其繁複。若一民族文化之評價，與其歷史悠久博大成正比，則我華夏文化，於並世固當首屈一指[49]。

錢穆在這裡所說的悠久、無間斷、詳密三個特點，與柳詒徵《中國文化史·緒論》所說的幅員廣袤、種族複雜、歷史悠久、史籍豐富等特質，其論述基調幾乎可以說是如出一轍。錢穆的《國史大綱·引論》寫於 1939 年 1 月，柳詒徵的《中國文化史·緒論》發表於 1925 年 10 月出刊的《史地學報》3 卷 8 期，兩者相差 13 年餘，但他們希冀藉闡明中國歷史特色以喚醒民族魂的用心，則是殊途同歸。雖然在治學取向上，錢穆近於考據，柳詒徵近於經世，但在面對中國的內憂外患時，民族主義的呼聲乃高於一切，此或即所謂對中國的終極關懷[50]。

　　錢穆的《國史大綱》自出版後即佳評如潮，歷 50 年而不衰，在臺灣的歷史系學生幾都讀過此書[51]；而以通史型態出現的《國史大綱》，

---

[49] 錢穆，《國史大綱》(上)(臺北：商務印書館，1980)，頁 1；案：此書初版於 1940 年。

[50] 黃進興在討論梁啓超的心路歷程時，對近代中國知識分子的終極關懷有精闢之分析；參考：黃進興，〈梁啓超的終極關懷〉，《史學論評》，第 2 期(臺北：華世出版社，1980:7)，頁 85-100。

[51] 顧頡剛在《當代中國史學》中稱讚《國史大綱》是當時出版的中國通史著作中創見最多者；見：《當代中國史學》(香港：龍門書店，1964)，頁 85；案：此書初版於 1947 年；嚴耕望則認爲此書「內容尤多警拔獨到處，往往能以幾句話籠罩全局，精悍絕倫」，見：嚴耕望，《治史答問》(臺北：商務印書館，1985)，頁 111；余英時在 1991 年錢穆去逝時仍盛讚此書爲錢穆對

仍維持其文化史觀的本質。易言之，錢穆的《國史大綱》在史實的敍
述與論證上，主要還是立足於思想文化的層面，而其民族主義史觀亦
在書中表露無遺。因此，嚴格地說，錢穆的《國史大綱》其實是有所
爲而作的，譬如他對國史的看法就是從民族主義的立場加以觀照：

> 今日所需之國史新本，將爲自《尚書》以來下至《通志》一類
> 之一種新通史，此新通史應簡單而扼要，而又必具備兩條件。
> 一則必能將我國家民族，已往文化演進之眞相，明白示人，爲
> 一般有志認識中國已往政治社會文化思想種種演變者所必要之
> 智識，二者應能於舊史統中映照出現中國種種複雜難解之問題，
> 爲一般有志革新現實者所必備之參考。前者在積極的求出國家
> 民族永久生命之泉源，爲全部歷史所由推動之精神所寄，後者
> 在消極的指出國家民族最近病痛之證候，爲改進當前之方案所
> 本。此種新通史，其最主要之任務，尤在將國史眞態，傳播於
> 國人之前，使曉然瞭解我先民對於國家民族所已盡之責任，而
> 油然與其慨想，奮發愛惜保護之摯意也。　（《國史大綱》，頁8）

從這段話來看，錢穆本於民族主義史學立論是極明顯的，就書中的內
容來看，錢穆寫作此書的用意，在積極方面希望「求出民族永久的生
命之泉」，消極上最少也希望《國史大綱》能「指出國家民族最近病痛
之證(癥)候」，以便對癥下藥。至於中國的未來應如何開創，錢穆曾在
〈水利與水害〉一文中指出，所謂黃河多害與長江多利之說的不可信，

故國招魂的新詮釋，也是他弘揚中國文化精神意識的代表作，見：余英時，
〈一生爲故國招魂〉，收入：余英時，《猶記風吹水上鱗》，頁 17-29。

水之爲利爲害，端賴政治的清明與否，而無絕對的利與害之可言⑫；因而在《國史大綱》中，錢穆再次宣揚此一理念，並以思想文化爲討論的中心⑬。

錢穆在《國史大綱》中敍述歷史演變的伏流，自非爲歷史而歷史，而係將歷史的伏流自過去滲入當代，既是昔日改革的動力，也是未來發展的動力。所以表面上看起來，錢穆的史學研究似乎集中於學術思想的考辨，實際上則是他藉思想文化爲解決問題的治學方式；且因錢穆對當時政治的關懷，涉及1920-30年代間部分知識分子要求參政，不願國家分裂，以及他個人反對自下而上的工農革命等信念；因此，錢穆一面反對無產階級的革命與執政，一面又對代議政治沒有信心，所以當他在《國史大綱》透露出贊成訓政的訊息，而且憧憬以知識分子爲中心的訓政制度時，便沒有什麼好覺得訝異了⑭。正因如此，錢穆史學著作中所透露的人治傾向頗爲明顯，在〈水利與水害〉中如此，在《國史大綱》亦復如此。

由錢穆的例子，可以瞭解民族主義史學的發展，是透過怎樣的思想模式建構而成；事實上，1920-30年代的中國知識分子，一直處在兩難的困境中，一面是擁抱或拋棄傳統，另一面是向西學取經與否。所

---

⑫ 錢穆，〈水利與水害〉，《禹貢》，4:1，頁1-10；4:4，頁1-7；相關討論請參考本書第4章第2節〈《禹貢半月刊》內容分析〉。

⑬ 胡昌智在《歷史知識與社會變遷》一書中，即對錢穆的思想文化傾向，做了深入的分析，他認爲錢穆在敍述歷代政治演變時，不斷顧及思想界的變化，以指出制度演變的所以然。惟因思想界中各種思想雜陳，而且思想界並不直接等於一個有政治內涵的意識，錢穆的工作正是要從國史豐富而雜出的思想中，析釋出一條清晰的政治意識發展——國史制度底層的脈絡；參考：胡昌智，《歷史知識與社會變遷》（臺北：聯經出版公司，1988），頁141。

⑭ 胡昌智，《歷史知識與社會變遷》，頁143。

以，此一時期的史學發展，便常環繞於傳統的尋根與前瞻未來間打轉，在回顧昔日輝煌歷史的同時，也前瞻中國未來的遠景；雷海宗的《中國文化與中國的兵》，便是其中的典型代表。

雷海宗在《中國文化與中國的兵》一書中，以文化再生的觀點，論析中國文化的未來；在〈總論——傳統文化評價〉中，雷海宗開宗明義提到此書的寫作，係爲了檢討中國傳統文化的長處與短處，特別是瞭解中國文化的短處，對創造文化的新生尤有其必要性，而在他看來，抗戰對中國而言，正是一個新的生機⑤。

《中國文化與中國的兵》書中，最常引起討論的一篇文章可能是〈中國文化的兩週〉，此文原名〈斷代問題與中國歷史的分期〉，雷海宗於文中將中國歷史分爲兩個大的週期，第一週期指由上古到東晉孝武帝太元八年的淝水之戰 (1300 B. C.-383 A. D.)，此時期大致是華夏民族創造文化的時期，外來的血統與文化沒有重要的地位，雷海宗稱之爲古典的中國。第二週期則由淝水之戰到雷海宗寫作此書的當時，即第二次中日戰爭之際(383-1938)，此時期是北方各種胡族屢次入侵，印度佛教亦深刻影響中國文化的時期，無論在血統上或文化上，都起了重大的變化，雷海宗認爲第二週的中國已非當初純華夏的古典中國，而是胡漢同化的新中國，一個綜合的中國⑥。

雷海宗之所以提出“中國文化的兩週”，旨在說明世界史上的古文明，鮮少有能夠開創第二春者，中國乃是一獨特的例證；但是，近代

---

⑤ 雷海宗，《中國文化與中國的兵》(香港：龍門書店，1968)，頁1；案：此書初版於 1940 年，筆者所據爲 1968 年香港龍門書店景印本；惟書中最晚的一篇〈中國的家族〉於 1937 年 7 月刊出，因此書中各篇均可視爲第二次中日戰爭前之論著。

⑥ 雷海宗，《中國文化與中國的兵》，頁 172。

中國自鴉片戰爭以降，在西方列強的侵略之下，造成了傳統政治文化的總崩潰。雷海宗認為近代以來中國民族文化的衰微已經非常明顯，政治社會方面不見有絲毫復興的希望，精神方面也缺少新的衝動，中國文化的第二週已經到了結束的時候。而在第二週文化即將結束之時，其結束的方式如何？何時結束？諸種問題尚未有明確的答案⑰。

　　更重要的是：中國是否有開創第三週期文化的希望？在雷海宗心目中，當然存在著第三週文化的期許。因為中國文化與其他文化最大的不同點是「中國曾經返老還童，而別的文化一番衰老後就死去」⑱；此外，雷海宗並認為中國所創造的第二週文化其實就是南方發展史，在這方面他的論點和錢穆在《國史大綱》中的看法是一致的。因此，在〈此次抗戰在歷史上的地位〉一文中，雷海宗一再提及全國抗戰的重心是在南方，而全國軍民之所以英勇作戰，乃係修養生息了兩千年的元氣，至此拿出與亙古未有的外患相抗，雷海宗說：

> 中國雖然古老，元氣並未消耗，大部國民的智力與魄力仍可與正在盛期的歐美相比，仍有練成近代化的勁旅的可能。二千年來養成的元氣，今日全部拿出，作為民族文化保衛戰的力量，此次抗戰的英勇，大半在此。（雷海宗，《中國文化與中國的兵》，頁211）

就雷海宗的文章內容來看，基本上他相信抗戰一定會獲得勝利，並且是中國文化的一個生機，其論點大有危機就是轉機之意味，而此轉機正是開創第三週文化的最佳時刻⑲；雖然雷海宗的論點在事後證明不

---

⑰　雷海宗，《中國文化與中國的兵》，頁195。

⑱　雷海宗，《中國文化與中國的兵》，頁208。

⑲　雷海宗說：

一定爲眞，其歷史分期亦引起諸多討論，但在第二次中日戰爭前後，他立足於民族主義史學的觀點，卻是值得重視的。

　　現代中國史學的發展雖然在歧路多荆中匐伏前行，但史學工作者在面對外患凌逼之時，所顯現的民族主義史學，卻是有志一同。錢穆之由考據走向經世，柳詒徵的文化史觀，顧頡剛由疑古走向歷史地理學，雷海宗的文化週期論，都可從此一角度加以理解；即或一生寄身學院從事學術研究工作的南北二陳——陳寅恪與陳垣，在面對時代變局時，亦顯現了濃厚的民族主義情懷。

　　陳寅恪早年遊學歐美各著名大學，1926 年回國任教於清華國學院，在這段期間，他醉心學術研究，從未參預政治活動，對社會文化問題也極少表示過意見；但據其友人李璜所述，陳寅恪絕非躲在象牙塔中的學者，而係對國家社會的發展多有關切⑥。

　　　我們第二週的文化今日已到末期。第一週的末期前後約三百年。第二週
　　的末期，由始至今方有百年，若無意外的變化，收束第二週與推進第三
　　週恐怕還得要一二百年的功夫。但日本的猛烈進攻，使我們不得不把八
　　字正步改爲百米賽跑。第二週的結束與第三週的開幕，全都在此一戰。
　　第二週之末有淝水之戰(公元三八三年)。那一戰中國若失敗，恐怕後來
　　就沒有第二週的中國文化，因爲當時漢人在南方還沒有立下根深蒂固的
　　基礎。淝水一戰之後，中國文化就爭得了一個在新地慢慢修養以備異日
　　脫穎而出的機會。此次抗戰是我們第二週末的淝水戰爭，甚至可說比淝
　　水戰爭尤爲嚴重。成敗利鈍，長久未來的遠大前途，都繫於此次大戰的
　　結果。第二週文化已是人類史上空前的奇蹟；但願前方後方各忠職責，
　　打破自己的非常紀錄，使第三週文化的偉業得以實現！（雷海宗，《中國
　　文化與中國的兵》，頁 212-213）
⑥　李璜在〈憶陳寅恪登恪昆仲〉中說：
　　　〔陳寅恪〕對國家民族愛護之深與其本於理性，而明辨是非善惡之切，酒
　　酣耳熱，頓露激昂，我親見之，不似象牙塔中人……。
　　見：李璜，〈憶陳寅恪登恪昆仲〉，《大成雜誌》，第 49 期(香港：大成雜誌

1931 年清華改制爲大學，陳寅恪對當時的學術狀況做了語重心長的批評和建議，在〈吾國學術之現狀及清華之職責〉中，他提到中國學術之未能獨立，非但自然科學和西洋學術依賴外國，即使本國政治、社會、經濟之情況，亦莫不「乞靈於外人之調查統計，幾無以爲討論之資」[61]。至於本國文史之學，表面上看似可獨立，細深究之，其實不然，陳寅恪說：

> ……本國史學文學思想藝術史等，疑若可以幾於獨立者，察其實際，亦復不然。近年中國古代及近代史料發現雖多，而具有統系與不涉附會之整理，猶待今後之努力。……東洲鄰國以三十年來學術銳進之故，其關於吾國歷史之著作，非復國人所能追步。昔元裕之、危太朴、錢受之有一共同觀念，即國可亡，而史不可滅。今日國雖倖存，而國史已失其正統，若起先民於地下，其感慨如何？ 《《陳寅恪先生全集・補編》，頁 45）

陳寅恪對日本的中國史研究成績，非中國學術界所能望其項背極爲憂心，因爲他是將學術的振興和獨立，當作 "民族精神上生死一大事" 來加以看待[62]，所以他希望全國屬望的清華，能首先擔負起民族精神所寄的學術文化獨立之職責。類此的憂慮，在日本圖謀中國日亟時，乃更深重；九一八事變後日本侵占東北，知識分子的感時憂世之情與

社，1977 年 12 月），頁 4；從陳寅恪所遺留的大量詩作中，亦可看出他植根於歷史與文化的民族情懷。

[61] 陳寅恪，〈吾國學術之現狀及清華之職責〉，收入：《陳寅恪先生全集・補編》（臺北：九思出版公司，1977），頁 45-46；所引在頁 45。

[62] 陳寅恪，〈吾國學術之現狀及清華之職責〉，《陳寅恪先生全集・補編》，頁 46。

日俱增，陳寅恪寫了一首〈和陶然亭壁間女子題句〉以賦其事：

> 故國遙山入夢青，江關客感到江亭。
>
> 不須更寫丁香句，轉怕流鶯隔世聽。
>
> 鍾阜徒聞蔣骨青，也無人對泣新亭。
>
> 南朝舊史皆平話，說與趙家莊裡聽⑥。

此詩所悲者乃連新亭對泣都不如的時人，透露出陳寅恪心中對民族淪亡的深沈悲痛。

　　一般認爲，從歷史中獲得歷史教訓或探索歷史的意義，乃陳寅恪治學的一大關鍵⑭。由於陳寅恪早年精治多種東方古文字，並曾利用這些文字來考證中亞史地；中年以後，他的研究興趣則偏向中國文史的領域。因此，在有生之年他治學的重心始終都在中國中古史，陳寅恪嘗自謂“平生爲不今不古之學”，指的就是此一研究領域⑮。

　　雖然陳寅恪所研究的範圍主要是中國中古史，但他在研究的過程

---

⑥　陳寅恪，《寅恪先生詩存》，編入：陳寅恪，《寒柳堂集》（臺北：里仁書局，1980），頁 12。

⑭　俞大維曾說陳寅恪治中國史的主要目的是在“史中求史識”，參考：俞大維，〈談陳寅恪先生〉，收入：俞大維等，《談陳寅恪》（臺北：傳記文學出版社，1970），頁 3。

⑮　逯耀東在〈且做神州袖手人〉中，討論陳寅恪的不古不今之學有二解：
　　所謂“不今不古之學”，一般解釋是指寅恪先生後來專治的魏晉隋唐而言。不過，對於“不今不古之學”，或可另作超越今古文經學，專治乙部之學解。也就是寅恪先生在〈楊樹達論語疏證序〉所說：「平生喜讀中華乙部之作，間亦披覽天竺釋典，然不敢治經。」
　　見：逯耀東，〈且做神州袖手人〉，收入：逯耀東，《且做神州袖手人》（臺北：允晨文化出版公司，1989），頁 55-84，所引在頁 70。

中，往往通過嚴格精密的考據工作，再以"隔山打牛"的論證方式，分析中國史上的一些關鍵性問題，並儘量從其中獲得關於當前處境的啓示，因此在他的歷史論著中常常在有意無意間發出"通識古今"的感慨[66]。

第二次中日戰爭前後及戰爭期間，陳寅恪所發表的專著和單篇論文，表面上幾乎全是純學術性的考據之作，與現實人生似乎毫無關涉。但深一層看，陳寅恪一生的學術工作可說和現實有著密切的關連，他自稱"喜談中古以降民族文化之史"[67]，其實他所關切的是中國文化在現代世界中如何轉化的問題。所不同的是，他祗是默默地研究中古以降漢民族與異族之關係，以及外國文化(如佛教)傳入中國後所產生的影響，希望從其中獲得歷史的教訓[68]。

1936 年 12 月 12 日西安事變發生，陳寅恪於次年 7 月出版的《清華學報》12 卷 3 期發表了〈論李懷光之叛〉，在這篇文章中，他表面上寫的似乎是唐代之史事，其實卻是古今互證的，陳寅恪在分析李懷光之叛時說：

---

[66] 關於這一點，逯耀東在〈且做神州袖手人〉中說：

魏晉南北朝是一個動亂的時代，是一個轉變的時代，是漢民族單獨在長城內活動的時代，是一個帝國解體另一個帝國重組的過渡的時代。在解體和重組之間，所表現的時代性格是非常矛盾與複雜的。這種矛盾與複雜的性格，也反映在我們這個時代的文化蛻變之中。這個時代也正是寅恪先生自己生存的時代。雖然他不願面對，但卻無法逃避的。因此想從魏晉南北朝的矛盾與複雜時代的性格中，尋覓他自己生存時代的變亂原因。(逯耀東，《且做神州袖手人》，頁 74)

[67] 〈重刻元西域人華化考序〉，《陳寅恪全先生集》(上) (臺北：九思出版公司，1977)，頁 683。

[68] 余英時，《陳寅恪晚年詩文釋證——兼論他的學術精神和晚年心境》》，(臺北：時報文化出版公司，1984)，頁 26。

> 唐代朱泚之亂，李懷光以赴難之功臣，忽變爲通賊之叛將，自
> 來論者每歸咎於盧杞阻懷光之入覲，遂啓其疑怨，有以致之，是
> 固然矣。而於神策軍與朔方軍糧賜之不均一事，則未甚注意⑥。

因此，陳寅恪認爲中央對神策軍與朔方軍的糧賜不均，很可能是李懷
光所部對中央不滿的重要因素，在列舉相關史料以證其事之後，陳寅
恪感慨地說：

> 夫李晟所統之神策軍者，當時中央政府直轄之禁軍也，李懷光
> 所統之朔方軍者，別一系統之軍隊也，兩者稟賜之額既相差若
> 此，復同駐咸陽一隅之地，同戰朱泚一黨人，而望別一系統之
> 軍隊其士卒以是而不平，其將領不因之而變叛，豈不難哉！豈
> 不難哉！　《陳寅恪先生全集》(上)，頁504)

事實上，陳寅恪寫此文時，心中或亦別有懷抱，李懷光在唐代的地位、
處境、以及叛變經過，似與西安事變前後的張學良若合符節。稽諸史
實，當時東北軍的處境確有躑躅爲難之隱痛，九一八事變後入關的東
北軍，在思鄉情切、關餉又不若中央軍的情況下，對政府自有所不滿，
除了要求槍口一致對外的大題目外，自覺在待遇方面受到歧視，可能
也是發動事變的重要因素。據張學良〈西安事變懺悔錄〉所述，他之
所以決意舉行兵諫，亦曾受到一些所謂"惡緣"的刺激，其中包括爲
東北軍「請求撫卹、補給，皆無結果」⑦等等；陳寅恪當日或未必深

---

⑥　陳寅恪，〈論李懷光之叛〉，《陳寅恪先生全集》(上)，頁 503-504；所引在
　　頁 503。
⑦　張學良，〈西安事變懺悔錄〉，《明報月刊》，第 33 期 (香港：明報月刊社，

知西安事變的詳細情形，但他將張學良比擬爲李懷光，確有其獨到之見。

而當 1941 年第二次中日戰爭進入焦灼狀態時，陳寅恪寫成《唐代政治史述論稿》，其中第三章爲〈外族盛衰之連環性及外患與內政之關係〉，用以闡明外族侵略的後果，可能導致朝代之衰亡。因此，他在書中表明「本篇於某外族因其本身先已衰弱，遂成中國勝利之本末，必特爲標出之，以期近眞實而供鑑誡，兼見其有以異乎誇誣之宣傳文字也」⑦。由此可見"鑑誡"實乃本書命意之所在，因此，陳寅恪在歸結唐代的覆亡時，認爲東南財富區的遭受破壞，可能是最根本的原因⑦；而他深刻的觀察力和對歷史敏感性，或許已使他感受到日本的侵略必將引發中國之內憂⑦；而時局的變化，當亦對陳寅恪的史學研究有所影響，他由多識語言以爲考證之用，漸而顧及經世層面的轉折，或即

1968:9)，頁 50-53；所引在頁 52；另可參考：傅虹霖著，王海晨、胥波
　（譯），《張學良的政治生涯》(瀋陽：遼寧大學出版社，1988)，148-152。

⑦ 陳寅恪，《唐代政治史述論稿》，收入：《陳寅恪先生全集》(上)，頁 151-304；
　所引在頁 274。

⑦ 陳寅恪指出：
　自咸通以後，南詔侵邊，影響唐財政及內亂頗與明季之"遼餉"及流寇
　相類，此誠外患與內亂互相關係之顯著例證也。夫黃巢旣破壞東南諸道
　財富之區，時溥復斷絕南北運輸之汴路，藉東南經濟力量及科舉文化以
　維持之李唐皇室，遂不得不傾覆矣！
　陳寅恪，《唐代政治史述論稿》，《陳寅恪先生全集》(上)，頁 303-304；錢
　穆在《國史大綱》中對南北經濟文化的轉移亦有精闢的見解，見《國史大
　綱》(下)，頁 532-595。

⑦ 陳寅恪於《唐代政治史述論稿》中指出：
　史家推跡龐勛之作亂，由於南詔之侵邊，而勛之根據所在適爲汴路之咽
　喉，故宋子京曰：「唐亡於黃巢，而禍基於桂林。」嗚呼！世之讀史者儻
　亦有感於斯言歟？(《陳寅恪先生全集》(上)，頁 304)

與此有關，其“考古以證今”的治史途徑，或許也可以在民族主義史學找到落脚處，關於此點他曾有過一番自白：

> 寅恪僑寓香港，值太平洋之戰，扶疾入國，歸正首丘……回憶前在絕島，蒼黃逃死之際，取一巾箱坊本建炎以來繫年要錄，抱持誦讀。其汴圍困屈降諸卷，所述人事利害之迴環，國論是非之紛錯，殆極世態詭變之至奇。然其中頗復有不甚可解者，乃取當日身歷目睹之事，以相印證，則忽豁然心通意會。平生讀史凡四十年，從無似此親切有味之快感，而死亡飢餓之苦，遂亦置諸度量外矣⑭。

從這段話來看，陳寅恪治學明顯受到時代變局的影響，因此，當他由考證走向典章制度之研究，其實是有所為而發的。陳垣的弟子牟潤孫在討論陳寅恪中年後治學方向的改變，即歸於九一八事變後外患的日益加劇，使他不再專治考據，而討論大的問題⑮。

---

⑭ 陳寅恪，〈遼史補注序〉，《陳寅恪先生全集・補編》，頁55；另見：蔣天樞（編），《陳寅恪先生編年事輯》（臺北：弘文館出版社，1985），頁118。

⑮ 牟潤孫指出：
　　說到寅恪治學方向的改變，應當先說一說陳援庵〔陳垣〕先生，就可以對於寅老所以轉變及其在史學上的貢獻何在，瞭解得更清楚些。……二位先生是要好的朋友，常常在一起談學問，他們二位在思想和治學上，一定會互相影響。援庵先生所注重的是中國文化和民族氣節，寅恪先生所注重的是政治制度和社會變遷，皆是歷史上的大問題。這些問題是基礎是根本，如不先解決，其他什麼別的問題，無論研究如何的精細，皆無處去附麗，宛如空中飄散的一枝一葉而已。專重考據，最後必至寫不成歷史。史學變成玩物喪志，在太平時候猶可，一旦國家有事，史學家如果返躬自問，便會覺得自己的研究工作無補於國，愧對民族。在史語

　　就以上分析，陳寅恪雖以史料見長，他的考據工夫在當時的史學
工作者中，可以說是首屈一指的，特別因爲他通曉多種語言文字，對
中國中古時期的邊疆文化，可以進行多版本的校勘考據。但在九一八
事變以後，陳寅恪的治學，在考據之外，對時事多所縈懷，可能也是
造成他融合古事今情，在考古以證今的治史途徑中，別有洞見。

　　關於這一點，陳寅恪在〈讀哀江南賦〉中曾說「古典述今事，古
事今情，雖然不同物。若是異中求同，同中求異，融會異同，混合古
今」⑦⑥，這種融會異同的表現方法，不僅在其詩作中時有流露，更明
顯表現於其學術著作中。此外，在陳寅恪的學術著作中，亦隱然有學
術思想變遷影響世局轉移的線索，在〈突厥通考序〉中他說：「考自古
世局之轉移，往往起於前人一時學術趨向之細微，迨至後來，遂若驚
雷破柱，怒濤震海之不可禦遏」⑦⑦。這或許也可以解釋何以抗戰前後
陳寅恪的著作會以中國中古政治制度史爲主，其意圖以古典述今事，
並希冀藉典章制度鑑戒後人的用心昭然可見。而在第二次中日戰爭前
後及戰爭期間，其著作亦充滿史學工作者對時代憂患的強烈感受，民
族主義史學殆由此而興。

　　與陳寅恪合稱南北二陳的陳垣，在第二次中日戰爭期間留居北平，
在此前後，日本對中國的侵略，時局的動盪不安，都使他在研究方向
上有所調整，於是閉門著述，聚徒訓衆，民族意識發乎於中、形之於
文。

　　　所成立，中國 "漢學" 流行以後，沒有多久，九一八事變便發生了，國
　　　難由此日趨嚴重。援老於是注意到民族氣節，寅老於是講政治制度。兩
　　　位先生都不再專治考據，而討論大的問題，其轉變關鍵，即在這裡。
　　　牟潤孫，〈敬悼陳寅恪先生〉，收入：俞大維等，《談陳寅恪》，頁 69。
⑦⑥　陳寅恪，〈讀哀江南賦〉，《陳寅恪先生全集》（下），頁 1211。
⑦⑦　陳寅恪，〈突厥通考序〉，《陳寅恪先生全集》（下），1385。

　　陳垣以治校勘學而在中國現代史學上卓然成家，他的學術研究無論是考史或攻治其他歷史輔助學科，自始至終多倚賴中國傳統治學方法，且其治學概念亦極少得自西學的啓蒙或刺激⑦⑧。即或在元史、宗教史研究中，所用外語文獻亦均爲漢文譯本，這與陳寅恪的廣採多國語言，恰好成一截然不同的對比。

　　1931 年九一八事變初期，知識分子的反應極爲強烈，於是組織抗日救國團體，發表宣言通電，舉行遊行請願，要求政府宣戰，形成一股洶湧澎湃的抗日救國浪潮⑦⑨。同時也有一批以胡適爲首的知識分子，在事變初起時主張勿擴大事端，應儘快透過外交談判解決紛爭；陳垣在事變之初顯然是主張儘快和談的，在一封給丁文江的信中，他分析日本內部有趨於和緩的傾向，建議中國主其事者應把握機會和談⑧⓪；這封信除了顯示陳垣對國是的熱切關心外，也看出他對時局和日本的分析甚爲肯緊，他希望丁文江和胡適勸告當時外長羅文幹把握時機和日本進行妥治，「假如六個月以後地方粗安，日本軍人之思想又得步進

---

⑦⑧　許冠三，《新史學九十年》(上) (香港：中文大學出版社，1986)，〈第四章，陳垣——土法爲本洋爲鑑〉，頁 109-132。

⑦⑨　參考：李雲漢，〈抗戰前中國知識分子的救國運動〉，收入：中國近現代史論集編輯委員會(編)，《中國近現代史論集》，第 26 編，《對日抗戰》(上) (臺北：臺灣商務印書館，1986)，頁 379-406。

⑧⓪　陳垣在信中說：
　　　日本空氣內部確趨和緩，即軍人首腦亦深悟堅持之無益。惟少壯軍人思想簡單，如果政府讓步，難保不生鼓噪，首腦部頗引爲憂。故在短時期內，尚不能實現妥協，而須經過若干之曲折。至於南京方面，羅鈞任〔案：即羅文幹〕力主不妥治，其惟一理由以爲東事如果解決，必將引起政潮，不願身當其衝。此等不負責任之思想與一年以前之當局者，如一爐所冶成……。
　　〈陳垣致丁文江〉，收入：張崇山等(編)，《胡適來往書信選》(下) (香港：中華書局香港分局，1983)，頁 534-535。

步，恐我欲妥洽而不可得矣」⑧。

及至第二次中日戰爭爆發，陳垣雖未隨政府遷往西南，但他在淪
陷區無論講學或研究都以表彰民族志節爲職志，在其著作及學生的回
憶中均清晰可見。陳垣在大學裡“聚徒訓衆”，講授顧炎武的《日知錄》，
全祖望的《鮚埼亭集》，激勵學生的愛國情操，同時他的史學研究也顯
然有寓現實於史事的取向。第二次中日戰爭期間，陳垣寫成《明季滇
黔佛教考》、《南宋初河北新道教考》、《清初僧諍記》、《中國佛教史籍
概論》等著作，最後以《通鑑胡注表微》做結束。

陳寅恪在〈明季滇黔佛教考序〉說：「中國乙部之中，幾無完善之
宗教史，然其有之，實自近歲新會陳援庵先生之著述始」⑧。這一論
斷雖不無爭議，但陳垣的著述以宗教史爲主，卻是無何疑義的。值得
注意的是，陳垣的宗教史著作，通常只言教會、僧侶和信徒的生活史
實，而不以宗教信仰爲著眼點，更不以弘道傳教爲主旨；且其宗教論
著相當重視政治、宗教與文化間的互動關係。陳垣本人曾說：「宗教與
政治，本分兩途。然有時因傳教之便利，及傳教士國籍之關係，不得
不與政治爲緣；於是宗教之盛衰，每隨其所信奉之民族爲消息」⑧。

《明季滇黔佛教考》出版於 1940 年，是一本寓意深遠之著，陳垣
在〈識語〉中說「明季中原淪陷，滇黔猶保冠帶之俗，避地者樂於去
邠居岐，故佛教益形熱鬧」⑧。陳寅恪的〈明季滇黔佛教考序〉，也對
陳垣治佛教史的用心有所闡發，他說：

---

⑧　〈陳垣致丁文江〉，收入：張崇山等（編），《胡適來往書信選》（下），頁 535。
⑧　陳寅恪，〈明季滇黔佛教考序〉，《陳寅恪先生全集》（上），頁 685。
⑧　陳樂素、陳智超（合編），《陳垣史學論著選》，（上海：上海人民出版社，
　　1981），頁 149。
⑧　陳垣，《明季滇黔佛教考》，收入：陳垣，《中國佛教之歷史研究》（臺北：
　　九思出版社，1977），頁前 3；案：此〈後記〉寫於 1940 年 3 月。

> 明末永曆之世，滇黔實當日之纖輔，而神州正朔之所在也，故
> 值傾危擾攘之際，以邊徼一隅之地，猶略能萃集禹域文化之精
> 英者，蓋由於此。及明社既屋，其地之學人端士，相率逃於禪，
> 以全其志節，今日追述當時政治之變遷，以考其人之出處本末，
> 雖曰宗教史，未嘗不可以政治史讀也[85]。

如將陳垣的識語與陳寅恪的序文同觀，並將抗戰時期政府避居西南一
隅的情勢做一對照，其所指涉的事物已呼之欲出。

　　繼《明季滇黔佛教考》之後，1941 年《清初僧諍記》出版，陳垣
在此書中貶刺逢迎新朝的遺民僧，實則是暗諷平津地區的親日派[86]。
因此，陳垣在治宗教史時，他心中所時時縈懷的，仍是民族文化的存
亡絕續。

　　1943 年 11 月 24 日陳垣致函當時在武漢大學的方豪，信中提及因
遭逢國仇家難，因而研究取向爲之一變，頗提倡有意義之史學：

> 至於史學，此間風氣亦變。從前專重考證，服膺嘉定錢氏；事
> 變後，頗趨重實用，推尊崑山顧氏；近又進一步，頗提倡有意
> 義之史學。故前兩年講《日知錄》，今年講《鮚埼亭集》，亦欲
> 以正人心，端士習，不徒爲精密之考證而已。此蓋時勢爲之，

---

[85]　陳寅恪，〈明季滇黔佛教考序〉，《陳寅恪先生全集》（上），頁 685。

[86]　陳垣於 1962 年《清初僧諍記》重印〈後記〉中說：
　　一九四一年，日軍既佔據平津，漢奸們得意揚揚，有結隊渡海朝拜、歸
　　以爲榮、誇耀於鄉黨鄰里者。時余方閱諸家語錄，有感而爲是編，非專
　　爲木陳諸僧發也。

見：陳樂素、陳智超（合編），《陳垣史學論著選》，頁 496。

　　若藥不暝眩，厥疾弗瘳也[87]。

陳垣在史學研究上一向重視考據，其著作亦大都與考據校勘有關，惟在此信中則略可看出因身處淪陷區，在研究講學上已不滿於祗重考據，而進一步要在考據的基礎上表明個人的觀點。

　　繼《清初僧諍記》後，陳垣於 1941 年發表了《南宋初河北新道教考》，其民族主義史學的觀點，與〈明季滇黔佛教考〉、《清初僧爭記》是相連續的[88]；陳垣撰《南宋初河北新道教考》時，第二次中日戰爭已進入第四年，華北地區爲日軍占領，教授學者大抵四處流竄，惟有一部分人甘爲日本所役使，情況與北宋末靖康之亂頗多類似之處；陳垣當時在輔仁大學任教實亦是 "聚徒訓衆"，殆以新教祖自況，而撰《南宋初河北新道教考》之宗旨，亦昭然若揭[89]。

　　以上所述宗教三書，其實都有借古喻今，所謂「言道、言僧、言考據，皆托詞」，乃係「就崇尚民族氣節的主題而言」[90]；在這方面，

---

[87]　陳垣，〈致方豪〉，收入：陳樂素、陳智超(合編)，《陳垣史學論著選》，頁
　　　624。

[88]　《南宋初河北新道教考》目錄後短序說：
　　　右三篇四卷二十三章，都六萬餘言，述全眞、大道、太一三教，在金元
　　　時事，繫之南宋初，何也？曰：三教祖皆生於北宋，而創教於宋南渡後，
　　　義不仕金，繫之以宋，從其志也。靖康之亂，河北廬社爲墟，士流星散，
　　　殘留者或爲新朝利用；三教祖乃別樹新義，聚徒訓衆，非力不食，其始
　　　與明季孫夏峰李二曲顏習齋之倫講學相類，不屬以前道教也。
　　　陳垣，《南宋初河北新道教考》(臺北：新文豐出版社，1977)，頁 3。

[89]　參考：方豪，〈對日抗戰時期之陳援庵先生〉，原載：《傳記文學》，19:4，收
　　　入：陳垣，《南宋初河北新道教考》，頁前 1-24。

[90]　陳垣，〈致方豪〉，收入：陳樂素、陳智超(合編)，《陳垣史學論著選》，頁
　　　624。

陳垣於《通鑑胡注表微》有更進一步地發揮⑨。《通鑑胡注表微》於 1945
年 7 月寫成，亦即第二次中日戰爭結束的前一個月；1957 年此書重印
時陳垣說：

> 我寫《胡注表微》的時候，正當敵人統治著北京。人民在極端
> 黑暗中過活。漢奸更依阿苟容，助紂為虐。……閱讀胡注體會
> 了他當日的心情，慨歎彼此的遭遇，忍不住流淚。因此決心對
> 胡三省的生平、處境，以及他為甚麼注《通鑑》和用什麼方法
> 來表達他自己的意志等，作了全面的研究，用三年時間寫成《通
> 鑑胡注表微》二十篇⑨。

這是陳垣將國仇家變寄情史學的自況，亦可說明在面對外患的侵略時，
史學工作者如何在論著中寄託民族主義思想，而傳統中國史學的"史
以致用"觀念，亦在其著作中時時顯現；陳垣在前引〈致方豪〉信函

---

⑨　陳垣在《通鑑胡注表微・小引》中，說明其寫作動機為：
　　一日讀〔通鑑〕後晉紀開運三年胡注有曰：「臣妾之辱，唯晉宋為然，嗚呼
　　痛哉！」又曰：「亡國之恥，言之痛心，矧見之者乎！此程正叔所謂真
　　知者也，天乎！人乎！」讀竟不禁淒然者久之。因念胡身之為文、謝、陸
　　三公同年進士，宋亡隱居二十餘年而後卒，顧宋史無傳，其著述亦多不
　　傳，所傳僅鑑注及釋文辯誤，世以為是音訓之學，不之注意……自考據
　　興，身之始以擅長地理學稱於世。然身之豈獨長於地理已哉？其忠愛之
　　忱見於鑑注者不一而足也。
　　見：陳垣，《通鑑胡注表微・小引》，收入：司馬光撰，胡三省注，章鈺校
　　記，《新校資治通鑑注》（臺北：世界書局，1977），第 16 冊，頁 1。
⑨　《通鑑胡注表微・重印說明》，收入：《新校資治通鑑注》，第 16 冊，頁 409-
　　411，所引在頁 411；雖然陳垣寫《通鑑胡注表微》，或有為其於第二次中日
　　戰爭期間留居北平自辯之意，惟就民族主義史學的觀點而言，此書確可表
　　露其在時代變局中的自處之道。

中的一段話，頗能概括他個人治史與世變的密切關聯：

> 九一八以後，世變日亟，乃改授顧氏《日知錄》，注意事功，以
> 爲經世之學在是矣。北京淪陷後，北方士氣萎靡，乃講全謝山
> 之學以振之。謝山排斥降人，激發故國思想。所有《輯復》、《佛
> 考》、《諍記》、《道考》、《表微》，皆此時作品，以爲報國之道止
> 此矣。所著已刊者數十萬言，言道、言僧、言史、言考據，皆
> 托詞，其實斥漢奸、斥日寇，責當局耳⑬。

陳垣在第二次中日戰爭前後及戰爭期間的史學研究，或可爲史學工作
者在時代變局中，學術研究與時代變局互動之一例證。

　　從陳寅恪與陳垣的例證，或可略窺在時代變局中，民族主義史學
興起的因素。以陳寅恪而言，他早年的研究注重中外交通和國際關係，
反映出他對中西文化和列強侵略中國的關切；中年撰著《隋唐制度淵
源略論稿》和《唐代政治史述論稿》，則從國際關係逐漸轉向中國內部
問題，包括政治制度、黨派糾紛、社會階級的分野、權力的轉移等等，
國際關係已退居較次要的地位⑭；而內政與外患盛衰的連環性，則是
他以古典述今事之典範，亦爲民族主義史學添一新頁；而陳垣在九一
八事變後的史學著作亦充滿了經世的意圖，以史論史著來正人心、挽
風俗。

　　由陳寅恪與陳垣治學方向的轉折，略可說明時代變局與史學研究

---

⑬　陳垣，〈致方豪〉，收入：陳樂素、陳智超(合編)，《陳垣史學論著選》，頁
　　624。
⑭　余英時，《陳寅恪晚年詩文釋證——兼論他的學術精神和晚年心境》，頁
　　114。

的互動關係，明乎此，對現代中國史學的發展，在考據與經世間之取向，或將具有較多同情的瞭解。時代變局對史學研究的影響，固非風雲忽起，而是點點滴滴積累而成，在現代中國史學的發展過程中，民族主義史學的興起，可以說是自1840年以降知識分子自覺的總驗收。雖然在考察現代中國史學的發展的過程時，史學工作者的研究客體，是一個值得探討的問題；事實上史學工作者在面對中國所遭受的內憂外患時，大體並未偏離他們原有的研究領域，或者在治學方法上有所改變，僅係在他們原有的領域與研究論著中，體現出對時代的關懷；易言之，即在研究的論點上，以古典今事的方式相比擬。因此，此類論著並非偏離研究主題，僅係個人盡一己之本分，在個別的學術領域中繼續馳騁，然後再在論著中寄託與時代相關之寓意，形成極特殊的民族主義史學發展模式。

由上述分析，可以瞭解民族主義史學在現代中國史學的發展過程中，並非改變史學工作者研究的領域，而是在個人的本來研究領域中，寄寓與民族憂戚與共的觀照。此類史學研究的方式，是極為特別的，因為在外患侵略變本加厲，國家民族面臨立即而明顯的危險時，中國知識分子所採取的措施，並非親身投入戰場，而是以間接的學術研究方式喚醒民族魂。

當國家民族面臨立即而明顯的威脅時，知識分子是否必須親身投入戰場，是一個見仁見智的問題，坐而言和起而行之間本來即存在著可能的落差，在面臨國家民族繼絕存亡之秋，知識分子選擇的救亡圖存方式，本即有多種可能，以思想文化喚醒民族魂的間接方式，是當時大部分中國知識分子選擇的途徑。雖然在面臨類似情境時，個人的選擇可能有所不同，譬如法國年鑑學派創始人之一的布洛克 (Marc Bloch, 1886-1944)，在第二次世界大戰期間，因德國納粹之入侵法國而加入地下反抗組織的行列，且因失事被補，最後死在納粹的集中營[95]。惟知識分子於國家民族面臨危急存亡之秋的個人選擇，救亡圖存的方式，本無高下好壞之分，其貢獻之大小，亦難加以定論。因此，知識分子選擇以學術報國的間接方式，未始不是當時個人去留出處的一種選擇。雖然在第二次中日戰爭前後及戰爭期間，亦有類似胡適、蔣廷黻等學人從政的例子[96]，但整體而言，中國現代史上的知識分子，在救亡圖存之路上，大部分仍選擇以思想文化解決問題的取向。

在這方面最具代表性的就是民族主義史學與歷史地理學的興起。民族主義史學主要在喚醒民族魂，以今事印證古典，冀期於歷史中找出可能的解決之道；歷史地理學則在提供相關的背景資訊，以為外交上折衝尊俎或國防地理之參考。因此，在民族主義史學與歷史地理學的發展上，時代局變與學術研究的互動，是其中的重要關鍵。

由中國現代史的歷程觀察現代中國史學之形成，在時代變局與學術研究的互動上，是一個相當值得探討的現象。因此，就中國現代史的歷程，以及現代中國史學發展的觀點，分析歷史地理學的興起因素，應可獲得一個比較接近眞象的合理解釋。

---

[95] 有關布洛克（Marc Bloch, 1886-1944）的生平及其在第二次世界大戰期間參加地下反抗組織的經過，參考：康樂為《史家的技藝》中文譯本所寫的〈導言──布洛克與《史家的技藝》〉，Marc Bloch 著、周婉窈（譯），《史家的技藝》（臺北：遠流出版公司，1989），頁 1-3。

[96] 胡適於第二次中日戰爭期間擔任駐美大使事，參考：張忠棟，〈出使美國的再評價〉，收入：張忠棟，《胡適五論》（臺北：允晨文化公司，1987），頁 113-155；蔣廷黻曾於 1936-1937 年間任駐蘇聯外交官，參考：蔣廷黻，《蔣廷黻回憶錄》，頁 191-207；又，九一八事變以後，蔣廷黻曾與傅斯年等人合撰《東北史綱》，惟僅出版傅斯年的第 1 冊，蔣廷黻執筆的部分其後以《中國近三百年外患史（從順治到咸豐）》之名發表，相關討論請參閱本文第 5 章第 3 節〈東北史地研究〉。

第三節　東北史地研究

　　歷史地理學的興起，與時代變局有密切的關係，主要是因為歷史
地理學的實用性，在面對自近代以降的外患問題時，常扮演學術為政
治所用的角色，雖然類此的角色扮演無形中影響了學術的客觀性。在
檢討中國近、現代史學的發展過程時，客觀學術與現實需要，常是史
學工作者所要直接面對的問題。

　　1931 年九一八事變發生後，由於內外形勢的影響，中國採取不抵
抗政策，在這種情形下，日本乃擴大事變效果，至 11 月東北地區幾全
為日本所占，1932 年 3 月 9 日更扶持溥儀組織 "滿洲國"，以遂行其侵
略中國的野心⑨。

　　在面臨國家民族生死存亡之秋，外患問題尤迫在眉睫時，現代中
國的史學工作者，絕少以直接的方式投入前線，而係採取迂迴的方式，
間接地以學術為救國的手段，歷史地理學的興起便是此一學術風氣下
之產物。

---

⑨　參考：蔣永敬，〈從九一八事變到一二八事變中國對日政策之爭議〉，收入：
　　中央研究院近代史研究所(主編)，《抗戰前十年國家建設史研討會論文集》
　　(臺北：中央研究院近代史研究所，1984)，頁 355-379；滿州國成立於 1932
　　年 3 月 9 日，參考：郭廷以，《中華民國史事日誌》，第 3 冊 (臺北：中央
　　研究院近代史研究所，1984)，頁 145；此外，張玉法指出此時中國採取不
　　抵抗政策的因素有三：其一，在國際上，西方列強受經濟恐慌的壓力，無
　　暇制止日本的侵略，國聯亦無實力可言；其二，在國內，江西剿共正在開
　　始，兩廣又脫離中央獨立；其三，長江、淮河和運河的水災，驅使數十萬
　　人無家可歸，政府實在窮於應付；見：張玉法，《中國現代史》(下) (臺北：
　　東華書局，1980)，頁 588。

在以歷史地理學爲解決問題的方案中，史學工作者慣常以民族文化尋根的方式，爲中國的領土主權找尋合法性基礎，然後再以建設新中國的理念前瞻未來，在尋根與前瞻的理念下，形成歷史地理學興起的獨特模式。

歷史記載人類過去的經驗，在喚醒民族意識上往往有其特殊的功效，因爲尋求共同的生活經驗，常有助於凝聚民族的向心力；共同血緣、文化背景，也有助於民族力量的結合；雖然史學工作者有時懷疑歷史教訓在現實政治的意義，但在尋根的過程中，歷史常常是第一個被提出來思考的問題。

1931 年九一八事變以前，中國學術界有關東北史地的研究著作甚少，其因固有多端，主要乃係清廷視東北龍興之地爲其禁臠，既禁止漢人前往屯墾，且對旗人多所迴護，因而在清季的邊疆史地研究中，有關東北者少，而以西北地區爲主要探討範圍；民國以後，東北幾爲一獨立地區，相關研究仍然不多。

張其昀是較早赴東北進行考察的史學工作者，1931 年 6 月至 8 月，張其昀帶領中央大學學生李鹿苹、李玉林、朱炳海、楊昌業、沙燦與袁著等 6 人，赴東北進行爲期 55 天的實地考察⑱，歸來後於中央大學地理學會演講〈東三省之考察〉⑲，並講授東北地理課程，其中〈東北之氣候〉與〈東北之黃渤二海〉兩篇講稿曾單獨發表⑳；乃有

---

⑱　參考：宋晞，〈〔張其昀〕傳略〉，收入：《張其昀先生文集》，第 1 冊，頁 5-26；所引在頁 8。

⑲　此文原載《地理雜誌》，第 3 卷，第 5、6 期(1930 年 9、10 月)，其後收入：《張其昀先生文集》，第 2 冊，頁 952-968。

⑳　〈東北之氣候〉，共 9 講，原載《地理雜誌》，第 4 卷，第 6 期 (1931 年 11 月)；其後收入：《張其昀先生文集》，第 2 冊，頁 969-1019；〈東北之黃渤二海〉，原載《地理雜誌》，第 5 卷，第 1、2 期(1932 年 1、3 月)，其後收

關東北史地較早有系統之著作。

在〈東三省之考察〉中，張其昀指出地理考察的目的有四：(1)
爲遊歷觀光而考察，(2)爲採集教材而考察，(3)爲民族運動而考察，
(4)爲科學研究而考察；其東北考察殆爲後三類。此文大體將東北的
概況及相關研究做了簡要的說明，惟此文屬演講性質，各論題並未深
入探討；〈東北之氣候〉與〈東北之黃渤二海〉二講稿，主要是從地理
學的角度，分析東北的氣候與海域，大抵符合南高系統的歷史地理學
理論：著眼氣候、地理與人之關係⑩，對有關東北歷史的部分則論述
較少。

中國學術界研究東北史地的熱潮，是在九一八以後興起的；當日
本侵略野心日益高張之時，中國面臨了立即而明顯的威脅；在學術思
想上，日本的東洋學研究，亦成爲軍國主義的護身符⑫；一面利用東
洋學建立侵略的理論基礎，一面對中國進行各種調查以爲軍事行動的
參考，特別是《滿鐵調查報告》對中國各地物產、地形的調查記錄，
使得中國學術界無法再保持沈默。

日本學者的東洋學理論，指陳東北並非中國領土，而係日本自俄
國手中所接收；中國學術界面對這類似是而非的解釋，自須責無旁貸
地挺身而出。

處於時代變局中的中國知識分子，思考救國的途徑，首先想到的
是創辦刊物，喚醒民族意識，呼籲團結救國；部分北方學者如胡適、

　　　入：《張其昀先生文集》，第 2 冊，頁 1022-1094。

⑩　張其昀，《中國地理學研究》，《張其昀先生文集》，第 1 冊，頁 293。

⑫　參考：靑木富太郎，《東洋學の成立とその發展》（東京：螢雪書院株式會
　　　社，1940），頁 146-286；相關討論請參閱本書第 4 章第 3 節〈邊疆史地研
　　　究與實地考察〉。

丁文江與蔣廷黻等人乃創辦《獨立評論》，討論涉日事務[103]；《獨立評論》上所刊載的文章泰半直接攸關時事，而非僅以學術研究爲救國之方；此外，爲喚醒民族意識，一部分知識分子則從歷史著手，倡議編輯一部中國通史；其後此部通史雖未編成，《東北史綱》的編撰卻可視爲此一動機下之產物[104]。

　　《東北史綱》所擬篇目共計 5 卷，卷目和執筆者分別是：(1) 傅斯年，古代之東北；(2) 方壯猷，隋至元末之東北；(3) 徐中舒，明清之東北；(4) 蕭一山，清代東北之官制及移民；(5) 蔣廷黻，東北之外交[105]。就《東北史綱》的執筆者和卷目來看，可謂爲一時之選，也是中國學術界第一次有計畫地研究東北歷史。此書於 1930 年九一八事變後進行撰寫，以駁斥日本學者矢野仁一、白鳥庫吉等人的"滿蒙

---

[103] 關於《獨立評論》的創辦及其內容，參考：蔣廷黻，《蔣廷黻回憶錄》(臺北：傳記文學出版社，1984)，頁 135-150；傅樂成，《傅孟眞先生年譜》，收入：《傅斯年全集》，第 7 冊 (臺北：聯經出版公司，1970)，頁 287；胡頌平，《胡適之先生年譜長編初稿》(臺北：聯經出版公司，1984)，第 3 冊，頁 1023-1026，頁 1068-1094；惟《獨立評論》同仁對抗戰態度並非一致，可參考：邵銘煌，〈抗戰前北方學人與獨立評論〉(臺北：國立政治大學歷史研究所碩士論文，1979，未刊稿)。

[104] 陶希聖在〈傅孟眞先生〉文中談到九一八事變後，北平圖書館開會討論因應之道時說：
　　民國二十年，孟眞在北平，擔任中央研究院歷史語言研究所所長，和我同時主持北京大學歷史系。我到北京大學教書，九一八事件發生，孟眞和我都在座。他慷慨陳詞，提出一個問題：「書生何以報國?」大家討論的結果之一，是編一部中國通史；此後北大歷史系即以這一事業爲己任。「書生何以報國」這一句話始終留在同人的心裡，激勵著大家來工作。
　　原載《中央日報》，1940 年 12 月 23 日；轉引自：傅樂成，《傅孟眞先生年譜》，收入：《傅斯年全集》，第 7 冊，頁 286。

[105] 傅斯年，《東北史綱·古代之東北》(北平：國立中央研究院歷史語言研究所，1932)，卷首〈告白〉。

非支那論" ⑩⑥。

《東北史綱》本擬於 1932 年底以前出版，以民族文化尋根的方式，證明東北夙爲中國所有；但這本顯現中國學術界合作的東北史著作並未完成，僅傅斯年執筆的《東北史綱》卷一《古代之東北》於 1932 年 10 月出版⑩⑦；蔣廷黻執筆的《東北之外交》則僅完成順治到咸豐時期，

---

⑩⑥ 日本學者的滿蒙學理論，相關論著甚多，參考：箭內亙等，《滿洲歷史地理》（東京：南滿鐵道株式會社，1913）；中山久次郎，《以內鮮看滿洲的歷史》（大連：南滿鐵道株式會社大連圖書館，1932）；矢野仁一，《滿洲近代史》（東京：弘文堂，1941）；滿鐵庶務課，《滿蒙歷史》（大連：南滿洲鐵道株式會社大連圖書館，1937）；系統討論東洋學發展的論著，可參考：青木富太郎，《東洋學の成立とその發展》，頁 146-286；此外，有計畫編輯的大規模著作如：東京帝國大學文學部（編），《滿洲歷史地理》，第 1-15 卷（東京：東京帝國大學，1915-1937）；有關傅斯年撰寫《東北史綱》以對抗日本學者滿蒙非中國論的討論，王汎森認爲係針對矢野仁一，〈滿蒙藏は支那の領土に非る論〉，《外交時報》，35:412（1931），頁 51-71；見：王汎森（Wang Fan-shen），"Fu Ssu-nien: History and Politics in Modern China," (Princeton: Princeton University, Ph.D. Dissertation, 1993, Unpublished), pp.244-245.

⑩⑦ 傅斯年，《東北史綱・古代之東北》，卷首〈告白〉中說：

本書共分五卷、外附彩色地圖若干幅。茲因便於讀者起見，每卷分別出版，待五卷出完，地圖印就後，即不分售。

又說：

本書文稿及圖稿均已寫定，預定二十一年尾出齊，惟印刷事件，非吾等所能管理，如小有延期，讀者諒之。

但實際上除了傅斯年執筆的《東北史綱・古代之東北》外，其餘各卷並未出版，至於各執筆人是否如《東北史綱・古代之東北》，卷首〈告白〉中所言，文稿及圖稿均已寫定，因未見出版，殊難斷言；杜瑜、朱玲玲（編），《中國歷史地理學論著索引》（北京：新華書店，1986），刊出《東北史綱》（五冊），中央研究院歷史語言研究所，1932-1933（頁 586），不知何所據？待考。下文提及傅斯年《東北史綱》卷一《古代之東北》時，爲簡化行文，簡稱爲《東北史綱》。

以《最近三百年東北外患史（從順治到咸豐）》之名單獨發表⑩。

傅斯年的《東北史綱》旨在於根據歷史事實說明東北為中國所有，以駁斥日本學者的"滿蒙非支那論"，因此在此書的一開頭就對《東北史綱》用"東北"不用"滿洲"的理由有所說明，傅斯年說：

> 日本及西洋人之圖籍中，稱東三省曰"滿洲"，此一錯誤，至為淺顯，而致此錯誤之用心則至深。滿洲一詞，本非地名，〈滿洲源流考〉辯之已詳。又非政治區域名，從來未有以滿洲名政治區域者。此一地段，清初為奉天寧古塔兩將軍轄境，而奉天府尹轄州縣民政，與山海關內之府廳州縣制無別。康熙以來曰盛京省，清末曰東三省，分設督撫。有清二百餘年中，官書私記，均未嘗以滿洲名此區域也。此名詞之通行，本憑藉侵略中國以造"勢力範圍"之風氣而起，其"南滿"、"北滿"、"東蒙"等名詞，尤為專圖侵略或瓜分中國而造之名詞，毫無民族的、地理的、政治的、經濟的根據。自清末來，中國人習而不察、亦有用於漢文者，不特可笑，抑且可恨，本編用"中國東北"一名詞以括此三省之區域，簡稱之曰"東北"，從其實也。　(傅斯年，《東北史綱》，頁3)

從這段引文來看，傅斯年此書之企圖乃係以歷史證明東北的歸屬問題；

---

⑩　此文原載《清華學報》，8卷1期（北平：清華大學，1932:12）；收入：蔣廷黻，《蔣廷黻選集》，第2冊（臺北：傳記文學出版社，1971），頁177-249；另收入：蔣廷黻，《中國近代史研究》（臺北：九思出版公司，1978），頁79-138；因九思版排版印刷較佳，本文所引，未特別說明者皆據此版；又因《最近三百年東北外患史（從順治到咸豐）》曾出單行本，本文視之為專書，以下行文簡稱為《最近三百年東北外患史》。

史地研究的影響；《禹貢》第6卷和第7卷的實地考察文字，在比例上較第5卷以前爲高，即與專號的設計有關（專號以邊疆史地研究爲主），所以《禹貢》在第5卷以前，此類文章所占比例均未超過10%，到了第6卷增加爲17.1%，第7卷爲16.1%，在比例上接近是前幾卷的兩倍。

藉由史地學報派和禹貢學派在實地考察方面的理論與實踐，或許可以瞭解何以史地學報派對史學理論和史學方法的興趣較高，禹貢學派則比較傾向於實際的研究工作；分析兩分刊物所刊載文章的內容，對其學術取向及治學方法之異同，亦可以有進一步地認識。

6.史地教學與編繪地圖

史地學報派對史學理論興趣盎然，對史地教學也極度關心；禹貢學派基本上比較重視實際研究，幾乎未曾討論史地教學的問題；惟一與理論稍有相關者僅爲歷史地圖製法的討論。

研究歷史地理學不能沒有地圖，因而史地學報派和禹貢學派都相當重視地圖的編繪，但史地學報派僅在個人的論著上附上相關之地圖，並未對此一問題進行檢討，禹貢學會則在歷史地圖的編繪上下了相當大的工夫。

顧頡剛和譚其驤在《禹貢・發刊詞》中，一再強調編繪地理沿革圖的重要性，事實上，在《禹貢》創刊的前一年，編繪地理沿革圖的工作已經開始進行㉛，其成果就是《地圖底本》。

分析《地圖底本》的編繪，可以瞭解禹貢學派不再限於樸學考據，而能拓展新的研究視野，增加治學的實用性，且在考據之外，注意到現實的需要。

㉛ 《禹貢》，2:8，頁34。

接著他又對〈滿洲源流考〉進行史料之考辨，並引《清太祖實錄》、《元史·一統志》、《明實錄》、唐晏《渤海國志》等材料，說明「滿洲爲建州之訛音，決不能建州爲滿洲之誤字」[109]；傅斯年並舉五事證明滿洲爲建州之"亥豕魯魚"[110]；傅斯年之所以一再爲東北之名進行學術考辨，主要目的無非爲了證明其爲中國所有，特別是爲對付日本學者及軍方的"大陸政策"與"滿蒙生命線"之說，先從源頭上解決東北不稱滿洲的問題，進一步則指責日本的立論無所本。因此，傅斯年乃從文化、神話學、民族學、語言學的角度，分析東北實爲中國之地。在《東北史綱》的〈引語〉中，傅斯年說明他寫此書的兩個動機：

[109] 傅斯年說：
渤海之建州爲一地名、歷遼金元而未改、明永樂之設建州衛、實沿千年之習俗、幷非創制(按明代東北諸衛所創之名皆譯音、其有此等雅稱者、皆文化舊壞。)建州之稱旣遠在先代、滿洲之稱尙不聞於努爾哈赤時、兩字若爲一詞、只能滿洲爲建州之訛音、決不能建州爲滿洲之誤字。(傅斯年，《東北史綱》，頁5-6)

[110] 傅斯年說：
一、建州之稱、至明中季至少已數百年、約定俗成、官民共喻。二、滿洲一詞、清初未經掩飾之記載、謂即建州、所謂"僞作"者、正指其本爲一詞耳。三、清代遠祖居微小之部落、爲明"忠順看邊"(見太宗伐明告示)、斷無被西番稱爲"曼殊師利大皇帝"之事。且清初名金國、不稱滿洲、已由學者論定。四、滿洲一詞之來源、乾隆自己有兩意見、全不相干。五、此詞在滿語中卻作曼殊。將此五事併合、只能有一解釋、即努爾哈齊所憑以創業之諸部名建州久矣。彼雖立金國之號、部落舊稱之習俗不改。且漢化愈深、愈知金號之並非特別體面、於是借番蒙語中(蒙古經典名詞多出自番)曼殊之詞以訛漢語中之建州之字、曼殊一詞之施用、自當亦東部蒙古喇嘛教之者。蓋喇嘛自元季以來、幾成北部部族之國教、清族初年文化、非漢即蒙、而其文書乃蒙古也。然其造此滿洲一詞之用心、固昭然爲遷就建州一詞、彼之先祖久已承認、入於神話故事、勢不能改、只好訛之。然則滿洲一詞、謂爲建州一詞之亥豕魯魚可也。(傅斯年，《東北史綱》，頁6)

其一，教育國人的東北史地知識：九一八事變後，中國欲求訴之於公道及世界公論，然國人對東北的知識仍相當缺乏，每每不知其底蘊，不但是斯文寡陋，且關係到國家大事；因此，雖然知道東北史事對現局關係遠不如經濟政治之什一，惟學史者面對蜩螗國是，但求盡其所能，因而有《東北史綱》之作⑪。

其二，駁斥日本學者的滿蒙論：日本學者白鳥庫吉、矢野仁一、中山久次郎和箭內亙等人提出所謂“滿蒙生命線”、“滿蒙在歷史上非支那領土”等說法；傅斯年認為這些說法本係“指鹿為馬”之言，不值一辨，但因為日本竟以此為侵略東北的理由，因而不得不辨，傅斯年乃從法律與民族自決的角度加以論析，並參以東北歷史的文化淵源，認為就東北二、三千年的歷史看，東北為中國領土，與江蘇或福建之為中國領土，殊無二致⑫。

由於傅斯年的《東北史綱》是一集體研究計畫，在關注的焦點及年代斷限上均有所限制，傅斯年所執筆的部分是古代之東北，其斷限為從遠古到魏晉南北朝，隋以後的部分由方壯猷執筆。

在古代東北的部分，傅斯年頗能引述新的考古學報告為材料，符合其史學科學化的呼籲，如他引述安特生、步達生等人的成果，以證明東北與中國的淵源，並參以古生物學、語言學、神話學、人種學、地理學等輔助學科，說明東北在遠古即與中國為一體，傅斯年認為這是近代科學成果，提供歷史研究的證據⑬；此外，因為當時日本學者

---

⑪　傅斯年，《東北史綱》，頁1。

⑫　傅斯年，《東北史綱》，頁1-2。

⑬　傅斯年，《東北史綱》，頁24；參考：Andersson, J. Gunnar, *Children of the Yellow Earth : Studies in Prehistoric China* (Massachusetts, Cambridge: The MIT Press, 1973).

有關東北史地的研究論著甚多，傅斯年亦對其中可信的研究成果加以引用⑭。

傅斯年的《東北史綱》由於寫作時間倉促，材料蒐集並不齊全，疏陋之處在所難免。事實上，傅斯年雖爲史料學派的奠基者，但在檢驗他的史學著作時，仍發現不免有理論和實際不合拍的例證⑮，在《東北史綱》中，類似的情形亦甚明顯，特別因爲這本書本係爲了駁斥日本學者而作，在學術客觀與現實的呼應上，所遭遇的困難，無形中也較他的其他史學著作要多，關於這一點，傅斯年本身亦有所深切瞭解，因而頗思重加修訂，惟終未如願⑯。

基本上，傅斯年的《東北史綱》是一本尋根之作，即透過歷史尋根的方式，證明東北早爲中國所有；但由於他寫作的動機起於現實之需要，因而書中行文所透露的民族感情與時代關懷，與其平日史學論著的謹守學術分際略有出入。而面對國家民族危急存亡之秋，知識分子在學術客觀與現實之間的張力本不易排除，即或提倡史學科學化的傅斯年亦不可免；但在《東北史綱》中，傅斯年仍企圖本其一貫的治

---

⑭ 傅斯年，《東北史綱》，頁 2；如關於東京帝國大學教授濱田耕作 1928 年在旅順貔子窩的發掘報告，傅斯年即加以引用，見：《東北史綱》，頁 8。

⑮ 其中最明顯的就是〈性命古訓辨證〉，參考：傅斯年，〈性命古訓辨證〉，收入：《傅斯年全集》，第 2 冊，頁 493-738；而較符合其以歷史語言的科學方法治史者則是〈大東小東說〉，收入：《傅斯年全集》，第 3 冊，頁 745-758；〈夷夏東西說〉，收入：《傅斯年全集》，第 3 冊，頁 822-893；〈周東封與殷遺民〉，《傅斯年全集》，第 3 冊，頁 894-903；關於傅斯年的科學史學，本文爲主題與篇幅所限，此處不擬詳論，可參考：王汎森 (Wang Fan-shen)，"Fu Ssu-nien: History and Politics in Modern China," pp. 102-196；劉龍心，〈史料學派與現代中國史學之科學化〉（臺北：國立政治大學歷史研究所碩士論文，1992，未刊稿），頁 57-181。

⑯ 傅樂成，《傅孟眞先生年譜》，收入：《傅斯年全集》，第 7 冊，頁 287。

學方法: 以樸學考據為本,加上語言學、民族學和考古學的綜合運用,為其史學科學化示例,雖然距離真正的學術客觀稍遠,似亦毋須苛求⑪。

　　蔣廷黻的《最近三百年東北外患史》,原係《東北史綱》第5卷《東北之外交》中的一部分,惟因全書並未寫完⑱,僅刊行順治到咸豐 (1644-1860) 部分; 如依《東北史綱》的本來規劃, 第5卷《東北之外交》應寫至1931年, 以符其三百年之斷限⑲。

⑪　傅斯年的學生陳槃在〈懷故恩師傅孟真先生有述〉中, 就對《東北史綱》出版後受到批評的事有所辯解, 陳槃說:

　　東北事變, 大局震盪, 孟真師憂心如焚, 百忙中而有《東北史綱》之作。這部用民族學、語言學的眼光和舊籍的史地知識, 來證明東北原本是我們中國的郡縣, 我們的文化種族, 和這一塊地方有著不可分離的關係。這種史學方法和史識, 是最現代的、科學的。但出版以後, 頗受人批評。其實這書的間架輪廓非高手不能辦。批評的人從細微末節著眼, 當然不無話可說。但是能批評的人。卻不一定就能搭起這樣的間架, 描畫出這樣的輪廓。「前修未密, 後出轉精」, 鑿荒開山的工作是創造的、艱難的, 後人跟著來故補苴罅漏的工作是容易的。孟真師寫文章, 有時只憑記憶, 當然疏忽的地方也是不能免的。但吹毛求疵, 偶瑕掩瑜, 這種態度是不公平的。

　　原載《新時代》, 3卷3期, 頁13-14; 轉引自: 傅樂成,《傅孟真先生年譜》, 收入:《傅斯年全集》, 第7冊, 頁287; 王汎森指出傅斯年撰寫《東北史綱》時, 其民族主義情懷凌駕其學術規範, 惟歷史客觀與政治急迫需要間的張力須列入思考, 見: 王汎森 (Wang Fan-shen), "Fu Ssu-nien: History and Politics in Modern China," pp. 247-248.

⑱　雖然在傅斯年《東北史綱‧古代之東北》的出版〈告白〉中, 說明其他4卷已於1932年寫定, 且將於該年年底以前出版, 見: 傅斯年,《東北史綱》, 頁前1; 但就考察所得, 除傅斯年的部分完成且出版外, 蔣廷黻祇完成一部分, 其餘3人之著作則未付剞劂, 恐係未曾完稿。

⑲　蔣廷黻此書自清入關寫起, 自順治到咸豐 (1644-1860) 僅得216年, 如至辛亥革命(1911)則為267年, 須至1931始有287年, 再加上入關前的一小段, 或可略符其300年之斷限; 事實上, 在1930年代尚無近代史與現代史之分, 史學界之近代即包括現代史在內, 並不刻意分別; 並且當時的史學

蔣廷黻《最近三百年東北外患史》是一本具有國際觀的史學著作,對俄國與中國清廷的各種措施均有所論略, 在史料的運用上亦是中外並重[120], 在當時有關東北史地的研究論著中, 是具有獨創之見的。惟此書寫作倉促, 未克全篇即單獨發表順治到咸豐部分, 且終蔣廷黻一生仍未完成此書[121]。

《最近三百年東北外患史》的撰寫動機與傅斯年《東北史綱》相

界亦少學者從事現代史研究, 一般史學著作論述近代史往往將現代史亦列入討論, 如: 李劍農, 《中國近百年政治史》(上)(下)(臺北: 商務印書館, 1978), 即將近、現代史均列入討論; 顧頡剛, 《當代中國史學》(香港: 龍門書店, 1964); 案: 此書初版於 1947, 內容自 1845 寫到 1945; 柳詒徵的《中國文化史》自《學衡》46 期連載至 72 期 (1929 年 11 月), 全書則寫到 1922 年, 即柳詒徵寫作的當時; 參考: 柳詒徵《中國文化史》(臺北: 正中書局, 1954); 另請參閱本書第 5 章第 2 節〈外患與民族主義史學的興起〉有關柳詒徵部分。

[120] 關於蔣廷黻在史料方面的運用可參考他在文末所附的〈資料評敍〉, 其中討論到的資料如 E. R. Ravenstein, *The Russians on the Amur, Its Discovery, Conquest, and Colonization* (London: 1861); C. de Sabir, *Le Eleuve Amour Histoire Geographie* (Paris: 1861); F. A. Golder, *Russian Expansion on the Pacific 1641-1850*;徐淑希 (曾任燕京大學政治系系主任), *China and Her Political Entity* (New York: 1924); 其餘中文史料部分不一一列舉, 見:《最近三百年東北外患史》, 頁 133。

[121] 蔣廷黻於 1952 年中央日報 (臺灣) 重印此書時寫了一段〈小引〉, 說明此書未能完成的缺憾, 並希望有學者能賡續其事:

因為我深感東北問題的重要, 所以在我的研究工作中, 東北佔主要位置。可惜在最近這十幾年中, 我不能繼續有系統的研究。我原來希望搜集中外的史料, 把咸豐以後的東北外患也寫出來。現在好像找不到這樣一個機會。如果有學者願意擔負這種工作, 我願盡力協助。(蔣廷黻, 《最近三百年東北外患史》, 頁 77)

另外他在口述回憶中, 也表示了類似的論點, 見:《蔣廷黻回憶錄》, 頁 129-133。

類，皆屬外患凌逼下知識分子思有以救亡圖存，以學術爲救國方案下的產物，因而歷史與現實的觀照相互呼應，以歷史教訓爲時局謀的痕跡亦頗見明顯；如在論述璦琿條約與中俄北京條約的簽訂時，蔣廷黻就認爲中俄友誼的代價未免太高了⑫；事實上，自 1840 年代以降的中外條約，中國鮮少有不付出龐大代價的。至於近代中國在面對外患時，何以拿不出一個妥善的對策？蔣廷黻認爲主要是近代中國所遭遇的對手與前此有所不同⑬；由於對手不同，中國在面臨近代的外患時，便常顯得束手縛脚，蔣廷黻《最近三百年東北外患史》對此點可謂觀察入微，其見解確有足供參考之處。

　　對中國近代以降的外患凌逼，蔣廷黻並非惟一持此類意見者，在面對西方的堅船利砲時，類此之論點於相關論著中亦時有所見；惟蔣

----

⑫　蔣廷黻指出：

　　這兩個條約——中俄璦琿條約及中俄北京條約——在世界歷史上開了一個新紀念，即土地割讓的紀錄。我國在咸豐八年及十年所喪失的土地，其總面積有四十萬零九百十三方英里。現今的東三省，加上江蘇，比我們這兩年所喪失的土地只多一千四百方英里。法德兩國的面積，比我們這兩年所喪失的土地，還少六千五百三十一方英里。俄國從我國得著這大的領土不但未費一個子彈，且從始至終口口聲聲的說俄國是中國惟一的朋友。俄國友誼的代價不能不算高了。（蔣廷黻，《最近三百年東北外患史》，頁 132）

⑬　蔣廷黻在《最近三百年東北外患史》中說：

　　我族在東北的歷史雖變故多端，概括說，可分爲兩大時期。滿清以前，在東北與我族相抗的，不是當地的部落，就是鄰近的民族。其文化的程度恒在我族之下。最近三百年的形勢就大不同了。從清初到現在，這三百年中，東北最初受了遠自歐洲來的俄羅斯之侵略，最近又遭了西洋化的日本之佔據，而其他列強亦曾插足其中。現在東北已成所謂世界問題。縱不說最近三百年的侵略者之文化高於我族，我們不能不承認他們的國力有非我們所能比抗。（蔣廷黻，《最近三百年東北外患史》，頁 79）

廷黻在處理此類問題時，係屬較能面對現實之學者，乃能持平以論；而且在討論外患問題時，亦極留心外患與內政的關係，他基本上認爲外患之起，與內政有其必然的關連性；這類見解與陳寅恪在《隋唐政治史述論稿》中的論點可謂相互輝映⑫；此外，蔣廷黻認爲在中國進入世界的過程中，與他國競爭的落伍，尤爲重要關鍵，《最近三百年東北外患史》指出：

> 咸豐以後的東北可稱爲半東北，殘東北，因其面積縮小了一半有餘，且因爲她東邊無門户，北邊無自然防具——她是殘缺的。所以到這種田地的原由有三。第一是太平天國的內亂；第二是咸豐年間全盤外交政策的荒謬，爭所不必爭，而必爭者反不爭。比這兩原由還重要，還基本的是在世界諸民族的競進中，我族落伍了。有了這個原由，無論有無前兩個原由，我們的大東北，全東北是不能保的。　（蔣廷黻，《最近三百年東北外患史》，頁132）

蔣廷黻的論點頗能切中時弊，近代中國的各種問題，在《最近三百年東北外患史》亦均可看到其縮影。

比較傅斯年《東北史綱》與蔣廷黻《最近三百年東北外患史》的寫作方式，發現兩有相當大的差異，傅斯年《東北史綱》基本上比較接近今日之專題研究 (Monograph)，蔣廷黻《最近三百年東北外患史》則近於一般的通史性著作；在意見的表達上，蔣廷黻的立論多於考據，

---

⑫　陳寅恪在《隋唐政治史述論稿》一書中，提出"外族盛衰之連環性及外患與內政之關係"的論點，參考：陳寅恪，《唐代政治史述論稿》，《陳寅恪先生全集》（上），頁303-304；相關討論請參閱本書第5章第2節〈外患與民族主義史學的興起〉。

傅斯年則是考據多於論說；因此，這兩本與東北史地有關的著作，無論就寫作方法或立論方式，很難視爲同一研究計畫下的論著，而《東北史綱》撰寫計畫中其他三位執筆者的著作並未完成，則此計畫之寫作究係以專題研究或通史爲標的，則殊爲難言。

九一八事變後，有關東北史地研究計畫中，《東北史綱》可能是其中較具規模的，惟僅出版傅斯年《東北史綱·古代之東北》，以及蔣廷黻《最近三百年東北外患史（從順治到咸豐）》，而且兩者的立論與寫作方式猶有所異，其整體成績並不算豐富⑫。事實上，不僅《東北史綱》的撰寫計畫未有良好成績，即或整體有關東北史地的研究，亦尚有待開發⑫。

禹貢學會之成立，明顯地受九一八事變的影響，因而對東北史地有所用心乃理所必然⑫；馮家昇在〈我的研究東北史地的計畫〉中，

---

⑫　關於東北史地的研究，在現代中國史學的發展過程中，向來是較不受重視的一環，縱使九一八以後掀起一股研究的熱潮，但卻是各自爲政的情形居多，〈禹貢學會研究邊疆計畫書〉便曾對此現象有所批評：

　　邊疆之重要，近年國人已頗多感到，團體之報告，個人之游記，雜誌之論文，均不在少數。……唯因各自爲政，缺少整個計畫，以致重複散漫，浪費時間、精力及財力，是以效率不高，成績淺薄。

　　見：《史學史研究》，1981 年第 1 期（北京：北京師範大學史學研究所，1981：1），頁 66-69；所引在頁 69；相關討論請參閱本書第 4 章第 3 節〈邊疆史地研究與實地考察〉。

⑫　趙中孚在〈近代東北移民開發史研究的回顧〉中所舉研究論著，中國學者部分與日本學者相較，實是小巫見大巫；而就趙中孚所列出的論著來看，中國學者有關近代東北史的研究尤少；此文收入：中央研究院近代史研究所（編），《六十年來的中國近代史研究》（下）（臺北：中央研究院近代史研究所，1989），頁 811-834。

⑫　相關討論請參閱本書第 4 章第 1 節〈從古史辨運動到禹貢學會之成立〉，及第 4 章第 3 節〈邊疆史地研究與實地考察〉。

便提到日本的東洋史研究狀況, 特別是對東北史地的研究殊非中國學
者所及, 馮家昇說:

> 我國學者對於自己的邊疆素少研究, 在前清時代, 和別國起了
> 境界問題的交涉時, 已不知吃了多少大虧。就是民國以來, 一
> 旦遇上這類問題, 仍是受人欺騙。譬如東北四省, 就歷史上,
> 地理上, 法律上說, 明明是中國的領土, 而日本人爲了伸展領
> 土的野心, 早幾年前就在國際間宣傳他們的"滿蒙非支那論",
> 可憐我國學者沒有一個能起來加以有力的反駁的。同時日本人
> 爲了實現此種基調起見, 就雇用了大批學人專門致力於"滿鮮
> 學"或"滿蒙學", 研究的成績很能獨樹一幟。回顧我國, 九一
> 八以前, 東北史地簡直無人過問; 九一八以後, 則爲了欲證明
> 東北是中國的領土起見, 才臨時作起文章來。我嘗說: 憑日本
> 對於東北研究的成績, 也可以把東北取走了。假使國際聯盟重
> 視學術研究的話, 憑我們臨時作的幾種小冊子, 是要失敗, 東
> 北四省還是要送掉的[128]!

因此, 禹貢學會對東北史地乃別有關注, 並且由馮家昇編了《禹貢》
6 卷 3、4 合期的「東北研究專號」。

　　1936 年 10 月 16 日《禹貢・東北研究專號》出版, 係以樸學考據

---

[128]　《禹貢》, 1:10, 頁 2; 馮家昇此處所謂臨時作的幾種小冊子, 筆者個人懷疑
　　指的就是《東北史綱》, 因爲傅斯年的《東北史綱》曾由李濟節譯爲英文,
　　並將節譯本送交國聯李頓調查團以爲參考; 見: 傅樂成, 《傅孟眞先生年
　　譜》, 收入:《傅斯年全集》, 第 7 冊, 頁 287。

爲治學的基本方法，並參以新的研究成果⑩；但可怪的是：專號中所刊載的文章，均未提及傅斯年的《東北史綱》；而《禹貢‧東北研究專號》出版於 1936 年 10 月 16 日，此時《東北史綱》已出版 4 年，《禹貢》作者似應有所涉獵，然卻各行其是。因此，雖然傅斯年、方壯猷、徐中舒、蕭一山與蔣廷黻等人的《東北史綱》編纂計畫在《禹貢‧東北研究專號》之前，傅斯年的《東北史綱》且已出版，但兩者似乎沒有承繼的關係；豈這正是〈禹貢學會研究邊疆計畫書〉中所指陳的當時學者「各自爲政，缺少整個計畫，以致重複散漫，浪費時間、精力及財力，是以效率不高，成績淺薄」⑩之寫照？《禹貢‧東北研究專號》不僅未參考傅斯年的《東北史綱》，各作者間似亦缺乏彼此連繫，因而所解決者僅係單獨的論題，而未有整體的連貫性，這種情形和《東北史綱》編纂計畫，似乎存在相同的問題；就此而言，其整體成績不若日本學者亦不難理解。

　　對於中國學者東北史地研究的支離破碎，史學界亦迭有批評，較具代表性的是金毓黻。

　　金毓黻治史以東北史及史學史名世，編著有《中國史學史》⑩、《東北通史》⑩、《遼東文獻徵略》、《東北文獻叢刊》、《東北文獻零拾》等書⑩；爲現代中國史學工作者中，對東北史地用力最勤的學者，其

---

⑩　相關討論請參閱本書第 3 章第 4 節〈邊疆史地研究與實地考察〉。

⑩　〈禹貢學會研究邊疆計畫書〉，《史學史研究》，1981 年第 1 期，頁 69。

⑩　參考：金毓黻，《中國史學史》（臺北：鼎文書局，1986）。

⑩　金毓黻，《東北通史》（臺北：樂天出版社，1971）；案：此書據國立東北大學東北史地經濟研究室版景印，原係重慶 1941 年版。

⑩　參考：金毓黻（編），《遼東文獻徵略》（吉林出版，1927）；金毓黻（編），《東北文獻叢刊》，1927 年鉛印本，包括：金毓黻，《遼海書證》（6 卷）；張亮采，《補遼史交聘表》（5 卷）；金毓黻，《東北文獻零拾》（6 卷）；金毓

有關東北史地之代表性著作爲《東北通史》。

《東北通史》初撰於 1936 年 9 月，次年 5 月編成，本爲金毓黻於
東北大學授課之講義；1940 年補撰兩章，總計 6 卷 39 章，1941 年由
東北大學史地經濟研究室石印行世⑭，爲現代中國史學有關東北較具
規模的通史類著作。金毓黻於出版緣起中說明此書爲上編，另有下編
6 卷約 40 章三十餘萬言，其量約略與上編相等，惟因第二次中日戰爭
軍興，「舊藏十亡七八，然行篋所餘及近年所得亦非無可理董，稍緩時
日，自當賡續爲之，用潰於成」⑮；可惜這本書的下卷卻一直未曾問
世；明代以後的東北歷史依舊付諸闕如⑯。

金毓黻在〈編印《東北通史》緣起〉中，說明他撰寫此書的動機
是爲了將來研究東北史能夠有足徵的文獻⑰；且因其本身爲東北人，

　　黻，《東北古印鉤沈》(1 卷)；文某(譯述)，《崇文閣滿文老檔譯本》(1 卷)；
　　金毓黻，《附遼會要作法》。
⑭　參考：金毓黻，〈編印《東北通史》緣起〉，《東北通史》，頁 1。
⑮　金毓黻，《東北通史》，頁 1。
⑯　金毓黻《東北通史》下編並未出版，查考各類相關文獻及書目均未收錄，
　　參考：杜瑜、朱玲玲(編)，《中國歷史地理學論文集》(北京：書目文獻出
　　版社，1986)，東北史部分未收此書；另，趙中孚在〈近代東北移民開發史
　　研究的回顧〉，談及金毓黻《東北通史》時云此書未能竟篇，有關明代以後
　　史事，日本學者稻葉岩吉的《增訂滿洲發達史》(東京：日本評論社，1936)
　　則爲《東北通史》作了極寶貴的補充，見：中央研究院近代史研究所(編)，
　　《六十年來的中國近代史研究》(下)，頁 811-834。
⑰　金毓黻在《東北通史·序》中寫道：
　　昔者杜甫避亂入蜀，詠懷古蹟有"支離東北風塵際，飄泊西南天地間"
　　之句，是時所稱之東北雖指安史之徒竊據之幽燕老巢而言，然亦包延遼
　　東西之一部，是則與近頃稱遼吉黑熱四省爲東北，不過五十步百步之差
　　耳！溯自東北淪陷瞬將十稔有如，東北大學由瀋遷平，而開封，而西安，
　　以至潼川，前後四易其地，東北籍之師生隨學校轉徙以入川者亦何限！
　　余亦以遭時不造，棄其父母之邦，攜家遠適，飄泊支離，正與杜老同感。

對於東北的淪陷，有真正的切膚之痛，在撰著此書時，心中念念不忘的是回到自己的故鄉，這和其他學者以國家民族的立場，論析東北之歸屬，其感情之深淺固有所異。

由於金毓黻是東北人，在文獻的運用上，自較傅斯年便利，雖然此時金毓黻已離開其故居之喬木，但因長期搜集東北史地著作，以及各種實物史料與文獻材料，其著作在史料的應用上較傅斯年豐富；並且因為有切膚之痛的緣故，金毓黻對日本研究東北的用心，以及未見中國學者有系統的研究，亦深有感慨⑬；甚至將日本學者之研究東北史地，譬為鄰人登庭入室，開篋緘而一一探索分類，如數家珍；身為主人的中國學術界，研究東北史地的工作，豈可再緩？

惟金毓黻對中國學術界缺少有系統的東北史著作，其實是感慨多

　　茲乃俛仰一室，追述故鄉往事，纂為一書，一如白髮宮人追話開天遺事，娓娓而談，使人忘倦，其意何居？豈非以艮維故鄉川原訏美為吾族祖若宗之所啓闢，子孫應念茲在茲，永銘心版者乎！孔子能言夏殷禮，而歎文獻不足徵，試展茲編，前事俱在，文獻之足徵，比之於田產之質劑區畫界至明白可數，是則蹊田而奪之牛者，終當返故物於舊主，余惟濡墨以俟之耳！（金毓黻，《東北通史》，頁3-4）

⑬　金毓黻指出：

　　今日有一奇異之現象，即研究東北史之重心，不在吾國而在日本是也。姑無論其用意若何，所述有無牽強附會，而其蒐材之富，立說之繁，著書之多，亦足令人驚歎。試檢其國談東洋史之專籍，十冊之中，必有一冊屬於東北，論東方學術之雜誌，十篇之中，必有一篇屬於東北，總其部居，校其篇目，林林總總，幾於人更樸難數。世界各國學者凡欲研究東洋史、東方學術或進而研究吾國東北史，必取日本之著作為基本材料，斷然無疑。以乙國人敍甲國事，其觀察之不密，判斷之不公，本不待論，奉以牽強附會，別有用意，入主出奴，積非成是，世界學者讀之，應作如何感想，是其影響之鉅，貽患之深，豈待今日而後見。此由吾國向無此類精詳之專書，可供世界學者之考覽。而國人忽略史事，研究不早，亦其一端也。（金毓黻，《東北通史》，頁20-21）

於言責，譬如他對傅斯年的《東北史綱》便頗爲推崇，認爲「近歲關
於東北史之作，雖有多種，然能全部包舉，爲有系統之研究者，僅有
《東北史綱》一書」，惟其對《東北史綱》之不能竟篇亦有所憾，所以
纔會說「惟是書於第一卷發行之後，迄未續出，無可依據」[139]；因此，
金毓黻乃親自操觚，撰寫《東北通史》。

　　《東北通史》基本上以民族和地理爲主軸，敍述東北歷史的發展；
因爲金毓黻認爲歷史所記載的本即爲民族的活動，而活動的範圍則與
地理關係密切，此一論點與禹貢學派的觀點相近[140]；在有關民族的討
論上，金毓黻引述了相關文獻材料與當時最新的考古報告[141]；於地理
之討論則認爲東北史即中國的一部地方史，亦即地方志的一種，金毓
黻提出三個緣由加以說明：其一，研究東北地理將漸及於東北史；其
二，外人研究東北史者多與地理並談；其三，研究東北史應以地方史
爲基礎[142]。而金毓黻對其書用"東北"不用"滿洲"的理由亦有所解
釋，其論點與傅斯年略同[143]；此外，金毓黻認爲研究東北史往往與邊
疆民族史相關連，並且有可能將地方史擴而爲專史，如孟森專以研究
清代前期史料爲目的，馮家昇則以研究東北通史爲目的[144]，因此，金
毓黻認爲研究東北史仍是大有可爲的。

---

[139]　金毓黻，《東北通史》，頁 21。

[140]　參考：《禹貢・發刊詞》，《禹貢》，1:1，頁 2；姚從吾在〈遼金元疆域沿革
　　　與地理因素對當時政治文化的關係〉一文中，亦對地理、民族與歷史文化
　　　的關係做了詳細的說明，此或爲研究邊疆史地者之共識，見：姚從吾，《東
　　　北史論叢》（下）（臺北：正中書局，1970），頁 65-117；特別是頁 65-68。

[141]　金毓黻，《東北通史》，頁 55-57；頁 87-94。

[142]　金毓黻，《東北通史》，頁 62-63。

[143]　金毓黻，《東北通史》，頁 23-70。

[144]　金毓黻，《東北通史》，頁 64。

《東北通史》的寫作方式雖爲舊體，但在材料的應用上，不僅引述中國方面的文獻，如各朝之正史、《資治通鑑》、文集等，且因東北近於韓國，亦頗援引高麗方面的資料，而於當時的各種考古報告亦多所徵引，並加以評述；至於史觀及立論方面，金毓黻並非以漢民族爲本位的立論方式，而係以民族尊重的平等方式敍述，這一點和禹貢學會的邊疆史地研究，亦有其共通之處[145]。

整體而言，金毓黻的《東北通史》是相關著作中較體大思精者，雖其敍事止於元，明代以後的下編不知是未完成或未付剞劂，不免有憾；但無論如何，在中文著作中，《東北通史》乃是惟一有關東北的通史類著作。

雖然東北史地研究的成績未見理想，但卻爲現代中國史學的發展開啓了另一扇門，使得原本不爲學術界所重視的東北史，受到了較多的關注；而相對於東北史地研究成績之薄弱，西北史地的研究成果則顯然要豐碩許多。

第四節　西北史地研究

清代學者的歷史地理學，主要以研究西北史地爲主，在史料搜集與研究上奠立了良好的基礎；就一般考察所得，清代的西北史地之學乃源於樸學考據，惟與 1840 年代以降中國的迭歷外患，亦有相當密切之關連；因此，樸學考據與經世乃係近代中國史學的發展過程中的雙主題，而在檢討清季史學動向與時代的變局的關連時，尤常面臨究屬

---

[145]　有關禹貢學會的討論請參閱本書第 4 章第 3 節〈邊疆史地研究與實地考察〉。

經世或考據之類難以釐清的現象。

　　考據與經世雖爲傳統中國的兩大學術取向，惟並非處於絕然相對立之情況，相關研究也說明了清乾嘉時代(1736-1820)的考據之學，其實亦蘊涵經世思想於其中⑭；至於清季的**邊疆史地研究**，更是考據與經世結合的範例。

　　西北史地研究之所以在清季蔚爲顯學，一方面是考據與經世互動下之產物，再則與時代變局亦有相當程度的關連，使得西北史地之學成爲清代史學極爲特殊的一支，既有別於以經學爲主的考據，亦非論析朝代興衰的傳統中國史學，而是在主流史學之外，另開啓一扇史學之門，將邊疆史地列入史學研究的重心之一，這是前此傳統中國史學較少注意的範疇。

　　但何以清季史學會有此巨大的轉變，是一個值得探討的問題。相關研究大抵將清季的西北史地研究放到經世思想的理路思考，而稍稍忽略了考據之學的影響⑭；其實在考據與經世之間，仍有其可溝通之

---

⑭　參考：杜維運，〈顧炎武與清代歷史考據學派的形成〉，收入：杜維運，《清代史學與史家》(臺北：東大圖書公司，1984)，頁95-156；〈黃宗羲與清代浙東史學派之興起〉，《清代史學與史家》，頁157-205；〈清乾嘉時代之歷史考據學〉，《清代史學與史家》，頁271-315；陸寶千，《清代思想史》(臺北：廣文書局，1983)，頁277-322。

⑭　如：王聿均，〈徐松的經世思想〉，收入：中央研究院近代史研究所(主編)，《近世中國經世思想研討會論文集》，頁181-197；王爾敏，〈姚瑩之經世思想及其對域外地志之研究〉，《近世中國經世思想研討會論文集》，頁201-229；劉廣京，〈魏源之哲學與經世思想〉，《近世中國經世思想研討會論文集》，頁359-390；經世固爲上述清季學者思想之根本，各文在這方面的討論均鞭辟入裡，但對究心於西北史地之學者，其治學方法上之本於考據則討論較少。

處⑱。

　　降至民國，西北史地研究除歷史的尋根之外，更加上與建設有關的前瞻性，西北史地因而再度成爲顯學⑭，其範圍則擴大到國防地理、西北建設、邊疆研究、民族學、考古學、文化人類學、東西交通史等範疇，形成區域史研究的重心。

　　分析西北史地研究風氣的興起，不能不爲西北的範疇下一定義。惟歷來有關西北史地的著作，有關西北的範圍卻亦是言人人殊，難有定說；比較通行的說法是指綏遠、陝西、寧夏、甘肅、青海、新疆六省⑮，但此一說法並非所有論者的共識，相關論著亦各本其所據立言，難有定論⑮。本文亦不擬在西北範疇上費心考訂，僅以上述通行之說

⑱　支偉成《淸代樸學大師列傳》便將考據與經世均列入樸學加以討論，且將今古文家，考據學家，金石、小學、校勘、曆算學家，都視爲樸學門類之一，或許比較接近事實的眞象；參考：支偉成，《淸代樸學大師列傳》（臺北：藝文印書館，1970），〈凡例〉，頁 1-4；胡平生的研究也說明了這一點，參考：胡平生，〈近代西北史研究之回顧〉，收入：臺灣大學歷史系（主編），《民國以來國史研究的回顧與展望》（臺北：國立臺灣大學歷史系，1992），頁 1612。

⑭　有關西北史地的研究，自淸季以降即爲顯學，民國以後此風持續不輟，相關研究甚夥，檢討研究成果之論著亦不在少，其中內容較爲豐富，且具參考價值的是：胡平生，〈近代西北史研究之回顧〉，收入：臺灣大學歷史系（主編），《民國以來國史研究的回顧與展望》，頁 1611-1650；張力，〈近代國人的開發西北觀〉，《近史所集刊》，第 18 期，頁 163-188；本書有關西北史地研究，在一般性資料與論著方面，參考此二文甚多；胡、張二文皆作者所惠賜，特此申致謝悃。

⑮　主張此說者甚多，較爲學界所重視的如：王金紱，《西北之地文與人文》（上海：商務印書館，1935），頁 2；〈論編撰西北年鑑〉，《西北嚮導》，第 17 期（1936:9:11），頁 1。

⑮　張力在〈近代國人的開發西北觀〉文中，列出了陳正祥、張光祖、劉家駒、戴季陶、胡小池、金士宣等人的 17 種說法，見：《近史所集刊》，第 18 期，

爲論析之所本，縱有溢出此範圍者，祗要關乎西北之論題，均列入討論。

　　探討清季西北史地研究風氣的興起，學術環境與時代之互動關係，是其中不容忽略的線索，而就學術環境與時代變局的影響而言，分析西北史地蔚爲顯學的主要成因有三：

　　其一，樸學考據之孕育：清代的樸學考據之風，使得知識分子不尚空談，而講求實事求是的精神，在面對幅員廣闊的西北邊塞之地，其俗既異於中土，實地考察尤屬不易，加上文字的隔閡，欲究理西北史地，非有堅苦卓絕之精神不爲功，樸學考據之用在此乃有所發揮。

　　其二，治遼金元史的流風：正史中的遼、金、元三史最爲蕪穢紕繆，亟待後人整理，清中葉考據之學的主體有二，一爲經學，一爲史學，而史學部分又以遼金元史爲重心；爲治遼金元史，自必先究其疆域建置及變遷之蹟，西北輿地之學因而興盛，並且由治遼金元史而及於西北地理，再由治西北地理到西北歷史[152]。

　　其三，外侮迭起的衝激：自 1840 年代以降，清廷面對紛至沓來的外患，殊乏對抗之策，來自海上的西方列強固打開中國的門戶，來自西北陸地的俄國，其巧取豪奪，尤難以對付；知識分子目擊世變，既憤於外侮，又痛於政府的無能，於是相率而從事西北史地之研究，講求中俄邊界交涉的沿革，以期挽救時艱[153]。

頁 164-166。

[152]　參考：杜維運，《中國歷史地理‧清代篇》，收入：石璋如等，《中國歷史地理》，第 3 冊(臺北：中華文化出版事業委員會，1954)，頁 3-4；另，金毓黻在《東北通史》中討論西北史地之學的興起，亦認爲由地理到歷史是其中的重要樞紐，參考：金毓黻，《東北通史》，頁 63-64。

[153]　唐景升，〈清儒西北地理學述略〉，《東方雜誌》，28 卷 21 號(上海：商務印書館，1931 年 11 月 1 日)，頁 69-70。

　　由於上述因素的影響，西北史地之學因而成爲清季的顯學，亦即禹貢學會所稱近代中國研究邊疆史地的第一回合發動⑭。這一回合的邊疆史地研究，較重要的著作爲徐松《西域水道記》、張穆《蒙古游牧記》和張秋濤《朔方備乘》等書⑮。此外，在這段時期編纂的方志亦極爲豐富，幾乎各省州縣均有方志刊行⑯。

　　除了中國學者的研究之外，西北史地之學的另一個重心是外國學者的考察活動，包括一般性的考察與學術考察兩方面。

　　1840 年代以降，西方列強除了用堅船利砲打開中國的門戶之外，也組織了各種 "探險隊"、"考察隊"，相繼到中國西北地區進行活動，成爲西北史地之學的另一類奠基者。根據傅振倫的統計，自 1844 到 1925 年的 80 年中，外國學者到中國西北考察者共約 123 人次，其中以俄國 41 人次爲最多，其次是英國的 28 人次⑰。這些探險隊和考察隊的活動範圍很廣，包括內蒙古、新疆、甘肅、寧夏、青海、西藏和四川的一部分，其活動的內容則是多樣的，最初主要是從事地理、地質、生物的考察，以後逐漸擴大，涉及歷史、考古、民族、語言、民俗、宗教、藝術、中西交通，以及現實政治、經濟、軍事等領域。考察隊（或探險隊）的主要成員返國以後，發表了大量的考察報告、遊記、專著

---

⑭　〈禹貢學會研究邊疆計畫書〉，《史學史研究》，1981 年第 1 期（北京：北京師範大學史學研究所，1981:1），頁 66。

⑮　相關討論請參閱本書第 2 章第 1 節〈清季的經世史學〉；另，胡平生〈近代西北史研究之回顧〉載錄清儒西北史地學之著作，約得作家 48 人，著作 121 種；根據胡平生的分析，這些著作中，屬於近代西北史範圍者並不多。

⑯　此時期刊行方志的詳細名稱，可參考：胡平生，〈近代西北史研究之回顧〉，收入：臺灣大學歷史系（主編），《民國以來國史研究的回顧與展望》，頁 1615-1619。

⑰　傅振倫，〈百年來西北邊疆探險年表〉，《文物參考資料》，2 卷 5 期(1951)，頁 85。

和圖譜等，甚至舉辦顯示考察成果的展覽會⑱。

　　上述考察隊(探險隊)的考察成果中，較受矚目是的英國的斯坦因(M. A. Stein)，瑞典學者斯文‧赫定(Sven Anders Hedin)，德國的勞庫克(A. Von Le Coq) 和日本的橘瑞超等人。他們對西北史地之學固皆有其貢獻，惟個人之代表作仍各有領域，如斯文‧赫定的西藏考察，斯坦因的新疆考古，以及美國學者安德魯 (Roy D. Andrew) 的蒙古考察，可謂是相關研究之權威。由於斯文‧赫定、斯坦因及安德魯等人考察結果的發表，以及在倫敦、巴黎、柏林等地關於中國西北文物的陳列室成立之後，中國學術界始驚覺西北史地文獻與考古實物的豐富。因此，西北文物遭外人盜竊之後，中國學術界始痛定思痛，要由自己手中來完成西北史地的研究，這可能也是西北史地研究再度獲得青睞的動力之一⑲。

　　斯坦因在中國西北的考察主要有 4 次，第 1 次是 1900 年 5 月至 1901 年 4 月，考察主要地區在新疆、南疆地區的塔克拉瑪干沙漠，斯坦因將這次旅行的成果寫成《古和闐》一書；第 2 次的考察是 1906 年 4 月至 1908 年 11 月，這次考察除了到達新疆外，還到甘肅、河西、內蒙古額濟納齊等地，記述此次考古成果的著作是《沙漠契丹廢址記》；第 3 次考察是 1913 年至 1916 年，此次活動的範圍主要在塔里木盆地

---

⑱　胡平生，〈近代西北史研究之回顧〉，收入：臺灣大學歷史系 (主編)，《民國以來國史研究的回顧與展望》，頁 1619。

⑲　雖然西北史地之學，在清季已奠立良好的基礎，但中國學者對西北史地的用心其實主要是停留在遼金元史研究的範疇，以考古學角度從事考察起於 1927 年的西北科學考察團，而此一考察團之成立是中國學術界對斯文‧赫定 (Sven Anders Hedin) 籌組科學考察團抗議後所聯合組成的，因此西北科學考察團設有中外團長各一，外國團長為斯文‧赫定，中國團長為時任北大教務長的徐炳昶，團員有黃文弼等五人；參考：孟凡人，〈黃文弼〉，收入：劉啓林(主編)，《當代中國社會科學名家》(北京：社會科學文獻出版社，1989)，頁 74-83；特別是頁 75-78。

南北，河西南、北山；考察結束後，斯坦因陸續完成了《西域考古圖記》、《亞洲腹部考古記》和《斯坦因西域考古記》等著作⑯。1930-31年間，斯坦因第 4 次到西北進行考察，由於此時新疆和西北地區政局混亂，收穫無多，斯坦因亦從而結束他對中國西北地區的考察⑯。

　　總計斯坦因在中國西北的 4 次考察活動，以第 2 次和第 3 次最爲重要，如敦煌經文的發現，中亞地圖的測繪，都是在這兩次考察中完成的；尤其是他在 1907 年從道士王園籙處取走 9000 餘卷敦煌寫本和500 多幅佛畫，是他一生事業的顚峰；並且也因爲此事使他在西方世界獲得多項榮耀⑯；然而，從另一個角度來看，斯坦因等人在中國西北進行考古，攫取中國文物的行徑，無異文化盜賊，雖有所成就，未免難令人心服，且爲中國學術界之恥。

　　德國地質學家李希霍芬 (Ferdinand Richthofen, 1833-1905) 於 1868 年到中國進行考察，以 4 年時間走訪 14 個省區，他的考察筆記內容相當豐富，對化石、岩石、山脈、河流、地形、土壤、森林、農作、村鎭，以及當地居民的生活習慣與活動均有所記錄。根據考察所得所寫成的巨著《中國個人旅行所獲結果及根據此種結果而作之研究》(China, Er-gebnisse eigener Reisen und darauf begründeten Studien)，共計 5 冊，其中第2 冊記載他在東北、華北及西北各省旅行的沿途觀察和重要結論⑯。

---

⑯　參考：M. A. Stein 著，向達 (譯)，《斯坦因西域考古記》(上海：中華書局，1987)，〈著者序〉，頁 1-5；案：此書據：中華書局 1936 年版景印。

⑯　參考：胡平生，〈近代西北史研究之回顧〉，收入：臺灣大學歷史系(主編)，《民國以來國史研究的回顧與展望》，頁 1620。

⑯　金榮華，〈斯坦因 (1862-1943)——敦煌文物外流關鍵人物探微〉，《漢學研究》，4 卷 2 期 (臺北：漢學研究中心，1986:12)，頁 59。

⑯　參考：胡平生，〈近代西北史研究之回顧〉，收入：臺灣大學歷史系(主編)，《民國以來國史研究的回顧與展望》，頁 1621。

　　在中國享有大名的瑞典學者斯文・赫定即爲李希霍芬的學生，由
於受到李希霍芬的影響，斯文・赫定亦於 1894 年以後，多次到中國旅
行考察，曾赴西藏、新疆、青海、甘肅、寧夏等省，蒐集資料頗爲豐
富，特別是對南疆與藏北地區的地理考察貢獻最多，著有 *My Life as
an Explorer* 一書⑯。此外，斯文・赫定尚著有《亞洲經過記》(*Through
Asia*)、《羅布泊地域志》(*The Region of Lob Noi*) 等書，記錄其旅行經過
地區之山脈、河流、人種、古蹟，於地理學與歷史學獻替甚多⑯。

　　日本探險家橘瑞超於 1908 年至 1912 年間到中國旅行考察，主要
探訪的地區是蒙古的庫倫、烏里雅蘇臺、科布多等地，以及新疆的迪
化、塔城、哈密、塔里木沙漠、崑崙山北麓、羅布泊，並東出敦煌，
於沿途各古蹟進行發掘，竊走古物甚多。美國考古學家安德魯 (Roy D.
Andrew)，在蒙古地區進行考察，著有 *Across Mongolia Plain, A
Naturlist Account of China's Northwest* 等書；此外，法國學者
伯希和(Paul Pelliot)，俄國學者科茲洛夫(P. K. Kozloff)，於西北之考察與
史地之學，均有其個別研究成果⑯。

---

⑯　此書中文譯本有二，一是孫仲寬(譯)，丁道衡(校)，《我的探險生涯》(北
　　平：西北科學考察團，1933)；另一爲李述禮(譯)，《探險生涯：亞洲腹地
　　旅行記》(上海：開明書店，1934)；臺灣開明書店重印李述禮譯本，書名
　　爲《亞洲腹地旅行記》(臺北：臺灣開明書店，1960)。

⑯　參考：斯文・赫定 (Sven Anders Hedin) 著，李述禮 (譯)，《亞洲腹地
　　旅行記・原序》(臺北：臺灣開明書店，1960)，頁 1-2；有關斯文・赫定的
　　考察活動，參考：徐芸書，《羅布淖爾考察記・中譯本序》，斯文・赫定著，
　　徐芸書 (譯)，《羅布淖爾考察記》(臺北：中華文化叢書委員會，1955)，
　　頁前 1-12。

⑯　有關外國學者在西北的考察活動及其著作，主要參考：胡平生，〈近代西北
　　史研究之回顧〉，收入：臺灣大學歷史系(主編)，《民國以來國史研究的回
　　顧與展望》，頁 1619-1622；青木富太郎，《東洋學の成立とその發展》(東

　　上述外國學者在中國西北地區所進行的考察與文物考古活動，多少影響了中國學術界對西北史地研究的重視，斯坦因、斯文‧赫定、伯希和等人的著作，亦多數翻譯爲中文，其中尤以斯文‧赫定的著作最受重視，有心於研究邊疆史地的禹貢學會，於上述諸人的考察報告及著作均有所介紹⑯。

　　探討現代中國史學中有關西北史地研究蓬勃興起的原因，或許可以從下列三個方向加以思考：

　　其一，承續清季的西北史地之學：在這部分主要是有關遼金元史的研究；如馮家昇因研究遼史的需要而從事東北史地與西北史地之研究；姚從吾的遼史研究雖編爲《東北史論叢》，但大部分仍屬西北史地的範疇⑯；因此，由清代西北史地之學承續而來的遼金元史研究，是現代中國史學有關西北研究的第一條重要線索。

　　其二，外國學者的刺激：前述外國學者西北之行的考察報告與研究成果，多少刺激了中國的學術界，使得中國學術界亦興起一股研究西北史地的熱潮；這和本文上節所論日本對東北的研究，激起中國學術界的反省是相類似的；當然這並不意味日本學者的東北史地研究是激發中國學者研究東北史地之惟一動力，而係指在外來刺激與傳統史

　　京：螢雪書院株式會社，1940），頁287-344。

⑯　《禹貢》翻譯外國學者有關邊疆史地的論著，如：斯文‧赫定著，侯仁之（譯），〈黑城探險記〉，《禹貢》，1:9，頁23-28；斯文‧赫定著，侯仁之（譯），〈新疆公路視察記〉，3:3，頁43-46；沙畹著，馮承鈞（譯），〈宋雲行記箋注〉，4:1，頁49-68；4:6，頁41-62；斯文‧赫定著，絳央尼馬（譯），〈西藏〉，6:12，頁1-20；相關討論請參閱本書第4章第3節〈邊疆史地研究與實地考察〉。

⑯　參考：姚從吾，〈國史擴大綿延的一個看法〉，收入：姚從吾，《東北史論叢》（上）（臺北：正中書局，1976），頁1-26。

學的兩者交互爲用下，形成邊疆史地研究的另一個高峰，西北史地之
學亦爲其中之一環。

其三，現實的需要：西北史地研究興起的成因，固與傳統史學有
密切的關連，但在現代中國史學發展過程中仍有其特殊之意義，亦即
面對涉外事務的同時，特別重視建設方面的需要；因此，現代中國史
學發展的過程中，客觀學術和現實政治之間，常有其互動關係存在；
因而在尋根之外，尚具有前瞻的意義。

無可諱言的，西北史地研究風氣的興起，與涉外事務一直有密切
關連，清季如此，民國以後尤然。因此，西北史地與現實政治之間向
來較一般歷史或地理學研究密切，甚至可以說西北史地的受到重視，
大部分時候與現實政治糾結難分；對西北問題曾深入研究的汪昭聲就
清楚地指出了這一點，他在1943年出版的《西北建設論》中說：

> 近十餘年來，國人注意西北問題，已經有過好幾次，第一次是
> 在民國十八年北伐成功之後，當時因爲對西北軍事及賑災的關
> 係，大家才注意到西北的問題。第二次是在“九一八”失掉東
> 北四省的刺激之後，於是如何建設西北的課題，重新又被大家
> 重視而提出來，而且是盛極一時。第三次就是在“七七事變”，
> 決定長期抗戰國策之後，開發西北和建設西北的旗幟才又高張
> 起來[169]。

從汪昭聲的討論，可以清楚地瞭解西北史地研究與時代的互動關係；
更重要的是，此時西北幾乎已成爲中國的希望所寄，當時學術界的呼

---

[169] 汪昭聲，《西北建設論》(重慶：青年出版社，1943)，頁1。

籲乃係與現實政治之需要相結合。根據胡平生的研究，1900-1975 年間，有關中國民族史的著作共142種，西北約占2/3，其中1900-1930 (31年) 出版的24種，1931-1945間 (15年) 出版的51種，1946-1975間 (30年) 出版的60種；在雜誌方面，冠有"西北"爲名的雜誌，1930年以前的 5 種，1931-1945 年的有 70 餘種，1946-1949 年的 13 種⑰。從上述統計，不難看出 1931-1945 年之間爲研究西北史地的鼎盛時期；從此一角度分析西北史地研究興起的背景，當可以瞭然時代變局與史學動向間的關係。

　上述有關西北史地研究的著作，依其著作的性質，約略可以分爲下列幾個大類：(1)史地綜論，(2)遊記與考察報告，(3)專題論著，(4)論文集，(5)分省論著等⑰；這些著作有的是討論西北現況，有的追溯歷史淵源，亦即在尋根與前瞻中爲西北找尋未來的方向，並且認爲西北建設是中國新的生機。

　事實上，有關西北史地的研究著作，大部分均緊扣開發與建設立論；易言之，現代中國史學有關西北史地研究的著作，大部分並非純粹的學術研究，而係與現實政治互相牽引，部分著作甚至出現誇大的言詞，很難說是眞正的學術研究；而且，相關的遊記和考察報告也是良莠不齊，僅能視爲研究的材料，而難用嚴格的學術標準加以衡量。

　西北史地研究風氣的興起，殆屬西北建設之一環，惟其內容所論則多攸關歷史地理學，其中以遊記和考察報告較受各方重視。

---

⑰　胡平生，〈近代西北史研究之回顧〉，收入：臺灣大學歷史系（主編），《民國以來國史研究的回顧與展望》，頁 1622。

⑰　詳細論著書目，本文不擬臚列，可參考：胡平生，〈近代西北史研究之回顧〉，收入：臺灣大學歷史系（主編），《民國以來國史研究的回顧與展望》，頁 1623-1639。

在考察報告方面，可分爲政府所派考察團與學術考察兩類，其中政府所派團體大抵與建設有關，學術考察則有團體與個人兩種；在政府所派團體中，比較重要的如邵元沖於 1935 年奉南京國民政府命赴西北致祭黃陵，並視察甘肅、青海、寧夏、綏遠、山西等省，於視察途中命隨員許師愼記其槪略，且沿途攝影，其後編爲《西北攬勝》，上述六省名勝悉入集中⑰；而最具規模的可能是 1943 年 6 月羅家倫率領的西北建設考察團，此考察團花了 9 個月時間在陝西、甘肅、寧夏、青海、新疆等 5 省進行考察，然後於天水草擬報告，歷時 2 月，寫成 15 巨冊的報告書，附圖 40 餘張，加上約 200 分圖表，乃係一有系統的鉅製⑱。

團體或個人的學術考察報告，是探討歷史地理學興起因素時較易引起關心的課題，尤以水準之參差有若天淵⑭；其中較符合今日學術標準的有：徐炳昶 (旭生)《西遊日記》⑮，翁文灝、曹樹聲合著《綏遠

---

⑰ 參考：邵元沖（主編），《西北攬勝》（南京：正中書局，1936）。

⑱ 參考：羅家倫等，《西北建設考察團報告》（臺北：國史館，1968）。

⑭ 胡平生在〈近代西北史研究之回顧〉的結語中，對西北史地研究論著的內容，即認爲多數爲非學術性的著作：
  ……這些過去的研究成果，有不少是屬於報導性質的遊歷經過、調查報告等，以今日的標準而言，並非嚴謹的學術論著，視之爲可資參考的史料亦無不可。
  見：臺灣大學歷史系(主編)，《民國以來國史研究的回顧與展望》，頁 1650；張力在〈近代國人的開發西北觀〉文中則直言：
  有些評論爲了達到鼓吹的效果，難免過於誇大。有人在抒發己見之後，繼而作出如下的保證「同胞們，到西北去罷！不過五年，我擔保你每個人都擁有良田千頃，牛羊數百，我們馬上可以作陶朱公第二了。」想法雖好，卻不切實際。
  見：《近史所集刊》，第 18 期，頁 185。

⑮ 徐炳昶，《西遊日記》（北平：西北科學考察團，1930）。

地質礦產報告》⑯，張其昀等著《西北問題》⑰等書，上述諸書與一般考察報告或遊記類作品略有所異，主要的是學術性較強，亦較少誇大之言論。

　　禹貢學會創辦人顧頡剛和史地學報派的要角張其昀，均有西北考察之行及相關著作。

　　張其昀於 1934 年 9 月 10 日至 1935 年 8 月 6 日期間赴西北考察，同行的有中央大學的畢業生林文英、李玉林和任美鍔三人；這次考察主要以蘭州為中心，循河西走廊至敦煌，南越秦嶺山脈至漢中，北上蒙古高原至綏遠北部百靈廟，並走訪青海大湖邊上及甘肅西南隅拉卜楞喇嘛寺⑱；這次旅行考察之所得，張其昀分別撰寫了〈洮西區域調查簡報〉、〈青海省之山川人物〉、〈陸都蘭州〉、〈甘肅省河西區之渠工〉與〈甘肅省夏河縣志略〉等文⑲；此外，並將此次考察經過寫成〈西北旅行記〉，計畫中擬寫 12 節，惟僅發表其中的兩節：1.南京至西京，2.西京⑳。

---

⑯　翁文灝、曹樹聲，《綏遠地質礦產報告》（北平：地質調查所，1919）。

⑰　張其昀等，《西北問題》（桂林：科學書店，1933）。

⑱　宋晞，〈〔張其昀〕傳略〉，收入：《張其昀先生文集》，第 1 冊，頁 5-26；所引在頁 9。

⑲　這些論著分別收入：張其昀等，《西北問題》及《張其昀先生文集》，第 2 冊；〈陸都蘭州〉、〈甘肅省河西區之渠工〉二文收入與國立浙江大學文科研究所史地學部教師合著的《西北問題》書中；〈洮西區域調查簡報〉，〈甘肅省河西區之渠工〉、〈青海省之山川人物〉與〈甘肅省夏河縣志略〉等文，收入：《張其昀先生文集》，第 3 冊，頁 1274-1306，頁 1390-1417。

⑳　這 12 節的名稱分別為：(1) 南京至西京，(2) 西京，(3) 西京至蘭州，(4) 蘭州，(5) 蘭州至夏河，(6) 蘭州至天水，(7) 天水至漢中，(8) 蘭州至青海，(9) 蘭州至敦煌，(10) 蘭州至寧夏，(11) 寧夏至包頭，(12) 包頭至南京，參考：張其昀，〈西北旅行記〉，收入：《張其昀先生文集》，第 3 冊，頁 1307。

　　〈西北旅行記〉並非一般的遊記，而是較嚴肅的學術考察報告，相關資料之徵引亦頗爲豐富，如竺可禎、丁文江、羅振玉、內藤虎次郎、伯希和、沙畹等人的論著，均爲其參考資料，行文格式亦近今日之學術論文；地圖與各類圖表之編繪，亦有足供參考者，可以說是簡明的西北史地史與研究史的結合，可惜僅發表其中兩節，未見其餘，否則將是一本極有價值的西北史地專著[181]。

　　顧頡剛對西北史地的用心，從〈禹貢學會開發邊疆計畫書〉可略窺其梗概，禹貢學會的邊疆史地研究，其重心主要即爲東北與西北地區，其中尤以西北最受重視[182]；顧頡剛本人著有《王同春開發河套記》及若干篇討論王同春其人其事的文章[183]，這是他注意西北史地的開始，而他有關西北史地的主要著作則是《西北考察日記》。

　　1937 年顧頡剛應管理中英庚款董事會之請設計西北教育，適逢段繩武亦邀他擔任西北移墾促進會理事，於是集合各界組織考察團，做短期遊歷；但因蘆溝橋事變引發第二次中日戰爭，此前顧頡剛因編輯通俗讀物與日本在華機構有所衝突，乃有西北之行；所經之地爲蘭州、臨洮、西寧、渭源、隴西、岷縣、臨夏、夏河等地，考察時間自 1937 年 9 月至 1938 年 9 月，前後正好是一年左右，惟《西北考察日記》所記則自 1937 年 4 月至 1938 年 11 月[184]。

[181]　參考：張其昀，〈西北旅行記〉，原載《國風》，第 8 卷 1-8 期，收入：《張其昀先生文集》，第 3 冊，頁 1307-1389。

[182]　相關討論請參閱本書第 4 章第 3 節〈邊疆史地研究與實地考察〉。

[183]　相關討論請參閱本書第 4 章第 1 節〈從古史辨運動到禹貢學會之成立〉、第 4 章第 2 節《禹貢半月刊》內容分析〉。

[184]　顧頡剛在《西北考察日記·自序》中說：
　　　此記託始於二十六年四月，所以稽遠遊之原，訖於二十七年十一月，所以要旅行生活之終，實則西北之行，起以九月，止亦以九月，大地一公

　　嚴格地說，顧頡剛的《西北日記》並非純粹的學術考察報告，而多記風俗民情、人際往來，這類記錄表面上看起來似乎與學術無關，試究其實，卻可視爲研究之史料，因爲無意中的記載，就史學而言，可能最易透露事實眞象，亦有可資參考之處⑱。

　　比較張其昀〈西北旅行記〉與顧頡剛《西北考察日記》的內容，發現兩者的取向有極大差異，張其昀〈西北旅行記〉對所有往來酬酢均無所記，是一篇頗爲嚴肅的學術考察報告，甚至還查考相關研究與材料加以補充，並本其向來所主張的經世史學立言；顧頡剛《西北考察日記》的內容則大體屬信筆而寫，反而和他向來所提倡的科學方法治史有很大的距離。

　　禹貢學會的邊疆史地研究重心爲西北地區，因而製作了 5 次與西

　　孫耳！其中不少寫私生活者，蓋藉留時代背景之一角與予個人感於哀樂之矛盾心理，亦以本非科學性之考察記載，縱筆抒情，知不爲通人所呵也。
　　顧頡剛，《西北考察日記》(北京：中國邊疆史地研究中心，1983)，〈自序〉，卷上，頁 5-6；案：此〈自序〉寫於 1949 年 1 月 29 日，原係爲油印本 (上海：合衆圖書館，1949) 所寫的序；本文所據乃吳豐培整理謄寫之本，部分可能與油印本略有所異。

⑱　如 1938 年 5 月 3 日的日記，顧頡剛寫道：
　　自四店兒以來，即無平地可見，道路所經，非登山即涉水，兩岸間但以老樹臥於溪上，藉之以渡，行其上不免惴惴，然纏足婦人反覆若坦途，殊自慚也。一路上南行者爲火鹽之伕役，北行者爲馱藥材木材表芯紙之騾馬，因知潭泯產物較隴漳爲多，而藥材尤盛，聞一年中僅當歸一種已有百萬元之交易，黨參、黃耆亦爲大宗，騾馬過處，其香盈路，將來隴海鐵路通，輸出將數倍於今日無疑。倘能就地製造藥精，得省運輸之費，則獲利當倍蓰也。(顧頡剛，《西北考察日記》，卷中，頁 2)
　　這段材料對研究經濟史或社會史便有其參考之價值，而非斤斤於是否符合科學之原則；另，關於有意史料與無意史料的討論，參考：杜維運，《史學方法論》(臺北：三民書局，1985)，頁 141-143。

北有關的專號⑱；在這些專號中，以6卷5期的「後套水利調查專號」，
5卷10期的「回教與回族專號」和7卷4期的「回教專號」較具價值⑱；
其特色為從實地考察著手，且以民族平等與文化尊重的觀點對待邊疆
民族。

在探討西北史地的研究成果時，往往會發現時代風潮對學術研究
的影響，前引汪昭聲所論，略可說明其中的關鍵所在，羅家倫、張其
昀、翁文灝等人的論著，亦可從此一角度加以審視，各種與西北有關
的考察報告與專題論著，禹貢學會的邊疆史地研究，亦均受此一學術
風潮之影響。

較值得探索的是：有關西北史地研究受外國學者影響的部分，主
要是俄國和西方學者的考察報告，這和東北史地研究受日本學者刺激
的情形，略有所異。在分析東北史地和西北史地研究風氣的形成背景
時，吾人當然也發現兩者均受外來之影響。而在相關研究的淵源上，
傳統中國史學的蛛絲馬跡亦約略可見。因此，進一步分析東北史地和
西北史地研究風氣的興起因素，將會發現這和中國近代受西力衝激的
挑戰與回應若合符節，從這一點來看，現代中國史學固有其承續傳統
的一面，受外來影響與刺激的痕跡亦不容忽視。

前述1931-45年間西北史地研究的高峰期，歷經中國現代史的兩

---

⑱ 這5期專號的主題如下：

西北研究專號 5:8.9

回教與回族專號 5:10

後套水利調查專號 6:5

回教專號 7:4

察綏專號 7:8.9)

⑱ 相關討論請參閱本書第4章第3節〈邊疆史地研究與實地考察〉、第4章第
3節〈回教與回教文化〉。

個時期：第二次中日戰爭前的黃金十年及第二次中日戰爭期間，在這段時間則可以 1937 年的七七事變做一分水嶺。

第二次中日戰爭前的黃金十年，西北史地研究的重心在於文化尋根與建設，相關研究的論點亦從這兩個方向思考爲多，而開發與尋根其實是相輔相成的，分析其主要動機有三：

其一，歷史與文化的尋根：此時期開發西北的呼籲極重視歷史與文化的因素，並由歷史和文化角度闡釋西北地區對中華民族的重要性；論者之所以如此，主要是希望藉由闡述輝煌的古代，以喚醒國人民族意識,藉由敍述古人在困境中的搏鬥,以鼓舞一般人到西北進行建設⑱。

其二，國防的需要：俄國對西北的覬覦之心，自清季以來無時或已，1930 年春蘇聯完成土西鐵路，對新疆的威脅尤大；此外，英國也意圖從西藏入侵西北，相關研究每從國防上的考慮，論析西北的國防地位。

其三，平衡地區發展：由於近代以來沿海地區人口稠密，工商發達，相對的，西北地區則是地廣人稀，爲促進內陸地區經濟生活的改進，必須有效開發西北⑲。

---

⑱ 持這方面論調的如曾養甫、張繼等人，曾養甫在〈建設西北爲本黨今後重要問題〉中說：

堯舜禹湯文武的修明政治，秦皇漢武的發揚武力，都以西北爲發祥的根據地……假使今日全國的人民，都能如秦人的尙武，勇於公戰，怯於私鬥，人人有急公義、勤遠略的精神，中國的民族地位，還怕不能恢復嗎？……中國的古代文化，其策源皆在西北……，可見西北爲中國最古的聖地。

見:《革命文獻》，第 88 輯(臺北：中國國民黨中央委員會黨史委員會，1981：9)，頁 24-25；類此的論調於這段期間甚夥，參考：張力，〈近代國人的開發西北觀〉，《近史所集刊》，第 18 期，頁 178。

⑲ 參考：張力，〈近代國人的開發西北觀〉，《近史所集刊》，第 18 期，頁 179。

　　至於開發的內容，首要之務是交通，多數論者均持此一觀點，因為交通的問題不解決，其他都是空談；其次是移民墾殖，且因鼓勵移民墾殖的緣故，水利建設亦為討論之重點⑩；其他如畜牧業、工業與礦業的發展，論者亦多所關注。

　　第二次中日戰爭期間的西北史地研究，仍以歷史文化的訴求為重心，強調西北的特殊地位；至於國防問題和經濟、交通建設等，亦均為討論之重點。

　　惟有關上述時期討論西北建設之著作，為了達到鼓吹的效果，不免有過甚其詞之處，地質學家翁文灝便指出了這個現象；他以專家的眼光論析「因地形雨量種種限制，開發西北的方法也不能如一般所說的移民實邊便能成功」⑲；因而認為「西北開發有種種天然的限制，不可樂觀太甚」⑭，或許是一種比較接近真象的說法。

　　由以上分析，西北史地研究對時代的呼應是極為明顯的，其主要原因當然是自近代以降外患不斷所導致的結果；在探討相關研究時，西北與東北史地研究的情形頗相類似，從歷史文化溯源到國防地理之需要，為西北與東北史地研究所共同關心的課題，而這兩個中心課題所涉及的民族主義，則是近代中國面臨外患凌逼下所激發出來者；因此，民族主義史學、邊疆史地研究與歷史地理學的結合，主要即從尋根與前瞻的方向著手，而這兩條線索乃是探討相關研究所不能忽略的。

　　如羅家倫的考察西北即為一頗具參考意義的例證，雖然他是奉重

---

⑩　如顧頡剛就極推崇王同春開發河套的事蹟，請參閱本書第 4 章第 1 節〈從古史辨運動到禹貢學會之成立〉、第 4 章第 2 節〈《禹貢半月刊》內容分析〉，有關王同春開發河套的部分。

⑲　翁文灝，〈如何開發西北〉，《獨立評論》，第 40 號（1933 年 3 月 5 日），頁 2-3。

⑭　翁文灝，〈從實際上談開發西北〉，《大公報》（1932 年 5 月 26 日），頁 4。

慶國民政府之命赴西北考察，考察目的乃係爲建設西北，但他個人對地理與民族主義的關心，卻是從文化的角度出發的⑲；而此類意見，亦爲當時研究西北史地的一般觀點，亦即民族主義的歷史尋根與國家建設的雙軌進行。

西北史地研究興起的線索，可以追溯到清季經世史學以及外國學者在西北進行考察研究的雙重淵源，其中很難分辨何者的影響較大；西北文物之遭竊於中國學術界固爲一巨大而深沈的隱痛，惟由此激發出中國學術界用心西北史地，並加快腳步急起直追，各種旅行考察的研究計畫紛紛出籠，開創西北史地研究的另一個高峰，於歷史地理學的興起而言，何嘗不是失之東隅，收之桑榆？

東北史地研究明顯受日本的刺激，西北史地則多採擷於西方學者的旅行考察成果，其實正好說明了當時的學術行情：日本東洋學的形成係奠基於東北史地研究，西方的漢學研究則從西北出發。因此，就歷史地理學興起的意義而言，其與時代脈搏的跳動是相一致的。

⑲　羅家倫在〈民族與地理〉一文中，即明白揭示地理、民族與歷史文化的關係：

> 我以爲研究地圖和提倡旅行是給國民愛護領土的最好教育。每箇國民，尤其青年，平時應當不斷的把本國地圖，好好拿出來研究；再加以旅行，俾資印證。到了某山、某水、某關、某隘、某項先民的遺跡，婆娑憑弔，則其愛護之心，未有不油然而生；鄉井狹隘觀念，未有不悚焉而去。近代國家提倡旅行，不遺餘力，就是這個道理。我們不但要研究國家的地圖，而且要尊重國家的地圖。

羅家倫，〈民族與地理〉，原載《新民族》，1:15，收入：《羅家倫先生文存》，第2冊（臺北：國史館·中國國民黨中央委員會黨史委員會，1976），頁139-154；所引在頁153；類似的意見，羅家倫亦曾多次提及，如〈民族的國家〉，《羅家倫先生文存》，第2冊，頁76-93；〈民族與民族性〉，《羅家倫先生文存》，第2冊，頁93-118；〈民族與種族〉，《羅家倫先生文存》，第2冊，頁227-257；皆由歷史文化的觀點，論析地理與民族的關係。

　　歷史地理學的興起旣與時代同其脈搏,在經世史學的實用性格上,西北史地研究是其中的重要關鍵; 因此, 西北史地研究基本上是循著歷史文化尋根與前瞻中國未來建設的雙軌進行, 這是現代中國史學的發展過程中, 歷史地理學興起最重要的意義。

第六章 結 論

　　本書透過時代變局與史學動向之間的關係，分析歷史地理學興起的時代意義，在討論過程中係以考據與經世爲軸，論析現代中國史學發展的雙主題變奏。

　　清季經世史學興起的因素，大抵可以放到西力衝激的意涵加以討論；而經世史學在當代典章、邊疆史地與外國史地等範疇之用心，爲現代中國歷史地理學的發展，奠定了良好的基礎；因此，檢討現代中國歷史地理學的興起，清季經世史學是一條不容忽視的線索。當然，學術客觀與政治現實的張力，也局部影響了清季史學的內容，類似的主題，在現代中國史學發展過程中又再度出現，說明了時代變局與史學動向之間的關係。

　　考據與經世的雙主題，在中國史學的發展過程中，曾經反覆交錯地出現，以學術與世變的角度加以分析，盛世史學大抵以考據爲中心，亂世則傾向於經世致用；嘉道間 (1796-1840) 史學的轉折，即爲一典型之範例；而現代中國史學之由經世到考據，主要是受西方史學輸入中國的影響，使樸學考據的幽靈得以借屍還魂①。但當時代揮舞變奏的節

---

① 杜維運認爲現代中國史學的所謂科學方法，其實是乾嘉考據的現代版，參考：杜維運，〈民國史學與西方史學〉，收入：孫中山先生與近代中國學術討論集編輯委員會(編)，《孫中山先生與近代中國學術討論集》，第 2 冊(臺北：1985)，頁 344-358。

拍，樸學考據又再度轉向經世的主題，這種雙主題交替出現的情形，可以說是現代中國史學的一個特色。本書主要即透過考據與經世的雙主題，勾勒歷史地理學興起的時代意義。

在現代中國史學的發展過程中，歷史地理學向來是一條較隱而不顯的線索，主要是因爲定義的模糊和方法論的付諸闕如，使得歷史地理學在界定上有所困難；它不像古史辨運動那樣有明確的主題，從涉及今古文之爭的思想層面到杜威實驗主義的方法論層面，所掀起的狂濤巨浪，自然吸引了較多史學工作者的眼光；它也不像中國社會史論戰那樣以強烈的意識形態爲主導，在新思想與舊歷史中進行激烈的對話，使史學工作者興趣盎然；歷史地理學一方面有其源遠流長的傳統，另一方面又面臨西方地理學輸入中國以後，地理學與歷史學之間結合或分途發展的問題，歷史地理學定義的妄身未明，可能是它較不受史學工作者青睞的重要因素。

傳統中國史學中的沿革地理，常被視爲歷史地理的同義詞，而且地理學在中國傳統的學術分類中，向來附麗於史學之下②，所以當西方的地理學輸入中國③，使得地理學逐漸脫離史學系統後，歷史地理

---

② 《隋書・經籍志》卷33將地理類著作列入〈經籍二・史部〉，計收錄地理類著作139部，1432卷；參考：魏徵等，《隋書》（臺北：鼎文書局，1983，點校本），頁982-988；又，《四庫全書》亦將地理類置於史部，參考：紀昀等（編），《四庫全書總目》（臺北：藝文印書館，1979），頁1409-1605。

③ 地質調查所成立於1912年，中國科學社成立1915年，南京高等師範學校亦於此年成立，南北之地理學中心皆於此時期成立，且各有其傳承，《史地學報》則創刊於1921年，因而1912-1920間爲中國地理學漸次脫離史學附庸之關鍵。參考：楊翠華，〈歷史地質學在中國的發展（1912-1937）〉，《中央研究院近代史研究所集刊》，第15期（下）（臺北：中央研究院近代史研究所，1986:6），頁319-334；張其昀，《中國地理學研究》，收入：《張其昀先生文集》，第1冊（臺北：國史館・中國國民黨中央黨史委員會・文化大

學的定位便開始顯得模糊了。歷史地理學究竟是史學的附庸，或是地理學的一個分支，是一個見仁見智的問題；西方的學術分類，一般將歷史地理學視爲地理學的一個分支，1949 年以後的大陸學者，基本上亦持此類觀點。

　　大陸學者基本上將歷史地理學視爲 1949 年以後纔成立的現代學科，稍遠則追溯到 1934 年禹貢學會的成立，這類說法幾乎已成大陸歷史地理學界的共識④；但類似的討論不免於是截刀斷流，忽略了中國地理學形成的過程。就本書分析所得，1912-20 年之間，是西方地理學傳入中國的關鍵階段，也是歷史地理學興起的重要時期，相關討論亦時時以史地之學並稱，1921 年 11 月創刊的《史地學報》即爲此一時期的代表性刊物。

1. 考據與經世的雙主題變奏

　　史地學報派討論歷史地理學的內容，基本上是一手歷史、一手地理的研究方式，在這方面，柳詒徵和竺可禎可以說是 "南高" 學術精神的導師；柳詒徵的治學傾向經世而疏於考據，竺可禎的本行是氣象學與地理學，兩人對當代史亦多所關注，在治學取向上對史地學報派

學，1988），頁 293-556。

④ 史念海，〈歷史地理學的形成因素〉，《中國歷史地理論叢》，1989 年第 2 輯（西安：陝西師範大學暨西北大學歷史地理學研究所，1989），頁 15-44；侯仁之，〈歷史地理學芻議〉，收入：侯仁之，《歷史地理學的理論與實踐》（上海：上海人民出版社，1979），頁 3-17；譚其驤、葛劍雄，〈歷史地理學〉，收入：蕭黎（主編），《中國歷史學四十年》（北京：書目文獻出版社 1989），頁 552-571；黃盛璋，〈歷史地理學要更好地爲社會主義建設服務〉，收入：黃盛璋，《歷史地理論集》（上海：上海人民出版社，1982），頁 1-5。

有相當重要的影響⑤；並且因爲竺可禎的專長主要是氣象學與地理學，使得南高成爲中國地理學的一個重鎮，與北方的地質調查所各有所長。因而史地學報派對歷史地理學的觀點，基本上比較傾向於史地分論，亦即把歷史的還給歷史、地理的歸於地理。

史地學報派的史學觀點與研究內容，主要受徐則陵的啓發，由於徐則陵加意提倡史學理論與史學方法，並且以中國材料印證西方的史學理論與方法，對介紹西方史學多所獻替，並從而影響了陳訓慈和劉掞藜；陳訓慈對西方史學理論的引介⑥，劉掞藜在整理傳統史學的方法與理論上多所著墨⑦，主要應是受徐則陵的啓發；張其昀的治學則近於竺可禎和柳詒徵的綜合，柳詒徵的經世史學，竺可禎的氣象學和地理學，尤爲張其昀所宗⑧。

就本書分析《史地學報》的內容所得，史地學報派基本上係將歷史與地理學分而論之，在討論歷史地理學時，亦較傾向從地理學的角度加以探討；此外，史地學報派對史學的興趣似乎較偏向方法和理論，而少及於考據與述作。

源於北方學統的禹貢學派，其治學方法本於樸學考據，在歷史地理學研究方面，係從沿革地理入手，且歸本於史學而非地理學，加上禹貢學會創始人顧頡剛和譚其驤的研究領域爲古代史，主要成員如馮

---

⑤ 相關討論請參閱本書第 1 章〈引論〉與第 3 章〈涵泳舊學介紹新知〉。

⑥ 陳訓慈，〈史學蠡測〉，《史地學報》，3:1.2，頁 A1-A18；3:3，頁 3-14；3:5，頁 23-44；相關討論請參閱本書第 3 章第 4 節《史地學報》內容分析〉。

⑦ 劉掞藜，〈史法通論〉，《史地學報》，2:5，頁 1-20；《史地學報》，2:6，1-15。

⑧ 參考：張其昀，〈東北之氣候〉，共 9 講，原載《地理雜誌》，第 4 卷，第 6 期(1931:11)；收入：《張其昀先生文集》，第 2 冊，頁 969-1019；〈東北之黃渤二海〉，原載《地理雜誌》，第 5 卷，第 1、2 期 (1932:1&3)，收入：《張其昀先生文集》，第 2 冊，頁 1022-1094。

家昇、史念海、侯仁之、白壽彝、楊向奎等人，研究範圍亦以古代史為主，且多本於考據之學；侯仁之和白壽彝是禹貢學派中少數一手古代一手當代者，其餘諸人大抵均謹守樸學考據的法度。

禹貢學派由考據到經世的理路，明顯受時代變局的影響，此與清季經世史學的興起有其相類似的背景。事實上，清季經世史學的興起，其治學本源乃上承乾嘉以降的西北史地研究，惟西力叩關的驅力亦不容忽視；因此，清季的經世史學其實是樸學之餘風與西力叩關這兩條線索結合而成的。惟西力叩關雖使得近代史學的經世理路擡頭，但潛伏於經世底層的考據之學其實並未中絕，所以當西方的語言考證學 (philology)輸入中國以後，潛伏的考據之學乃借屍還魂，形成新考據學派⑨。

新考據學派的內涵歸本於樸學考據，惟其外表披上科學方法的外衣；北方學統乃此一學派的發源地，中堅人物則是胡適、傅斯年與顧頡剛。分析新考據學派的方法論，雖有科學史學之名⑩，其本質則未脫傳統的樸學考據。但當新考據學派面臨國家危急存亡之秋，則再度由考據轉向經世，傅斯年撰寫《東北史綱》雖仍謹守史料學派依材料說話的治史方法，其經世之意圖亦明白可稽；顧頡剛的西北考察，基本上也可以從這個角度加以分析。

史地學報派對當代史的多所關注，淵源乃係繼承章學誠爲當代存史的命意，其經世之本質則源自浙東史學；禹貢學會的沿革地理，雖

---

⑨ 杜維運，〈民國史學與西方史學〉，收入：孫中山先生與近代中國學術討論集編輯委員會（編），《孫中山先生與近代中國學術討論集》，第 2 冊，頁 344-358。

⑩ 胡適和傅斯年都強調史學科學化的重要性，相關討論請參閱本書第 4 章〈樸學考據的新出路〉；此外可參考：劉龍心，〈史料學派與中國史學的科學化〉（臺北：國立政治大學歷史研究所碩士論文，1992，未刊稿），頁 125-181。

爲樸學考據的流風餘韻，其由考據到經世則明顯受到時代變局的影響；但需說明的是：傳統中國史學並非史地學報派和禹貢學派的惟一養分，外國史地之學的輸入，也是一條不容忽視的線索；史地學報派對英美史地之學的引介，爲現代中國史學開啓了另一扇窗；禹貢學會的邊疆史地研究，在東北方面主要是受到日本學者的刺激，西北部分則多取擷於俄、英、法、德等國學者的考察報告與研究成果，這樣的取向正好與當時的學術風尙若合符節。

中國歷史地理學興起過程的繁複面貌，及其與現代中國史學發展之間的糾葛，透過時代背景加以分析，當可獲得一較清楚的線索；其間蘊含著學術與世變的依違相生，舉其大者而言，約有下列數端：

其一，考據與經世的互動：中國近、現代史學歷經了兩次考據與經世的互動，一次是嘉道之間的由考據到經世，一次是民國以後的由經世到考據；嘉道之間由考據到經世的驅力主要來自儒學內部，而現代中國史學由經世到考據的過程，西方史學輸入是其中的重要關鍵。

其二，時代學風的影響：在傳統中國史學的發展過程中，盛世史學易有考據之傾向，亂世史學則多經世宏論，明末清初即爲一典型代表⑪，清中葉嘉道以後史學之由考據到經世也是相類似的情形；1931年九一八事變後北方學統的由考據轉向經世，應該也可以由這個角度加以分析。至若南方學統本於經世史學之取向，係浙東學派深遠的傳統，加上現實政治的需要，其史學經世之意涵乃更顯明。

其三，學術客觀與現實需求：經世是史學致用的具體表現，考據所追求者乃客觀之學術，在現實政治的需求下，學術客觀的追求不免較易遭遇困難。西方史學輸入中國以後，與傳統史學的樸學考據結合

---

⑪　參考：謝國楨，〈明末清初的學風〉，收入：謝國楨，《明末清初的學風》（北京：人民出版社，1982），頁1-52。

爲新考據學派，亦即所謂科學的史學，究其內涵殆追求客觀之學術精神；當時代變局牽動史學動向時，客觀學術與現實政治之間的張力亦隨之增強，兩者間的界線乃糾結而難以釐清。

其四，研究領域的拓展：由於時代變局牽動史學研究的內容，現代中國史學的東北史地研究，其實一直要到九一八事變以後纔受到較多的關注；至於西北史地研究，嘉道之際已開其先聲，清季的邊疆史地研究，更奠定了良好的基礎，惟眞正大規模研究還是在 1931-1945 年間⑫；透過東北與西北史地研究，藉由文化尋根的方式，探討民族的共同精神，再以前瞻性眼光提出建設之諍言；這種尋根與前瞻並行的方式，是東北與西北史地研究的特色，亦從而拓展了史學研究的領域。

2.理論探討與實踐力行

整體而言，在現代中國史學的發展過程中，歷史地理學是與時代關係較爲密切的一支。在純粹的學理之外，尤重視現實之需要，此與近代中國迭歷外患當有密切關連。因此，歷史地理學的興起，在現代中國史學發展過程中，是一個相當值得注意的現象，而此一現象乃學術風氣與時代變局相結合所產生者。

歷史地理學本身是一門相當複雜的學科，一方面是歷史，另一方面是地理，地理部分又涉及自然地理和人文地理，不但歷史與地理間的結合不易，學理與現實的問題，也有待解決。以歷史地理學與經世觀點對時事多所縈懷，是史地學報派治學的根本；在時局變動較劇烈時，史地學報派對當代史的關注隨之增強，反之，在時局較平緩時，

---

⑫ 參考：胡平生，〈近代西北史研究之回顧〉，收入：臺灣大學歷史系（主編），《民國以來國史研究的回顧與展望》（臺北：國立臺灣大學歷史系，1992），頁 1611-1650；有關西北史地研究的高峰期的討論在頁 1622。

史地學報派則較用心於一般史地之研究，這種學術研究與現實關懷間的張力，是歷史地理學興起過程中極爲特殊的一個現象。

1921 年 11 月至 1926 年 10 月，是《史地學報》提倡歷史地理學並引領風騷的時期；在此時期，史地學報派主導了歷史地理學的研究，涵泳舊學，介紹新知，爬梳傳統中國史學，也引介外國史地之學，對現代中國史學發展發揮了相當重要的影響。1934 年 3 月至 1937 年 7 月，《禹貢半月刊》成爲研究歷史地理學的主導中心，再一次掀起研究歷史地理學的高潮。

史地學報派對歷史地理學的興趣，比較環繞於學理的探討，以及一般有關歷史與地理學的問題上；九一八事變以後成立的禹貢學會，面臨國家民族立即而明顯的威脅時，所關注的對象轉而爲邊疆史地研究，希望藉此喚醒民族魂；特別是東北與西北地區對禹貢學會具有極大的吸引力，一方面是清中葉以降西北史地研究扎下的深厚根基，另一方面是因爲東北淪陷後，希望在西北尋回新的生機；因此，禹貢學會對東北和西北史地的用心，在民族主義史學或許可以找到解答。

正因對民族主義多所關注，使得禹貢學會的歷史地理學研究，由邊疆民族文化轉而對國內各少數民族均有所關心，並且由歷史地理學問題轉向民族文化問題，這是現代中國史學發展過程中，有關歷史地理學研究的一個重要轉折。

在對邊疆事務的關心上，禹貢學會可以說是眞正的實踐力行者，特別是塞防、邊防和邊疆問題，乃禹貢學會目光焦點之所在。在《禹貢》創立三週年紀念特刊所刊載的〈本會此後三年中工作計畫〉文中，即對《禹貢》從事歷代北部邊防研究之動機做了詳明的解釋⑬；由於

---

⑬　禹貢學會〈本會此後三年工作計畫〉說：
　　吾國以北部與游牧民族爲鄰，故邊患常在北方，歷代君主對於北部邊防

中國歷代邊患主要來自北方，因此相關討論亦以北方爲重心，不論就地理沿革或國防地理的角度，均有較多的材料與研究成果，禹貢學會之所以將目光集中於東北和西北，乃其來有自；加上日本的侵略又因北進與南進政策的爭議，北進派暫時獲得勝利，對中國的侵略亦從北方來，正好符合了中國歷代邊防的情形；禹貢學會之著眼於北方邊防制度研究，乃係結合了歷史與現實，正是由考據到經世史學的重要轉折。

但禹貢學會的邊疆史地研究，主要著眼點仍係傳統的陸防思想，對魏源《海國圖志》以降的海防思想，則極少論及，亦未有進一步的發揮⑭。

由古代地理研究到關心當代時事，禹貢學會研究方向的調整殆有其軌跡可尋；其初期之由沿革地理著手，主要是因爲此刊物緣起於顧頡剛"中國古代地理沿革史"和譚其驤"中國地理沿革史"兩門課的學生習作有發表園地；而且這也和顧頡剛個人的興趣有很大的關係，顧頡剛的第一個史學陣地——古史辨運動，對中國古代史料觀念的重詁，造成了現代中國史學發展過程中的史料學革命⑮；而禹貢學會對當代史的關注，則可以說是九一八事變以後，知識分子著眼於學術救

無不苦心經營，百方杜禦，如邊城烽燧斥堠關鎮堡壘之設置，如屯田遣戍，開中聚糧，立官設衛，如置茶馬市，開關市易，或計在防守，或謀在羈縻，其遺制多有可資借鏡者。本會亦擬集合人力從事於此，上起古代之秦晉趙燕，下至明清，凡與邊防制度有關者，悉爲分代研究。（《禹貢》，7:1.2.3，頁 22）

⑭ 有關魏源的海防思想，參考：王家儉，《魏源對西方的認識及其海防思想》（臺北：大立出版社，1984）。

⑮ 關於古史辨運動與史料學革命的討論，參考：彭明輝，〈顧頡剛與中國史學現代化的萌芽——以史料學爲中心的探討〉，《國史館館刊》，復刊第 12 期（臺北：國史館，1991 年 6 月），頁 9-24。

國之產物⑯。從此一觀點思考，禹貢學會的邊疆史地研究，便可以找
到一合理之落腳處。

3.舊傳統與新契機

　　雖然在《禹貢・發刊詞》中，顧頡剛和譚其驤一再提及民族意識，
但顯現於《禹貢半月刊》的，似乎並非直接與時事有關的論述，而是
間接透過地理沿革之研究，做為建立民族認同與提振民族自信心的手
段。深入分析《禹貢》的宗旨，主要是透過地理沿革研究，爲歷史研
究準備舞臺；因此，禹貢學會從事地理沿革研究的主要目的仍是爲了
歷史，而非純然的地理。就學科的認知而言，禹貢學會係將地理附著
於歷史之下，這一點和史地學報派以歷史、地理爲個別主體的見解有
所不同。

　　此外，編繪地圖對歷史地理學而言是相當重要的一環，因爲歷史
地理學本非空言之學門，而有其實用性；講求實用的歷史地理學對相
關之地理位置、山川原澤、里程遠近等等，均係歷史地理學所關切的
主題，因而地圖的編繪便顯得相當重要，其中最具規模者當屬《地圖
底本》的編繪。

　　以“地圖底本”觀念編繪地圖，主要是增加治學的實用性，使有
需要的研究工作者，皆能有方便的“地圖底本”可用，省掉事必躬親
的煩惱，可謂是禹貢學會的新猷。雖然這分《地圖底本》並未全部完
成出版，但其講求實用之意圖，是值得加以肯定的；此外，《禹貢半月

---

⑯　其實在禹貢學會成立以前，顧頡剛對當代局勢即已多所關注，如他曾在
　　1933 年 3 月，與鄭德坤聯名於《東方雜誌》發表〈研究經濟地理計畫芻議〉，
　　對北伐後國家建設的停滯多所針砭；《東方雜誌》，30 卷 5 號(1933 年 3 月
　　1 日)，頁 13-15。

刊》對地圖製法的討論，也使地圖編繪迎向較科學的方式，奠定後來
譚其驤主編《中國歷史地圖集》的初階基礎⑰。

　　由地理沿革到邊疆史地研究，以及歷史地圖之編繪，禹貢學會確
爲歷史地理學的發展，找到新的方向；而這個新的方向就是以地理沿
革爲本，因應國防之需要而從事邊疆史地之研究，再由邊疆史地研究
拓展到對邊疆民族文化的探本溯源。並且爲了研究的需要，禹貢學會
在地圖的編繪上亦多所用心。凡此種種，皆爲歷史地理學發展的新里
程碑；尤其在結合歷史與地理沿革方面，禹貢學會由考據的根柢出發，
到轉向關心時事與建設的經世史學，確實爲樸學考據走出了新的方向。
雖然這個新的方向，可能涉及客觀學術與現實需要之張力，而降低其
學術的純粹性；但知識分子在面臨國家民族絕續存亡之秋，如何在學
術與時代變局中找尋平衡座標，殆屬理想與現實之兩難。分析禹貢學
派治學方向的轉折及其研究成績，如能從民族主義史學的角度加以審
視，應可獲得同情的瞭解，而非斤斤於做出那些學術研究的成果。

　　歷史的發展與變遷，有其長遠的淵源，同樣的，學術思想的承繼
與開啓，亦有其可循的線索；近代中國的歷史地理學，上承嘉道以降
的經世學風，加上外患的凌逼，促使知識分子有心於邊疆史地研究，
此爲歷史地理學興起的重要因素之一；而傳統中國史學與西方史學的
交互爲用，是現代中國史學發展的另一重轉折；因此，歷史地理學的
興起與現代中國史學發展相互激盪，一方面承續了舊的傳統，另一方
面則開啓新的契機。更重要的是，史學在時代的呼喚裡，不再是象牙
塔裡的豆飣考據，而關乎國計民生；隨著時代脈搏的跳動，歷史地理

⑰　譚其驤在《中國歷史地圖集・前言》中，即提及 1930 年代禹貢學會編繪《地
　　圖底本》之事；見：《中國歷史地圖集》，第 1 冊(上海：地圖出版社，1982:
　　10)，〈前言〉，頁 2。

學在尋根與前瞻中，爲民族文化融合與建設中國找尋新的方向。

4.民族主義與歷史地理學

在分析現代中國史學的發展時，西力衝激與知識分子內省的自覺，是兩條不可分割的平行線；歷史地理學與民族主義史學的興起，便是其中顯明的例子。

在現代中國史學的發展過程中，民族主義史學的興起，可以說是自 1840 年代以降知識分子自覺運動之結晶。雖然在分析現代中國史學的發展過程時，史學工作者的研究客體，是一個值得探討的問題；因爲大部分史學工作者在面對中國所遭受的內憂外患時，大體並未偏離他們原有的研究領域，或者在治學方法上有什麼改變，惟在其原有研究領域與論著中體現對時代的關懷；本書在分析民族主義史學的興起時，曾舉柳詒徵、錢穆、雷海宗、陳寅恪與陳垣等人的史學研究爲例，說明民族主義史學興起的時代意義。

民族主義史學主要在喚醒民族魂，以今事印證古典，冀期於歷史中找出可能的解決之道；歷史地理學則在提供相關背景資訊，以爲外交上折衝尊俎或國防地理之參考。

在以歷史地理學爲解決問題的方案中，史學工作者慣常以民族文化尋根的方式，爲中國的領土主權找尋合法性的基礎，然後再以建設新中國的理念前瞻未來，在尋根與前瞻的理念下，形成歷史地理學興起的獨特模式。

5.邊疆史地研究的動力與成果

由於外患紛至沓來，使得近代中國史學往往將問題扣緊經世的意義上，但因當時中國所面臨的西力衝激，是過往歷史所未曾有的經驗，因而在尋求解決問題的方案中，不免有文不對題的現象，特別在涉外事務上常常捉襟見肘。降至民國，類此的現象似未見改善，面臨來自列強的壓力未曾稍減，史學工作者以思想文化解決問題的傾向亦未改變，乃藉由尋根的方式喚醒民族意識，在這方面顯現於歷史地理學的情形尤其明顯。

就時代變局與史學動向的關連性加以觀察，研究東北史地的風氣與 1931 年的九一八事變有相當密切的關係,但其成績在與日本相較之下，則似有不逮，分析其原因，主要可能有三：

其一，清廷視東北爲其禁臠：一方面禁止漢人前往屯墾，另一方面漢人對東北的歷史亦興趣缺缺,使得有關東北史地的文獻材料甚少，清中葉以後興起的歷史地理學研究風氣，其主要範疇乃爲西北史地，有關東北史地的研究則甚少；在基礎不夠穩固的情形下，東北史地研究猶似一片荒漠；所以東北史地研究的拓荒工作，其實是到了九一八以後始漸次展開。

其二，缺少整體計畫：學者各自爲政，未能攜手合作，以致於常有研究彼此重複的情形出現，浪費時間與精力；即或像傅斯年、方壯猷、蕭一山、徐中舒與蔣廷黻等人合作的《東北史綱》，其撰著計畫乃是有關東北史地研究中最具規模者，卻亦是虎頭蛇尾，未能竟篇。禹貢學會的東北史地研究，亦過於零碎，局部的專題與考據雖有成績，有系統的著作則未之見；金毓黻《東北通史》是較有系統的著作，徵引材料豐富，亦有其獨具之史觀，可惜亦僅出版上編，敍事迄元而止，明代以後的歷史則付諸闕如。

其三：實地考察困難：歷史地理學非止於書案考據，實地考察亦爲其中一環，且具相當重要之地位，惟因當時東北已淪入日本之手，實地考察較爲困難，相關文獻之取得亦較爲不易，因而整體的研究成續乃受限制⑱。

　　雖然東北史地研究的成績未見理想，但卻爲現代中國史學的發展開啓了另一扇門，使得原本不爲學術界所重視的東北史，受到了較多的關注；而相對於東北史地研究成績之薄弱，西北史地的研究成果則顯然較爲豐碩。

　　探討清季西北史地研究風氣的興起，學術環境與時代之互動關係，是其中不容忽略的線索，而就學術環境與時代變局的影響而言，分析西北史地蔚爲顯學的主要成因有三：其一，樸學考據之孕育；其二，清中葉以降治遼金元史的流風；其三，外侮迭起的衝激。

　　由於上述因素的影響，西北史地之學因而成爲清季的顯學，亦即禹貢學會所稱近代中國研究邊疆史地的第一回合發動⑲。

　　除了中國學者的研究之外，西北史地之學的另一個重心是外國學者的考察活動，包括一般性的考察與學術考察兩方面。自 1840 年代以降，西方列強除了用堅船利砲打開中國的門戶之外，也組織了各種“探險隊”、“考察隊”相繼到中國西北地區進行活動，成爲西北史地之學的另一類奠基者，如斯坦因(M. A. Stein)的新疆考古考察；德國地質學家李希霍芬(Ferdinand Richthofen)於 1868 年到中國進行考察，以 4 年時間走訪 14 個省區，其考察筆記內容相當豐富；瑞典學者斯文・赫定(Sven Anders Hedin)的西藏考察，美國學者安德魯 (Roy D. Andrew) 的蒙古考察，以及德國的勞庫克(A. Von Le Coq)和日本的橘瑞超等人；這些考察報告與研究成果，均受到中國學者的重視，對西北史地研究有推波助瀾之功。

　　東北史地研究明顯受日本的刺激，西北史地則多採擷於西方學者

⑱　相關討論請參閱本書第 5 章第 3 節〈東北史地研究〉。
⑲　〈禹貢學會研究邊疆計畫書〉，《史學史研究》，1981 年，第 1 期，頁 66。

的旅行考察成果，正好說明了當時的學術行情：日本東洋學的形成係奠基於東北史地研究，西方的漢學研究則從西北出發。

歷史地理學的興起既與時代同其脈搏，在經世史學的實用性格上，西北史地研究是其中最重要的關鍵；因此，西北史地研究基本上是循著歷史文化尋根與前瞻中國未來建設的雙軌進行，這是現代中國史學的發展過程中，歷史地理學興起最重要的時代意義。

由於歷史地理學涉及人與地的關係，在探討相關問題時，人與地，地與人，乃係傳統中國歷史地理學的重要樞紐[20]；所以討論歷史地理學的內涵，在人與地之間隱隱有一條堅固的鎖鍊，歷史地理學研究在時代風氣的線索之外，人地關係的討論亦有其重要地位，禹貢學會之所以對東北與西北地區投入較多的關注，與其基址設於北平不無關係；因此，在檢討現代中國歷史地理學的興起，時代變局、學術風氣、民族主義與人地關係，是缺一不可的線索。本書論析《史地學報》與《禹貢半月刊》的異同時，在外緣因素方面即從地緣關係上著手。

由於人地關係對歷史地理興起有其重要影響，使得地方史與區域史在歷史地理學範疇亦占一席之地，傳統史學的地志、方志、區域史等，都可從這個觀點加以審視。

---

[20] 史念海在〈中國歷史地理學的淵源和發展〉就指出：
　　　人和地的關係在遠古的時期就已經受到重視。人不能離開自然，也就不能不受到自然的制約和影響。爲了能夠不斷生存下去，人就不能不從事利用自然並進一步改造自然。……人不能離開地，也不能離開自然，其間的關係就不能不受到重視。
　　史念海，〈中國歷史地理學的淵源和發展〉，《史學史研究》，1981 年第 1 期（北京：北京師範大學史學研究所，1986:3），頁 1-25；所引在頁 1。

6.1949 年以後的新方向

　　1949 年以後海峽兩岸的歷史地理學研究，由於地緣關係上的差異，其研究內容自有所不同；大陸地區的歷史地理學有愈來愈專業化的趨勢，臺灣地區的歷史地理學基本上仍寄生於歷史或地理學之相關科系，惟開設歷史地理學課程之歷史系所無多，從事歷史地理學研究的學者也以個人爲主㉑。

　　臺灣地區的歷史地理學並未有獨立的相關系所，而是寄生於各個不同的系所或學會，如國立臺灣師範大學的前身省立師範學院時代，自 1949 年即設有史地系，在教學上歷史與地理學並重；1962 年史地系擴充爲歷史學系和地理學系，惟在教學上仍兩者並重，其後乃漸次各自獨立發展㉒；1969 年國立政治大學成立邊政研究所，論文方向主

㉑　在個人研究方面，如：王恢，《中國歷史地理》（上）（下）（臺北：臺灣學生書局，1979）；沙學浚，《中國歷史地理》（臺北：商務印書館，1961）；石璋如等，《中國歷史地理》，3 冊（臺北：中華文化出版事業委員會，1954）；在邊疆史地研究方面，如：姚從吾，《東北史論叢》（上）（下）（臺北：正中書局，1970）；張春樹，《漢代邊疆史論集》（臺北：食貨出版社，1977）；凌純聲等，《邊疆文化論集》（3 冊）（臺北：中華文化事業出版委員會，1953）；陶晉生，《邊疆史研究集》（臺北：商務印書館，1971）；逯耀東，《從平城到洛陽》（臺北：聯經出版公司，1979）；有關東北者有：王大任（編），《東北研究論集》，2 冊（臺北：中華文化出版事業委員會，1957）；中國文化學院東北研究所（編），《東北論文集》，1-7 輯（臺北：中華大典編印會，1966-1970）；在地圖編繪方面，較爲學術界所知者爲：程光裕、徐聖謨，《中國歷史地圖集》（臺北：中華文化出版事業委員會，1955）；嚴耕望，《唐代交通圖考》，1-5 卷（臺北：中央研究院歷史語言研究所，1985：5-1986：5）。

㉒　參考：國立臺灣師範大學歷史系所（編），《國立臺灣師範大學歷史系所概況》（臺北：國立臺灣師範大學歷史系，1988：5），頁 1。

要為滿蒙藏之史地研究，亦兼及臺灣之原住民族㉓。

在大型的集體研究方面，其中較具規模是中央研究院近代史研究所的「中國現代化的區域研究(1860-1916)」，此項研究計畫由李國祁、張朋園主持，於1973年8月展開，1977年1月結束，參加研究的人員，各負責沿江沿海的一至三個省區或一個都市，研究計畫之論著均已出版㉔；此項研究計畫主要理論架構結合了區域研究 (Regional Studies) 與現代化理論㉕，其研究方法近於史學與社會科學的結合㉖，而稍遠於歷史地理學；雖然在歷史地理學的定義上，此類研究可歸入區域地理學之範疇，但這項研究計畫似無此類意涵。1986年2月，中央研究院近代史研究所展開「中國現代化的區域研究」第二期研究計

㉓ 參考：國立政治大學民族研究所（編），《國立政治大學民族研究所師生校友通訊錄》(臺北：國立政治大學民族研究所，1992)；案：此通訊錄上附有歷年畢業生論文題目；又，邊政研究所自1992年易名為國立政治大學民族研究所，1993學年度招收大學部新生。

㉔ 其分配情形如下：(1) 王萍：廣東，(2) 李國祁：福建、浙江、臺灣，(3) 王樹槐：江蘇，(4) 陳三井：上海，(5) 張朋園：湖南 (6) 蘇雲峰：湖北，(7) 呂實強：四川，(8) 張玉法：山東，(9) 林明德：直隸，(10) 趙中孚：奉天、吉林、黑龍江；參考：張玉法，《中國現代化的區域研究：山東省，1860-1916》(上) (臺北：中央研究院近代史研究所，1982)，〈自序〉，頁1；其中王萍之書未見出版。

㉕ 在理論方面，C. E. Black 在《現代化的動力》(*The Dynamics of Modernization*)一書中的定義，為該計畫所參考的主要指標，參考：C. E. Black, *The Dynamics of Modernization: A Study in Comparative History* (New York: Harper Torchbooks, 1966), pp. 7-9.

㉖ 有關現代化意涵的討論，張朋園和蘇雲峰有相當精闢的見解，參考：張朋園，〈現代化理論的批判以及我們應有的選擇〉，《新知雜誌》，3卷6期(臺北：新知雜誌社，1973:12)，頁23-46；蘇雲峰，〈從理論到實際：清季現代化運動的面面觀〉，中央研究院近代史研究所(主編)，《中國現代化論文集》(臺北：中央研究院近代史研究所，1991)，頁31-42。

畫，將研究地區向內陸推進，甚至擴及西北地區，截至 1992 年底其研究成果尚未完全發表，若干區域僅得部分單篇論文，整體成績尚待評詁㉗。

除了原有歷史地理學領域外，臺灣地區在研究主題上亦有新的方向，如中央研究院三民主義研究所自 1983 年起推動中國海洋發展史研究，召開中國海洋發展史研討會，該研討會每兩年召開一次，迄 1992 年止已召開 5 屆，前 4 次論文集皆已出版㉘；此外，海外華人研究學會於 1988 年成立，則積極推動海外移民史之研究㉙。

大陸地區的歷史地理學在 1949 年以後幾已脫離史學而獨立，其學科分類則爲地理學的一個分支，研究單位與部分大學且設立歷史地理研究所㉚，因而歷史地理學有愈來愈專業化的趨勢，其中較重要的專

㉗　截至本文撰寫爲止，「中國現代化的區域研究」第二期計畫僅出版一種：謝國興，《中國現代化的區域研究：安徽省，1860-1937》(臺北：中央研究院近代史研究所，1991)。

㉘　參考：中國海洋發展史論文集編輯委員會 (主編)，《中國海洋發展史論文集》，第 1-2 輯(臺北：中央研究院三民主義研究所，1984，1986)；張炎憲 (主編)，《中國海洋發展史論文集》，第 3 輯 (臺北：中央研究院三民主義研究所，1988)；吳劍雄 (主編)，《中國海洋發展史論文集》，第 4 輯 (臺北：中央研究院中山人文社會科學研究所，1991)。案：中央研究院三民主義研究所自 1990 年起易名爲中山人文社會科學研究所。

㉙　「中華民國海外華人研究學會」成立於 1988 年，出版《海外華人研究》，第 1、2 期(臺北：中華民國海外華人研究學會，1989:6，1992:4)；1992 年 4 月另出版《海外華人研究通訊》第 1 期 (臺北：中華民國海外華人學會，1992:4)，介紹海華研究概況及學會活動；其研究兼採歷史學、人類學、社會學等領域。

㉚　如：中國科學院地理研究所設立歷史地理研究室，復旦大學成立中國歷史地理研究所，西北大學與陝西師範大學合辦歷史地理研究所，參考：譚其驤、葛劍雄，〈歷史地理學〉，收入：蕭黎 (主編)，《中國歷史學四十年》

業性雜誌有二：一爲譚其驤主編《歷史地理》㉛，另一爲史念海主編
《中國歷史地理論叢》㉜，這種專業化發展的情形，與臺灣地區有根
本上的差異。

　歷史地理學雖然在大陸有獨立發展的趨勢，惟在實際研究時，所
涉及的歷史材料與史學方法，仍被視爲基本訓練㉝；因此，歷史地理

<hr>

（北京：書目文獻出版社，1989），頁 552-571；有關成立歷史地理研究所記
　事在頁 554。
㉛ 《歷史地理》創刊於 1981 年，掛名中國地理學會歷史地理專業委員會《歷
　史地理》編輯委員會，實際的負責人是譚其驤，1981 年出版創刊號，就已
　發行的雜誌來看，似爲不定期出版，編輯部設於復旦大學中國歷史地理研
　究所，本文撰寫時曾參考：《歷史地理》第 1-10 輯（上海：復旦大學，歷史
　地理研究所，1981-1992：07）。
㉜ 《中國歷史地理論叢》創刊於 1981 年，本來是由譚其驤、侯仁之和陳橋驛
　負責編務，爲不定期刊，刊印了三期以後叫停，1986 年西北大學和陝西師
　範大學合辦歷史地理研究所，接手主編，故自 1987 年起改爲季刊，由史念
　海主編，參考：史念海，《中國歷史地理論叢·前言》，《中國歷史地理論叢》，
　1987 年第 1 輯（西安：陝西師範大學歷史地理研究所，1987），頁 1-2；本
　書撰寫時曾參考：《中國歷史地理論叢》，1987 年第 1 輯-1990 年第 4 輯（西
　安：陝西師範大學暨西北大學歷史地理學研究所，1987-1990）。
㉝ 侯仁之在〈歷史地理學芻議〉一文中，即明白表示：
　　到目前爲止，我國學術界，披荆斬棘努力於開拓歷史地理學這個新園地
　　的人，爲數還是很少的，力量還是十分薄弱的。其中絕大多數都是先具
　　備了歷史學的基礎，而後在不同的程度上補充了地理學的訓練。至於從
　　地理學的基礎出發，補充了應有的歷史學的訓練從而獻身於歷史地理學
　　的，實在很少。而歷史地理學從其研究對象來看，又恰恰屬於地理學的
　　範圍。值得注意的問題就在這裡。我們可以問：在現階段，對於歷史地
　　理學新生力量的培養，是否可以採取上述兩種訓練並進的措施呢？這是
　　大大值得研究的。如果不這樣做，歷史地理學的進一步發展，必然會遇
　　到一定的障礙。
　　侯仁之，〈歷史地理學芻議〉，收入：侯仁之，《歷史地理學的理論與實踐》，
　　頁 3-17；所引在頁 10-11；事實上，歷史地理學完全獨立於歷史之外，亦有

學在進行研究的過程中，借助於歷史學的情形仍是無法避免的，否則何以名之為歷史地理學？惟問題關鍵並不在於歷史地理學歸屬於歷史學或地理學的爭辯，而是如何充分利用這兩個學門的既有理論與方法，為歷史地理學找尋一個前瞻性的遠景。

雖然大陸學者有心將歷史地理學歸類為地理學的一個分支，但在整體的研究成果上，仍以地理沿革、歷史疆域等範圍最為豐富，主要原因是材料獲得較易，而且從事歷史地理研究的學者也以受歷史訓練者居多，這方面的成就自然較高㉞；歷史自然地理、經濟地理與人口地理，是大陸歷史地理學的另一個重要範疇，史念海在這方面的獻力甚多㉟；西北史地研究本具良好基礎，黃文弼的西域研究和侯仁之的沙漠考察，成果最稱豐富㊱；水系、河源與植被問題，是既古老又新

其難處,因為研究歷史時期的地理學不可能不運用歷史的材料與史學方法；蕭黎主編的《中國歷史學四十年》仍收入譚其驤、葛劍雄合撰的〈歷史地理學〉，表示歷史地理學雖然有獨立之趨勢，相關討論亦多從此處著墨，但大陸地區討論歷史學時，並不會將歷史地理學排除在外，見：譚其驤、葛劍雄，〈歷史地理學〉，收入：蕭黎(主編)，《中國歷史學四十年》，頁 552-571。

㉞ 參考：譚其驤、葛劍雄，〈歷史地理學〉，收入：蕭黎 (主編)，《中國歷史學四十年》，頁 555-559；這方面的代表性著作如：周振鶴，《西漢政區地理》(北京：人民出版社，1987)；童書業，《中國古代地理考證論文集》(北京：中華書局，1962)。

㉟ 參考：史念海，《河山集》，1、2集(北京：三聯書店，1963，1981)；《河山集》，3集 (北京：人民出版社，1988)；《中國歷史人口地理和歷史經濟地理》(臺北：臺灣學生書局，1991)；中國社會科學院《中國自然地理》編委會(編)，《中國自然地理(歷史自然地理)》(北京：科學出版社，1982)。

㊱ 參考：黃文弼，《西北史地論叢》(上海：人民出版社 1981)；侯仁之，《歷史地理學的理論與實踐》，頁 43-138；侯仁之，《侯仁之燕園問學集》(上海：上海教育出版社，1991)。

興的範圍，譚其驤和黃盛璋的研究具有啓發性的意義㊲；城市地理學是新拓展的研究領域，在這方面侯仁之的提倡最具開拓性㊳；而整體成績最爲豐碩的應屬歷史地圖的編繪，其中最重要的是譚其驤主編的《中國歷史地圖集》和侯仁之主編的《北京歷史地圖集》㊴。

歷史地理學的實用功能仍常爲相關研究所討論，大陸地區的學者如譚其驤、史念海、侯仁之、黃盛璋等人，都強調歷史地理學要爲社會主義建設服務㊵，雖然類似的論調不免有過重的馬克思主義教條之嫌，但就其實用功能而言，以歷史地理學研究成果爲建設之參考，應不失其積極性的意義；同樣的，南港中央研究院近代史研究所的「中國現代化的區域研究」計畫，在現代化的歷程中，亦扮演了積極功能的角色。

1980 年代中期以後，海峽兩岸的臺灣史研究蔚爲顯學；大陸地區

㊲ 參考：譚其驤，《長水集》(上)(下)(上海：上海人民出版社，1987)；黃盛璋，《歷史地理論集》；此外可參考：中國水利學會水利史研究會 (編)，《黃河水利史論叢》(西安：陝西科技出版社，1987)。

㊳ 侯仁之，《歷史地理學的理論與實踐》；頁 141-420；有關侯仁之的歷史城市地理研究和編繪《北京歷史地圖集》，可參考：史念海，〈歷史城市地理與歷史區域地理的可喜收穫〉，《中國歷史地理論叢》，1989 年第 1 輯(西安：陝西師範大學歷史地理研究所，1989)，頁 151-158。

㊴ 譚其驤 (主編)，《中國歷史地圖集》，第 1-8 冊 (上海：地圖出版社，1982：10-1987：4)；侯仁之 (主編)，《北京歷史地圖集》(上海：地圖出版社，1988)。

㊵ 譚其驤、葛劍雄，〈歷史地理學〉，收入：蕭黎 (主編)，《中國歷史學四十年》，頁 552-571；史念海，《中國歷史地理論叢》，1987 年第 1 輯，〈前言〉，頁 2-3；侯仁之，〈歷史地理學的理論與實踐〉，《歷史地理學的理論與實踐》，頁 18-27；黃盛璋，〈歷史地理學要更好地爲社會主義建設服務〉，收入：黃盛璋，《歷史地理論集》，頁 1-5。

的研究，其現實政治的意義可能高於學術⑪；臺灣地區的研究則意在尋根⑫；如能於尋根之外，賦予建設的前瞻性意義，加上地緣因素與文獻資料上的有利條件，或許可以爲歷史地理學再度找到值得研究的新課題，而與大陸地區的城市地理學、黃河水系研究、沙漠考古、西北研究等領域等量齊觀，再創歷史地理學研究的新機。

　　本書以考據與經世爲軸，分析 1919-1949 年間歷史地理學的形成與演變，揭出歷史地理學興起的基調乃係民族主義，而其基調之強弱與時代變局恰成正比：時局動盪愈劇烈，民族主義的強度愈大，經世的主題也愈受到重視；而在考據與經世的雙主題變奏中，外患與時局的動盪，使得經世的主題不斷重現，考據之學則隨之減弱；史地學報派固以經世爲依皈，本於清代樸學考據的禹貢學派，在時代變局中亦調整其治學取向，轉而對邊疆史地與民族主義多所縈懷，爲樸學考據找到新的出路；歷史地理學的興起，就現代中國史學的發展而言，確然有其特殊的時代意義。

---

⑪　參考：茅家琦(主編)，《臺灣 30 年》(河南：河南人民出版社，1987)；茅家琦(主編)，《80 年代的臺灣，1980-1989》(河南：河南人民出版社，1991)。

⑫　中央研究院於 1986 年成立臺灣史田野研究室，由歷史語言研究所、民族研究所、近代史研究所聯合組成，出版《中央研究院臺灣史研究通訊》(季刊)，1-24 期 (1986:12-1992:9)；出版有：莊英章 (主編)，《臺灣平埔族研究書目彙編》(臺北：中央研究院臺灣史田野研究室，1988)；張炎憲 (主編)，《臺灣漢人移民史書目》(臺北：中央研究院臺灣史田野研究室，1989)；林美容(主編)，《臺灣民間信仰研究書目》(臺北：中央研究院臺灣史田野研究室，1991)；1993 年 3 月 27 日中央研究院評議會鄉通過成立臺灣史研究所；見:《中國時報》，1993 年 3 月 28 日，第 4 版。

附　錄

說明／附件 1-1，1-2，2-1～2-3 分類項目含意如次：

A1	提及中國史地	A2	運用中國史地
B1	提及外國史地	B2	運用外國史地
C1	當代史	C2	非當代史
D1	歷史地理學	D2	非歷史地理學
E1	邊疆史地	E2	非邊疆史地
F1	實地考察	F2	非實地考察

附件 1-1　　《史地學報》文類篇數統計

序號	卷期	篇數	A1	A2	B1	B2	C1	C2	D1	D2	E1	E2	F1	F2
1	1:1	17	9	9	11	9	10	7	10	7	1	16	0	17
2	1:2	20	13	10	13	7	13	7	10	10	0	20	0	20
3	1:3	32	24	21	17	10	21	6	21	6	1	31	0	32
4	1:4	25	21	15	11	2	15	10	20	5	2	23	3	22
5	2:1	18	13	10	7	4	11	7	16	2	4	14	2	16
6	2:2	21	11	10	13	5	15	6	15	6	2	19	0	21

序號	卷期	篇數	A1	A2	B1	B2	C1	C2	D1	D2	E1	E2	F1	F2
7	2:3	22	16	9	13	4	14	8	18	4	1	21	0	22
8	2:4	16	8	8	10	10	12	4	14	2	2	14	1	15
9	2:5	13	7	6	7	2	6	7	12	1	0	13	1	12
10	2:6	13	11	11	6	6	8	5	12	1	2	11	0	13
11	2:7	14	11	11	6	3	9	4	10	3	1	13	0	14
12	2:8	11	9	9	4	2	3	8	6	5	1	10	0	11
13	3:1-2	16	13	13	5	5	5	11	7	9	0	16	0	16
14	3:3	13	10	10	3	3	3	10	8	5	2	11	0	13
15	3:4	10	9	9	2	2	2	8	5	5	1	9	0	10
16	3:5	11	8	8	4	4	3	8	7	4	2	9	0	11
17	3:6	14	12	10	4	1	4	10	8	6	1	13	0	14
18	3:7	10	8	8	3	2	3	7	8	2	0	10	0	10
19	3:8	12	10	10	6	4	2	10	8	4	0	12	0	12
20	4:1	10	8	8	3	3	1	9	8	2	5	5	0	10
v1:1 -2:5			184	122	98	102	53	117	62	136	43	13	171	7	177
v2:6 -4:1			134	109	107	46	35	43	90	87	46	15	119	0	134
總數			318	231	205	148	88	60	152	223	89	28	290	7	311

附件 1-2　《史地學報》文類比例統計

序號	卷期	篇數	A1	A2	B1	B2	C1	C2	D1	D2	E1	E2	F1	F2
1	1:1	17	52.9	52.9	64.7	52.9	58.8	41.2	58.8	41.2	5.9	94.1	0.0	100.0
2	1:2	20	65.0	50.0	65.0	35.0	65.0	35.0	50.0	50.0	0.0	100.0	0.0	100.0
3	1:3	32	75.0	65.6	53.1	31.3	65.6	18.8	65.6	18.8	3.1	96.9	0.0	100.0
4	1:4	25	84.0	60.0	44.0	8.0	60.0	40.0	80.0	20.0	8.0	92.0	12.0	88.0
5	2:1	18	72.2	55.6	38.9	22.2	61.1	38.9	88.9	11.1	22.2	77.8	11.1	88.9
6	2:2	21	52.4	47.6	61.9	23.8	71.4	28.6	71.4	28.6	9.5	90.5	0.0	100.0
7	2:3	22	72.7	40.9	59.1	18.2	63.6	36.4	81.8	18.2	4.5	95.5	0.0	100.0
8	2:4	16	50.0	50.0	62.5	62.5	75.0	25.0	87.5	12.5	12.5	87.5	6.3	93.8
9	2:5	13	53.8	46.2	53.8	15.4	46.2	53.8	92.3	7.7	0.0	100.0	7.7	92.3
10	2:6	13	84.6	84.6	46.2	46.2	61.5	38.5	92.3	7.7	15.4	84.6	0.0	100.0
11	2:7	14	78.6	78.6	42.9	21.4	64.3	28.6	71.4	21.4	7.1	92.9	0.0	100.0
12	2:8	11	81.8	81.8	36.4	18.2	27.3	72.7	54.5	45.5	9.1	90.9	0.0	100.0
13	3:1-2	16	81.3	81.3	31.3	31.3	31.3	68.8	43.8	56.3	0.0	100.0	0.0	100.0
14	3:3	13	76.9	76.9	23.1	23.1	23.1	76.9	61.5	38.5	15.4	84.6	0.0	100.0
15	3:4	10	90.0	90.0	20.0	20.0	20.0	80.0	50.0	50.0	10.0	90.0	0.0	100.0
16	3:5	11	72.7	72.7	36.4	36.4	27.3	72.7	63.6	36.4	18.2	81.8	0.0	100.0
17	3:6	14	85.7	71.4	28.6	7.1	28.6	71.4	57.1	42.9	7.1	92.9	0.0	100.0
18	3:7	10	80.0	80.0	30.0	20.0	30.0	70.0	80.0	20.0	0.0	100.0	0.0	100.0
19	3:8	12	83.3	83.3	50.0	33.3	16.7	83.3	66.7	33.3	0.0	100.0	0.0	100.0
20	4:1	10	80.0	80.0	30.0	30.0	10.0	90.0	80.0	20.0	50.0	50.0	0.0	100.0
	v1:1 -2:5		66.3	53.3	55.4	28.8	63.6	33.7	73.9	23.4	7.1	92.9	3.8	96.2

序號	卷期	篇數	A1	A2	B1	B2	C1	C2	D1	D2	E1	E2	F1	F2
	v2:6 -4:1		81.3	79.9	34.3	26.1	32.1	67.2	64.9	34.3	11.2	88.8	0.0	100.0
總數			72.6	64.5	46.5	27.7	50.3	47.8	70.1	28.0	8.8	91.2	2.2	97.8

附件 1-3　《史地學報》外國史地國別統計

國　別	外國史地	美國	英國	日本	德國	法國	蘇俄	其他
篇　數	148	75	54	4	20	19	5	22
百分比	100.0	50.7	36.5	2.7	13.5	12.8	3.4	14.9

附錄二　《禹貢半月刊》統計資料

附件 2-1　《禹貢半月刊》文類篇數統計（以期爲單位）

序號	卷期	篇數	A1	A2	B1	B2	C1	C2	D1	D2	E1	E2	F1	F2
1	1:1	11	11	11	0	0	0	11	11	0	0	11	0	11
2	2	8	8	8	0	0	0	8	8	0	0	8	0	8
3	3	7	7	7	0	0	1	6	7	0	0	0	0	0
4	4	7	7	7	1	0	1	6	7	0	1	6	0	7
5	5	8	8	8	0	0	1	7	8	0	0	8	0	8
6	6	8	8	8	0	0	0	8	8	0	0	8	0	8
7	7	6	6	6	1	0	0	6	6	0	0	6	0	6
8	8	7	7	7	0	0	0	7	7	0	0	7	0	7
9	9	9	8	8	1	0	3	6	9	0	3	6	2	7
10	10	9	9	9	1	0	3	6	9	0	4	5	0	9
11	11	6	6	6	1	0	1	5	6	0	0	6	0	6
12	12	8	8	8	0	0	4	4	8	0	1	7	2	6
13	2:1	5	5	5	1	0	0	5	5	0	1	4	1	4
14	2	8	8	8	0	0	2	6	8	0	2	6	1	7
15	3	5	5	5	1	0	0	5	5	0	2	3	1	4
16	4	7	7	7	0	0	0	7	7	0	1	6	1	6
17	5	6	6	6	0	0	0	6	6	0	0	6	0	6
18	6	6	6	6	0	0	0	6	6	0	1	5	0	6
19	7	7	7	7	1	0	3	4	7	0	3	4	1	6
20	8	7	7	7	0	0	1	6	7	0	1	6	0	7

序號	卷期	篇數	A1	A2	B1	B2	C1	C2	D1	D2	E1	E2	F1	F2
21	9	6	6	6	0	0	0	6	7	0	1	5	0	6
22	10	7	7	7	1	1	1	6	7	0	1	6	0	7
23	11	6	6	6	1	1	0	6	6	0	0	6	0	6
24	12	6	6	6	0	0	1	5	6	0	1	5	1	5
25	3:1	9	9	9	0	0	0	9	9	0	0	9	0	9
26	2	9	9	9	0	0	2	7	9	0	1	8	2	7
27	3	8	8	8	2	0	1	7	8	0	1	7	1	7
28	4	7	7	7	0	0	1	6	7	0	0	7	0	7
29	5	8	8	8	0	0	0	8	8	0	1	7	0	8
30	6	10	10	10	1	1	3	7	10	0	2	8	0	10
31	7	7	7	7	0	0	1	6	6	1	1	6	1	6
32	8	7	7	7	0	0	2	5	6	1	3	4	1	6
33	9	7	7	7	0	0	0	7	7	0	3	4	0	7
34	10	6	6	6	1	1	2	4	6	0	1	5	1	5
35	11	7	7	7	1	1	2	5	6	1	3	4	1	6
36	12	8	8	8	0	0	2	6	8	0	2	6	1	7
37	4:1	14	14	14	2	2	2	12	14	0	2	12	2	12
38	2	9	9	9	4	0	0	9	8	1	4	5	0	9
39	3	9	9	9	1	0	2	7	8	1	2	7	0	9
40	4	9	9	9	1	0	1	8	9	0	3	6	1	8
41	5	11	11	11	0	0	4	7	11	0	3	8	2	9
42	6	8	8	8	2	0	4	4	8	0	3	5	0	8
43	7	9	9	9	0	0	1	8	9	0	4	6	0	8

序號	卷期	篇數	A1	A2	B1	B2	C1	C2	D1	D2	E1	E2	F1	F2
44	8	7	7	6	1	0	1	6	9	0	2	5	0	7
45	9	11	11	11	0	0	2	9	11	0	1	10	1	10
46	10	9	11	11	0	0	4	5	9	0	2	7	0	9
47	11	6	6	6	0	0	1	5	6	0	1	5	1	5
48	12	7	5	4	3	1	1	6	7	0	2	5	2	5
49	5:1	8	8	7	1	0	2	6	8	0	2	6	0	8
50	2	9	9	9	0	0	5	4	9	0	1	8	3	6
51	3-4	11	9	9	2	2	0	11	11	0	3	8	0	11
52	5	8	7	7	2	0	3	5	8	0	1	7	2	6
53	6	8	8	8	2	1	3	5	7	1	1	7	1	7
54	7	9	9	9	1	0	2	7	9	0	1	8	0	9
55	8-9	10	9	9	2	0	2	8	10	0	8	2	0	10
56	10	11	11	11	2	2	3	8	11	0	1	10	0	11
57	11	9	8	8	2	0	4	5	9	9	8	1	0	9
58	12	11	11	11	0	0	3	8	11	11	2	9	0	11
59	6:1	8	8	8	0	0	4	4	7	1	0	8	1	7
60	2	10	10	10	0	0	6	4	9	1	3	7	2	8
61	3-4	19	17	17	4	1	9	10	19	0	19	0	1	18
62	5	13	13	13	0	0	12	1	13	0	13	0	8	5
63	6	9	8	8	2	1	2	7	9	0	4	5	1	8
64	7	11	9	9	2	2	3	8	10	1	5	6	1	10
65	8-9	13	3	3	11	10	8	5	13	0	13	0	2	11
66	10	11	8	8	4	2	6	5	11	0	4	7	3	8

序號	卷期	篇數	A1	A2	B1	B2	C1	C2	D1	D2	E1	E2	F1	F2
67	11	12	12	12	2	2	2	10	12	0	3	9	0	12
68	12	17	15	15	8	4	10	7	16	1	17	0	2	15
69	7:1-3	40	38	38	2	2	13	27	38	2	18	22	4	36
70	4	33	32	32	5	3	27	6	31	2	33	0	11	22
71	5	13	13	13	2	2	11	13	0	7	6	2	11	
72	6-7	28	28	28	1	0	3	25	28	0	1	27	1	27
73	8-9	19	19	19	0	0	10	9	19	0	18	1	3	16
74	10	10	10	10	1	0	4	6	10	0	3	7	2	8

附件 2-2 《禹貢半月刊》文類篇數統計（以卷爲單位）

卷數	篇數	A1	A2	B1	B2	C1	C2	D1	D2	E1	E2	F1	F2
V1	94	93	93	5	0	14	80	94	0	9	78	4	83
V2	76	76	76	5	2	8	68	77	0	14	62	6	70
V3	93	93	93	5	3	16	77	90	3	18	75	8	85
V4	109	109	107	14	3	23	86	109	2	29	81	9	99
V5	94	89	88	14	5	27	67	93	21	28	66	6	88
V6	123	103	103	33	22	62	61	119	4	81	42	21	102
V7	143	140	140	11	7	59	84	139	4	80	63	23	120
總數	732	703	700	87	42	209	523	721	34	259	467	77	647

附件 2-3《禹貢半月刊》文類比例統計(以卷爲單位)

卷數	篇數	A1	A2	B1	B2	C1	C2	D1	D2	E1	E2	F1	F2
V1	100.0	98.9	98.9	5.3	0.0	14.9	85.1	100.0	0.0	9.6	83.0	4.3	88.3
V2	100.0	100.0	100.0	6.6	2.6	10.5	89.5	101.3	0.0	18.4	81.6	7.9	92.1
V3	100.0	100.0	100.0	5.4	3.2	17.2	82.8	96.8	3.2	19.4	80.6	8.6	91.4
V4	100.0	100.0	98.2	12.8	2.8	21.1	78.9	100.0	1.8	26.6	74.3	8.3	90.8
V5	100.0	94.7	93.6	14.9	5.3	28.7	71.3	98.9	22.3	29.8	70.2	6.4	93.6
V6	100.0	83.7	83.7	26.8	17.9	50.4	49.6	96.7	3.3	65.9	34.1	17.1	82.9
V7	100.0	97.9	97.9	7.7	4.9	41.3	58.7	97.2	2.8	55.9	44.1	16.1	83.9
總數	100.0	96.0	95.6	11.9	5.7	28.6	71.4	98.5	4.6	35.4	63.8	10.5	88.4

附件 2-4 介紹外國史地國別比較

期　　　刊	外國史地	美國	英國	日本	德國	法國	蘇俄	其他
史地學報	148	75	54	4	20	19	5	22
百 分 比	100.0	50.7	36.5	2.7	13.5	12.8	3.4	14.9
禹　　貢	87	9	13	34	8	10	5	12
百 分 比	100.0	10.3	14.9	39.1	9.2	11.5	5.7	13.8

徵引書目

一、中、日文部分 （按作者姓名筆畫序）

（一）基本史料、清以前著作與地圖集

1. 《史地叢刊》，1 輯，上海：大廈大學史地學會，1933 年 11 月創刊。

2. 《史地半月刊》，1:1-1:14，北平：北平史地教材編譯室，1936 年 11 月創刊。

3. 《史地學報》，1:1-4:1 ，南京：南京高等師範學校史地研究會，1921:11-1926:10，本書所據爲臺北：臺灣進學書局 1960 年 2 月景印版。

4. 《史地叢刊》，1:1-1:3，國立湖北師範學院史地學系，1947 年創刊。

5. 《史地叢刊》，1:1-2:3，北京：北京高等師範史地研究會，1920 年 6 月創刊。

6. 《史地雜誌》（兩月刊），1:1-1:4，杭州：國立浙江大學史地學系，1937 年 5 月創刊。

7. 《史學與地學》，1-4 期，上海：中國史地會，1926 年創刊。

8. 《史學年報》，1:1-3:1 ，北平：燕京大學，1929:7-1939:12。

9. 《左傳》，臺北：大化書局，1977，十三經注疏本。

10. 《地理學報》，V.5-V.14，南京：南京中國地理學會，1934 年 9 月創刊。

11. 《地理月刊》，1:1，北平：北平師範大學地理系地理月刊社，1934年2月創刊。

12. 《地理雜誌》，1:1-5:2，南京：南京中央大學地學系，1928年7月創刊。

13. 《西北墾務調查彙冊》，臺北：成文出版社，1968。

14. 《西北史地》（季刊），1:1，西北史地學會，1938年2月創刊。

15. 《禹貢半月刊》，1:1-7:10，北平：禹貢學會，1934:3:1-1937:7:16；本書所據爲臺北：臺灣大通書局景印本。

16. 《革命文獻》，第88、89、90輯，臺北：中國國民黨中央委員會黨史委員會，1981:9，1981:12，1982:3。

17. 《論語》，臺北：大化書局，1977，十三經注疏本。

18. 《燕京學報》，第1-36期，北平：燕京大學，1927:6-1949:6。

19. 中央研究院臺灣史田野研究室，《中央研究院臺灣史田野研究通訊》（季刊），1-24期，1986:12-1992:9。

20. 中華民國海外華人研究會（編），《海外華人研究通訊》，第1期，臺北：中華民國海外華人學會，1992:4。

21. 中國地理學會歷史地理專業委員會《歷史地理》編輯委員會，《歷史地理》第1-9輯，上海：復旦大學，歷史地理研究所，1981-1990:10。

22. 王國維，《（定本）觀堂集林》，臺北：世界書局，1983。

23. 王謨(輯)，《增訂漢魏叢書附遺書鈔》，1-4冊，臺北：大化書局，1983。

24. 支偉成，《清代樸學大師列傳》，臺北：藝文印書館，1970。

25. 司馬光撰，胡三省（注），章鈺（校記），《新校資治通鑑注》，臺北：世界書局，1977。

26. 司馬遷，《史記》，臺北：鼎文書局，1977，點校本。

27. 史念海（主編），《中國歷史地理論叢》，1987:1-1990:4，西安：陝西師範大學暨西北大學歷史地理學研究所，1987-1990。

28. 何秋濤，《朔方備乘》，臺北：文海出版社，1964。

29. 吳宓（主編），《學衡》，第1-79期，上海：中華書局，1922:1-1933:7）；本書所據爲臺北：臺灣學生書局1971年景印本。

30. 吳劍雄（主編），《海外華人研究》，第1-2期，臺北：中華民國海外華人研究學會，1989:6，1992:4。

31. 阮元（編），《十三經注疏》，1-7冊，臺北：大化書局，1977。

32. 東京帝國大學文學部（編），《滿洲歷史地理》，第1-15卷，東京：東京帝國大學，1915-1937。

33. 金毓黻（編），《東北文獻叢刊》，1927年鉛印本，包括：金毓黻，《遼海書證》（6卷）；張亮采，《補遼史交聘表》（5卷）；金毓黻，《東北文獻零拾》（6卷）；金毓黻，《東北古印鉤沉》（1卷）；文某（譯述），《崇文閣滿文老檔譯本》（1卷）；金毓黻，《附遼會要作法》。

34. 金毓黻（編），《遼東文獻徵略》，吉林出版，1927。

35. 侯仁之（主編），《北京歷史地圖集》，上海：地圖出版社，1988。

36. 紀昀等（編），《四庫全書總目》，臺北：藝文印書館，1979。

37. 班固，《漢書》，臺北：鼎文書局，1976，點校本。

38. 郝懿行，《山海經箋疏》，臺北：藝文印書館，1973。

39. 參謀本部（日本），《蒙古地誌》，東京：書刊行會，1977。

40. 國立臺灣師範大學歷史系所（編），《國立臺灣師範大學歷史系所概況》，臺北：國立臺灣師範大學歷史系，1988:5。

41. 國立政治大學民族研究所（編），《國立政治大學民族研究所師生校友通訊錄》，臺北：國立政治大學民族研究所，1992。

42. 康有爲，《康南海先生遺著彙刊》，臺北：宏業書局，1976。

43. 張穆，《蒙古游牧記》，臺北：蒙藏委員會，1981。

44. 郭廷以，《中華民國史事日誌》，1-4 冊，臺北：中央研究院近代史研究所，1984。

45. 郭沫若（主編），《中國史稿地圖集》（上），上海：地圖出版社，1979。

46. 章學誠，《文史通義》，臺北：華世出版社，1980，新編本，收錄《文史通義》內篇六卷外篇三卷、《方志略例》三卷、《校讎通義》內篇三卷外篇一卷。

47. 程光裕、徐聖謨，《中國歷史地圖集》，臺北：中華文化出版事業委員會，1955。

48. 魏源，《聖武記》，北京：中華書局，1984。

49. 魏源，《魏源集》，臺北：漢京文化公司，1986。

50. 魏徵等，《隋書》，臺北：鼎文書局，1983，點校本。

51. 羅家倫等，《西北建設考察團報告》，臺北：國史館，1968。

52. 譚其驤（主編），《中國歷史地圖集》，第1-8 冊，上海：地圖出版社，1982:10-1987:4。

53. 譚其驤（主編），《清人文集地理類匯編》，1-4 冊，杭州：浙江新華書店，1986:4-1987:8。

54. 嚴可均（輯），《全上古三代秦漢三國六朝文》，1-9 冊，臺北：世界書局，1982。

55. 顧炎武，《日知錄》（原抄本），臺北：文史哲出版社，1979。

56. 顧頡剛等（主編），《古史辨》，1-7 冊，臺北：明倫出版社，1970，重印本。

57. 〈本系(燕京大學歷史系)歷屆論文畢業題目表〉,《燕京史學年報》, 3:1 (1939:12), 頁 198-207。

58. 〈禹貢學會研究邊疆計畫書〉,《史學史研究》, 1981:1, 北京: 北京師範大學史學研究所, 1981:1, 頁 66-69。

(二) 專　書

1. 丁文江,《梁任公年譜長編》(上) (下), 臺北: 世界書局, 1972。

2. 丁名楠等,《帝國主義侵華史》, 第 1-2 卷, 北京: 人民出版社, 1990。

3. 中山久次郎,《以內鮮看滿洲的歷史》, 大連: 南滿洲鐵道株式會社大連圖書館, 1932。

4. 中央研究院近代史研究所 (編),《六十年來的中國近代史研究》(上) (下), 臺北: 中央研究院近代史研究所, 1989。

5. 中央研究院近代史研究所 (編),《近世中國經世思想研討會論文集》, 臺北: 中央研究院近代史研究所, 1984。

6. 中國人民大學清史研究所、中國社會科學院邊疆史地研究中心 (編),《清代邊疆史地論著索引》, 北京: 中國人民大學出版社, 1988。

7. 中國文化學院東北研究所 (編),《東北論文集》, 1-7 輯, 臺北: 中華大典編印會, 1966-1970。

8. 中國水利學會水利史研究會(編),《黃河水利史論叢》, 西安: 陝西科技出版社, 1987。

9. 中國古典研究會(主編),《五四與文化變遷》, 臺北: 臺灣學生書局, 1980。

10. 中國社會科學院《中國自然地理》編委會 (編),《中國自然地理 (歷史自然地理)》, 北京: 科學出版社, 1982。

11. 中國近現代史論集編輯委員會（編），《中國近現代史論集》，第 1-26 編，臺北：商務印書館，1986。

12. 中國科學院地理研究所(編輯)，《中國古代地理名著選讀》，北京：科學出版社，1959。

13. 中國海洋發展史論文集編輯委員會（主編），《中國海洋發展史論文集》，第 1-2 輯，臺北：中央研究院三民主義研究所，1984, 1986。

14. 小野川秀美著，林明德、黃福慶(譯)，《晚清政治思想研究》，臺北：時報出版公司，1982。

15. 王大任（編），《東北研究論集》，（2 冊），臺北：中華文化出版事業委員會，1957。

16. 王成祖，《中國地理學史》，北京：商務印書館，1988。

17. 王汎森，《古史辨運動的興起》，臺北：允晨文化出版公司，1987。

18. 王芸生，《六十年來中國與日本》，1-8 卷，北京：三聯書店，1981。

19. 王金紱，《西北之地文與人文》，上海：商務印書館，1935。

20. 王恢，《中國歷史地理》(上) (下)，臺北：臺灣學生書局，1979。

21. 王家儉，《魏源年譜》，臺北：中央研究院近代史研究所，1967。

22. 王家儉，《魏源對西方的認識及其海防思想》，臺北：大立出版社，1984。

23. 王庸，《中國地理學史》，臺北：商務印書館，1986。

24. 王爾敏，《中國近代政治思想史論》，臺北：華世出版社，1982。

25. 王爾敏，《晚清政治思想史論》，臺北：華世出版社，1976。

26. 王德毅，《王國維年譜》，臺北：中國學術獎助委員會，1967。

27. 方豪，《中西交通史》，1-5 冊，臺北：華岡出版公司，1977。

28. 日比野丈夫，《中國歷史地理研究》，京都：同朋社，1977。

29. 北京大學中國中古史研究中心（編），《紀念陳寅恪先生誕辰百年學術論文集》，北京：北京大學出版社，1989。

30. 北京圖書館《文獻叢刊》編輯部（編），《中國當代社會科學家》，第3輯，北京：書目文獻出版社，1983。

31. 史念海，《中國歷史人口地理和歷史經濟地理》，臺北：臺灣學生書局，1991。

32. 史念海，《河山集》，1、2集，北京：三聯書店，1963，1981。

33. 史念海，《河山集》，3集，北京：人民出版社，1988。

34. 史靜寰，《狄考文和司徒雷登在華的教育活動》，臺北：文津出版社，1991。

35. 臺灣大學歷史系(主編)，《民國以來國史研究的回顧與展望》，臺北：國立臺灣大學歷史系，1992。

36. 矢內原忠雄著，周憲文（譯），《日本帝國主義下之臺灣》，臺北：帕米爾書店，1987。

37. 矢野仁一，《近代蒙古史研究》，東京：弘文堂，1925。

38. 矢野仁一，《滿洲近代史》，東京：弘文堂，1941。

39. 石璋如等，《中國歷史地理》，3冊，臺北：中華文化出版事業委員會，1954。

40. 朱希祖，《朱希祖先生文集》，1-6冊，臺北：九思出版公司，1979。

41. 余英時，《中國近代思想史上的胡適》，臺北：聯經出版公司，1984。

42. 余英時，《史學與傳統》，臺北：時報出版公司，1982。

43. 余英時，《陳寅恪晚年詩文釋證——兼論他的學術精神和晚年心境》，臺北：時報文化出版公司，1984。

44. 余英時，《猶記風吹水上鱗》，臺北：三民書局，1991。

45. 余英時，《論戴震與章學誠》，臺北：華世出版社，1977。

46. 余嘉錫，《目錄學發微》，臺北：藝文印書館，1974。

47. 何炳棣,《黃土與中國農業文化的起源》, 香港: 中文大學出版社, 1980。

48. 吳劍雄(主編),《中國海洋發展史論文集》, 第4輯, 臺北: 中央研究院中山人文社會科學研究所, 1991。

49. 吳澤 (主編)、袁英光 (編選),《王國維學術研究論集》, 上海: 華東師範出版社, 1983。

50. 呂芳上,《革命之再起》, 臺北: 中央研究院近代史研究所, 1989。

51. 李國祁等著, 周陽山、楊肅獻 (編),《近代中國思想人物論: 民族主義》, 臺北: 時報出版公司, 1980。

52. 李劍農,《中國近百年政治史》(上) (下), 臺北: 商務印書館, 1978。

53. 李澤厚,《中國現代思想史論》, 北京: 東方出版社, 1988。

54. 杜瑜、朱玲玲(編),《中國歷史地理學論著索引》, 北京: 書目文獻出版社, 1986。

55. 杜維運,《中西古代史學比較》, 臺北: 東大圖書公司, 1988。

56. 杜維運,《中國歷史地理·清代篇》, 收入: 石璋如等,《中國歷史地理》, 第3冊, 臺北: 中華文化出版事業委員會, 1954。

57. 杜維運、黃進興(編),《中國史學史論文選集》(一) (二), 臺北: 華世出版社, 1976。

58. 杜維運、陳錦忠 (編),《中國史學史論文選集》(三), 臺北: 華世出版社, 1980。

59. 杜維運,《史學方法論》, 臺北: 三民書局, 1985; 此書初版於 1979。

60. 杜維運,《清代史學與史家》, 臺北: 東大圖書公司, 1984。

61. 杜維運,《聽濤集》, 臺北: 弘文館出版社, 1985。

62. 沙學浚，《中國歷史地理》，臺北：商務印書館，1961。

63. 沈松僑，《學衡派與五四時期的反新文化運動》，臺北：臺灣大學文學院，文史叢刊之六十八，1984:6。

64. 汪一駒著，梅寅生（譯），《中國知識分子與西方：留學生與近代中國，1872-1919》，新竹：楓城出版社，1978。

65. 汪大鑄，《國防地理》，臺北：帕米爾書店，1955。

66. 汪昭聲，《西北建設論》，重慶：靑年出版社，1943。

67. 汪榮祖（編），《五四研究論文集》，臺北：聯經出版公司，1979。

68. 汪榮祖，《史家陳寅恪傳》，臺北：聯經出版公司，1984。

69. 周振鶴，《西漢政區地理》，北京：人民出版社，1987。

70. 易顯石，《日本の大陸政策と中國東北》，東京：六興出版株式會社，1989。

71. 林美容(主編)，《臺灣民間信仰研究書目》，臺北：中央研究院臺灣史田野研究室，1991。

72. 林毓生，《思想與人物》，臺北：聯經出版公司，1983。

73. 林毓生，《政治秩序與多元社會》，臺北：聯經出版公司，1990。

74. 邵元沖（主編），《西北攬勝》，南京：正中書局，1936。

75. 金毓黻，《中國史學史》，臺北：鼎文書局，1986。

76. 金毓黻，《東北通史》，臺北：樂天出版社，1971；此書據國立東北大學東北史地經濟研究室版景印，重慶1941年版。

77. 靑木富太郎，《東洋學の成立とその發展》，東京：螢雪書院株式會社，1940。

78. 侯仁之，《侯仁之燕園問學集》，上海：上海教育出版社1991。

79. 侯仁之，《歷史地理學的理論與實踐》，上海：上海人民出版社，1979。

80. 俞大維等,《談陳寅恪》,臺北: 傳記文學出版社, 1970。

81. 姚從吾,《東北史論叢》(上)(下),臺北: 正中書局, 1970。

82. 姚從吾,《姚從吾先生全集》㈠,《歷史方法論》,臺北: 正中書局, 1974。

83. 柳詒徵,《中國文化史》,3 冊,臺北: 正中書局,1954; 此書據 1948 年版景印。

84. 柳詒徵,《國史要義》,臺北: 臺灣中華書局, 1979。

85. 洪業,《洪業論學集》,臺北: 明文出版社, 1982。

86. 胡昌智,《歷史知識與社會變遷》,臺北: 聯經出版公司, 1988。

87. 胡逢祥、張文建,《中國近代史學思潮與流派》,上海: 華東師範大學出版社, 1991。

88. 胡頌平,《胡適之先生年譜長編初稿》,1-9 冊,臺北: 聯經出版公司, 1984。

89. 胡適,《中國古代哲學史》,臺北: 商務印書館, 1982。

90. 胡適,《胡適作品集》,1-37 冊,臺北: 遠流出版公司, 1986。

91. 胡適,《胡適選集》,1-7 冊,臺北: 文星書店, 1968。

92. 胡繩武、金沖及,《從辛亥革命到五四運動》,長沙: 湖南人民出版社, 1983。

93. 茅家琦 (主編),《臺灣 30 年》,河南: 河南人民出版社, 1987。

94. 茅家琦 (主編),《80 年代的臺灣, 1980-1989》,河南: 河南人民出版社, 1991。

95. 凌純聲等,《邊疆文化論集》,3 冊,臺北: 中華文化出版事業委員會, 1953。

96. 夏曾佑,《中國古代史》,臺北: 商務印書館, 1970。

97. 徐炳昶,《西遊日記》,臺北: 文海出版社; 據: 北平: 西北科學考察團，1930。

98. 晉陽學刊編輯部（編），《中國現代社會科學家傳略》，第1-2輯，
太原：山西人民出版社，1982。

99. 翁文灝、曹樹聲，《綏遠地質礦產報告》，北平：地質調查所，1919。

100. 袁珂，《神話論文集》，臺北：漢京文化事業公司，1987。

101. 袁英光、桂遵義，《中國近代史學史》（上）（下），江蘇：江蘇古
籍出版社，1989。

102. 國立中興大學歷史學系（主編），《第三屆史學史國際研討會論文
集》，臺北：青峰出版社，1991。

103. 張玉法（主編），《中國現代史論集》，1-10輯，臺北：聯經出版公
司，1980-1982。

104. 張玉法，《中國現代化的區域研究：山東省，1860-1916》（上）（下），
臺北：中央研究院近代史研究所，1982。

105. 張玉法，《中國現代史》（上）（下），臺北：東華書局，1980。

106. 張光直，《考古學專題六講》，臺北：稻鄉出版社，1988。

107. 張其昀，《中國地理學研究》，收入：《張其昀先生文集》，第1冊，
臺北：國史館‧中國國民黨中央黨史委員會‧文化大學，1988，
頁293-556。

108. 張其昀等，《西北問題》，桂林：科學書店，1933。

109. 張其昀，《張其昀先生文集》，1-10冊，臺北：國史館‧中國國民
黨中央黨史委員會‧文化大學，1988。

110. 張忠棟，《胡適五論》，臺北：允晨文化公司，1987。

111. 張朋園等（訪問紀錄），《郭廷以先生訪問錄》，臺北：中央研究院
近代史研究所，1987。

112. 張炎憲（主編），《中國海洋發展史論文集》，第3輯，臺北：中央

研究院三民主義研究所，1988。

113. 張炎憲(主編)，《臺灣漢人移民史書目》，臺北：中央研究院臺灣史田野研究室，1989。

114. 張春樹，《漢代邊疆史論集》，臺北：食貨出版社，1977。

115. 張崇山等 (編)，《胡適來往書信選》，3 冊，香港：中華書局香港分局，1983。

116. 張蔭麟，《張蔭麟先生文集》 (上) (下)，臺北：九思出版公司，1977。

117. 張灝等著，周陽山、楊肅獻 (編)，《近代中國思想人物論——晚清思想》，臺北：時報出版公司，1980。

118. 梁啓超，《中國近三百年學術史》 (上) (下)，臺北：中華書局，1958。

119. 梁啓超，《中國歷史研究法 (附補編)》，臺北：中華書局，1974。

120. 梁啓超，《清代學風之地理的分布》，臺北：中華書局，1958。

121. 梁啓超，《清代學術概論》，臺北：商務印書館，1977。

122. 莊英章(主編)，《臺灣平埔族研究書目彙編》，臺北：中央研究院臺灣史田野研究室，1988。

123. 許冠三，《新史學九十年》 (上) (下)，香港：中文大學，1986，1988。

124. 陳正祥，《中國文化地理》，臺北：木鐸出版社，1984。

125. 陳垣，《明季滇黔佛教考》，收入：陳垣，《中國佛教之歷史研究》，臺北：九思出版社，1977。

126. 陳垣，《南宋初河北新道教考》，臺北：新文豐出版社，1977。

127. 陳寅恪，《唐代政治史述論稿》，收入：《陳寅恪先生全集》 (上)，臺北：九思出版公司，1977，頁 151-304。

128. 陳寅恪，《寅恪先生詩存》，編入：陳寅恪，《寒柳堂集》，臺北：里仁書局，1980。

129. 陳寅恪，《陳寅恪先生全集·補編》，臺北：九思出版公司，1977。

130. 陳寅恪，《陳寅恪先生全集》（上）（下），臺北：九思出版公司，1976。

131. 陳毓賢，《洪業傳》，臺北：聯經出版公司，1992。

132. 陳樂素、陳智超(合編)，《陳垣史學論著選》，上海：上海人民出版社，1981。

133. 陸寶千，《清代思想史》，臺北：廣文書局，1983。

134. 陶希聖，《中國社會之史的分析》，臺北：食貨出版社，1979；案：此書1929年初版於上海。

135. 陶希聖，《中國社會與中國革命》，臺北：食貨出版社，1979；案：此書1931年初版於上海。

136. 陶希聖，《潮流與點滴》，臺北：傳記文學出版社，1979。

137. 陶晉生，《邊疆史研究集》，臺北：商務印書館，1971。

138. 傅虹霖著，王海晨、胥波(譯)，《張學良的政治生涯》，瀋陽：遼寧大學出版社，1988。

139. 傅斯年，《東北史綱·古代之東北》，北平：國立中央研究院歷史語言研究所，1932。

140. 傅斯年，《傅斯年全集》，第1-7冊，臺北：聯經出版公司，1970。

141. 傅樂成，《傅孟真先生年譜》，收入：《傅斯年全集》，第7冊，臺北：聯經出版公司，1970，頁251-372。

142. 彭明輝，《疑古思想與現代中國史學的發展》，臺北：商務印書館，1991。

143. 森鹿三，《東洋學研究·歷史地理篇》，京都：東洋史研究會，1970。

144. 湯一介（編），《論傳統與反傳統》，臺北：聯經出版公司，1989。

145. 童書業，《中國古代地理考證論文集》，北京：中華書局，1962。

146. 童書業，《中國疆域沿革略》，臺北：開明書店，1969。

147. 逯耀東，《中共史學的發展與演變》，臺北：時報出版公司，1979。

148. 逯耀東，《且做神州袖手人》，臺北：允晨文化出版公司，1989。

149. 逯耀東，《史學危機的呼聲》，臺北：聯經出版公司，1987。

150. 逯耀東，《從平城到洛陽》，臺北：聯經出版公司，1979。

151. 黃文弼，《西北史地論叢》，上海：人民出版社，1981。

152. 黃盛璋，《歷史地理論集》，上海：上海人民出版社，1982。

153. 雷海宗，《中國文化與中國的兵》，香港，龍門書店，1968；此書據 1940 年版景印。

154. 靳生禾，《中國歷史地理文獻概論》，太原：山西人民出版社，1987。

155. 滿鐵庶務課，《滿蒙歷史》，大連：南滿鐵道株式會社大連圖書館，1937。

156. 齊思和，《中國史探研》，北京：中華書局，1981。

157. 劉起釪，《顧頡剛先生學述》，北京：中華書局，1986。

158. 劉啓林（主編），《中國當代社會科學名家》，北京：社會科學文獻出版社，1989。

159. 劉廣京，《經世思想與新興事業》，臺北：聯經出版公司，1991。

160. 增井經夫，《中國の歷史書》，東京：刀水書房，1985。

161. 潘光哲，《郭沫若與中國馬克思主義史學的起源》，臺北：稻禾出版社，1995。

162. 稻葉岩吉，《增訂滿洲發達史》，東京：日本評論社，1936。

163. 箭內亙等，《滿洲歷史地理》，東京：南滿鐵道株式會社，1913。

164. 蔣天樞（編），《陳寅恪先生編年事輯》，臺北：弘文館出版社，1985。

165. 蔣廷黻，《中國近代史研究》，臺北：九思出版公司，1978。

166. 蔣廷黻，《最近三百年東北外患史(從順治到咸豐)》，收入：蔣廷黻，《中國近代史研究》，臺北：九思出版公司，1978，頁79-138。

167. 蔣廷黻，《蔣廷黻回憶錄》，臺北：傳記文學出版社，1984。

168. 鄭良樹，《顧頡剛學術年譜簡編》，北京：友誼出版公司，1987。

169. 鄭學稼，《社會史論戰簡史》，臺北：黎明文化公司，1978。

170. 蕭公權，《康有為思想研究》，臺北：聯經出版公司，1988。

171. 蕭黎(主編)，《中國歷史學四十年》，北京：書目文獻出版社，1989。

172. 蕭璠，《春秋至兩漢時期中國向南方的發展》，臺北：臺灣大學文史叢刊之四十一，1973。

173. 錢穆，《八十憶雙親‧師友雜憶合刊》，臺北：東大圖書公司，1986。

174. 錢穆，《中國近三百年學術史》(上)(下)，臺北：商務印書館，1976。

175. 錢穆，《古史地理論叢》，臺北：東大圖書公司，1982。

176. 錢穆，《先秦諸子繫年》(上)(下)，臺北：三民書局，1981；案：本書初版為：上海：商務印書館，1935。

177. 錢穆，《兩漢經學今古文平議》，臺北：東大圖書公司，1978。

178. 錢穆，《國史大綱》(上)(下)，臺北：商務印書館，1980。

179. 錢鍾書，《談藝錄》，北京：中華書局，1993。

180. 繆鳳林，《歷史研究法》，臺北：華世出版社，1977。

181. 謝國楨，《明末清初的學風》，北京：人民出版社，1982。

182. 謝國興，《中國現代化的區域研究：安徽省，1860-1937》，臺北：中央研究院近代史研究所，1991。

183. 鍾敬文(編)，《歌謠論集》，上海：上海文藝出版社，1989；原書於1928年由上海：北新書局出版。

184. 羅家倫，《羅家倫先生文存》，1-8 冊，臺北：國史館·中國國民黨中央委員會黨史委員會，1976。

185. 譚其驤，《長水集》（上）（下），上海：人民出版社，1987。

186. 嚴耕望，《治史答問》，臺北：商務印書館，1985。

187. 嚴耕望，《唐代交通圖考》，1-5 卷，臺北：中央研究院歷史語言研究所，1985:5-1986:5。

188. 嚴耕望，《錢穆賓四先生與我》，臺北：商務印書館，1992。

189. 顧頡剛，《中國上古研究講義》，北京：中華書局，1988。

190. 顧頡剛、史念海，《中國疆域沿革史》，臺北：史地研究社，1977；案：此書據上海：商務印書館，1934 年版景印。

191. 顧頡剛，《史林雜識·初編》，北京：中華書局，1963。

192. 顧頡剛，《西北考察日記》，北京：中國邊疆史地研究中心，1983。

193. 顧頡剛，《孟姜女故事研究集》，臺北：漢京文化公司，1985。

194. 顧頡剛，《秦漢的方士與儒生》，臺北：里仁書局，1985。

195. 顧頡剛，《當代中國史學》，香港：龍門書店，1964；此書據 1947 年版景印。

196. 布洛克(Bloch, Marc)等著，梁其姿(編譯)，《年鑑史學論文集》，臺北：遠流出版公司，1989。

197. 布洛克（Bloch, Marc）著，周婉窈（譯），《史家的技藝》（*The Histoeian's Craft*），臺北：遠流出版公司，1989。

198. 柯保安（Cohen, Paul A.）著，李榮泰等（譯），《美國的中國近代史研究——回顧與前瞻》（*Discovering History in China: American Historical Writing on the Recent Chinese Past*），臺北：聯經出版公司，1991。

196. 施耐德（Schneider, Laurence A.）著，梅寅生（譯），《顧頡剛

與中國新史學》(*Ku Chieh-kang and China's New History*)，臺北：華世出版社，1984。

197. 郭穎頤（Kwork, Daniel W. Y.）著，雷頤（譯），《中國現代思想中的唯科學主義，1900-1950》(*Scientism in Chinese Thought*, 1900-1950)，江蘇：江蘇人民出版社，1989。

198. 斯文・赫定（Hedin, Sven Anders）著，孫仲寬（譯），丁道衡校，《我的探險生涯》，北平：西北科學考察團，1933。

199. 斯文・赫定（Hedin, Sven Anders）著，徐芸生（譯），《羅布淖爾考察記》，臺北：中華叢書委員會，1955。

200. 斯文・赫定（Hedin, Sven Anders）著，李述禮（譯），《亞洲腹地旅行記》，臺北：臺灣開明書店，1960，本書據上海開明書店1934 年版景印。

201. 斯垣因（Stein, M. A.）著，向達（譯），《斯坦因西域考古記》，上海：中華書局，1987，此書據中華書局1936 年版景印。

202. 傅樂詩（Furth, Charlotte）等著，周陽山、楊肅獻（編），《近代中國思想人物論：保守主義》，臺北：時報出版公司，1980。

（三）論　文

1. 王鍾翰，〈哈佛燕京學社引得編纂處〉，收入：《燕大文史資料》，第 3 輯（北京：北京大學出版社，1990），頁 22-28。

2. 方豪，〈對日抗戰時期之陳援庵先生〉，原載：《傳記文學》，19:4；收入：陳垣，《南宋初河北新道教考》（臺北：新文豐出版社，1977），頁前 1-24。

3. 牙含章，〈回回民族的傑出史學家〉，《史學史研究》，1989:1（北京：北京師範大學史學研究所，1989:1），頁 4-7。

4. 史念海，《中國歷史地理論叢・前言》，《中國歷史地理論叢》，1987:

1 (西安: 陝西師範大學暨西北大學歷史地理學研究所, 1987), 頁 1-3。

5. 史念海, 〈中國歷史地理學的淵源和發展〉,《史學史研究》, 1981:1 (北京: 北京師範大學史學研究所, 1986:3), 頁 1-25。

6. 史念海, 〈論班固以後迄於魏晉的地理學和歷史地理學〉,《中國歷史地理論叢》, 1990:1 (西安: 陝西師範大學暨西北大學歷史地理學研究所, 1990), 頁 23-67。

7. 史念海, 〈歷史地理學的形成因素〉,《中國歷史地理論叢》, 1989:2 (西安: 陝西師範大學暨西北大學歷史地理學研究所, 1989), 頁 15-44。

8. 史念海, 〈歷史城市地理與歷史區域地理的可喜收穫〉,《中國歷史地理論叢》, 1989:1 (西安: 陝西師範大學暨西北大學歷史地理學研究所, 1989), 頁 151-158。

9. 矢野仁一, 〈滿蒙藏は支那の領土に非る論〉,《外交時報》, 35:412 (1931), 頁 51-71。

10. 余英時, 〈清代思想史重要觀念通釋〉,《史學評論》, 第 5 期 (臺北: 華世出版社, 1983:1), 頁 19-98。

12. 吳鳴 (彭明輝), 〈五四時期的民歌採集與《詩經》研究〉, 收入: 中國古典研究會(主編),《五四與文化變遷》(臺北: 臺灣學生書局, 1980), 頁 407-440。

13. 宋晞, 〈〔張其昀〕傳略〉, 收入:《張其昀先生文集》(臺北: 國史館・中國國民黨中央黨史委員會・文化大學, 1988), 第 1 冊, 頁 5-26。

14. 李孝悌, 〈平教會與河北定縣的鄉村建設運動〉, 收入: 張玉法(主編),《中國現代史論集》, 第 8 輯(臺北: 聯經出版公司, 1982),

頁 301-334。

15. 李雲漢,〈抗戰前中國知識分子的救國運動〉, 收入: 中國近現代史論集編輯委員會 (編),《中國近現代史論集》第 26 編 (上)《對日抗戰》(臺北: 商務印書館, 1986), 頁 379-406。

16. 李璜,〈憶陳寅恪登恪昆仲〉《大成雜誌》, 第 49 期 (香港: 大成雜誌社, 1977:12), 頁 4。

17. 杜正勝,〈中國社會史研究的探索──特從理論、方法與資料、課題論〉, 收入: 國立中興大學歷史學系(主編),《第三屆史學史國際研討會論文集》(臺北: 青峰出版社, 1991), 頁 25-76。

18. 杜維運,〈民國史學與西方史學〉, 收入: 孫中山先生與近代中國學術討論集編輯委員會 (編),《孫中山先生與近代中國學術討論集》, 第 2 冊 (臺北: 1985), 頁 344-358。

19. 沈剛伯,〈史學與世變〉,《中央研究院歷史語言研究所集刊》, 第 45 本(上) (臺北·南港: 中央研究院歷史語言研究所, 1967:10), 頁 509-517。

20. 汪榮祖,〈五四與民國史學的發展〉, 收入: 汪榮祖 (編),《五四研究論文集》(臺北: 聯經出版公司, 1979), 頁 221-233。

21. 汪榮祖,〈梁啓超新史學試論〉, 收入: 杜維運、黃進興(編),《中國史學史論文選集》(二) (臺北: 華世出版社, 1976), 頁 955-968。

22. 阮芝生,〈《史記·河渠書》析論〉,《國立臺灣大學歷史學系學報》, 第 15 期 (臺北: 國立臺灣大學歷史學系, 1990:12), 頁 65-80。

23. 辛志賢,〈《水經注》所記數考〉,《北京師範大學學報》, 1981:3 (北京: 北京師範大學 1981:9)。

24. 周予同,〈五十年來中國之新史學〉, 收入: 杜維運、陳錦忠(編),《中國史學史論文選集》(三)(臺北: 華世出版社, 1980), 371-428。

25. 周予同、湯志鈞，〈章學誠六經皆史說初探〉，《中華文史論叢》，第 1 期 (1962)。

26. 周啓榮、劉廣京，〈學術經世：章學誠之文史論與經世思想〉，收入：中央研究院近代史研究所（編），《近世中國經世思想研討會論文集》（南港：中央研究院近代史研究所，1984），頁 117-156。

27. 孟凡人，〈黃文弼〉，收入：劉啓林（主編），《當代中國社會科學名家》（北京：社會科學文獻出版社，1989），頁 74-83。

28. 林一新，〈五四運動的歷史意義〉，收入：張玉法（主編），《中國現代史論集》（臺北：聯經出版公司，1981），第 6 輯《五四運動》，頁 9-31。

29. 林毓生，〈「問題與主義」論辯的歷史意義〉，收入：余英時等，《中國歷史轉型時期的知識分子》（臺北：聯經出版公司，1992），頁 63-71。

30. 邵銘煌，〈抗戰前北方學人與獨立評論〉（臺北：國立政治大學歷史研究所碩士論文，1979，未刊稿）。

31. 金榮華，〈斯坦因(1862-1943)——敦煌文物外流關鍵人物探微〉，《漢學研究》，4:2（臺北：漢學研究中心，1986:12），頁 59-72。

32. 俞大維，〈談陳寅恪先生〉，收入：俞大維等，《談陳寅恪》（臺北：傳記文學出版社，1970），頁 1-13。

33. 胡平生，〈近代西北史研究之回顧〉，收入：臺灣大學歷史系（主編），《民國以來國史研究的回顧與展望》（臺北：國立臺灣大學歷史系，1992），頁 1611-1650。

34. 胡映芬，〈傅斯年與近代中國史學的發展，1900-1950〉（臺北：國立臺灣大學歷史研究所碩士論文，1975，未刊稿）。

35. 唐景升，〈清儒西北地理學述略〉，《東方雜誌》，28 卷 21 號(上海：

商務印書館，1931 年 11 月 1 日），頁 61-82。

36. 孫廣德，〈龔自珍的經世思想〉，中央研究院近代史研究所（編），《近世中國經世思想研討會論文集》（南港：中央研究院近代史研究所，1984），頁 275-289。

37. 孫德謙，〈申章實齋六經皆史說〉，《學衡》，第 24 期（1923:12）。

38. 翁文灝，〈如何開發西北〉，《獨立評論》，第 40 號（1933 年 3 月 5 日），頁 2-3。

39. 翁文灝，〈從實際上談開發西北〉，《大公報》（1932 年 5 月 26 日），頁 4。

40. 康虹麗，〈論梁任公的新史學和柳翼謀的國史論〉，收入：杜維運、陳錦忠（編），《中國史學史論文選集》（三）（臺北：華世出版社，1980），頁 429-504。

41. 張力，〈近代國人的開發西北觀〉，《中央研究院近代史研究所集刊》，第 18 期（臺北：中央研究院近代史研究所，1989:6），頁 163-188。

42. 張存武，〈譚其驤與《中國歷史地圖集》〉，《歷史月刊》，第 18 期（臺北：歷史月刊社，1989:7），頁 142-145。

43. 張朋園，〈現代化理論的批判以及我們應有的選擇〉，《新知雜誌》，3:6（臺北:新知雜誌社，1973:12），頁 23-46。

44. 張慧中，〈蔣廷黻對中國近代史之研究及其貢獻〉（臺北：國立政治大學歷史研究所碩士論文，1982，未刊稿）。

45. 張學良，〈西安事變懺悔錄〉，《明報月刊》，第 33 期（香港：明報月刊社，1968:9），頁 50-53。

46. 張灝，〈宋明以來儒家經世思想試釋〉，中央研究院近代史研究所（編），《近世中國經世思想研討會論文集》（南港：中央研究院近代史研究所，1984），頁 3-19。

47. 陳可畏，〈中國歷史地理學宗師譚其驤〉，《歷史月刊》，第 59 期（臺北：歷史月刊社，1992:12），頁 76-77。

48. 陳正茂，〈少年中國學會之研究〉（臺北：國立政治大學歷史研究所碩士論文，1988，未刊稿）。

49. 陳垣，《通鑑胡注表微‧小引》，收入：司馬光撰，胡三省（注），章鈺（校記），《新校資治通鑑注》（臺北：世界書局，1977），第 16 冊，頁 1。

50. 陳垣，《通鑑胡注表微‧重印說明》，收入：司馬光撰，胡三省(注)，章鈺（校記），《新校資治通鑑注》，第 16 冊，頁 409-411。

51. 陳垣，〈陳垣致丁文江〉，收入：張崇山等（編），《胡適來往書信選》（下）（香港：中華書局香港分局，1984），頁 534-535。

52. 陳昭順，〈五四時期的反儒學思潮〉（臺北：國立政治大學歷史研究所碩士論文，1989，未刊稿）。

53. 陳弱水，〈"內聖外王" 觀念的原始糾結與儒家政治思想的根本疑難〉，《史學評論》，第 3 期（臺北：華世出版社，1931:3），頁 79-116。

54. 陳橋驛，〈日本學者的中國歷史地理研究〉，《歷史地理》，第 6 輯（上海：復旦大學歷史地理研究所，1988:9），頁 209-220。

55. 傅振倫，〈百年來西北邊疆探險年表〉，《文物參考資料》，2:5（1951）。

56. 彭明輝，〈古史辨運動與五四反儒學思潮〉，《史學集刊》，第 20 期（臺北：中國歷史學會，1988:5），頁 265-324。

57. 〈顧頡剛與中國史學現代化的萌芽──以史料學為中心的探討〉，《國史館館刊》，復刊第 12 期（臺北：國史館，1992:6），頁 9-24。

58. 曾養甫，〈建設西北為本黨今後重要問題〉，《革命文獻》，第 88 輯

（臺北：中國國民黨中央委員會黨史委員會，1981:9），頁 24-25。

59. 逯耀東，〈論司馬遷"成一家之言"的兩個層次——〈太史公自序〉的"拾遺補藝"〉，《國立臺灣大學歷史學系學報》，第 17 期（臺北：國立臺灣大學歷史學系，1992:12），頁 43-64。

60. 黃永年，〈童書業傳略〉，收入：晉陽學刊編輯部（編），《中國現代社會科學家傳略》，第 1 輯，頁 329-337。

61. 黃進興，〈梁啓超的終極關懷〉，《史學論評》，第 2 期（臺北：華世出版社，1980:7），頁 85-100。

62. 楊翠華，〈歷史地質學在中國的發展（1912-1937）〉，《中央研究院近代史研究所集刊》，第 15 期（下）（臺北：中央研究院近代史研究所，1986:6），頁 319-334。

63. 趙中孚，〈近代東北移民開發史研究的回顧〉，收入：中央研究院近代史研究所（編），《六十年來的中國近代史研究》（下）（臺北：中央研究院近代史研究所，1989），頁 811-834。

64. 齊思和，〈晚清史學的發展〉，《燕京社會科學》，第 2 期（北京：燕京大學，1949:10），頁 1-35。

65. 劉雪英，〈白壽彝先生撰述目錄（1929 年——1989 年 1 月）〉，《史學史研究》，1989:1（北京：北京師範大學史學研究所，1989:1），頁 74-80。

66. 劉廣京，〈魏源之哲學與經世思想〉，收入：中央研究院近代史研究所（編），《近世中國經世思想研討會論文集》（南港：中央研究院近代史研究所，1984），頁 359-390。

67. 劉龍心，〈史料學派與中國史學之科學化〉（臺北：國立政治大學歷史研究所碩士論文，1992，未刊稿）。

68. 蔣永敬，〈從九一八事變到一二八事變中國對日政策之爭議〉，收入：中央研究院近代史研究所（主編），《抗戰前十年國家建設史研討會論文集》(臺北：中央研究院近代史研究所，1984)，頁355-379。

69. 鄭鶴聲，〈鄭鶴聲自傳〉，收入：晉陽學刊編輯部（編），《中國現代社會科學家傳略》，第2輯（太原：山西人民出版社，1982)，頁233-268。

70. 黎華趙，〈張蔭麟研究——生平、著述及其史學〉(臺北：國立臺灣師範大學碩士論文，1981，未刊稿)。

71. 蕭良瓊，〈向達〉，收入：劉啓林（主編），《中國當代社會科學名家》(北京：社會科學文獻出版社，1989)，頁183-204。

72. 蕭鈞，〈向達：敦煌藝術的拓荒者，西域文明的探珠人〉，收入：北京圖書館《文獻叢刊》編輯部（編），《中國當代社會科學家》，第3輯（北京：書目文獻出版社，1983)，頁66-87。

73. 繆全吉，〈章學誠議立志（乘）科的經世思想探索〉，中央研究院近代史研究所（編），《近世中國經世思想研討會論文集》(臺北：中央研究院近代史研究所，1984)，頁157-175。

74. 譚其驤、葛劍雄，〈歷史地理學〉，收入：蕭黎（主編），《中國歷史學四十年》(北京：書目文獻出版社，1989)，頁552-571。

75. 譚其驤，〈譚其驤自傳〉，收入：晉陽學刊編輯部（編），《中國現代社會科學家傳略》，第1輯（太原：山西人民出版社，1982)，頁361-373。

76. 蘇雲峰，〈從理論到實際：清季現代化運動的面面觀〉，中央研究院近代史研究所(主編)，《中國現代化論文集》(臺北：中央研究院近代史研究所，1991)，頁31-42。

77. 顧頡剛、鄭德坤，〈研究經濟地理計畫芻議〉，《東方雜誌》，30:5

(1933 年 3 月 1 日)，頁 13-15。

78. 菊池利夫著，辛德勇（譯），〈歷史地理學的構成〉，《中國歷史地理論叢》，1987:1（西安：陝西師範大學暨西北大學歷史地理學研究所，1987），頁 177-187。

79. B. C. 熱庫林著，韓光輝（譯），〈歷史地理學的研究對象及其認識發展史〉，《歷史地理》，第 8 輯（上海：復旦大學歷史地理研究所，1990:7），頁 272-283。

二、西文部分 （按作者姓氏英文字母序）

1. Andersson, J. Gunnar. *Children of the Yellow Earth: Studies in Prehistoric Chian.* Cambridge, Mass.: The MIT Press, 1973.

2. Black, C. E. *The Dynamics of Modernization: A study in Comparative History.* New York: Harper Torchbooks, 1966.

3. Braudel, F. *On History.* Chicago: Chicago University Press, 1980.

4. Chang, Kwang-chih. （張光直）*The Achaeology of Ancient China, 4th Edition.* New Haven & London: Yale University Press, 1986.

5. Chen, Joseph T. （陳曾燾）*The May Fourth Movement in Shanghai: The Making of a Social Movement in Modern China.* Leiden: 1972.

6. Chow, Tse-tsung. （周策縱）*The May Fourth Movement: Intellectual Revolution in Modern China.* Cambridge Mass.: Harvard University, 1960.

7. Clark, Andrew H. "Historical Geography," in James, P. E. & Jones, C. F. eds. *American Geography, Inventory and Prospect.* Syracuse University Press, 1954.

8. Dirlik, Arif. *Revolution and History, The Origins of Marxist Historiography in China, 1919-1937.* Berkeley & L. A., California: University of California Press, 1978.

9. Dirlik, Arif. "Ta'o Hsi-sheng: the Social Limits of Change," in Furth, Charlotte. ed. *The Limits of Change.* Cambridge Mass.: Harvard University Press, 1976.

10. Epstein, Klaus. "Three Types of Conservatism," in Richter, Melvin. ed. *Essays in Theory and History: An Approach to the Social Science.* Cambridge Mass.: Harvard University Press, 1970, pp. 103-121.

11. Furth, Charlotte. ed. *The Limits of Change: Essays on Conservative Alternative in Republican China.* Cambridge Mass.: Harvard University Press, 1976.

12. Hsiao, Kung-chun. *A Modern China and a New World: K'ang Yu-Wei, Reformer and Utopian, 1858-1927.* Seattle: University of Washington Press, 1970.

13. Huntington, Ellsworth. *Principles of Human Geography, 6th Edition.* New York: John Wiley & Son, Inc., 1956.

14. Kwok, D. W. Y. (郭穎頤) *Scientism in Chinese Thought, 1900-1950.* New Haven: Yale University Press, 1965.

15. Lattimore, Owen. *Inner Asian Frontiers of China.* Boston: 1962.

16. Lin, Yü-Sheng. (林毓生) "The Origins and Implications of Modern Chinese Scientism in Early Republican China: A Case Study-The Debate on Science v.s. Metaphysics," 收入：中央研究院近代史研究所（主編），《中華民國初期歷史研討會論文集》（下）（臺北：中央研究院近代史研究所，1984），頁 1181-1200。

17. Lin, Yü-sheng. (林毓生) *The Crisis of Chinese Consciousness, Radical Antitraditionalism in the May Fourth Era.* Madison, Wisconsin: The University of Wisconsin Press, 1979.

18. Pacion, Michael. ed. *Historical Geography: Progress and Prospect.* London: Croom Helm, 1987.

19. Schneider, Laurence A. *Ku Chieh-kang and China's New History.* California: University of California Press, 1971.

20. Schwartz, Benjamin I. *In Search of Wealth and Power: Yen Fu and The West.* Cambridge, Mass.: Havard University, 1964.

21. Stoianovich, Traian. *French Historical Method. The Annales Paradign.* London, Ithaca: 1976.

22. Teng, Ssu-yu. (鄧嗣禹) *China's Response to the West: A Documentary Survey, 1839-1923.* New York: 1971.

23. Wang, Fan-shen. (王汎森) "Fu Ssu-nien: History and Politics in Modern China," Princeton: Princetion University, Ph. D. Dissertation, 1993, Unpublished.

24. West, Philip. *Yenching University and Sino-Western*

Relation, 1916-1952. Cambridge, Mass.: The MIT Press 1976.

索　引

大雅叢刊書目

法學叢書書目

圖書資訊學叢書書目

教育叢書書目

西洋教育思想史	林玉体	臺灣師大	已出版
西洋教育史	林玉体	臺灣師大	撰稿中
教育社會學	宋明順	臺灣師大	撰稿中
課程發展	梁恒正	臺灣師大	撰稿中
教育哲學	楊深坑	臺灣師大	撰稿中
電腦補助教學	邱貴發	臺灣師大	撰稿中
教材教法	張新仁	高雄師大	撰稿中
教育評鑑	秦夢群	政治大學	撰稿中

中國現代史叢書書目

中國托派史	唐寶林	著	北京社科院	已出版
學潮與戰後中國政治(1945～1949)	廖風德	著	政治大學	已出版
歷史地理學與中國現代化	彭明輝	著	政治大學	排印中
商會與中國早期現代化	虞和平	著	北京社科院	排印中

三民大專用書書目——歷史・地理

中國歷史	李國祁	著	臺灣師大
中國歷史系統圖	顏仰雲	編繪	臺灣大學
中國通史（上）（下）	林瑞翰	著	臺灣大學
中國通史（上）（下）	李方晨	著	
中國近代史四講	左舜生	著	
中國現代史	李守孔	著	臺灣大學
中國近代史概要	蕭一山	著	
中國近代史（近代及現代史）	李守孔	著	臺灣大學
中國近代史	李守孔	著	臺灣大
中國近代史	李方晨	著	
中國近代史	李雲漢	著	政治大學
中國近代史（簡史）	李雲漢	著	政治大學
中國近代史	古鴻廷	著	東海大學
中國史	林瑞瀚	著	臺灣大學
隋唐史	王壽南	著	政治大學
明清史	陳捷先	著	臺灣大學
黃河文明之光（中國史卷一）	姚大中	著	東吳大學
古代北西中國（中國史卷二）	姚大中	著	東吳大學
南方的奮起（中國史卷三）	姚大中	著	東吳大學
中國世界的全盛（中國史卷四）	姚大中	著	東吳大學
近代中國的成立（中國史卷五）	姚大中	著	東吳大
秦漢史話	陳致平	著	
三國史話	陳致平	著	
通鑑紀事本末 1/6	袁樞	著	
宋史紀事本末 1/2	陳邦瞻	著	
元史紀事本末	陳邦瞻	著	
明史紀事本末 1/2	谷應泰	著	
清史紀事本末 1/2	黃鴻壽	著	
戰國風雲人物	惜秋	撰	
漢初風雲人物	惜秋	撰	
東漢風雲人物	惜秋	撰	
日本通史	林明德	著	臺灣師大
蜀漢風雲人物	惜秋	撰	
隋唐風雲人物	惜秋	撰	
宋初風雲人物	惜秋	撰